헌법재판과 위헌심사기준

- 형 벌 법 규 -

오 영 신

法 文 社

머 리 말

법을 밥벌이 삼는다는 건 두려운 일이다. 더구나 형벌을 다루는 일은 조선의 대학자 정약용의 경구처럼 삼가고 삼갈 일이다. 다행히 나는 우리 공동체가 독재를 타파하고 민주화의 진전을 이룬 뒤에 검사가 되었다. 일상화된 불법체포와 고문, 무자비한 과잉형벌은 지난 시기의 악몽으로 존재할 따름이다. 그러나 여전히 형벌은 그 자체로 사람들을 움츠리게 한다. 형벌은 이를 감당해야 하는 사람들에게 주홍글씨를 새기고, 그들의 가정과 사회적 삶을 붕괴시킬 수 있다. 따라서 형벌법규는 공동체의 평화로운 공존을 위한 최소한의 질서인 경우에만 정당성을 부여받을 수 있다.

법실무가로서 검사는 법조문과 판례에 기대어 신속하고 효율적으로 형사사건을 처리하는 데 숙달되어야 한다. 나도 예외는 아니다. 그런데 형벌법규의 수범자들이 제기하는 문제에 대하여 설득력 있는 답변을 하기 어려운 경우가 있다. 비현실적 기준을 요구하는 행정형벌법규, 구성요건이 고시에 위임되어 그 존재여부를 알기 어려운 형벌법규, 높은 하한 형으로 범죄의 유형과 죄질이 다양함에도 구체적 타당성을 기하기 어려운 특별형법, 경미한 사안이더라도 특수절도죄와 같이 징역형만이 있고 벌금형이 선택형으로 없는 형벌법규, 보호법익을 확보한다는 취지에서 법문언을 넓게 후견적으로 해석하여 처벌범위를 넓히는 판례 등에 대한 문제제기가 그 예이다.

2011년 9월에 헌법재판소 헌법연구관으로 2년 5개월간 파견 근무할 기회를 가지게 되었다. 형벌법규의 위헌성을 주로 담당하는 부서에서 헌법소원, 위헌소원, 위헌법률심판 사건의 연구보고서 작성과 토론에 참여하였다. 형사법의 실무에서 제기되었던 형벌법규의 문제점에 대하여 헌법의 가치와 관점으로 살펴볼 수 있었고, 직접 담당하거나 관여한 사건에서 한정위헌 결정, 헌법불합치 결정에 이르기도 하였다. 이런 경험이 계기가 되어 박사학위논문으로 '형벌법규에 대한 위헌심사기준'을 주제로 삼았고, 이번에 책으로 출간하게 된 것이다. 글을 쓰면서 늘 고민하게 되는 것은 당연한 것을 뭔가 대단한 것을 발견한 것처럼 과장하고 있는 것 아닌지, 즉 가치가 있는 글을 쓴 것인가 하는 점이다. 나는 이 책이 다음의 세 가지 측면에서 나름의 의미를 가진다고 조심스럽게 평가해본다.

첫째, 1987년 헌법재판소 탄생 이후 2014년까지 27년간 헌법재판소 판례집에 실린 형벌법규에 관한 본안결정 454건을 전수 조사하였고, 헌법재판소에서 형벌법규와 관련하여 사용하고 있는 위헌심사기준을 빠짐없이 유형화하여 분석하였다. 이처럼 이 책은 헌법재판소의 형벌법규에 대한 위헌심사기준에 관하여, 체계적으로 분석한 자료로서 학계 뿐 아니라 헌법재판과 관련된 실무에서 실용적으로 활용될 수 있을 것이라고 본다. 2015년 이후 성매매죄에 관한 합헌결정 외에 특별한 의미를 가진 결정이 보이지 않아 대상이 된 기간 이후의 결정을 본격적으로 반영하는 것은 일정한 기간을 두고 다음 기회로 미루기로 한다.

둘째, 헌법재판소의 위헌심사기준에 관한 일반적 논의에 그치지 않고, 형벌법규의 이론적, 역사적 특성이 제대로 반영되어 있는지를 비판적으로 살펴보았다. 이론적 특성의 측면에서 다른 기본권제한법규에 대한 위헌심사기준과 비교하여 의미있는 차별성을 보이고 있는지 개별 위헌심사기준마다 검토하였다. 그 과정에서 형벌법규와 민사·행정법규 등 다른 법영역에서 각자 만들어지고 발전되어 온 법원칙이 현대 헌법국가에서 인간의 존엄성보장을 중심으로 인간사회의 기본적 질서를 정립한 헌법질서라는 용광로에 흘러 들어가 헌법의 일반원칙으로 탈바꿈하게 되었음을 확인하였다. 예를 들어, 형벌에 관한 책임원칙과 민사·행정법규에 적용되는 자기책임원리는 헌법적 근거와 기본원리를 같이 하는 것이다. 이처럼 헌법의 일반원칙을 통해 수렴되면서도 형벌법규의 특성이 반영된 위헌심사기준이 정립되어야 한다는 점을 논증하였다. 이는 헌법의 가치를 형벌법규의 해석에 반영해야 한다는 '헌법적 형법학'의 과제이기도 하다. 더불어 일제와 개발독재의 잔재로서 특별형법에 압도된 형벌법규, 사회윤리적 색채가 강한 형벌법규, 행정목적의 실현을 최우선시하는 광범위한 포괄위임과 행정형벌이라는 우리 형벌법규의 부정적 특성을 헌법재판소가 분명히 인식하고, 위헌심사기준의 강화를 통하여 바로잡으려는 노력을 하고 있음을 살펴보았다.

셋째, 위헌심사기준은 헌법의 규범적 해석에 기반한 것이다. 따라서 위헌심사기준의 정립과 변경은 법적 예측가능성과 안정성이 확보되면서도 선례의 명백한 불합리성과 헌법현실의 변화에 대응하는 것이어야 한다. 이런 경우에야 비로소 '法의 지배' 원칙이 확립될 수 있다. 헌법재판소가 위헌심사기준의 적용에서 비일관성의 문제를 현출하고 있고, 논증이 제대로 이루어지지 않아 헌법재판관의 주관적 결단의 문제(‘人의 지배’)로 비춰질 수 있음을 비판적으로 검토하였다.

물론 이 책이 내가 의도한대로 의미 있는 성과를 내었는지 여부의 판단은 전적으로 독자의 몫이다. 이 책의 첫 번째 독자는 헌법재판소의 헌법재판관, 헌법연구관과 헌법연구원이 될 것이다. 헌법연구관으로 근무하던 시절 함께 고민하고 토론하였던 쟁점들에 대한 내 나름의 정리된 의견을 제시한 것이므로 연구업무에 도움이 되었으면 한다. 두 번째 독자는 헌법학과 형법학의 학자가 될 것이다. 헌법학과 형법학의 의사소통을 통하여 상호 이론적 논의를 풍부하게 하는 데 조금이나마 기여할 수 있기를 희망한다. 마지막으로 형벌법규를 헌법합치적으로 해석해야 하는 판사와 검사, 헌법재판 관련 법률문서작성이나 변론을 준비하는 변호사, 이론과 실무의 결합으로서 생동감 있는 헌법학을 공부하기를 희망하는 로스쿨의 학생들이 독자가 되었으면 한다.

이 책이 출간되기까지 많은 분들이 도움을 주셨다. 여기서 일일이 거명하여 감사의 뜻을 밝히지 못함을 송구스럽게 생각한다. 그 가운데 조문과 판례를 금과옥조로 여겨 지상의 전투에만 매달리던 만학도를 도도한 학문의 세계로 이끌어주신 김형성 선생님, 그리고 부족한 논문을 그나마 체계를 갖추도록 지도해주신 김상겸 교수님, 정재황 교수님, 노명선 교수님, 임지봉 교수님에게는 특별히 감사를 드린다. 교수님들께서 권유하지 않았다면 감히 논문을 책으로 출간하는 용기를 내지 못하였을 것이다. 늘 의견을 경청해주시고, 다양한 사건의 연구에 참여할 기회를 주신 안창호 재판관님께는 각별한 감사의 말씀을 드리지 않을 수 없다. 끝으로 딱딱해지려는 내 사고를 뒤흔드는 아들 종수와 늦은 공부를 격려해주고 서로를 존중하며 삶의 고락을 함께 한 사랑하는 아내 은이에게 고마움을 전하고 싶다.

2018년 4월
평화로운 공존을 꿈꾸며
오 영 신

차 례

제 1 장
서　　론

인류가 근대에 이르러 개개인의 존엄과 가치를 근본적 가치로 받아들이기 이전까지 동·서양을 불문하고 형벌은 잔혹성과 광기의 모습으로 나타났고, 질서유지라는 외피를 쓴 억압의 상징이었다. 이러한 잔혹성은 형벌의 개혁운동을 낳았고, 계몽주의자들에 의한 범죄와 형벌의 인본화 노력을 거쳐 근대 형벌제도는 최후수단성(ultima ratio)을 지향하는 모습을 가지게 되었다. 체사레 벡카리아는 1764년 발간된 '범죄와 형벌'에서 인류사회 공존의 원리인 사회계약론을 이론적 배경으로 하여 "형벌은 어떤 경우에도 일개 시민에 대하여 일인 혹은 다수가 저지르는 폭력행위가 되어서는 안 된다. 필요한 것이고 주어진 사정 하에서 가능한 최소한의 것이어야 하며 범죄에 비례하고, 성문의 법률에 규정되어야 한다."[1]고 하여 당시의 잔혹하고 야만적인 형벌제도를 비판하며 근대적 형벌의 방향을 제시하였다. 그리고 인간의 존엄성보장을 초석으로 삼은 현대 헌법국가에서 형벌제도를 평화로운 공존을 위한 최소한의 질서로 탈바꿈시키려는 관념이 자리잡아가고 있다.

한편 오늘날 우리의 삶은 촘촘하게 짜인 법규의 한가운데 자리잡고 있고, 행정법규의 상당수가 공익실현을 목적으로 '형벌'이라는 강제수단을 사용하고 있어 형벌법규[2]의 최후수단성에 의문을 가지게 한다. 또한 재범의 위험성이 있는 사람들을 장기간 또는 영구히 사회에서 격리시킴으로써 잠재적 범죄피해자를 보호하려는 사회적 욕구 또한 강렬하여 형벌의 상향 및 강화된 보안처분의 도입으로 귀결되고 있다.[3]

이처럼 형벌법규는 법적 평화의 유지를 통해 인간의 자유와 평등을 보장하기 위해 반드시 필요한 제도인 반면, 신체의 자유 등에 중대한 제한과 함께 사회적 비난이 수반되는 것으로 국가형벌권의 행사에는 공익실현을 위하여 개개인을 수단화할 우려가 잠재되어 있다.

형벌법규에 대한 위헌심사는 '형벌법규에 의해 보호되는 법익'이라는 공익과

---

1) 체사레 벡카리아, 범죄와 형벌, 한인섭 신역, 박영사, 2006, 192면.
2) '법규'는 일반 국민의 권리·의무에 관계가 있는 법규범으로서 형벌에 관하여 국민의 권리·의무에 관계가 있는 법규범이라는 의미에서 '형벌법규'를 사용한다. 헌법재판소는 '형벌법규의 명확성원칙, 형벌법규에 대한 위헌심사기준, 형벌법규에 규정된 법정형'등 표현을 사용하는 등 일반적으로 형벌과 관련된 법규범을 '형벌법규'라는 용어로 통칭하여 사용하고 있다.
3) 최근 우리나라에서는 성폭력범죄 등 강력범죄에 대한 강력한 조치요구로 법정형이 대폭 상향되었고, 위치추적 전자장치부착, 성충동약물치료, 신상등록 및 공개제도 등이 새로 도입되었으며, 보호수용제에 대한 법률안이 국회에 제출되어 있다.

'형벌법규에 의한 기본권 제한' 사이에서 균형을 잡아 국가형벌권의 법치국가적 한계를 확인하는 것이다. 헌법재판소는 1989. 9. 29. 폭력행위등 처벌에 관한 법률 제2조 제1항에 대한 헌법소원사건(89헌마53)에서 형벌법규에 관하여는 첫 번째 본안판단을 하면서 '상습범에 대한 일률적 가중규정이 형평에 반하거나 가혹한 형벌을 정한 것이라고 볼 수 없고 죄형법정주의에도 위배되지 않는다'고 합헌결정을 하였다. 그 후 2014년까지 총 454건의 형벌법규에 대한 본안결정이 헌법재판소 판례집에 실려 있다.4) 지난 27년간의 형벌법규에 대한 우리 헌법재판소 결정례 분석을 통하여 형벌법규에 관한 위헌심사기준을 살펴 형벌법규에 대한 위헌심사의 특징과 형벌법규의 헌법적 한계를 규명하려고 한다.

구체적으로는 형벌법규의 특성이 헌법재판소의 위헌심사기준에 어떠한 영향을 미쳤는지를 살피기 위해 일반론으로서 헌법과 형벌법규의 관계, 형벌법규에 대한 위헌심사의 특징을 살핀 뒤, 위헌심사기준으로서 죄형법정주의, 형벌에 관한 책임원칙, 과잉금지원칙 및 본질적 내용 침해금지, 평등원칙, 인간의 존엄과 가치, 이중처벌금지원칙 등에 반영된 모습을 검토하고, 보안처분법규에 대한 위헌심사에 형벌법규에 대한 위헌심사기준이 적용될 수 있는지를 검토한다. 이와 같은 주제 하나하나가 각기 헌법, 형사법, 법철학, 법사회학적 쟁점을 담고 있어 모든 쟁점을 한꺼번에 다루는 것은 가능하지 않다. 따라서 현실적인 선택으로 위 주제들을 살핌에 있어 이미 사건화된 사안들에 대한 헌법재판소의 결정례를 분석하는 방법을 택하였다. 이로써 현실과 동떨어진 추상적 논의가 되는 것을 피하면서도 형벌법규에 대한 위헌심사의 실제를 확인하여 위에서 본 쟁점들이 위헌심사기준에 녹아들어간 맥락을 확인하려고 하였다.

한편 형법의 영역에서 정의로운 질서에 관한 우리의 규범적 판단은 시대에 따라 변화하고, 문화에 따라 다른 내용을 갖게 된다.5) 따라서 우리 형벌법규의 역

---

4) 헌법재판소 판례집 제1권(1988년)부터 제26권(2014년)까지 수록된 헌법재판소 결정 중 본안판단이 내려진 형벌법규에 대한 위헌심사 사안을 검토하였다[형사재판계속 중 형벌법규에 대하여 위헌소원을 제기하였는데, 심판대상을 금지・요구규정만으로 삼고 제재규정은 포함시키지 않은 경우(구성요건만 심판대상으로 삼은 예로 93헌가13 등이 있다)도 형벌법규에 대한 위헌심사라고 보아 포함시켰다. 다만 검토과정에서 오류가 있을 수 있음을 밝힌다]. 또한 형벌법규에 관한 일부 본안결정 중 선례로서의 가치가 크지 않아 판례집에 수록되지 않은 결정례가 있다. 심지어 양벌규정에 대한 위헌결정 중 상당수는 판례집에 실려 있지 않다. 이에 대하여는 양벌규정과 관련된 논의부분에서 상세히 살피도록 한다.

5) 빈프리트 하세머, 범죄와 형벌, 배종대・윤재왕 역, 나남, 2011, 37−41면 참조 : 하세머 교수는 상해죄가 과거와 달리 소유권에 대한 죄인 절도죄나 재산에 대한 범죄인 사기죄에 비해 훨씬

사와 특성에 대한 논의를 반영하지 않고서는 형벌법규에 대한 위헌심사기준에 대한 평가가 제대로 이루어질 수 없다. 일제 강점하의 폭압적 형사법은 해방 이후 대의민주제에 따라 우리 스스로 만든 헌법체제 하에서도 그 성격이 일부 유지되어 특별형법에 압도된 형법, 사회윤리적 색채가 강한 형벌법규, 광범위한 행정형벌과 포괄위임 그리고 모호한 용어라는 부정적인 특성을 가지게 되었다. 이는 충분히 성장하지 못한 시민사회와 이에 비하여 지나칠 정도로 거대한 국가권력이라는 비대칭성 속에서 헌법규범이 헌법현실 속으로 침투하기 어려웠기 때문이다.[6) 수십년간 지속된 권위적 정권은 압축적 경제성장 과정에서 냉전의 이념대립과 국가목적 달성을 최우선시하여 광범위하고 가혹한 형벌로 정치적 반대세력을 제압하고, 우리 사회 구성원 개개인의 행동을 엄격하게 통제하였다. 1987년 헌법체제는 우리 사회의 민주적 역량의 성숙과 결집으로 탄생한 것으로 이러한 폭압적 성격의 형벌법규에 대한 용도폐기를 요구하고 있다. 헌법재판소는 실질적인 의미에서 '우리의 헌법'인 1987년 헌법체제의 산물로서 인간의 존엄과 가치를 중심으로 한 헌법의 가치를 규범적으로 구현하여야 할 책무를 지니고 있다. 형벌법규에 대한 위헌심사를 통하여 헌법재판소가 이러한 책무를 충실히 이행하고 있는지를 또한 살피고자 한다.

위헌심사기준은 크게 보면 2가지 의미로 사용된다. 하나는 입법이나 정책의 위헌여부를 심사·논증하는 방법 내지 척도로서의 의미이고, 다른 하나는 헌법재판기관이 입법이나 정책에 대한 위헌심사에서 어느 정도 엄격하게 심사하느냐의 의미이다. 전자의 심사기준은 헌법의 추상적 내용을 구체화하여 위헌심사의 정밀한 잣대를 정립하는 것이라고 할 수 있는 반면, 후자의 심사기준은 헌법재판소가 입법에 대한 위헌심사에 있어 국민의 대표기관인 국회의 판단을 얼마나 존중할 것인가의 문제로 민주주의와 사법심사제의 관계, 헌법재판의 적정한 기능 등 매우 복잡하고 다양한 측면의 문제를 가지고 있다. 양자는 과잉금지심사에서 엄격심사, 완화된 심사, 평등원칙심사에서 비례성심사, 자의금지심사 등으로 결합된다.[7) 위

더 중대한 범죄로 여겨지는 상황, 낙태의 정당화에 대한 생각의 변화, 사형에 대한 일반적 거부감 등 규범적 확신의 변화를 시대에 따른 변화의 예로 들고 있고, 문화에 따른 차이로는 무함마드를 희화적으로 묘사한 커리커처에 대한 규범적 판단이 파키스탄과 덴마크에서 다를 것이고, 투우가 동물보호에 해당하는지에 대한 스페인과 독일의 판단이 다를 것이라는 예를 들고 있다.

6) 김일환, "헌법사를 통해 본 한국 헌법학의 과제", 국회도서관보 제45권 제6호, 국회도서관, 2008. 7, 21면 참조.

7) 김문현 외 3인, 기본권 영역별 위헌심사의 기준과 방법(헌법재판연구 제19권), 헌법재판소,

헌심사기준은 단순한 심사의 잣대 내지 척도에 그치지 않고, 그 자체로 위헌 또는 합헌이라는 결론에 중대한 영향을 미치게 된다.

이 책에서는 헌법재판소의 결정례에서 나타나는 형벌법규에 대한 위헌심사기준의 특성을 분석함에 있어 (1) 형벌법규의 일반적 특성이 제대로 반영되어 다른 기본권제한법규에 대한 위헌심사기준과 의미있는 차별성을 보이고 있는지 (2) 역사적으로 형성된 우리 형벌법규의 부정적 특성을 헌법재판소가 위헌심사기준을 통하여 제대로 인식하여 이를 바로잡고 있는지 (3) 위헌심사기준의 정립과 적용에 있어 일관성을 유지하고, 설득력 있는 논증이 이루어지고 있는지 여부에 중점을 두었다. 이와 같이 3가지 관점을 가지고 형벌법규의 위헌심사기준을 분석하는 이유와 내용은 다음과 같다.[8]

첫째, 형벌법규는 자유형을 통하여 사람의 신체를 구속하고, 재산을 박탈하며, 사형을 통해 생명까지 앗아갈 수 있고, 유죄판결에 따른 사회적 비난과 일종의 낙인으로 인하여 대상자의 사회적 삶의 토대를 초토화시킬 수 있는 기본권 침해의 정도가 매우 강한 제재이다. 따라서 이를 행위의 기준으로 삼아야 하는 수범자들에게 규정의 내용이 명확하고, 엄격하게 해석되어야 하며, 형사처벌을 할 정도의 사회유해성 내지 법익침해가 있어야 하고, 필요한 최후수단으로서 보충적으로 적용되어야 한다. 근대 이후 형벌법규의 이러한 이론적 특성이 위헌심사기준으로 어떻게 접목되고 영향을 미치는지에 주목하였다. 형벌법규에서 죄형법정주의의 내용인 법률주의원칙, 명확성원칙, 소급효금지원칙 및 포괄위임금지원칙 등은 다른 기본권제한법규에 적용되는 법치국가원리에서 유래하는 법률유보원칙, 명확성원칙, 신뢰보호원칙 및 포괄위임금지원칙과 어떤 차이가 있는지, 형벌법규에 있어 과잉금지원칙, 평등원칙심사는 다른 기본권제한법규와 비교하여 어떠한 특성을 가지는지, 형벌법규에 대한 위헌심사기준 전 영역에서 살피도록 한다. 이처럼 형벌법규에 대한 위헌심사기준을 다른 기본권제한법규에 대한 위헌심사기준과 비교하여 그 논증구조의 차이를 확인함으로써 형벌법규에 대한 위헌심사기준이 가지는 일반적 특성을 명확히 하고자 하였다.

둘째, 우리 형벌법규의 '역사성 특성'에 주목하였다. 각 나라의 법문화는 각자

2008, 2–4면 참조.

8) 그 외에도 기본권의 차이에 따른 위헌심사기준 등이 형벌법규에 대한 위헌심사기준을 살펴보는 관점으로 검토될 수 있으나, 이는 기본권제한법규 일반의 논의와 차별성을 가지기 어렵다.

의 고유한 색을 지니게 되는데 형벌법규는 해당 사회의 문화와 밀접한 관련을 가지므로 국가별로 다양한 차원과 처벌강도의 형벌법규가 나타나고 규범적으로 정당화된다. 우리 형벌법규는 역사적 배경과 무관하게 추상적으로 어느 순간 생겨난 것이 아니다. 조선시대와 구한말, 일본 제국주의의 점령 및 독립운동, 해방 이후 미군정을 거쳐 남한 단독정부의 수립, 권위적 정권의 개발독재를 거쳐 1987년 민주화시위를 통한 현행 헌법에 이르기까지의 역사가 우리 형벌법규에 아로새겨져 있다.[9] 헌법재판소가 그 결과로 남겨진 형벌법규의 부정적 특성 – 뒤에서 자세히 보겠지만, 일제와 개발독재의 잔재로서 특별형법에 압도된 형법, 사회윤리적 색채가 강한 형벌법규, 광범위한 행정형벌과 포괄위임 그리고 모호한 용어 – 을 바로잡아가는 역할을 제대로 수행하였는지, 이러한 부정적 특성에 대한 인식이 위헌심사기준의 설정에 반영되었는지를 분석하였다.

셋째, 위헌심사기준은 결국 헌법의 규범적 해석에 기반한 것이므로, 그 정립과 변경은 헌법재판관의 '결단'(人의 지배)의 문제가 아닌 '논증'(法의 지배)의 문제가 되어야 한다. 그래야 법적 예측가능성과 안정성이 확보되는 가운데 선례의 명백한 불합리성이나 헌법현실의 변화에 대응할 수 있다.[10] 이처럼 형벌법규에 대한 위헌심사기준의 정립과 적용은 합리적이고 통제가능한 방식으로 이루어져야 한다. 헌법재판소법 제23조 제2항 제2호는 '종전에 헌법재판소가 판시한 헌법 또는 법률의 해석 적용에 관한 의견을 변경하는 경우'에 재판관 6인 이상의 찬성이 있어야 한다고 규정하고 있고, 심판대상 법률이 상이한 선행결정도 후속 사건의 심사기준 등과 관련된 선례로 원용되고 있으며, 음란표현이 표현의 자유의 보호영역에 해당하지 않는다는 헌법해석(선례, 95헌가16)을 변경함을 명시하는 등[11] 선례구속

9) 조선시대 이후 현재에 이르기까지의 형벌제도 및 헌법에 관한 일반적 논의를 목표로 하는 것이 아니므로 현재 우리 형벌법규에 남겨진 부정적 특성을 확인하는 데 집중한다.

10) 이동민, "영미법상 판례변경의 법리", 서울대학교 박사학위논문, 2013, 2면 참조 : 이 논문은 영미법상 선례구속주의와 판례변경의 문제를 법의 지배와 사법권력의 정당성이라는 관점에서 바라보고 법의 지배로서 선례에 대한 변경을 함에 있어서는 이를 정당화할 중대하고 특별한 이유가 있어야 하는 이유를 영미의 전통과 드워킨의 이론에 대한 검토를 통해 밝히고 있다. 미연방대법원의 경우에도 선례구속주의의 적용을 받지만, 헌법법리에 대한 지속적인 재평가가 요구되므로 선판례의 고수가 헌법사건에서 엄격하게 요구되지는 않는다. 그렇지만, 선례구속주의로부터의 일탈에는 특별한 정당화가 필요하다는 입장이라고 한다(위 논문 77면 참조). 연방대법원이 사용하는 정당화사유로는 '선례의 법원리상 문제점(unsound in principle), 실제상 문제점(unworkable in practice)'를 들고 있다.

11) 헌재 2009. 5. 28. 2006헌바109 등, 판례집 21－1하, 545 참조.

의 원칙이 일정범위에서 적용되고 있다고 볼 수 있다.[12] 헌법에 대한 규범적 해석의 변경은 실천적 의미에서 헌법개정과 유사한 효과를 가지므로 영미법상 선례변경의 원칙에서 요구하는 특별한 정당화사유를 구비하여야 할 필요가 있다는 점에 착안하여 이에 대한 헌법재판소의 논증방식을 검토한다.[13] 한편 선례의 인정범위는 사안과 사안의 유사성을 중심으로 하는 유비논증(analogical reasoning)과 긴밀히 연결되는데, 헌법재판소의 결정례를 분석함에 있어 유사한 사례에서 심사기준이 일관되지 않은 경우의 문제점을 지적하는 경우 유비논증의 측면에서 검토한다.[14]

이 책에서는 27년간의 형벌법규에 대한 헌법재판소의 결정들을 위에서 본 3가지의 관점으로 정리, 분석함으로써 형벌법규에 대한 위헌심사기준의 횡·종단면을 살펴보고자 한다. 위 3가지 관점에서 기본흐름을 구성하는 것은 기본권제한법규 일반에 대한 위헌심사기준과 구분되는 형벌법규에 대한 위헌심사기준의 특성이 될 것이고, 우리 형벌법규의 역사적 특성과 위헌심사기준의 일관성과 설득력의 문제는 첫 번째의 관점을 토대로 하여 논의가 이루어진다. 본 저서는 다음의 순서로 진행한다.

제2장에서는 일반론으로서 형벌법규에 대한 위헌심사의 특성에 대하여 살핀다.

---

12) 선례구속의 원칙을 인정한다면, 그 선례의 범위를 어느 정도의 범위로 볼 것인가의 문제가 남는데, 우리 헌법재판소는 결정문에 심사기준을 설시하면서 유사한 사안에서의 결정을 선례로 원용하면서도 실제 선례변경이라고 명시하는 것은 동일 심판대상 조문에 대한 결정이 바뀌는 경우가 대부분이고, 위에서 본 바와 같이 음란표현이 표현의 자유의 보호영역에 포함되는지 여부와 같이 심판대상조문을 달리하는 경우는 예외적이다(이 경우에도 '음란'이라는 동일한 법문에 대한 법적 쟁점이다). 본 연구에서는 선례의 범위를 법적 쟁점이 같거나 기본권 등 실체법적 관련성이 높은 사안에서의 '위헌심사기준'에 대한 것으로까지 넓혀보려고 한다. 이는 기존 대륙법계와 차이가 있다고 볼 수 있으나, 대륙법계에서도 판례는 사실상 '법원'의 성격을 가진다는 점에서 논의가 가능하다고 생각된다. 영미법과 대륙법의 원칙이 혼합된 유럽인권재판소에서 선례구속원칙이 일정정도 적용될 수 있다는 내용의 글로는 루치우스 빌트하버, 유럽인권재판소의 선례구속원칙, 오기두 번역, 저스티스 통권 77호, 2004 참고.

13) 김시철, "헌법해석에 관한 결정이유와 선례구속의 원칙", 헌법논총 17집, 헌법재판소, 2006, 35–96면 참조.

14) Cass R. Sunstein, On analogical reasoning, 106 Harv. L. Rev, 1992–1993, 747–748면 참조 : 이 글에서 선스틴은 유비논증의 특징으로 (1) 원칙화된 일관성(principled consistency) (2) 개별 사안에 집중(a focus on particulars) (3) 불완전하게 이론화된 판단(incompletely theorized judgement) (4) 낮은 차원에서의 원칙으로 작용되는 추상성(principles operating at a low or intermediate level of abstraction)이라는 특징을 들고 있다. 그러나 우리 헌법재판소는 유비논증에 따른 선례와 선례변경에 대한 분명한 인식하에 결정을 하고 있지 않으므로 유비논증을 본격적으로 시도하는 것은 한계가 있고, 하위 단계에서의 유사한 사안그룹에 적용되는 심사기준을 유형화하는 착안방법으로 논의를 전개한다.

먼저 형벌법규에 관한 헌법규정의 내용과 그 의미를 살피고, 형벌의 정당화에 대한 3가지 질문인 범죄의 정당화(사회유해성 내지 법익침해), 형벌의 정당화(응보, 일반예방, 특별예방), 형벌의 적정성과 위헌심사기준과의 관계를 검토한다. 더불어 법감정이 형벌법규의 위헌심사기준에서 가지는 의미를 검토한다. 형벌법규의 일반이론적 특성과 우리 형벌법규의 역사적 특성을 살펴, 이들이 형벌법규의 위헌심사기준에 반영되어야 한다는 점을 명확히 한다.

제3장에서는 구체적인 형벌법규의 위헌심사기준에 대한 헌법재판소의 결정례를 헌법의 규정순서에 따라 분석한다.

헌법 제10조의 인간의 존엄과 가치가 위헌심사의 전제가 되는 헌법상 인간상의 도출근거, 형벌에 관한 책임원칙 등의 헌법상 근거, 잔인한 형벌의 금지에서는 독자적 위헌심사기준으로 사용될 수 있음을 확인한다. 역시 헌법 제10조를 도출근거로 하는 '형벌에 관한 책임원칙'의 의미를 살피고, 양벌규정 등에 대한 헌법재판소 결정례와 관련하여 책임없으면 형벌없다는 원칙의 내용 및 다른 기본권제한법규에 적용되는 헌법상 자기책임의 원리와의 이론적 연관성과 차별성에 대하여 검토한다.

헌법 제11조 제1항의 평등원칙에 관하여 형벌법규에 대한 평등원칙의 심사기준에 따른 구체적 심사과정을 분석하고, 법정형에 관한 평등원칙 심사에서 체계정당성의 원칙이 평등원칙과 결합한 '형벌의 체계균형성 원칙'에 따른 위헌심사의 실제 사례 등을 검토하여 형벌법규에 대한 위헌심사기준으로서의 특성을 확인하며, 비례성심사기준이 형벌법규의 심사기준으로 적용되어야 하는 이유를 살핀다.

헌법 제12조 제1항 후단 및 제13조 제1항의 죄형법정주의 원칙을 검토한다. 죄형법정주의의 법률주의원칙은 역사적 연혁에 의해 헌법에 특별한 규정을 둔 것으로서 위임입법은 다른 기본권제한법규와 달리 엄격한 요건에서 예외적으로만 허용된다는 헌법재판소의 결정례를 분석한다. 죄형법정주의의 명확성원칙과 관련해서는 법치국가에서 유래하는 일반적 명확성원칙과의 차이점을 확인하고, 위법성조각사유에 명확성원칙의 적용여부를 검토하는 것의 타당성에 대하여 살핀다. 헌법재판소는 포괄위임금지원칙을 죄형법정주의의 명확성원칙과 연결시켜 설명하고 있는데 그 타당성과 다른 기본권제한법규에 대한 심사기준과의 차이점을 살핀다. 유추적용금지원칙은 최근 형법 제129조 제1항의 뇌물죄 규정에 대한 한정위헌결정과 관련되어 부각된 것으로 형벌법규의 유추적용에 대한 위헌심사의 한계 등에 대하여 검토한다. 형벌법규의 절대적 소급효 금지와 다른 기본권제한법규에 적용되는 신뢰보호원칙에 따른 소급효금지를 비교한다. 이처럼 죄형법정주의의 각 세부원칙과 대비되는 다른 기본권제한법규의 위헌심사기준과의 차이점을 살핌으로써 형벌법규에 대한 위헌심사기준의 특성을 분석한다.

형사절차와 관련된 헌법규정인 헌법 제12조 제1항의 적법절차원칙, 제13조 제1항 후단의 이중처벌금지원칙, 제27조 제4항의 무죄추정원칙이 실체법인 형벌법규의 위헌심사기준이 될 수 있는지를 검토한다.

헌법 제37조 제2항에 근거한 형벌법규에 대한 위헌심사기준으로서 과잉금지원칙 및 본질적 내용침해금지원칙에 대하여 살핀다. 형벌법규에 대한 과잉금지원칙에 따른 위헌심사가 이루어지는 과정에 따라 기본권의 보호영역 판단, 제한되는 기본권과 관련된 분석을 하도록 한다. 특히 다른 기본권제한법규와 달리 형벌법규에서 금지되는 행위가 기본권의 보호영역에 포함되는지, 기본권의 실현에 본질적으로 수반되는 행위가 형벌법규의 구성요건을 구성하는 것으로 볼 수 있는지 여부가 심각하게 논의된다. 어떠한 행위의 범죄화에 대한 입법자의 광범위한 입법재량이 과잉금지심사에서 가지는 의미와 구체적 심사기준의 특성을 살피고, 법정형의 종류 및 범위에 관한 위헌심사기준으로서 '책임과 형벌간의 비례원칙'의 내용 및 주요 판단요소에 대하여 분석하며, 사형제에 대한 위헌심사에서의 논의를 중심으로 기본권의 본질적 내용침해금지가 실제적으로 형벌법규의 위헌심사기준으로서 작용할 수 있는지에 대하여 검토한다. 더불어 특별형법과 광범위한 행정형벌 등 우리 형벌법규의 부정적 특성에 대한 헌법재판소의 인식과 해소노력도 살펴본다.

피해자의 기본권을 중심으로 한 위헌심사는 잠재적 범죄인을 수범자로 한 일반 형벌법규와 다른 차원에서 접근할 필요가 있다. 헌법재판소는 교통사고중상해면책사건과 형사미성년자 사건에서 형사피해자의 재판절차진술권을 제한되는 기본권으로 하여 위헌심사를 진행하였고, 전자에 대하여는 엄격한 과잉금지원칙을 적용하여 위헌결정에 이르렀는데 이러한 심사기준 채택의 문제점에 대하여 살피도록 한다.

제4장에서는 보안처분법규에 대하여 형벌법규의 위헌심사기준이 적용될 수 있는지 여부를 검토한다. 우리 헌법이 취하고 있는 이원주의 원칙상 보안처분법규는 형사적 제재이기는 하나, 형벌법규에 해당하지 않는다. 그러나 기본권제한의 정도가 형벌에 못지 않은 경우가 있다는 점에서 형벌법규의 엄격한 위헌심사기준이 적

용되어야 한다는 헌법재판소의 소수의견과 학계의 논의가 지속되고 있어 형벌법규의 위헌심사기준의 적용여부 및 범위를 명확히 한다는 점에서 검토가 필요하다. 이를 통하여 기본권제한의 정도가 큰 보안처분법규의 특성상 형벌법규의 위헌심사기준이 적용되지 않더라도 엄격한 심사기준이 적용되어야 한다는 점을 살핀다.

제5장에서는 형벌법규의 특성에 부합하는 위헌심사기준의 정립 방안을 검토한다. 앞서 제시한 3가지 관점으로 형벌법규의 위헌심사기준을 전체적으로 재정리하고, 향후 과제로서 위헌심사기준의 재정립과제를 살핀다.

제6장에서는 헌법재판소의 형벌법규에 대한 위헌심사가 형벌법규에 미친 영향 및 향후 전망에 대하여 간략히 살펴보도록 한다.

이처럼 3가지의 측면에서 형벌법규의 위헌심사기준을 분석하는데 있어 발간된 헌법재판소의 판례집에 실린 결정문이 분석의 대상으로서 기본 자료가 되었고, 헌법·형법 교과서, 논문, 대법원의 판례 등 법률문헌을 주로 참고하였다. 헌법재판소의 결정례를 통하여 헌법이 형벌법규와 관련하여 우리 사회의 규범의 틀로서 역할을 수행하고 있는지를 살피는 것이 본 저서의 주된 목적이고, 외국의 헌법이론을 우리 헌법현실에 대한 고려없이 동일 선상에서 살피는 것은 우리 헌법해석의 빈곤을 초래하는 것으로[15] 논의전개상 필요한 범위내에서 비교법적으로 검토하였다.[16]

---

15) 김형성, “한국 헌법학 50년의 성과와 21세기적 과제 지정토론문”, 서울대 법학 제36권 제2호, 서울대학교 법학연구소, 1995. 8, 93－97면 참조; 최대권, “헌법학 방법론의 문제 : 그 합리적 모색을 위한 담론”, 서울대 법학 제43권 제1호, 서울대학교 법학연구소, 2002. 3, 48－49면 참조.

16) 이미 우리 헌법과 형법법규는 일본, 독일, 미국의 영향을 벗어나 독자성을 자신할 만큼 상당한 성과가 쌓여 있는 점, 형벌법규는 핵심영역에서는 보편적이면서도, 시대와 문화에 따른 차이가 많은 점, 우리 헌법재판소의 결정례에서 밝히는 논증구조의 정합성을 그 자체로 따지는 것이 본 연구의 중심과제라는 점에서 외국이론과 문헌의 참조는 필요한 범위에 국한한다.

제 2 장

형벌법규에 대한 위헌심사의 의미와 특성

제1절 서 설

국가형벌권의 행사에 대한 헌법적 통제는 크게 보아 인간의 존엄과 가치, 죄형법정주의원칙, 형벌에 관한 책임원칙, 과잉금지원칙 및 본질적 내용의 침해금지, 평등원칙 등의 위배여부에 대한 통제로서 내용적 통제와 영장주의, 고문금지, 자백배제법칙, 재판받을 권리의 보장, 법관에 의한 재판 등의 위배여부에 대한 통제로서 절차적 통제로 구분할 수 있다. 그 중 형사법절차의 헌법정신에 따른 개선조치는 비교적 명확한 형태를 보이며 이루어지고 있다. 헌법에 규정된 형사법 관련 조항의 대부분이 형사법절차에 관한 것이고, 헌법재판소에서 형사법과 관련한 위헌결정 중 상당수가 형사법절차에 관한 것이다. 이를 통해 형사법절차에서 묵인되어 오던 권위적 관행이나, 헌법정신에 정면으로 배치되는 사항에 대한 시정이 이루어져 인권보장의 폭과 깊이가 더하여졌다.

형사법절차와 관련된 대표적 위헌결정 사례를 살펴보면 다음과 같다. 형사소송법상 구속기간 30일보다 20일 더 많은 국가보안법상 구속기간 연장제도에 대한 위헌결정,[1] 무죄판결 선고 후 관행적 교도소 연행에 대한 위헌결정,[2] 청구인이 검사조사실에 소환되어 피의자신문을 받을 때 계호교도관이 포승으로 청구인의 팔과 상반신을 묶고 양손에 수갑을 채운 상태에서 피의자조사를 받도록 한 것에 대한 위헌결정,[3] 미결수용자가 수사 또는 재판을 받기 위해서 구치소 밖으로 나올 때에 사복을 입지 못하게 하는 행위에 대한 위헌결정,[4] 10년 이상 징역이나 금고 구형 사건에서 무죄판결에도 불구하고 구속을 계속하도록 한 규정에 대한 위헌결정,[5] 보석허가결정에 대한 검사의 즉시항고로 피고인이 석방되지 않도록 한 규정에 대한 위헌결정,[6] 피고인 등의 참여권을 판사의 재량사항으로 규정한 공판기일 전 증인신문절차에 대한 위헌결정,[7] 미결수용자가 변호사에게 보내는 서신의 합리적 이유없는 검열제도의 위헌결정,[8] 변호인의 수사기록 열람과

1) 헌재 1992. 4. 14. 90헌마82, 판례집 4, 194.
2) 헌재 1997. 12. 24. 95헌마247, 판례집 9-2, 806.
3) 헌재 2005. 5. 26. 2001헌마728, 판례집 17-1, 709.
4) 헌재 1999. 5. 27. 97헌마137 등, 판례집 11-1, 653.
5) 헌재 1992. 12. 24. 92헌가8, 판례집 4, 853.
6) 헌재 1993. 12. 23. 93헌가2, 판례집 5-2, 578.
7) 헌재 1996. 12. 26. 94헌바1, 판례집 8-2, 808.

등사권의 보장 결정,[9] 불구속피의자의 피의자신문시 변호인조력을 받을 권리에 관한 결정,[10] 검찰의 불기소처분에 대한 헌법소원 허용결정[11] 등이 이에 해당한다.[12]

그렇다면 범죄와 그에 대한 형벌을 규정한 실체법인 형벌법규에 대하여는 어떠한가? 형벌법규의 법치국가적 한계는 어떠하며, 헌법재판소에 의한 위헌심사의 기준과 내용은 무엇인가? 이에 대한 답을 찾아가는 과정이 결국은 형벌법규의 위헌심사기준에 관한 논의의 핵심이 될 것이다.

이하에서는 우리 헌법에서 형벌법규와 관련된 조문의 내용과 그 연원을 살피고(제2절), 형벌법규의 법치국가적 한계로서 위헌심사 논의를 통해 형법학과 법철학에서 형벌법규의 정당화 논거로 논의되는 사항이 헌법재판소의 형벌법규에 대한 위헌심사에서 어떻게 수용되고 있는지를 검토한다(제3절). 형벌법규의 일반적, 역사적 특성, 우리 형벌법규의 부정적 특성을 살피고, 헌법과 형법의 관계를 검토함으로써 형벌법규 위헌심사기준에 대한 연구의 전제가 되는 형벌법규 위헌심사의 특성을 도출하여 보도록 한다(제4절).

---

8) 헌재 1995. 7. 21. 92헌마144, 판례집 7－2, 94.

9) 헌재 1997. 11. 27. 94헌마60, 판례집 9－2, 675.

10) 헌재 2004. 9. 23. 2000헌마138, 판례집 16－2상, 543.

11) 헌재 1992. 6. 26. 92헌마7, 판례집 4, 462 등 : 극히 예외적인 경우를 제외하고 항고・재항고 등 검찰 내의 이의절차만이 가능하였던 검사의 불기소처분을 사법기관의 심사 대상으로 삼은 것으로서 결국에는 2008년 형사소송법 개정으로 검찰의 불기소처분에 대하여, 재정신청의 인정 범위(고소에 대한 불기소처분)가 대폭 확대되는 결과에 이르렀다.

12) 형사사법절차의 개선은 단지 헌법재판소의 위헌심사를 통해서 뿐만 아니라 우리 사회의 민주주의가 성숙되어 온 역사와도 궤를 같이 한다. 헌법상 명문의 규정 – 예를 들어 헌법 제12조 제2항 전단 고문금지 규정 – 과는 상관없이 형사사법절차에서 고문이 자행되어 왔다. 조선시대에 자백을 받기 위한 고문의 일종인 고신이 일정한 제한 하에 법으로 보장되었다(도면회, 한국 근대형사재판제도사, 푸른역사, 2014, 65－73면 참조). 일제 강점기의 이민족 군인과 경찰에 의한 고문을 거쳐 해방 이후 고문금지가 명문의 헌법규정으로 되어 있음에도 고문은 암암리에 지속되었고, 그 진상이 과거사진상규명위의 활동 등을 통해 확인되었다. 고문은 우리 사회의 중요한 이슈가 되어왔는데 1986년 권인숙 성고문 사건, 1987년 박종철 고문치사 사건, 2003년 서울중앙지검 강력부의 조폭수사 관련 고문치사사건, 2003년 보호자가 제대로 없는 취약층 소년사범에 대한 고문으로 인한 허위자백사건, 2009년 마약, 절도사범에 대한 양천서 고문사건 등이 발생하였다. 이러한 일련의 고문사건의 파급력으로 우리 형사사법절차에서 고문의 추억은 점차 희미해지고 있다.

제2절 형벌법규와 위헌심사에 관한 헌법규정

1. 형벌법규에 관하여 직접 명시한 규정

헌법 제12조 제1항은 “법률과 적법한 절차에 의하지 아니하고는 처벌 · 보안처분 또는 강제노역을 받지 아니한다.”고 규정하고 있고, 제13조 제1항에서는 “모든 국민은 행위 시의 법률에 의하여 범죄를 구성하지 아니하는 행위로 소추되지 아니하며”라고 하여 형벌법규에 관련하여 죄형법정주의원칙 및 그 내용의 하나로써 소급효금지원칙을 규정하고 있다. 또한 헌법 제13조 제1항 후단에서 “동일한 범죄에 대하여 거듭 처벌받지 아니한다.”고 하여 이중처벌금지원칙을 규정하고 있다.[13)]

범죄와 형벌의 종류에 대하여 일반적으로 헌법에 직접 그 근거가 명시되어 있지 않다. 그러나 헌법의 여러 규정에서 죄와 형벌의 유형에 대하여 간접적으로 규정하고 있다. 먼저, 죄의 종류에 관하여 살펴보면, 헌법 제27조 제2항에서는 “군인 또는 군무원이 아닌 국민은 대한민국의 영역 안에서는 중대한 군사상 기밀 · 초병 · 초소 · 유독음식물공급 · 포로 · 군용물에 관한 죄 중 법률이 정한 경우와 비상계엄이 선포된 경우를 제외하고는 군사법원의 재판을 받지 아니한다.”고 하여 군사상 기밀 · 초병 · 초소 · 유독음식물공급 · 포로 · 군용물에 관한 죄’에 관하여 규정하고 있고, 헌법 제84조에서는 “대통령은 내란 또는 외환의 죄를 범한 경우를 제외하고는 재직 중 형사상의 소추를 받지 아니한다.”고 하여 ‘내란 또는 외환의 죄’에 대하여 규정하고 있다. 헌법 제110조 제4항에서는 “비상계엄하의 군사재판은 군인 · 군무원의 범죄나 군사에 관한 간첩죄의 경우와 초병 · 초소 · 유독음식물공급 · 포로에 관한 죄중 법률이 정한 경우에 한하여 단심으로 할 수 있다. 다만, 사형을 선고한 경우에는 그러하지 아니하다.”라고 하여 비상계엄하 군사재

---

13) 제헌헌법 제23조는 “모든 국민은 행위 시의 법률에 의하여 범죄를 구성하지 아니하는 행위에 대하여 소추를 받지 아니하며 또 동일한 범죄에 대하여 두 번 처벌되지 아니한다.”고 규정하였다. 한편 상해임시정부법령 제2호[1919. 9. 11. 폐지제정] 제9조는 “대한민국의 인민은 법률에 의하여 좌열 각항의 권리를 유함. 1. 법률에 의치 아니하면 체포 사찰 신문 처벌을 수치 아니하는 권”이라고 하여 죄형법정주의에 대하여 기본적인 모습을 규정하고 있다.

판의 대상으로서 '군사에 관한 간첩죄', '초병 · 초소 · 유독음식물공급 · 포로에 관한 죄'의 존재를 명시하였다.

헌법기관 구성과 관련하여 헌법기관의 자격으로서 형벌의 종류를 표시하고 있다. 헌법 제106조 제1항은 "법관은 탄핵 또는 금고 이상의 형의 선고에 의하지 아니하고는 파면되지 아니하며"라고 규정하여 자유형의 일종인 '금고 이상의 형'의 존재를 명시하고 있다. 헌법재판소 재판관에 대하여는 헌법 제112조 제3항, 선거관리위원회 위원에 대하여는 헌법 제114조 제5항에서 같은 취지의 규정을 하고 있다. 대통령의 권한으로서 사면권을 규정한 헌법 제79조의 '사면, 감형, 복권'은 형의 종류로서 '감하여 질 수 있는 형', '복권이 될 수 있는 자격에 관한 자격정지 및 상실형' 등이 있음을 전제로 하고 있다.

마지막으로, 헌법 제110조 제4항 단서에서는 "비상계엄하의 군사재판은 군인 · 군무원의 범죄나 군사에 관한 간첩죄의 경우와 초병 · 초소 · 유독음식물공급 · 포로에 관한 죄 중 법률이 정한 경우에 한하여 단심으로 할 수 있다. 다만, 사형을 선고한 경우에는 그러하지 아니하다."라고 하여 형벌의 종류로서 '사형제'에 대하여 헌법에 규정을 두고 있다.[14)]

이처럼 헌법의 규정상 일부 범죄의 유형이 등장한다. 이는 예외적 군사법원 관할, 비상계엄하의 단심제, 대통령의 임기 중 불소추특권 관련하여 군사범죄 내지 국가존립과 관련된 범죄의 일부가 헌법에 명시된 것으로서 그 자체의 독자적 의미를 부여할 수는 없으나, 우리 헌법이 일정한 행위를 범죄로 하고, 사형, 자유형 등 형벌을 부과하는 형사사법시스템을 전제로 하고 있다는 점을 분명히 하는데서 의미를 찾을 수 있다.

한편 형사절차와 관련하여 헌법에 관하여 직접 명시한 규정은 다음과 같다.

헌법 제12조 제1항은 "모든 국민은 신체의 자유를 가진다. 누구든지 법률에 의하지 아니하고는 체포 · 구속 · 압수 · 수색 또는 심문을 받지 아니하며"라고 하여 적법절차에 따른 형사절차 진행에 관하여 규정하고 있고, 제2항은 "모든 국민

14) 이 조문이 헌법상 사형제도의 존재가능성을 인정하는 것인가에 관하여는, 사형제도의 위헌성이 문제된 헌법재판소 결정(헌재 2010. 2. 25. 2008헌가23, 판례집 22-1상, 36)에서 다루어졌다. 법정의견(합헌)은 이 조항을 들어 헌법이 간접적이나마 사형제도를 인정하고 있다고 하였고, 일부위헌의견(조대현 재판관)은 군사재판에 있어서만 사형제의 성립을 긍정하는 논거로 주장하였다. 반면, 위헌의견(김희옥 재판관)에서는 계엄 등 긴박하고 예외적인 상황에서도 사형선고만은 사법절차를 통한 불복이 가능하도록 하자는 취지에서 현행 헌법에서 도입된 것으로 사형제도를 허용하는 규정으로 보기는 어렵다고 주장하고 있다.

은 고문을 받지 아니하며, 형사상 자기에게 불리한 진술을 강요당하지 아니한다." 라고 하여 고문금지 및 진술거부권을 규정하고 있다. 같은 조 제3항은 체포·구속·압수·수색에 관한 법관의 영장주의 원칙을, 제4항은 체포 또는 구속을 당한 자의 변호인 조력권을, 제5항은 체포·구속의 이유 및 변호인 조력권 고지, 가족 등에 대한 체포·구속통지제도를, 제6항은 체포·구속의 적부심제도를, 제7항은 고문 등에 의한 자백의 증거능력배제 및 자백이 유일한 증거인 경우 이를 유죄의 증거로 삼을 수 없음을 규정하고 있다. 헌법 제16조는 주거에 대한 압수·수색에서 법관의 영장주의를, 헌법 제27조 제2항은 군인, 군무원 이외 군사재판의 원칙적 금지를, 제3항은 신속·공개재판을 받을 권리를, 제4항은 무죄추정원칙, 제5항은 형사피해자의 재판절차진술권을 규정하고 있다.

한편 헌법 제28조는 구금되었던 자가 혐의없음 또는 무죄판결을 받는 경우 형사보상제도를, 제30조는 타인의 범죄행위로 생명·신체에 대한 피해를 받은 범죄피해자 구조제도를, 제44조는 현행범을 제외한 국회의원의 회기 내 불체포특권을 규정하고 있다. 헌법 제77조 제3항은 비상계엄시 영장제도에 대하여 특별한 조치를 취할 수 있음을, 제79조는 대통령의 사면권에 관하여, 제84조는 대통령의 내환·외환죄를 제외한 범죄의 임기내 불소추권을, 제110조는 특별법원으로서 군사법원과 비상계엄하 군사재판의 단심제와 사형선고의 경우의 예외에 관하여 규정하고 있다.

2. 헌법재판 및 형벌법규의 위헌심사와 관련된 규정 및 의미

가. 헌법재판제도의 헌법명시

헌법 제107조 제1항은 "법률이 헌법에 위반되는 여부가 재판의 전제가 된 경우에는 법원은 헌법재판소에 제청하여 그 심판에 의하여 재판한다."고 하여 법원의 위헌제청에 따른 헌법재판소의 위헌심사권을 명시하고 있고, 헌법 제111조 제1항은 헌법재판소의 관장업무로서 '1. 법원의 제청에 의한 법률의 위헌여부 심판, 5. 법률이 정하는 헌법소원에 관한 심판'을 명시하여 법률의 하나인 형벌법규에 대한 위헌심판절차를 규정하고 있다. 한편 헌법 제113조 제1항은 "헌법재판소에서 법률의 위헌결정, 탄핵의 결정, 정당해산의 결정 또는 헌법소원에 관한 인용결정을 할 때에는 재판관 6인 이상의 찬성이 있어야 한다."고 하여 재판관 6인 이상 찬성이라는 위헌결정의 요건을 규정하고 있다. 그리고 같은 조 제3항에 따라 헌법재판의 구체적 내용과 절차에 대하여는 헌법재판소법에 규정되어 있다.15)

제헌 당시 헌법을 실질적으로 구현하는 헌법재판제도가 미국식 사법적 위헌심사제도와 대륙법계의 헌법재판소 제도를 절충한 구상으로 출범하게 되었다. 그러나 10년간 6건의 사건처리에 그친 제헌헌법의 헌법위원회, 시행되지도 못하였던 1960년 6월 헌법의 헌법재판소, 대법원에서 위헌법률심사를 담당하였던 시기의 국가배상법 제2조 제1항 단서의 위헌결정으로 발생한 이른바 사법파동, 유신헌법을 거쳐 1980년 개정헌법에 이르기까지 1건도 심사하지 않은 헌법위원회 등 1987년 개헌으로 현재의 헌법재판소가 설립되기 전에는 우리 헌법사에서 헌법재판은 암흑기였다고 볼 수 있다. 이후 1987년 6월에 있었던 국민들의 민주화항쟁으로 헌법소원 도입 등 현대적 헌법재판제도에 가장 근접한 헌법재판제도를 도입하게 되었다. 이러한 헌법재판제도의 획기적 도입과 이후의 성공적 정착은 종래 독재와 권위주의 통치의 구체제를 청산하고자 하였던 국민의 열망과 힘이 작용한 것이라고 평가된다.16)

나. 형벌법규의 위헌심사와 관련된 규정

앞서 본 바와 같이 죄형법정주의, 이중처벌금지, 무죄추정원칙을 규정한 헌법 제12조 제1항, 제13조, 제27조 제4항은 형벌법규에 관한 헌법규정으로서 위헌심사의 직접적 기준이 된다. 형벌법규는 잠재적 범죄자의 기본권을 제한하는 규정이므로 다른 기본권제한법규와 마찬가지로 책임원칙 등과 관련하여 헌법 제10조의 인간의 존엄과 가치, 과소보호금지원칙과 관련하여 헌법 제10조 후단 기본권보호의무, 헌법 제11조 제1항 평등원칙, 제37조 제2항 과잉금지원칙 및 본질적 내용

---

15) 헌법재판소법 중 형벌법규의 위헌심사와 관련하여 특별한 규정은 위헌법률심판 제청사건에서 형벌에 관한 법률의 위헌결정시 소급효 발생을 명시한 헌법재판소법 제47조 제3항 – "형벌에 관한 법률 또는 법률의 조항은 소급하여 그 효력을 상실한다. 다만, 해당 법률 또는 법률의 조항에 대하여 종전에 합헌으로 결정한 사건이 있는 경우에는 그 결정이 있는 날의 다음 날로 소급하여 효력을 상실한다."(단서부분은 2014. 5. 20.부터 시행되었다) – 이 있다. 한편 형벌법규에 관한 헌법소원의 경우에는 헌법재판소법 제75조 제6항에서 소급효에 관한 위 조항을 준용함으로써 역시 위헌결정의 소급효의 범위에 관하여 규정하고 있다.

16) 정종섭, 헌법소송법(제4판), 박영사, 2006, 53–72면 참조.

침해금지 등이 모두 위헌심사와 관련된 규정이 될 수 있다. 이에 대하여는 뒤에서 상세히 살핀다.

제3절 국가형벌권의 법치국가적 한계로서 위헌심사

1. 국가형벌권의 법치국가적 한계

근대 국민국가 성립 이후 형벌권의 행사주체는 국가가 되었으므로 형벌의 문제는 결국 국가형벌권의 행사문제가 된다. 국가의 형벌권은 헌법상 직접적으로 명문화되어 있지 않지만, 법률과 적법한 절차에 따른 형사처벌을 규정한 헌법 제12조 제1항, 영장주의원칙 등 형사처벌 절차를 규정한 헌법 제12조 제2항 내지 제7항, 죄형법정주의의 소급효금지, 이중처벌금지 등을 규정한 헌법 제13조, 국민의 재판받을 권리를 규정한 헌법 제27조 등은 국가에 의한 형벌권행사를 당연한 전제로 삼고 있다. 국가가 국민에게 안전을 보장하여야 한다는 요청은 무엇보다도 범죄의 규명과 처벌, 효과적인 법익보호, 사적 폭력과 자력구제의 금지 등을 통하여 실현된다.[17] 한편 형벌은 기본권에 대한 매우 중대한 침해를 의미하므로 근대 이후 확립된 실질적 법치국가원리에 따른 제한을 받아야 한다. 이처럼 국가형벌권의 법치국가적 한계로서 형벌법규에 대한 위헌심사제도가 기능한다.

이러한 국가형벌권의 한계로서 형벌법규에 대한 위헌심사기준에 대한 논의의 시작점은 '형벌 그 자체의 정당화여부'가 될 것이다. 형벌의 정당화 문제에 관하여 법철학자 하트는 크게 3가지의 질문으로 정리될 수 있다고 하였다. 첫째, 형벌을 정당화하는 목적은 무엇인가? 둘째, 누구에게 형벌이 부과될 것인가? 셋째, 정당화될 수 있는 형벌의 정도는 어떠한가?[18]

첫째 질문에 대하여는 어떤 행위가 형사처벌의 대상이 되는가의 문제가 전제가 되어 있고, 이는 형사처벌의 대상이 되는 '어떠한 행위를 범죄로 정하는 것의 정당화' 문제이다. 다음으로, 형벌을 부과하는 것 자체의 정당화 논거가 문제되고

---

17) 한수웅, 헌법학(제2판), 법문사, 2012, 283면 참조.
18) H.L.A. HART, Punishment and Responsibility, OUP, 2008, 3면 참조.

이에 관하여는 크게 보아 응보주의(응보형) 또는 공리주의(예방형)의 논의가 있다. 이는 두 번째 질문과도 연결이 된다. 두 번째 질문은 형사적 책임이 있는 사람에게 형벌이 부과되어야 한다는 의미에서 '형벌에 관한 책임원칙' 중 '책임없는 형벌 없다는 원칙'의 문제로, 이에 관하여는 제3장 제1절에서 검토한다. 세 번째 질문은 형벌의 비례성에 관한 문제로, 제3장 제1절(인간의 존엄과 가치, 법정형에 관한 책임원칙), 제2절(평등원칙), 제5절(과잉금지원칙 및 본질적 내용 침해금지)에서 검토된다. 이러한 형벌법규에 관한 법철학적, 형법적 논의는 형벌법규에 대한 위헌심사논의의 내용을 구성하는 것으로서 위헌심사과정에서 어떠한 헌법적 평가를 받는지 살필 필요가 있다.[19]

이하에서는 범죄의 정당화, 형벌의 정당화 그리고 그 결정에 중요한 요소로 작용하는 사회구성원의 '법감정'이 위헌심사기준에 어떻게 반영되는지를 살피도록 한다.

2. 범죄의 정당화

가. 범죄의 실질에 대한 질문 - '사회유해성 내지 법익침해'

어떤 행위가 형사처벌의 대상이 될 것인가의 문제는 결국 형사처벌의 대상이 되는 '범죄'는 무엇인가의 문제이다. 범죄에 대하여는 접근방식에 따라 다양한 개념정의가 가능하다.[20]

형법학에서는 범죄의 개념을 형식적 범죄개념과 실질적 범죄개념으로 나누어 논의를 하고 있는데, 어떤 행위가 형사처벌의 대상이 되어야 하는가에 대한 규범적 논의에 있어 의미가 있는 분류방법이다. 여기서 형식적 범죄개념은 '실정 법률에 의하여 형벌이 부과되는 행위'를 의미하는 것으로서 기존 형법의 체계 내재적

---

19) 본 저서에서는 고전적 주제인 형벌의 정당화에 대한 본격적인 논의를 하려는 것이 아니라 형법학과 법철학에서 어느 정도 합의된 수준에서 헌법적으로 어떻게 수용되고 위헌심사의 기준으로서 작용하는지를 보려는 것이다. 따라서 형벌의 정당화에 관한 법철학, 형법학의 본격적 논의는 다루지 않는다.

20) R. White and F. Haines, Crime and Criminology(2ed), OUP, 2000, 4-5면 참조 : 국가가 범죄로 정한 것이 범죄라는 형식적 범죄(formal legal definition)개념, 사회적 해악(social harm) 개념, 낙인이론(labelling approach), 인권침해이론(human right approach), 일탈이론(human diversity approach) 등이 대표적이다.

범죄개념이므로 그 정당성을 비판하는 기능을 수행하지 못하는 한계가 있다. 즉 형식적 범죄개념은 '범죄란 무엇인가'라는 질문에 대하여 '법률이 범죄라고 하면 범죄이다'라고 답하여 법실증주의의 견지에 서 있으며 전혀 범죄의 본질을 제시하지 못하는 결함을 지니고 있다.21) 반면, 실질적 범죄개념은 범죄화와 비범죄화의 실질적 기준을 다루는 것으로 형벌법규의 입법시 기준이 되고, 이후 헌법재판소에 의한 위헌심사의 대상이 된다는 점에서 헌법에 근거한 개념작업이 필요하다. 형법학에서는 범죄의 실질에 대하여 '사회적 유해성 내지 법익을 침해하는 반사회적 행위', '사회윤리위반을 넘어선 사회유해성 또는 법익침해'라고 설명하고 있다.22) 이처럼 범죄의 실질에 관하여 사회유해성과 법익침해라는 용어가 사용되고 있어 이를 규범적으로 파악하기 위해서는 그 용어의 연원과 의미 그리고 상호관계에 대하여 살필 필요가 있다.23)

사회유해성이론은 사회계약론에 기반한 벡카리아의 저서 범죄와 형벌, 그리고 영국의 사상가 존 스튜어트 밀이 자유론에서 제기한 해악법칙(harm principle)의

---

21) 임웅, 형법총론(제5정판), 법문사, 2013, 74－75면 참조.

22) 이재상, 형법총론(제5판), 박영사, 2003, 67－69면; 배종대, 형사정책, 홍문사, 2011, 54면 참조.

23) 실질적 범죄개념의 판단요소로서 사회유해성과 법익침해의 관계에 대해 논의한 우리나라의 글로는 ① 김창군, "사회유해성의 체계이론적인 분석", 안암법학 8, 세창, 1998. 12. ② 박광현, "사회유해성에 기초한 형법의 정당성 판단", 법학논총 제18권 제3호, 조선대학교 법학연구원, 2011. 12. ③ 김두식, "무엇이 범죄인가 : 범죄개념에 대한 비판적 검토", 법조 제57권 제3호, 법조협회, 2008이 확인된다. 위 글들은 모두 형법학의 관점에서 바라본 것이다. 먼저, 김창군의 글은 사회계약론에서 출발하여 평화로운 공동생활의 조건에 대한 침해를 의미하는 사회유해성과 달리, 법익보호론은 사회계약론과 관계없이 입법자의 판단을 정당화하는 논리라고 주장하며 사회유해성의 관점에서 형벌법규의 정당화를 논증하는 독일학자 Amelung의 견해를 소개하는 글이다. 이 글은 사회유해성의 체계 이론적 분석을 통해 사회체계의 유지에 기여할 수 있는 범죄구성요건이 사회유해성에 의해 인정되고, 이는 헌법(인격존중원칙 등)에 의해 정당화되어야 한다고 함으로써 실질적 범죄개념의 기준으로서 사회유해성을 헌법의 원칙과 연결시킨 점에서 시사점이 있다. 다음으로 박광현의 글은 형법적 법익을 "헌법상 인간존엄성과 가치를 보장받기 위한 공동생활의 조건을 방해하는 행위로부터 보호될 가치가 있는 이익"이라고 보면서, 사회유해성론을 그 유해성의 정도에 대한 사회공동체의 판단에 따라 형법적 법익을 형벌법규화하는 것에 대한 정당화논의로 분리하여 논의하고 있다. 이 글은 형법적 법익을 일종의 실체로 그리고 사회유해성을 양으로 측정되는 유동적인 판단의 문제로 나누어 보고 있는데 그 논리적 타당성은 별론으로 하고, 사회유해성 내지 법익침해가 결국은 그 정도에 대한 사회공동체의 판단(비례성심사)에 의할 수밖에 없다는 점을 보여준다는 점에서 의의가 있다. 마지막으로 김두식의 글은 사회유해성론이나 법익침해론 모두 그 개념의 불투명성과 모호성으로 인하여 실질적 범죄의 개념으로써 제대로 기능을 하지 못하고 있다는 점을 지적한 글이다. 이 글들의 논지는 헌법재판소의 결정들을 비판적으로 검토한 본 연구의 결론과 부분적으로 같이 한다(김창군의 글－사회유해성 내지 법익보호의 헌법적 의미. 박광현의 글－과잉금지원칙에 따른 심사의 불가피성, 김두식의 글－개념의 모호성으로 인한 독자적 위헌심사기준으로서 기능하지 못하고 있는 점에 대한 비판).

연장선에서 논의가 된 것인데, 그 주장의 핵심은 다른 사람에게 해악을 끼치지 않는다면 비도덕적인 행위이거나 행위자에게 해로운 행위이더라도 형사처벌하여서는 안 된다는 것이다.24) 해악법칙은 형법과 도덕을 명백히 구분하여야 한다는 원칙에서 동성애와 매춘에 대한 형사처벌을 금지할 것을 제안한 울펜덴(Wolfenden) 보고서(Report of the committee on Homosexual Offences and Prostitution, 1957. 9. 3. 발간)에 대한 판사 데블린(Devlin)과 철학자 하트(Hart)의 논쟁에서 본격적인 논의가 이루어진다.25) 데블린은 도덕은 '사회를 유지하는 보이지 않는 끈'으로 이 끈이 풀리면 사회가 해체될 수 있어 이러한 사회적 해악을 방지하기 위해 국가가 형벌로서 도덕을 강제할 수 있는데, 도덕의 법적 강제의 실천적 제한으로서 냉철한 판단하에 그 행위에 대한 분노감과 혐오감이 존재하여야 한다고 보았다. 반면, 하트는 밀의 해악법칙에 기반하여 '성인에 의해 사적으로 행해지는 성도덕으로부터의 일탈이 사회의 존재를 위협하는 반역죄 같은 것이 아니고, 사회의 공유된 도덕으로부터의 일탈이 사회의 존재를 위협한다는 주장은 (도덕의 변화가 없는) 동일한 사회가 계속된다는 불합리한 기준에 기초하고 있다'고 반박하였다.26) 다만 하트는 밀과 달리 온정주의(paternalism)를 인정하여 마약매매와 같이 자신에게 해가 되는 일정한 행위에 대한 후견적 개입을 인정하고 있다.27) 이후에도 영미에서는 해악법칙의 구체화, 규범화 논의를 발전시켜 나가고 있고,28) 영미의 형법학에

---

24) 존 스튜어트 밀, 자유론(on liberty), 박홍규 역, 문예출판사, 2009, 42–43면 참조 : "문명사회의 구성원에 대해 그의 의사에 반해 권력을 정당하게 행사할 수 있는 유일한 목적이란, 타인에 대한 침해를 방지하는 경우뿐이다. 그 자신의 행복이란 그것이 물질적인 것이든 정신적인 것이든 정당화의 충분한 근거가 되지 못한다. 그렇게 하는 것이 자신에게 좋다던가. 그렇게 하는 것이 남들 보기에 현명하다거나 심지어 옳다는 이유로 어떤 사람에게 하도록, 또는 그렇게 하지 말도록 강제하는 것은 정당할 수 없다." 그 외 자유론에서는 독약판매규제, 금주법, 모르몬교제재, 휴일준수법, 매춘, 도박 등의 예를 통해 법적 강제가 가능한지에 대하여 검토하고 있다.

25) Wolfenden 보고서에 대한 이하 Devlin과 Hart의 논쟁내용은 최봉철, 현대법철학, 법문사, 2007, 383–391면 참조.

26) 하트, 법, 자유, 도덕, 이영란 역, 나남, 1996, 69–71면 참조.

27) 이는 데블린이 자신에게 해가 되는 행위를 허락하는 경우에도 면책되지 않는 이유에 대한 설명으로 도덕주의를 주장하는 것에 대한 반박으로 이루어지고 있다. 하트는 마약판매제한이 구매자의 자유를 제한하는 것이라는 밀의 주장을 받아들이지 않고 있다(하트, 법, 자유, 도덕, 45–49면 참조).

28) Hamish Stewart, The Limits of the Harm Principle, Criminal law and Philosophy(vol 4), Springer, 2010. 1; Kai Ambos, The Overall Function of International Criminal Law : Striking the Right Balance Between the Rcchtgut and Harm Principles, Criminal Law and Philosophy(vol 9), Springer, 2015. 6 참조 : 해악법칙 이론의 전개를 살펴보면, 미국 법철학자인 파인버그(Feinberg)은 해악(Harm)의 의미를 '잘못된(wrongful) 행위에 의한 이익의 좌절,

서는 이와 같이 사회유해성이론으로 범죄의 실질에 대한 논의를 하고 있다.[29)]

한편 법익침해이론은 독일법에서 발달한 것으로 형벌법규에 의해 보호되는 법익은 법적으로 보호되는 이익으로서 '사회의 공존·공영조건을 확보하기 위하여 법적으로 보호되는 생활재'라고 정의된다.[30)] 애초 법익침해이론은 권리침해이론에 대한 비판이론으로 등장하였다. 권리침해이론은 계몽주의와 사회계약론에 바탕을 두고 범죄의 본질은 개별적인 권리를 침해하는데 있다는 견해로 포이에르바하(Feuerbach)가 종교·도덕과 법을 구별하면서 주장한 것이다. 이후 19세기 독일법학자 비른바움(Birnbaum)은 실증주의에 기반을 두고 범죄를 통해 실질적으로 침해되는 것은 권리가 아닌 이익(Gut)이라고 주장하면서 기존의 권리침해이론이 종교범이나 경찰질서범에 대하여 설명하지 못한다고 비판한다. 빈딩(Binding)은 법익을 '그 자체로 법은 아니지만 입법자의 눈으로 보았을 때 법공동체가 건전하게 살아가는데 필요한 조건의 총체'라고 보았고, 리스트(Liszt)는 법익을 '국가공동체의 생활조건인 동시에 법적으로 보호되는 이익'으로서 형법의 목적도 인간의 생활이익을 보호하는데 있다고 주장한다. 이러한 법익개념을 체제비판적 기능을 제대로 수행하지 못한다는 점에서 비판하며 막스(M. Marx)와 하세머(W. Hassemer) 등에 의해 인격체가 자유롭게 자기를 실현하기 위해 필요로 하는 대상만을 형법상 법익으로 인정하는 인격적 법익론 등이 주장되고 있다.[31)]

그렇다면 이렇듯 다른 지역적, 법률적 토양에서 성립된 양 이론의 관계는 어

감소, 소멸'로 구체화하고, '해악법칙'에 더하여 엄격한 의미의 'Offense Principle'(다른 사람에게 불쾌감을 주는 행위의 형사처벌) 및 해악을 끼칠 구체적 위험의 형사처벌에 대하여도 논의를 하였다. 라즈(Joseph Raz)는 해악법칙을 'Principle of Freedom'으로 해석하였고, 히르쉬(Andrew von Hirsh)는 '표준해악분석'으로 '해악의 무게, 형사처벌로 인한 행위자의 자유제한과 행위의 사회적 가치, 부수적 제한의 고려'라는 3단계 분석론을 제시하는 등 해악법칙의 구체화, 규범화 논의가 계속되고 있다.

29) Jonathan Herring, Criminal Law(3ed), OUP, 2008, 22−28면 참조; 미국의 모범형법전(The American Model Penal Code, section 1.02)에서도 형법의 목적을 '개인 또는 공익에 상당한 해악을 가하는 행위를 금지하고 예방하는 것'(to forbid and prevent conduct that un−justifiably and inexcusably inflicts or threatens substantial harm to individual or public interests)이라고 규정하고 있다.

30) 임웅, 형법총론, 8면; 최근 간통죄 위헌결정에서 위헌입장에서 의견을 낸 김이수 재판관은 형법이 보호하는 법익에 대하여 "인간실존의 가장 근본적인 가치임과 동시에 인간의 구체적이고 현실적인 사회생활에 필요한 가치이다."(헌재 2015. 2. 26. 2009헌바17 등, 판례집 27−1상, 20, 32)라고 하였다.

31) 법익론의 전개는 박광현, "위험사회에서의 법익침해에 관한 형법적 고찰", 전남대 박사학위논문, 2011. 8, 9−21면을 참조하여 정리하였다.

떠한가? 독일 형법학계에서는 사회유해성과 법익침해가 동일시되거나 깊은 상관관계를 가진다는 견해가 일반적이라고 하고,32) 현대 영미 형법의 '사회유해성이론'에서 실제 다루어지는 내용도 대륙법계의 법익침해론과 논의의 맥락을 같이 한다.33) 이렇듯 양자가 서로 논의의 맥락을 같이 하거나 접점을 찾아가는 이유는 각 이론이 현실과 부딪치면서 설득력 있는 결론을 내려가는 과정이었기 때문이라고 보인다. 법익침해론의 출발이었던 권리침해론은 사회유해성론과 그 사상적 배경이나 내용에 있어 차이가 없다. 실증주의에 기반한 법익침해론 또한 체제 비판적 기능을 제대로 수행하지 못한다는 비판을 받고 형법이 지향해야 할 가치질서로서 인격의 실현 등 헌법적 가치를 끌어들임으로써 사회계약론에 기반한 사회유해성론과 가까워지고 있다. 마찬가지로 사회유해성론도 앞서 본 바와 같이 행위로 인한 유해한 결과를 중시하는 입장인데, 더 나아가 해악(Harm)의 의미를 행위 그 자체 또는 유해한 결과에 대한 위험으로 넓힘으로써 법익침해론과 가까워지고 있다.

그렇다면 실질적 범죄의 기준으로서 '사회유해성' 또는 '법익침해'의 규범적 의미는 무엇인가? 사회유해성의 측면에서는 타인에게 해악을 끼치지 않는 행위 즉 단순한 도덕규범 위반행위와 사회일반에 해악을 끼치지 않는 사인간의 손해배분의 문제는 형사처벌의 대상이 될 수 없음을 분명히 하는 의미가 강조되고, 법익침해의 측면에서는 사회의 공존·공영조건을 확보하기 위하여 필수적으로 법적 보호가 필요한 것이 형사적인 보호법익이 될 수 있다는 점을 명확히 하는 의미가 강조된다. 그리고 양자는 서로 수렴하여 실질적으로 범죄가 되어야 하는 행위에 대한 기준을 형성하게 된다.

우리 형법에서는 '법익'개념을 사용하고 있고,34) 학계에서도 행위반가치·결과

32) 김창군, "사회유해성의 체계이론적인 분석", 124–125면 참조.

33) Jonathan Herring의 Criminal Law(3ed), 22–28면에서는 해악의 의미가 무엇인지, 환경문제와 같이 현세대가 아닌 미래세대에 피해가 있는 경우에도 해악이라고 볼 수 있는지, 잠재적 해악(우리 형법학에서는 추상적 위험범의 문제가 될 것이다)도 해악에 해당하는지, 공공이익(우리 형법학에서는 사회적 법익, 국가적 법익에 해당하는 내용이 될 것이다)이 해악에 해당하는지, 해악이 아닌 순전히 도덕적인 것은 무엇인지 등을 차례로 검토하고 있다.

34) 형법 제21조 제1항 정당방위의 요건(자기 또는 타인의 '법익'에 대한 현재의 부당한 침해를 방위하기 위한 행위는 상당한 이유가 있는 때에는 벌하지 아니한다). 형법 제22조 제1항 긴급피난의 요건(자기 또는 타인의 '법익'에 대한 현재의 위난을 피하기 위한 행위는 상당한 이유가 있는 때에는 벌하지 아니한다), 형법 제24조 피해자의 승낙의 요건(처분할 수 있는 자의 승낙에 의하여 그 '법익'을 훼손한 행위는 법률에 특별한 규정이 없는 한 벌하지 아니한다)이 이에 해

반가치 및 최후수단성 논의를 통해 형법상 보호법익의 의미를 구체화하여 왔다. 즉 사회의 공존·공영조건을 확보하기 위하여 법적으로 보호되는 생활재인 법익을 지키기 위해 법질서에 의해 부정적으로 평가된 행위에 대한 비난(행위반가치)과 부정적인 결과의 발생(결과반가치)이 모두 있을 때에만 형사처벌의 대상이 될 수 있다고 보아 실질적 의미에서 범죄가 될 수 있음을 설명하고 있다.35) 또한 형벌법규를 보호법익의 유형(개인적, 사회적, 국가적 법익)에 따라 분류하여 설명함으로써 '범죄'가 되는 행위를 세부적으로 유형화하는 방식을 통하여 그 내용을 구체화하고 있다.

이처럼 사회유해성 및 법익침해이론의 구체화, 유형화가 이루어지는 한편, 과학기술의 발전에 의하여 인위적으로 발생한 원자적, 생태적, 유전공학적 자멸가능성을 지닌 후기산업사회(이른바 '위험사회')에서 시민들의 불안감 최소화 욕구를 형벌법규를 통하여 충족시키는 현상이 발생하여 사회유해성 내지 보호법익의 한계에 관한 논의를 더욱 복잡하게 하고 있다. 이는 환경·마약·경제·조세형벌법규 등의 영역에서 새로운 보편적 법익의 창설(행정형벌의 확대)과 법익보호의 전치화(추상적 위험범의 확대)로 나타나게 되어 개인의 구체적 권리침해를 중심으로 한 전통적 사회적 유해성 내지 법익개념에 변화를 가져왔기 때문이다.36)

이때 실질적 범죄개념인 사회유해성과 법익침해이론이 형법학이나 범죄의 정당화에 관한 형사정책적 판단기준을 넘어서 범죄의 정당화에 대한 한계로서 즉 형벌법규의 위헌심사에 관한 의미있는 기준으로 사용될 수 있는지 여부가 문제된다.

이하에서는 헌법재판소가 형벌법규에 대한 위헌심사에서 '사회유해성 내지 법

당한다.

35) 임웅, 형법총론, 74면; 이재상, 형법총론, 6면 참조; 헌법재판소는 양벌규정에 대한 위헌결정에서 범죄를 구성하는 행위반가치와 결과반가치에 대하여 언급하면서 양벌규정에 의한 형사처벌에 있어 행위반가치가 없다는 점을 위헌의 사유로 지적하였다. "형벌은 범죄에 대한 제재로서 그 본질은 법질서에 의해 부정적으로 평가된 행위에 대한 비난이다. 일반적으로 범죄는 법질서에 의해 부정적으로 평가되는 행위, 즉 행위반가치(行爲反價値)와 그로 인한 부정적인 결과의 발생, 즉 결과반가치(結果反價値)라고 말할 수 있으나, 여기서 범죄를 구성하는 핵심적 징표이자 형벌을 통해 비난의 대상으로 삼는 것은 '법질서가 부정적으로 평가한 행위에 나아간 것', 즉 행위반가치에 있다."(헌재 2009. 7. 30. 2008헌가14, 판례집 21-2상, 77, 86).

36) 최석윤, "상징형법에 대한 비판적 고찰", 비교형사법연구 제5권 제2호, 151-155면 참조; 더 나아가 형법의 임무를 법익보호가 아닌 규범보호라고 보아 형벌에 대한 전통적 이해방식과 결별하여야 한다는 논의(독일의 야콥스 등)가 있으나, 헌법재판소가 종래 보호법익을 중심으로 위헌심사를 하고 있다는 점을 고려하여 법익보호라는 형법의 임무를 전제로 하여 논의하기로 한다.

익침해'를 판단요소 또는 기준으로 사용하고 있는지, 독자적인 위헌심사기준으로 작동할 수 있는지에 대하여 살피도록 한다. 결국은 사회유해성 내지 법익침해의 핵심에 해당하는 부분(예를 들어, 살인죄, 절도죄 등 자연범[37])은 사회유해성 내지 법익침해성이 명백할 것이고, 주변부나 경계에 있는 성도덕 관련 범죄나, 행정형벌법규(통상은 법정범)의 경우가 주된 논의의 대상이 될 것이다.

나. 헌법재판소의 결정례 분석

(1) 기본적 입장

헌법재판소는 "어떠한 행위를 불법이며 범죄라 하여 국가가 형벌권을 행사하여 이를 규제할 것인지의 문제는 인간과 인간, 인간과 사회와의 상호관계를 함수로 하여 시간과 공간에 따라 그 결과를 달리할 수밖에 없는 것이고, 결국은 그 사회의 시대적인 상황·사회구성원들의 의식 등에 의하여 결정될 수밖에 없으며, 기본적으로 입법권자의 의지 즉 입법정책의 문제로서 입법권자의 입법형성의 자유에 속한다."[38]라고 하거나, "어떤 행위를 범죄로 규정하고 이를 어떻게 처벌할 것인가 하는 문제는 원칙적으로 입법자가 우리의 역사와 문화, 입법 당시의 시대적 상황과 국민 일반의 가치관 내지 법감정, 범죄의 실태와 죄질 및 보호법익 그리고 범죄예방효과 등을 종합적으로 고려하여 결정하여야 할 국가의 입법정책에 관한 사항으로서 광범위한 입법재량 내지 형성의 자유가 인정되어야 할 분야이다."[39]라고 판시하고 있다. 따라서 어떠한 행위를 범죄로 할 것인가 여부의 결정은 결국 민주적 절차에 따른 입법자의 광범위한 입법재량의 문제가 된다. 헌법재

37) 형법학에서 자연범 또는 형사범은 "법률의 규정을 기다릴 필요 없이 행위 그 자체가 반윤리적이고 반사회적 성격을 띠므로 당연히 범죄로 평가되는 경우"를 의미하고, 법정범 또는 행정범은 "행위 그 자체가 반윤리성, 반사회성을 띠는 것은 아니지만 국가가 행정목적을 달성하기 위하여 법률에 처벌규정을 둠으로써 비로소 범죄가 되어 반사회성을 띠게 되는 경우"로서 행정상의 각종 인허가규정 및 신고보고 규정을 위반한 범죄 등이 이에 해당한다. 그 구별기준이 모호함에도 불구하고 상대적인 의미에서 형사입법정책, 비범죄화 논의 등에서 의미있는 구분기준으로 활용될 수 있다고 생각된다(임웅, 형법총론, 96면 참조).

38) 헌재 2001. 10. 25. 2000헌바60, 판례집 13－2, 480, 486 : 이는 첫번째 간통죄에 대한 위헌소원 사건(89헌마82)에서 조규광 재판관, 김문희 재판관의 다수의견에 대한 보충의견(헌재 1990. 9. 10. 89헌마82, 판례집 2, 306, 313－314)에서 최초로 사용된 표현인데 이후 형벌법규의 위헌심사에서 형사입법자의 광범위한 입법재량권을 설명할 때 사용되고 있다.

39) 헌재 1995. 4. 20. 91헌바11, 판례집 7－1, 478, 487; 헌재 1995. 11. 30. 94헌가3, 판례집 7－2, 550, 556.

판소는 어떠한 행위가 범죄가 될 수 있는지에 대하여는 일반적 기준을 제시하고 있지 않지만, 뒤이어 살피는 바와 같이 형벌법규에 관한 구체적 위헌심사 과정에서 실질적 범죄의 요건으로 '사회유해성' 내지 '법익침해'를 언급하고 있다. 이하에서는 성도덕 관련 범죄와 행정형벌을 중심으로 구체적 결정례를 살핀다.

(2) 성도덕 관련 범죄에서 헌법재판소의 입장

성도덕과 관련하여 범죄로 할 것인지 논의되는 쟁점 중 현재 헌법재판소의 결정이 나온 것은 간통죄(형법 제241조), 혼인빙자간음죄(형법 제304조), 동성애와 관련하여 군형법상 계간죄(군형법 제92조), 성매매죄(성매매알선 등 행위의 처벌에 관한 법률 제21조 제1항)가 있다.

(가) 간통죄에 대한 결정

헌법재판소는 종래 간통죄에 대한 위헌심사에서 "간통은 결국 현재의 상황에서는 사회의 질서를 해치고 타인의 권리를 침해하는 경우에 해당한다고 보는 우리의 법의식은 여전히 유효하다고 아니할 수 없다."[40]고 하여 '사회의 질서를 해치고 타인의 권리를 침해'하는지 여부를 실질적 범죄의 판단기준으로 삼고 있음을 판시하였다. 한편 헌법재판소는 2015. 2. 26. 간통죄에 대하여 이전의 합헌결정[41]을 번복하여 위헌결정[42]을 하였는데, 소수의견인 합헌의견에서는 '간통 및 상간행위가 우리 사회가 요구하는 건전한 성도덕에 반'할 뿐 아니라, '혼인관계의 파탄을 야기하고, 혼인관계를 파탄시키는 정도에 이르지 아니하는 때에도 근대 혼인제도의 근간을 이루는 일부일처주의에 대한 중대한 위협이 되며, 배우자와 가족구성원의 유기 등'이 간통행위로 인한 사회유해성 내지 법익침해의 내용이 됨을 명시하고 있다. 반면, 법정의견인 위헌의견에서는 '선량한 성풍속 및 일부일처제에 기초한 혼인제도를 보호하고 부부간 정조의무를 지키게 하기 위한 것'이라는 입법목적의 정당성을 인정하면서도, 수단의 적절성 및 피해최소성에서 '비도덕적 행위라도 개인의 사생활에 속하고 사회에 끼치는 해악이 크지 않거나 구체적 법익에 대한

40) 헌재 2001. 10. 25. 2000헌바60, 판례집 13-2, 480, 486.
41) 헌재 2008. 10. 30. 2007헌가17 등, 판례집 20-2상, 696 : 합헌의견이 3인, 위헌의견이 4인, 헌법불합치 의견이 1인으로 위헌이 되기 위한 정족수 6인에 미달하여 합헌결정이 되었다.
42) 헌재 2015. 2. 26. 2009헌바17 등, 판례집 27-1상, 20.

명백한 침해가 없는 경우에는 국가권력이 개입해서는 안 된다.'고 하여 과잉금지원칙에 위배된다고 함으로써 '사회유해성 내지 법익침해성의 정도'를 위헌심사의 판단요소로 사용하여 간통행위를 형사처벌하는 것이 과잉금지원칙에 위배된다고 보았다.

(나) 혼인빙자간음죄에 대한 결정

혼인빙자간음죄에 대한 위헌심사에서는 과잉금지심사의 일환으로 '형사처벌의 적정성'이라는 제목 하에서 "성인이 어떤 종류의 성행위와 사랑을 하건, 그것은 원칙적으로 개인의 자유 영역에 속하고, 다만 그것이 외부에 표출되어 명백히 사회에 해악을 끼칠 때에만 법률이 이를 규제하면 충분하다."[43]고 판시하여 '명백한 사회적 해악성'이 있는 경우에만 형사법적 규제가 가능하다고 하고 있다.

합헌의견에서는 '혼인빙자라는 기망수단을 사용하여 정교에 대한 부녀의 자기결정권을 침해'한 점이 사회유해성 내지 법익침해라고 보고 있고, 보충의견에서는 더 나아가 '어떤 부녀가 어떤 남성의 적극적 위계, 기망행위에 의하여 성관계를 가지게 된 후 나중에 그것이 위계, 기망에 불과한 것이었다는 것을 알고 혼인에 대한 기대와 신뢰가 깨어져서 심각한 정신적 고통 및 신체적 후유증'을 사회유해성 내지 법익침해로 파악하고 있다. 반면, 법정의견인 위헌의견에서는 '성인 부녀자의 성적인 의사결정에 폭행·협박·위력의 강압적 요인이 개입하는 등 사회적 해악을 초래할 때에만 가해자를 강간죄 또는 업무상 위력 등에 의한 간음죄 등으로 처벌받게 하면 족할 것이고, 그 외의 경우는 여성 자신의 책임에 맡겨야 하고 형법이 개입할 분야가 아니라 할 것이다.'고 하여 '음행의 상습없는 부녀의 성행위 동기의 착오'는 사회유해성 내지 보호할 법익의 내용이 될 수 없다고 보고 있다.

(다) 군형법상 계간죄에 대한 결정

군형법상 계간죄에 대한 결정을 보면,[44] 합헌의견에서는 군인간 동성애 행위가 '군이라는 공동사회의 건전한 생활과 군기'라는 사회적 법익을 침해하는 것이라고 하고 있고, 보충의견에서는 군영 외에서 군인과 민간인간의 동성애는 처벌대상이 아니라고 하고 있으며, 위헌의견에서는 동성애 행위 자체의 사회유해성 내지

43) 헌재 2009. 11. 26. 2008헌바58 등, 판례집 21-2하, 520, 533.
44) 헌재 2011. 3. 31. 2008헌가21, 판례집 23-1상, 178.

법익침해성에 대한 별다른 언급없이 법조문의 모호성을 이유로 죄형법정주의 원칙 위반이라고 판시하고 있다.

(라) 성매매죄에 대한 결정

헌법재판소는 법철학 영역에서 타인에게 해를 끼치지 않는 행위의 대표적 사례로 언급되는 성매매에 대하여, "외관상 강요되지 않은 자발적 성매매행위도 인간의 성을 상품화함으로써 성판매자의 인격적 자율성을 침해할 수 있으며, 성매매산업이 번창할수록 자금과 노동력의 정상적인 흐름을 왜곡하여 산업구조를 기형화시키는 점에서 사회적으로 매우 유해한 것"[45]이라고 하여, 성매매행위가 '성판매자의 인격적 자율성 침해, 성매매산업의 번창으로 인한 산업구조의 기형화'라는 사회유해성 내지 법익침해성을 가진다고 판시하였다. 이 결정 이전에 헌법재판소는 성매매 알선에 건물을 제공한 경우를 처벌하는 성매매알선 등 행위의 처벌에 관한 법률에 대한 위헌소원 사건에서 성매매행위 자체에 관하여 같은 취지로 판시한 바 있다.[46]

(3) 행정형벌법규 관련 헌법재판소 결정

(가) 범죄의 정당화에 대하여 논증을 전혀 하지 않는 경우

헌법재판소는 변호사법위반죄 등 전문자격증 제도에 대한 판단에서 "입법자가 일정 전문분야에 관하여 자격제도를 마련하고 그 자격자의 업무영역에 관하여 상당한 법률상 보호를 하고 있는 경우에 있어서도 그 자격자 이외의 자에게 동종업무의 취급을 허용할 것인가의 문제는 기본적으로 그 제도를 도입하게 된 배경과 목적, 해당 전문분야 업무의 성격 등을 입법자가 종합적으로 고려하고 합목적적으로 판단하여 결정할 입법정책의 문제라 할 수 있다"[47]고 하면서 전문자격자 제도의 공익적 필요성(변호사법의 경우 – 전문적인 법률지식과 윤리적 소양을 갖춘 변호사로 하여금 법률사무 전반을 독점적으로 취급하도록 함으로써 법률사무에 대한 전문성, 공정성 및 신뢰성을 확보하여 일반 국민의 기본권을 보호하고 사회정의를 실현[48])을 언

---

45) 헌재 2016. 3. 31. 2013헌가2, 판례집 28–1상, 259, 273.
46) 헌재 2012. 12. 27. 2011헌바235, 판례집 24–2하, 481, 487 참조.
47) 헌재 1996. 4. 25. 94헌마129 등, 판례집 8–1, 449, 460; 헌재 2000. 4. 27. 98헌바95 등, 판례집 12–1, 508, 536.

급하고 있을 뿐, 비전문자격자에 의한 관련 행위를 범죄화하는 것의 정당화 논거에 대하여 달리 논증을 하지 않고 있다.[49]

(나) 범죄의 정당화에 대한 논의가 있는 경우

헌법재판소는 형사처벌인 벌금과 행정절차에 따른 과태료가 이중처벌에 해당하는지가 문제된 사안에서 "전자(벌금규정)는 그 위반이 직접적으로 행정목적과 사회공익을 침해하는 경우 그 반사회성에 대한 제재로서 일반적으로 법원이 형사소송절차에 의하여 형법에 형명(刑名)이 규정되어 있는 형벌을 과하는 것으로서 강학상 행정형벌에 해당함에 대하여 후자(과태료규정)는 그 위반이 행정상의 질서에 장애를 주는 경우 의무이행의 확보를 위하여 일반적으로 행정기관이 행정적 절차에 의하여 부과·징수하는 금전벌로서 이른바 행정질서벌에 속한다고 할 수 있다."[50]고 하여 행정형벌법규를 반사회성에 대한 제재로, 행정질서벌을 의무이행의 확보수단이라고 하여 구분하고 있다. 이에 따라 금지통고된 옥외집회·시위 등을 주최한 경우는 "단순히 행정질서에 장해를 줄 위험성이 있는 정도의 의무태만 내지 의무위반이 아니고 직접적으로 행정목적을 침해하고 나아가 공익을 침해할 고도의 개연성을 띤 행위"[51]이고, 미신고 옥외집회·시위의 경우에는 "행정관청으로서는 해당 옥외집회·시위가 공공질서에 미치는 영향을 예측하기 어렵고, 이 경우 사전에 옥외집회·시위의 개최로 인한 관련 이익의 조정이 불가능하게 되어 신고제의 행정목적을 직접 침해하고, 공공의 안녕질서에 위험을 초래할 개연성이 높으므로"[52] 행정형벌사항이라고 보았고, 무면허의료행위 처벌규정에 대하

48) 헌재 2000. 4. 27. 98헌바95 등, 판례집 12-1, 508, 536.

49) 물론 이에 대하여, 전문자격제도를 두는 공익을 침해하는 것이 사회유해성 내지 법익침해라고 볼 수도 있으나, 형벌법규임에도 사회유해성 내지 법익침해의 존재 여부에 대하여 따로 판단하지 않고, 다른 기본권제한법규와 마찬가지로 과잉금지심사가 이뤄지고 있다는 점에서 형사처벌의 정당화에 관한 논증이 없거나 생략된 것이라고 볼 수 있다.

50) 헌재 1994. 6. 30. 92헌바38, 판례집 6-1, 619, 626-627. 그외 헌재 1994. 4. 28. 91헌바14, 판례집 6-1, 281, 303, 헌재 2010. 7. 29. 2009헌바53 등, 판례집 22-2상, 349, 358도 같은 취지이다.

51) 헌재 1994. 4. 28. 91헌바14, 판례집 6-1, 281, 303.

52) 헌재 2014. 1. 28. 2011헌바174 등, 판례집 26-1상, 34, 48 : 이에 대하여 반대의견(재판관 이정미, 김이수, 이진성, 강일원)은 "공공질서 유지라는 목적달성을 위하여 신고의무의 불이행에 대하여 일정한 제재를 가할 수는 있다고 하더라도 그 의무이행확보의 수단으로 형벌을 부과할 것인지 여부는 신중히 판단하여야 한다. 형벌, 특히 징역형은 각종 자격의 제한이 따르고 인신의 자유를 박탈하는 형벌로서 다른 어떤 기본권의 제한 수단보다도 처벌되는 자의 자유를 심각하게 침해하며 집행 후에도 그의 인격적 가치나 사회생활에 중대한 영향을 미치기 때문에 징역

여 "중대한 헌법적 법익인 국민의 생명·건강을 지키고 국가의 국민보건에 관한 보호의무를 이행하기 위한 것이고, 국민의 생명·건강에 대한 위해는 한 번 발생하면 돌이킬 수 없으므로 사전에 철저히 예방할 필요가 있으며, 단순한 행정상의 제재수단만으로는 국민의 생명·건강에 초래되는 위험을 효과적으로 방지하기 어렵다."[53]고 평가하여 행정형벌사항이라고 하였다. 또한 조세회피 목적 등기신청해태의 경우에는 "조세부과를 면하려 하는 등의 목적을 가진 자들로서 부동산 거래질서를 교란하고 사회질서를 훼손하였다는 사회적 비난을 면하기 어려운 자들이라고 할 것이고 또한, 직접적으로 행정목적과 공익을 침해하는 행위를 한 자들이라고 할 것이다."[54]라고 하여 단순 등기신청 해태의 경우에는 과태료사항인 반면, 조세회피 목적인 경우 행정형벌사항이라고 보았다. 형법 제349조 제1항의 부당이득행위는 "이익취득이 정당한 노력의 결과가 아니라 상대방의 궁박상태를 이용한 결과라는 점에서 사회적 비난가능성이 높아 단지 폭리행위로 인하여 초래된 불균형한 재산상태를 시정하는 것에 그치지 않고 나아가 이러한 행위를 형사처벌의 대상인 반사회적인 행위로 할 필요가 있다"[55]고 판시하였다.

한편 '반사회성에 대한 제재와 의무이행의 확보수단'이라는 원론적 구별과 달리 행정조치로 의무이행의 확보가 불충분하다고 볼 경우에 형사처벌의 방법을 선택할 수 있다고 판시하기도 한다. 즉 헌법재판소는 공익목적 달성을 위한 실효적 제도의 차원에서 행정형벌법규에 접근하고 있다. 상당수의 결정에서 형사처벌의 필요성을 "(법정중개수수료) 제도의 실효성을 확보하기 위하여 위반행위를 보다 단호하게 제재하기 위하여 이를 형사처벌하는 것은 위에서 본 입법자의 입법재량의 범위 내의 일"[56]이라고 하거나, 농지전용허가를 받지 아니하고 전용한 자에 대하

형을 포함한 형벌제도는 의무이행 확보수단으로서 최후적·보충적인 것이 되어야 하며, 행정상 징벌로써 의무이행 확보가 가능하다면 형벌이 아닌 행정상 징벌로써 제재 수단을 삼아야 한다. 형벌의 일반예방적 효과를 맹신한 나머지 의무이행의 확보가 문제되는 경우마다 형사처벌을 통하여 해결하려는 것은 법치국가원리에 반하는 행정편의적 발상으로서 그 헌법적 정당성이 인정될 수 없다. … 중략 … 옥외집회·시위에 대한 신고의무의 주된 취지는 집회의 자유와 다른 보호법익이 양립할 수 있는 가능성을 모색함으로써 정당한 옥외집회·시위를 가능하게 하고자 하는 것으로 단순한 행정절차적 협조의무에 불과하고, 그러한 협조의무의 이행은 과태료 등 행정상 제재로도 충분히 확보 가능하다."고 하여 과태료 등 행정상 제재로 충분한 사안으로 행정형벌사항이 아니라고 주장하고 있다.

53) 헌재 2010. 7. 29. 2009헌바53 등, 판례집 22-2상, 349, 359.
54) 헌재 2009. 9. 24. 2007헌바102, 판례집 21-2상, 516, 530.
55) 헌재 2006. 7. 27. 2005헌바19, 판례집 18-2, 125, 134-135.
56) 헌재 2002. 6. 27. 2000헌마642 등, 판례집 14-1, 644, 659 : 이 사건에서 반대의견(재판관 윤

여 형벌에 처하도록 한 부분과 관련하여서도, "행정상의 불이익을 부과하는 것에 그칠 것인지 또는 형사상의 처벌을 가하는 정도로 제재를 강화할 것인지는 일차적으로 입법자의 재량적인 정책판단에 맡겨져 있다."57)고 판시하고 있다. 조세체납행위를 형사처벌하는 조세범처벌법 제10조에 대한 위헌제청사건에서는 "조세체납행위는 그 본질상 사법상의 채무불이행과 유사한 행위라 할 것인바, 이와 같은 성질을 갖는 행위에 대하여 형사제재를 가하는 것이 과잉금지원칙에 반하는 것은 아닌지 문제된다."고 하면서 "조세체납행위 가운데에는 단순한 조세채무불이행의 차원을 넘어 반사회성 · 비윤리성을 가지는 경우가 있고, 가산금의 부과 등과 같은 금전적 · 행정적 제재만으로는 이러한 행위에 대한 제재로서 불충분한 경우도 있으므로, 이와 같은 행위를 형사처벌의 방법으로 제재하는 것은 입법재량 범위 내의 조치"라고 하고 있다.58) 즉 조세체납행위가 어떠한 경우에 반사회성 · 비윤리성을 가지는지에 대한 논증이 없이, 그러한 경우가 아니더라도 행정적 제재로 행정목적 달성이 불충분한 경우 형사처벌의 방법을 선택할 수 있다는 점을 명시적으로 인정하고 있다.

다. 형벌법규에 대한 위헌심사에 있어 '사회유해성 내지 법익침해'의 의미

(1) 독자적 위헌심사기준이 되는지 여부

헌법재판소는 성도덕과 관련된 범죄를 규정한 형벌법규에 대한 위헌심사에 있어 성도덕의 보호를 넘어선 사회유해성 내지 법익침해가 있는지 여부에 대하여 비교적 구체적으로 논증을 하고 있다. 이는 사회유해성 내지 법익침해가 없는 단

영철, 김영일, 김경일, 주선회)은 "행정형벌제도는 행정명령에 대한 의무이행확보수단으로서 최후적 · 보충적인 것이 되어야 한다. 행정상의 의무이행확보는 행정목적실현을 위한 것이므로 가능하다면 형벌이 아닌 행정질서벌로 제재 수단을 삼아야 한다. 다수의견은 중개사무소의 등록을 취소하더라도 다른 사람의 이름으로 다시 개설등록을 한 후 계속 중개업을 영위할 수 있는 현실과 부동산 중개업자들이 법정중개수수료를 초과하여 중개료를 받는 불법행위가 좀처럼 개선되지 않고 있는 실정을 감안할 때 그 위반행위에 대하여 단호하게 대처할 필요가 있으므로 의무이행확보를 위해 형사처벌하는 것은 입법재량의 범위 내라고 한다. 그러나 이러한 문제는 철저한 행정집행과 단속을 통하여 해결되어야 할 것이고, 형벌의 일반예방적 효과를 맹신한 나머지 형사처벌을 통해 해결하려는 것은 행정편의적인 발상으로서 그 헌법적 정당성이 인정될 수 없다."고 하여 행정형벌로 한 것이 위헌이라고 주장하고 있다.

57) 헌재 2009. 9. 24. 2007헌바108, 판례집 21-2상, 546, 560.

58) 헌재 2010. 9. 30. 2009헌가17, 판례집 22-2상, 581, 588.

순한 사회윤리위반에 대하여는 형사처벌을 하여서는 아니된다는 근대 이후 형법의 기본원칙에 충실한 것이고, 형법학에서의 '사회윤리위반을 넘어선 사회유해성 내지 법익침해'와 관련된 논의를 헌법재판의 위헌심사에서도 논의의 틀로 받아들이고 있는 것으로 보인다.

그렇다면 사회유해성 내지 법익침해성의 인정여부 자체가 형벌법규의 독자적 위헌심사기준이 될 수 있는지가 문제된다. 헌법재판소는 성도덕과 관련된 범죄에 대한 위헌심사에서 형벌법규의 개입의 한계로서 '사회에 끼치는 해악이 크지 않거나 구체적 법익에 대한 명백한 침해가 없는 경우(간통죄)', '명백히 사회에 해악을 끼칠 때(혼인빙자간음죄)'를 명시적으로 표명하고 있다. 또한 혼인빙자간음죄에 대한 위헌심사에서는 '음행의 상습없는 부녀의 성행위 동기의 착오 침해'는 형벌법규로 보호될 수 있는 법익이 될 수 없다고 하면서 그 근거로 남녀평등의 사회를 지향하는 헌법적 가치(헌법 제36조 제1항)를 들고 있다. 이렇듯 성도덕과 관련된 범죄에 대한 헌법재판소 결정은 '명백한 사회유해성 내지 법익침해'를 형벌법규의 독자적 위헌심사기준으로 삼은 것으로 볼 여지가 있다. 그러나 간통죄에 대하여 헌법재판소는 '명백한 사회유해성 내지 법익침해'를 헌법 제37조 제2항의 과잉금지심사의 한 내용으로서 위헌심사에 고려하였고, 혼인빙자간음죄에 대하여는 사회유해성 내지 법익침해론 자체 논의가 아닌 헌법적 가치에 배치되는 입법목적의 정당성을 배척하는 방식으로 위헌심사가 이루어진 점에 비추어 볼 때, 헌법재판소가 '명백한 사회유해성 내지 법익침해'를 독자적 위헌심사기준으로 삼은 것으로 평가하기는 어렵다.

이처럼 혼인빙자간음죄에 대한 결정과 간통죄에 대한 일부 위헌의견[59]을 제외한 사안에서 헌법재판소는 사회유해성 내지 법익침해가 존재하는지 여부에 관한 적극적 규명을 통하여 범죄화의 정당성을 판단하기 보다는 해당 행위로 인한 사회유해성 내지 법익침해를 일단 인정한 다음 이를 전제로 하여 그 정도나 심각성을 중심으로 과잉금지심사를 하고 있다.[60] 이는 사회유해성 내지 법익침해 개념

59) 간통죄 위헌결정에서 김이수 재판관은 위헌의견을 내면서 기존의 혼인이 해소되거나 이혼소송이 제기되지는 않았지만 장기간 별거 등 혼인이 사실상 파탄에 이른 상태에서 새로운 사랑의 상대를 만나 성적 결합으로 나아간 경우에는 비난가능성이나 반사회성이 없다고 보았다(위 2009헌바17등 결정 참조).

60) 헌재 2013. 6. 27. 2012헌바37, 판례집 25-1, 506(표현의 자유와 관련된 것이기는 하나, 모욕죄에 대한 위헌심사에서 위헌의견을 낸 3인의 재판관은 '구체적인 사회적 해악을 발생시키거나 개인의 명예감정을 심각하게 침해할 가능성이 높은 행위에 대하여만 제한하여야 한다'고 주장하

의 '모호성과 광범위성'에 기인하는 것이다. 사회유해성 내지 법익침해가 아예 없다고 논증하는 것보다는 과잉금지심사를 통하여 그 유해성의 정도나 법익침해의 정도가 크지 않거나 이로 인한 기본권제한의 정도가 크다는 논증이 더 용이하다. 더구나 형벌법규는 사회유해성 내지 법익침해성에 더하여 일반예방효과 등 형벌의 목적, 시대적 상황, 법감정 등까지 고려되어 국민의 대의기관인 입법자가 결정하는 것이므로 사회유해성 내지 법익침해성의 존부만을 독자적 위헌심사기준으로 삼기 어렵고, 형벌법규의 '사회유해성 내지 법익침해 기준'이라는 독자적 위헌심사기준을 끌어낼 헌법규정이나 일반원칙을 찾기도 어렵다.

독일 연방헌법재판소도 근친상간(Incest)의 형사처벌 조항에 대한 위헌심사에서 합헌결정을 하면서 '형법적 법익론'이 독자적 위헌심사기준이 될 수 없음을 명백히 하여 과잉금지심사에 의해 위헌심사를 진행하고 있다. 즉 '규범적 법익개념'은 입법자가 법적으로 보호가치 있는 것으로 고찰하는 것이고, '자연주의적 법익개념'은 민주적으로 정당성을 가진 입법자의 임무와 모순관계에 있게 된다고 보아 입법자에게 규율권한의 외적 한계를 부여하는 법익과 같은 내용상의 심사기준은 없다고 하였다.61)

이는 행정형벌법규에 대한 위헌심사에서도 마찬가지라고 볼 수 있다. 앞서 본 바와 같이 헌법재판소는 범죄의 정당화로서 사회유해성에 대하여 반사회성·비윤리성을 가지는지 여부에 대한 논증이 없이 쉽게 인정하거나, 행정적 제재로 행정목적 달성이 불충분한 경우 형사처벌의 방법을 선택할 수 있다고 판시하고 있다. 또한 행정형벌법규가 목표로 삼고 있는 각종 보편적 법익 성격의 행정목적을 별다른 논증없이 형벌법규의 '보호되는 법익'으로서 곧바로 인정하고 있다. 헌법재판소가 행정형벌법규의 위헌심사과정에서 일부 제시하고 있는 '반사회성'이라는 개념은 결국 '사회유해성 내지 법익침해'를 의미하는 것으로 역시 그 개념자체의 모호성과 광범위성으로 인하여 반사회성 여부 자체를 독자적 위헌심사기준으로 삼기는 어렵다.62) 그렇다면 결국 사회유해성이나 보호법익은 그 자체로 형벌법규의

면서 그 심사는 과잉금지심사에 의하고 있다).

61) 2008. 2. 26. 제2재판부 BVerfGE 120, 224[근친상간결정] 참조.

62) 헌법재판소는 "오늘날 질서위반법의 영역이 확장되어 일상생활의 상당부분이 질서위반법의 테두리 속으로 들어와 법익침해를 보호하고, 형법도 여러 영역에서 행정명령위반적 성격을 가지는 행위태양들을 범죄구성요건으로 파악하고 있기에, 범죄행위와 질서위반행위를 그 본질적인 속성만으로 구별하는 것은 타당하지 않다. 따라서 범죄행위와 질서위반행위는 행위유형의 속성뿐만 아니라 그 행위의 불법내용 및 책임내용의 경중을 함께 검토하여야 할 것이다."(헌재 2003. 10.

위헌심사에 있어 형사입법의 한계를 정하는 독자적 기준이 되기는 어렵다.63)

(2) 과잉금지심사에 있어 '사회유해성 내지 법익침해'의 의미

그렇다면 사회유해성 내지 법익침해라는 기준은 그 자체의 존부보다는 명백성・심각성의 정도에 따라 과잉금지심사를 통해 형벌법규의 위헌심사기준으로서 작동하는 것이라고 볼 수 있다. 그 심사가 이루어지는 지점은 우선 과잉금지심사 중 헌법재판소가 첫 번째 단계로 판단하는 '입법목적의 정당성'이 된다. 이때 다른 기본권제한법규와 달리 형벌법규에 대하여는 입법목적의 정당성 판단에 있어 '사회유해성 내지 법익침해에 관한 논증'이 이루어지게 되는 특성이 있다. 즉 다른 기본권제한법규의 경우에는 입법목적으로서 '국가안전보장, 질서유지 또는 공공복리'라고 하는 공익을 제시하면 충분한 것이지만, 형벌법규에 있어서는 형벌법규로 금지하는 행위의 사회유해성 내지 법익침해에 대하여 추가적인 논증이 이뤄져야 할 것이다. 민사와 같이 개인간의 손해분담에 그치거나, 행정질서벌에서와 같이 단순한 행정적 목적달성에 그치는 것이 아닌 사회적으로 유해한 행위 내지 형사적 법익의 침해가 있다는 점에 대하여 논증이 있어야 할 것이다. 그러나 앞서 살핀 바와 같이 헌법재판소는 행정형벌법규의 경우 이러한 논증 자체를 생략하는 것이 일반적이다. 물론 앞서 혼인빙자간음죄의 예에서 본 바와 같이 형벌법규로 보호하고자 하는 보호법익(또는 달리 표현하여 '방지하고자 하는 사회유해성')이 헌법적 가치에 위반된다면 입법목적의 정당성이 배척될 것이다.

이처럼 입법목적의 정당성 단계에서 사회유해성 내지 법익침해에 대한 기본적 논증이 이뤄지더라도 사회유해성 내지 법익침해 개념의 모호성, 광범위성으로 인하여 위헌심사가 마무리되기는 어렵고, 결국 수단의 적절성, 최소침해성 및 법익균형성의 단계를 거쳐 위헌심사가 마무리되게 된다. 이때 사회유해성 내지 법익침해의 명백성・심각성은 행위와 사회적 유해결과 내지 법익침해와의 근접성(실제 유해한 결과가 있는지 아니면 유해한 결과를 초래할 위험에 그치는지), 형벌법규가 투

---

30. 2002헌마518, 판례집 15-2하, 185, 205)라고 하여 행정형벌법규와 행정벌의 한계를 법익침해 등의 속성만으로 구분하기 어렵다는 점을 고백하고 있다.

63) 이는 '사회유해성 내지 법익침해'가 독자적으로 헌법재판소의 위헌심사기준으로 삼기 어렵다는 것일 뿐, 입법과정에서 사회윤리나 도덕을 강제하는 내용의 규범이 형벌법규화되는 한계로서의 역할을 배척하는 것은 아니다.

입되는 보호법익의 추상성이나 보편성의 정도 등에 따라 판단을 달리하게 될 것이다. 즉 유해한 결과로부터 거리가 멀어질수록, 보호법익의 구체성이 떨어질수록 형벌법규 투입의 과잉금지원칙 위배심사는 강화될 것이다. 우리 형벌법규의 특성상 사회윤리적 색채가 강한 형벌법규가 있어 사회적 윤리강제를 넘어선 '사회유해성 내지 법익침해'가 있는지 여부는 위헌심사의 중요한 판단요소가 된다. 헌법재판소는 대표적 성도덕 관련 형벌법규인 혼인빙자간음죄와 간통죄에 대하여, 애초 합헌결정을 하였다가 이를 번복하여 모두 위헌결정을 하였다.64)

이처럼 형벌법규의 범죄화 정당화 요건인 '사회유해성 내지 법익침해' 논의는 다른 기본권제한법규와 달리 사회유해성 내지 법익침해가 없는 행위를 형벌법규로 금지시키는 '공익'이 될 수 없음을 분명히 하는 의미가 있고, 헌법 제37조 제2항의 과잉금지심사를 통해 그 위헌심사의 헌법적 근거를 찾았으며, 이에 따라 실제 심사가 이루어진다.

(3) 범죄피해자의 인간상(국가의 후견적 개입의 한계)

헌법재판소가 혼인빙자간음죄에 대한 위헌결정에서 범죄피해자의 헌법상 인간상에 대하여 판시를 한 점을 유의할 필요가 있다. 위 결정에서 '혼인빙자라는 기망수단을 사용하여 정교에 대한 부녀의 자기결정권을 침해'한 것으로 볼 것인지, 단순한 '성행위 동기의 착오'로서 사회유해성 내지 법익침해가 있다고 볼 수 없는 것인지에 대하여 재판관들의 의견이 갈렸다.

법정의견은 피해자의 인간상으로 '개인 스스로 선택한 인생관·사회관을 바탕으로 사회공동체 안에서 각자의 생활을 자신의 책임 아래 스스로 결정하고 형성하는 성숙한 민주시민이 우리 헌법이 지향하는 바람직한 인간상'을 제시함으로써 성숙한 민주시민이 '사회유해성 내지 법익침해 여부의 판단기준'이 된다는 점을 분명히 하였다.65) 즉 사회유해성 내지 법익침해의 판단시 원칙적으로 자신의 책임하에 스스로 결정하고 형성하는 성숙한 민주시민을 전제로 하여 판단하여야 한

---

64) 울펜덴보고서에서 검토되었던 성매매에 대하여는 헌법재판소의 합헌결정이 내려졌고, 동성애에 대하여는 우리 법상 일반적 형사처벌규정은 없으나, 군형법상 계간죄와 관련하여 다시 헌법적 논의가 이루어질 수 있다.

65) 피해자의 경우에도 자기귀책적 인간, 성숙한 시민이라는 인간상을 부여하지 않을 경우 법질서는 부자유와 후견으로 끝나게 된다는 주장을 한 글로는 전지연, "형법형성에서의 법치국가적 원리", 연세법학연구 제3집, 연세법학연구회, 1995. 11, 678-681면 참조.

다는 것이다. 미성년자, 장애인 등 보호를 받아야 할 대상이 아닌 한 범죄피해자를 수동적이고 미성숙한 사람이라고 전제할 경우, 사회유해성 내지 법익침해의 인정범위가 지나치게 넓어지게 된다고 본 것으로 형벌의 최후보충성에 기반하여 피해자에 대한 국가의 후견적 개입에 대한 한계를 지적한 것이라고 볼 수 있다.

3. 형벌의 정당화

가. 형벌의 정당화에 대한 두 갈래 입장

형벌 그 자체가 해악성을 가질 수 밖에 없으므로 국가에 의한 형벌권행사의 정당성에 대한 논의는 계속되어 왔다. 즉 왜 인간을 굳이 형벌로서 처벌하는가? 인간이 범죄를 저지른 잘못 때문인가 아니면 잘못을 저지르지 않도록 하기 위한 것인가? 전자의 입장이라면 '응보형'의 입장이고, 후자라면 '목적형'의 입장이다. 형법학계와 법철학계에서 오랜기간 형벌부과의 정당화 논거에 관하여 논의하여 왔고, 근대 이후에는 '사회계약론'에 근거한 해석을 기반으로 하되, 크게 보면 응보형주의와 목적형주의로 구분될 수 있고, 양자의 주장을 모두 반영한 절충적 이론들이 제기되고 있다.

응보형주의는 형벌의 본질을 정의의 요구에 기한 해악으로서의 응보로 이해하고, 자유의사를 가진 범죄인이 범죄의사를 형성한 데 대한 도의적 비난으로서의 책임이 인정된다는 것이다. 기존의 응보 이외의 다른 형벌목적을 인정하지 않는 절대적 응보형주의 보다는 형벌의 본질은 응보이지만 그 목적은 형벌의 위하력에 의하여 사회 일반인의 범죄를 방지하려는 일반예방에 있다고 보는 상대적 응보형주의가 보편적이다. 반면, 목적형주의는 형벌의 본질이 응보가 아니라 응보 이외의 이성적 목적을 달성하는 데 있다는 것으로 그 목적은 일반인에 대한 일반예방과 범죄인에 대한 특별예방으로 나뉜다. 일반예방주의는 고통으로써 형벌을 부과함으로써 사회일반인을 위하 또는 경계하여 최소한 잠재적인 범죄인으로 하여금 장래에 범죄를 저지르지 않도록 예방하려는 것으로 형벌의 '집행'에 의한 일반예방과, 규정에 따른 형벌의 '예고'에 의한 일반예방이 있다. 이러한 소극적 일반예방주의와 달리 형벌이 국민의 법준수 의식에 내면화함으로써 사회를 안정시키고 통합하는 기능과 법질서에 대한 신뢰를 강화하는 적극적 기능을 목적으로 한다고 하는 적극적 일반예방주의가 우리 학계에서는 부각되고 있다. 한편 특별예방주의는 범죄인을 개선·교육하여 다시는 범죄를 저지르지 않도록 예방하려는 것을 형벌의 목적으로 삼고 있다. 응보형주의는 행위책임에 상응하는 형사처벌을 한도로 한다는 점에서 행위자책임을 이유로 과잉처벌로 나아가는 것을 방지하는 장점이 있고, 형벌은 그 자체로 끝나서는 안되고 범죄로부터 사회를 방위하기 위한 목적에 기여할 때 비로소 그 실천적 의미가 있으므로 목적형주의와 접목될 필요가 있는바, 정당한 형벌이라는 관점에서 행위책임(응보형주의)을 형벌의 상한으로 하고, 효과적인 형벌이라는 관점에서 일반예방목적과 특별예방목적을 형벌의 하한으로 활용하는 결합설이 우리 형법학계의 다수의견이다.66)

다른 형태의 결합설로는 독일의 형법학자 마이어(M. E. Mayer)의 형사입법(응보), 재판에 의한 형의 적용(법의 확인), 행형(교육) 등 단계에 따라 결합된다는 견해와 형사입법단계에서는 일반예방의 위하효과, 재판단계에서는 정당한 응보지향, 형벌집행단계에서는 특별예방의 재사회화 목적을 지향한다는 나우케(W. Naucke)의 견해가 있다. 범죄유형에 따른 결합설로는 고의의 폭력을 수단으로 하는 범죄에서는 응보, 고의는 있으나 폭력을 수단으로 하지 않는 건강, 재산범죄에 대하여는 예방적 형벌목적 그리고 과실범에 있어서는 일반예방을 추구한다는 견해가 있다.67) 영미법계에서의 논의도 기본적인 논의의 맥락은 차이가 없다.68)

헌법재판소는 형벌법규에 대한 위헌심사에서 형벌의 정당화와 관련하여 어떠한 입장을 취하고 있고, 어떤 방식으로 판단요소로 작용하도록 하고 있는지 검토한다.

---

66) 이 부분은 임웅, 형법총론, 50–56면 참조하여 정리하였다.

67) 배종대, 형사정책, 401면 참조.

68) 오세혁, "형벌의 철학적 기초 : 영미 형벌 정당화이론의 동향", 중앙법학 제14집 제3호, 중앙법학회, 2012. 9, 7–40면 참조 : 영미에서는 응보주의와 공리주의의 대결구도를 형성하였는데 20세기 중반까지는 공리주의가 논의를 주도하다가 1960년 후반 이후 공리주의 계열의 예방이론이 점차 쇠퇴하고 다시금 응보주의가 형벌의 정당화 논의를 지배하게 되었고, 응보주의와 공리주의가 절충된 혼합적 정당화이론이 출현하는 등 복잡한 논의양상을 보이고 있음을 설명하고 있다.

나. 헌법재판소의 결정례 분석

(1) 기본적 입장

형벌의 하나인 사형제에 대한 합헌결정에서 헌법재판소의 형벌의 목적에 관한 기본적인 입장이 드러나는데 헌법재판소는 "(사형은) 일반국민에 대한 심리적 위하를 통하여 범죄의 발생을 예방하며, 이를 집행함으로써 극악한 범죄에 대한 정당한 응보를 통하여 정의를 실현하고, 당해 범죄인 자신에 의한 재범의 가능성을 영구히 차단함으로써 사회를 방어한다는 공익상의 목적을 가진 형벌"69)이라고 하여 형벌의 목적으로서 '응보', '일반예방', '특별예방'을 모두 인정하고 있다. 위 결정에서 헌법재판소는 사형제가 형벌의 일종으로서 위와 같은 형벌목적을 달성하기 위한 적절한 수단인지에 대하여 과잉금지심사의 내용으로서 검토하고 있다.

또한 헌법재판소는 야간에 흉기 기타 위험한 물건을 휴대하여 협박죄를 범한 자를 5년 이상의 유기징역에 처하도록 한 폭력행위등 처벌에 관한 법률 제3조 제2항에 대한 위헌제청사건에서 "국가의 형벌권을 정당화하는 이론으로는 보통 응보이론, 일반예방이론, 특별예방이론, 절충이론 등이 알려져 있다. 폭처법과 같은 형가중적 특별법은 사회 일반에서 물의를 빚고 있는 특정 범죄행위를 기존의 형량보다 중한 형으로 처벌한다. 이는 범죄로부터 일반 사회인을 보호하고 아울러 일반인을 위하(威嚇)시킴으로써 그러한 범죄를 예방하려는 소위 '소극적 일반예방'의 목적에서 비롯된 것이라고 할 수 있다."70)고 판시하는 등 특정한 형벌의 정당화이론을 채택하지 않으면서 개별 형벌법규에서의 형벌정당화 목적을 확인하는 방식으로 위헌심사를 진행하고 있다.

(2) 헌법재판소의 결정례의 구체적 내용

(가) 형벌 자체의 정당화에 대한 결정례

형벌의 목적에 관한 위헌성이 집중적으로 논의될 수 있는 경우는 형벌 그 자체를 위헌이라고 주장하는 경우가 될 것이다. 형법 제41조는 형벌의 종류로서 '사

---

69) 헌재 2010. 2. 25. 2008헌가23, 판례집 22-1상, 36, 58.
70) 헌재 2004. 12. 16. 2003헌가12, 판례집 16-2하, 446, 455-456.

형, 징역, 금고, 자격상실, 자격정지, 벌금, 구류, 과료, 몰수'의 9가지를 규정하고 있다. 그 중 사형은 '생명형', 징역·금고·구류는 '자유형', 벌금·과료·몰수는 '재산형'에 해당하며 자격상실과 자격정지는 '명예형'에 해당한다.

이와 같은 형벌의 종류 중 헌법재판소에 그 자체에 대한 위헌심사를 청구한 사례는 생명을 앗아가는 형벌인 사형, 필요적 벌금형 부과 및 범죄와 관련된 물건이나 수익을 필요적으로 몰수하는 필요적 몰수형에 관한 것이 있다.[71]

먼저, 사형제에 대하여는 위에서 이미 살펴본 바와 같다. 위 결정에서 위헌의견(김희옥 재판관)은 형벌의 목적으로서 응보, 일반예방, 특별예방을 인정하면서 사형제가 범죄인의 생명을 박탈하는 것은 개선교화의 가능성이 배제되므로 특별예방효과가 없고, 범죄억지력이라는 일반예방효과도 명백히 밝혀진 바가 없으며, 응보가 동해동복이 아닌 이상 생명박탈은 정당한 응보의 관념에 부합되지 않는다며 형벌의 목적을 중심으로 위헌론을 전개하고 있다.[72] 한편 사형제에 관한 위 결정에서 무기징역형의 위헌성도 검토되었으나, 사형선고 대신 가석방 없는 무기징역(절대적 무기징역형)을 두지 않는 것의 위헌성이 다투어졌기 때문에 무기징역형 자체에 대한 형벌의 목적 측면에서의 위헌심사는 이뤄지지 않았다.

다음으로, 필요적 벌금부과형 및 필요적 몰수형에 대하여는 형벌의 목적에 대한 일반적 논의가 이루어지지는 않았으나, 과잉금지심사의 입법목적의 정당성이나 수단의 적절성에 관한 판단부분에서 '관세범의 징벌 및 일반예방적 효과'를 명시하는 사례[73]가 보이는 등 형벌의 목적으로서 응보와 일반예방을 전제로 하고 있다.

(나) 집행유예 결격 등 형벌의 조건과 관련된 결정례

형의 집행유예나 선고유예 결격규정에 대한 위헌소원에서 집행유예나 선고유예 제도의 취지에 관하여 '단기 자유형의 폐단을 막고 범죄인의 자발적 개선을 통하여 재범을 방지할 목적'이라고 하여 특별예방의 목적을 강조하였다.[74]

---

71) 형벌제도 자체가 역사적으로 오랜 기간에 걸쳐 형성된 것으로서 존재의 필요성 자체에 대해서는 일반적으로 당연하게 받아들여지기 때문에 자유형이나 벌금형 등의 존재 자체에 대한 헌법적 문제제기는 없는 것으로 보인다.

72) 헌재 2010. 2. 25. 2008헌가23, 판례집 22-1상, 36, 82-83 참조.

73) 헌재 2004. 3. 25. 2001헌바89, 판례집 16-1, 346, 357 참조.

74) 헌재 1998. 12. 24. 97헌바62 등, 판례집 10-2, 899, 909 참조.

(다) 법정형 가중을 내용으로 하는 특별형법에 대한 결정례

헌법재판소는 위에서 본 바와 같이 법정형 가중을 규정하는 특별형법에 대한 위헌심사에 있어 형의 가중으로 인한 '일반예방효과'의 충족여부를 주요 판단요소 중 하나로 보고 있다.

한편 교통사고로 사람을 치상하게 한 자가 도주한 경우에 사형, 무기 또는 10년 이상의 징역에 처하도록 한 특정범죄의 가중처벌 등에 관한 법률 제5조의 3에 대한 위헌결정에서 "(우리 헌법은) 응보형적 절대적 법정형주의를 지양하면서 범죄인의 교화개선에 상응하는 형벌을 가함으로써 민주적인 형사정책을 구현하도록 배려하여 형벌은 어디까지나 범죄인의 교육·개선과 사회복귀 및 재범방지를 기본"[75]으로 한다고 하여 형벌의 목적에 관하여 특별예방주의의 입장에 서 있는 것으로 보이는 판시를 하였다. 그러나 전체 결정내용을 살펴보면, 범죄행위의 강한 윤리적 비난가능성을 언급하고 있고, 지나치게 가혹한 형벌로 일반예방효과를 달성하기보다 역작용이 발생할 우려가 높다는 점이 지적되어 있는 점에 비추어 볼 때, 기본적으로 과실범에 기인하는 범죄에 대하여 지나치게 높은 절대적 법정형을 취하였음을 강조하여 비판한 것으로 해석되고, 형벌의 정당화이론으로서 특별예방주의를 취하였다고 보기는 어렵다.

특정강력범죄로 형을 받아 그 집행을 종료하거나 면제받은 후 3년 이내에 다시 강도치상죄를 범한 경우에 그 죄에서 정한 형의 장단기를 2배 가중한다는 규정에 대한 합헌결정에서 "종전 특정강력범죄에 대하여 형을 선고받아 그 집행과정에서 특정강력범죄에 대한 응보와 회개의 기회를 충분히 가졌음에도 불구하고 3년이라는 단기간 내에 다시 새로운 특정강력범죄에 나아간 경우에는 초범에 비하여 비난가능성·반사회성 및 책임이 더 크고 재범에 대한 형을 가중할 정당한 근거와 필요성이 있기 때문"이라고 하여 누범가중의 응보형적 측면을 판시하면서 "사회방위, 범죄의 특별예방 및 일반예방, 더 나아가 사회의 질서유지의 목적을 달성하기 위한 하나의 수단"이라고 하여 특별예방 및 일반예방의 측면에서도 설명하고 있다.[76]

특수강도죄를 범한 자가 강제추행을 한 경우 사형, 무기 또는 10년 이상의 징

---

75) 헌재 1992. 4. 28. 90헌바24, 판례집 4, 225, 238.
76) 헌재 2008. 12. 26. 2005헌바16, 판례집 20-2하, 564, 577-578 참조.

역에 처하도록 한 규정에 대한 합헌결정에서, 헌법재판소는 "특수강도범행으로 인하여 극도로 반항이 억압된 상태에서 피해자의 성적 자기결정권이 현저하게 침해되었다고 할 것이므로 죄질과 범정이 무겁고 비난가능성이 매우 크다."고 하여 형벌의 응보형으로서의 성격을 분명히 하면서 이러한 규정을 둔 것이 "일반예방적 목적을 달성하기 위한 형사정책적 측면"을 고려한 것이라고 하여 형벌의 일반예방적 목적에 대하여도 언급하고 있다.[77]

(라) 행정형벌법규에 대한 결정례

행정형벌법규에 대한 위헌심사에서는 별도의 응보나 일반예방에 대한 언급이나 논증을 찾아보기 어렵다. 그러나 형사처벌을 통하여 반사회적 행정법규 위반에 대하여 응보를 하고, 일반예방효과가 있을 것이라는 것은 특별한 사정이 없는 한 일반적으로 인정될 수 있을 것이다.

(마) 보안처분법규에 대한 결정례

헌법재판소는 보안처분에 대하여는 "재범의 위험성이 있는 자를 치료·보호·개선·격리하여 피감호자의 '재범의 위험성'을 방지하거나 예방하고, 이로써 공공의 안전과 이익을 보호하고자 하는 특별예방적 목적처분이다."라고 판시하고 있다.[78] 그런데 이 결정에서 반대의견(재판관 변정수, 김진우)은 '상습범죄자나 특별히 위험성이 있는 범죄자에 대한 보호감호제도는 응보형제도의 결함을 보충하기 위한 것인데 오늘날 형벌사상은 응보가 아니라 범인의 개선교육 및 그를 통한 사회방위를 목적으로 하여야 한다는 것이므로 형벌과 보호감호는 본질에 있어 같은 교육형으로 보호감호제도를 더 이상 둘 필요가 없다.'는 취지로 주장하여 형벌의 정당화이론에서 '목적형주의' 그 중에서도 '특별예방주의'의 입장을 취하는 것으로 보인다.[79] 최근 위치추적 전자장치부착에 관한 결정에서 헌법재판소는 "형벌과 보안처분은 다 같이 형사제재에 해당하지만, 형벌은 책임의 한계 안에서 과거 불법에 대한 응보를 주된 목적으로 하는 제재이고, 보안처분은 장래 재범 위험성을 전제로 범죄를 예방하기 위한 제재이다. 그런데 오늘날에는 형벌과 보안처분의 형

---

77) 헌재 2001. 11. 29. 2001헌가16, 판례집 13-2, 570, 579 참조.
78) 헌재 1989. 7. 14. 88헌가5 등, 판례집 1, 69, 84.
79) 이러한 입장이 90헌바24결정에서 법정의견(위헌)의 주요한 줄기를 형성한 것으로 보인다.

태가 다양해지고 형벌 집행에 있어서 범죄자에 대한 특별예방적·형사정책적 관심과 배려를 강조하는 새로운 형사제재수단들, 예를 들어 보호관찰, 사회봉사명령이나 수강명령 등이 등장하면서 형벌과 보안처분의 경계가 모호해지고 있다."[80] 고 하여 양자의 명확한 구분이 쉽지 않음을 판시하고 있다.

다. 위헌심사에 있어 형벌목적의 논증과 의미

(1) 쟁점의 정리

헌법재판소는 형벌의 목적에 관하여 응보형주의나 예방형주의의 어느 하나를 따르지 않고 형벌이 '응보, 일반예방, 특별예방'의 목적을 모두 가지고 있음을 명확히 하고 있다. 반면, 보안처분의 경우에는 형벌과 보안처분의 경계가 모호해져가고 있음을 인정하면서도 형벌과 구분하여 '특별예방적 목적처분'이라고 하고 있다.

형벌의 목적은 형벌에 관한 일반적 설명에 언급되는 것에 그치지 않고, 과잉금지원칙에 따른 위헌심사에서 중요한 판단요소로서 작용하고 있다. 이하에서는 사형제에 대한 위헌결정에서 헌법재판소가 보인 '응보목적, 일반예방목적, 특별예방목적' 각각에 대한 논증의 방식을 살피고, 다른 결정례에서 형벌목적이 논증의 대상이 된 경우와 방식에 관하여 본 다음, 형벌법규에 대한 위헌심사에서 형벌목적이 가지는 의미를 살피도록 한다.

(2) 형벌의 목적에 대한 논증

(가) 응보목적

사형제에 관한 위 결정에서 헌법재판소는 생명권 제한에 있어 헌법상 비례원칙 위배여부를 살피면서 입법목적의 정당성에서 '극악한 범죄에 대한 정당한 응보를 통하여 정의를 실현'한다는 형벌의 응보목적을 입법목적의 정당성에 명시하고, "잔혹한 방법으로 다수의 인명을 살해하는 등의 극악한 범죄의 경우, 그 법익침해의 정도와 범죄자의 책임의 정도는 가늠할 수 없을 만큼 심대하다 할 것이며, 수많은 피해자 가족들의 형언할 수 없는 슬픔과 고통, 분노 및 일반국민이 느낄 불

---

80) 헌재 2012. 12. 27. 2010헌가82 등, 판례집 24-2하, 281, 295.

안과 공포, 분노까지 고려한다면, 이러한 극악한 범죄에 대하여는 우리 헌법질서가 허용하는 한도 내에서 그 불법정도와 책임에 상응하는 강력한 처벌을 함이 정의의 실현을 위하여 필수불가결하다 할 것인바, 가장 무거운 형벌인 사형은 이러한 정당한 응보를 통한 정의의 실현을 달성하기 위한 적합한 수단이라 할 것이다."라고 하여 사형이 응보라는 형벌의 목적달성에 적합한 수단이라고 판시하였다. 또한 피해최소성에 관하여는 다수의 인명을 살해한 범죄 등 극악한 범죄의 경우에는 무기징역형 등으로는 피해자들의 가족 및 일반국민의 정의관념에도 부합하지 못하게 된다는 점에서 덜 침해적인 수단이 될 수 없다고 밝히고 있다. 즉 응보목적을 입법목적으로 본 뒤 이러한 응보목적을 달성하기에 사형이 적합한 수단으로서 필요최소한의 것인지를 심사하고 있다.

헌법재판소는 사형제에 관한 위 결정 외에는 '응보'라는 형벌의 목적을 구체적으로 논증한 예를 찾아보기 어렵다. 다른 결정들에서는 형벌법규에 대한 위헌심사임에도 '응보'라는 표현을 사용하지 않는다. 간혹 사용하더라도 단순히 형벌이 '응보'로서의 성격을 가진다는 점을 설명하거나, 위에서 특별형법 관련 결정례에서 보듯이 중형부과의 정당화를 위해 죄질이 중함을 설명하는 것에 그친다.

응보목적이 이와 같이 사형을 제외하고는 응보라는 이름으로 논증의 대상이 되지 않는 것은 응보가 곧바로 (행위)책임과 연결되고, 책임에 비례하는 형벌이라는 논의로 연결되기 때문이다. 즉 응보목적에 대한 정당화 논증은 책임과 형벌간의 비례원칙 등을 통해서 실제적으로 이루어지고 있다고 생각된다.

(나) 일반예방목적

사형제에 관한 위 결정에서 헌법재판소는 '일반국민에 대한 심리적 위하를 통한 범죄의 발생 예방'을 입법목적의 정당성으로 설시하고 있고, '사형은 인간의 죽음에 대한 공포본능을 이용한 가장 냉엄한 궁극의 형벌'이므로 이를 통한 일반적 범죄예방효과가 있다고 볼 수 있어 범죄의 일반예방이라는 형벌의 목적에 적합한 수단이라고 판시하였다. 더 나아가 피해의 최소성에서는 '특정 범죄와 그 법정형 사이에 적정한 비례관계가 존재하는 일반적인 상황하에서는, 형벌이 무거울수록, 즉, 형벌 부과에 의한 범죄자의 법익침해 정도가 커질수록 범죄를 실행하려는 자의 입장에서는 범죄를 통하여 얻을 수 있는 이익에 비하여 범죄로 인하여 부과될 수 있는 불이익이 보다 커지게 됨으로써 그 범죄행위를 포기하게 될 가능성이 커진다'는 전제하에서 '사형은 잠재적 범죄자를 포함하는 모든 일반국민에 대하여 무기징역형이나 가석방이 불가능한 종신형보다 더 큰 위하력을 발휘함으로써 가장 강력한 범죄억지력을 가지고' 있으므로 '입법자가 이러한 범죄와 형벌의 본질 및 그 관계, 인간의 본성 등을 바탕으로 하여 사형이 무기징역형 등 자유형보다 더 큰 일반적 범죄예방효과를 가지고 있다고 보아 형벌의 한 종류로 규정한 이상, 이러한 입법자의 판단은 존중'되어야 할 것이라고 판시하였다. 한편 '사형을 통하여 살인범죄 등 극악한 범죄의 발생을 보다 더 감소시킬 수 있다'는 점을 피해최소성의 논거로 들었다. 이처럼 헌법재판소는 무기징역형 보다도 사형제를 유지하는 것이 더 높은 수준의 일반예방효과를 가져올 수 있다고 판단하고 있다.

헌법재판소는 사형제에 대한 위 결정 외에도 일반예방목적의 달성여부를 위헌심사의 중요한 판단요소로 삼고 있다. 먼저, 성도덕과 관련하여 위헌결정이 내려진 혼인빙자간음죄, 간통죄의 경우를 살펴본다. 혼인빙자간음죄에 대한 위헌결정에서 과거에는 '혼인빙자간음죄의 존재가 남성들로 하여금 혼인을 빙자해서 간음행위에 이르지 않도록 심리적 억제작용'을 하였다는 점을 인정하면서 이후 시대상황의 변화로 이제는 일반예방효과를 인정할 수 없다고 하였다. 이에 대한 논거로는 혼인빙자간음죄를 폐지한 다른 나라의 사례(폐지 이전보다 성도덕의 문란과 같은 사회적 병폐가 늘어났다는 아무런 자료나 통계가 발견되지 않는 점)와 적극적으로 일반예방효과를 인정할 만한 자료가 없다는 점을 들고 있다. 한편 간통죄에 대한 위헌결정에서는 "간통을 하게 되는 동기는 애정에서 비롯되는 경우와 그렇지 않은 경우가 있을 수 있다. 애정에서 비롯된 경우라면, 부부간에 애정과 신뢰에 기초한 혼인관계는 이미 파괴된 상태이므로 형벌에 대한 두려움을 통하여 파괴된 혼인관계를 유지시킬 필요가 있는지 의문이고, 형벌을 감수하고서라도 간통행위를 하는 경우가 대부분일 것이므로 간통행위 억제에 대한 실효성이 인정되기 어렵다. 애정에서 비롯된 경우가 아니더라도, 다양한 형태로 일어나고 있는 성매매 행태 및 이에 대한 인식 수준에서 보듯이 간통행위를 처벌하는 심판대상조항으로 인하여 애정에서 비롯되지 않은 간통을 억지하는 효과를 기대하기도 어렵다. 그 동안의 법집행 실태를 실증적으로 분석하여 간통에 대한 형사처벌이 일반예방적 효과를 거두었음을 보여주는 자료도 존재하지 아니한다."[81]라고 하여 간통죄의 특성

81) 헌재 2015. 2. 26. 2009헌바17 등, 판례집 27-1상, 20, 29.

및 법집행실태에 관한 분석자료가 없다는 점을 논거로 일반예방효과가 없다고 논증하고 있다. 그 외 혼인빙자간음죄와 마찬가지로 간통죄를 폐지한 다른 나라의 예를 들고 있다.

다음으로, 특별형법상의 가중처벌규정에서 일반예방효과를 인정하거나 배척하고 있으나 논증이 일관되지 않고 있다. 위헌결정을 하는 경우에는 "(형벌가중)의 정도가 지나치고 비현실적인 가혹한 형벌의 법정형이어서 교통사고의 예방이나 피해자 구호를 용이하게 하는 일반예방적인 목적을 달성하는 것보다 오히려 그 역작용으로 피해자를 유기치사 내지 유기살인을 유발하는 결과를 자초할 우려가 없지 않은 것"[82]이라고 하여 지나치게 가혹한 형벌의 역효과에 관한 이론을 일반예방효과가 없다는 논거로 사용하기도 하고, 중벌주의에 의한 범죄억지력의 효과가 크지 않다는 이론을 논거로 사용하기도 하고 있다.[83] 반면, 합헌결정을 하는 경우에는 일반예방효과에 대한 별다른 논증없이 일반예방효과를 인정하는 것이 일반적이다.

확신범에 대하여 일반예방효과를 인정할 수 있을 것인가의 문제가 있다. 종교적 신념을 이유로 한 양심적 병역거부를 처벌하는 병역법 규정에 대한 합헌결정에서 반대의견은 '법질서의 명령보다는 종교적 명령에 따라야 한다는 신앙적 확신에 기한 것으로 형벌의 위협으로 변경될 수 있는 성질의 것이 아니라는 점'에서 일반예방효과 인정에 의문점을 표시하였다.[84] 이 결정의 타당성은 별론으로 하고 확신범에 대하여 일반예방효과를 기대하기는 어렵다는 점은 문제일 것이나, 위 결정의 다수의견이 밝히듯 일반인의 병역기피행위에 대한 일반적 강제수단으로서 일반예방효과가 논의되는 것이라고 보아야 할 것이다.

이처럼 일반예방목적은 헌법재판소에서 논증의 대상이 되다. 헌법재판소는 "형벌이 지나치게 가혹하거나 잔인하면 일시적으로는 범죄 억지력을 발휘할지 모르지만 결국에는 중벌에 대하여 면역성과 무감각이 생기게 될 뿐이고, … 중략 … 이는 규범준수를 담보할 것으로 기대되는 요소로서 더 큰 비중을 차지하는 것은 '제재의 양 내지 강도'가 아니라 '제재의 개연성 내지 가능성'이라는 것을 말해준다"[85]고 하여 '중벌'로 인한 일반예방효과에 대하여 의문을 표시하고 있고, 제재

82) 헌재 1992. 4. 28. 90헌바24, 판례집 4, 225, 235.
83) 헌재 2006. 4. 27. 2006헌가5, 판례집 18-1상, 491, 499 참조.
84) 헌재 2011. 8. 30. 2008헌가22 등, 판례집 23-2상, 174, 207 참조.
85) 헌재 2004. 12. 16. 2003헌가12, 판례집 16-2하, 446, 456.

의 개연성 내지 가능성 즉 형사처벌의 확실성이 범죄억지력을 가진다고 판시하고 있다. 이는 관련 연구결과를 토대로 한 것으로 보인다. 일반 범죄억제와 관련하여, 처벌의 확실성이 증가한다면 합리적인 사고를 하는 범죄인이라면 처벌이 범죄로 얻는 이득보다 훨씬 가혹하다고 생각할 때 범죄를 저지르지 않게 된다는 가설이 경찰의 체포율이 높을 경우 범죄율이 감소한다는 연구결과를 통해 확인되고 있다. 반면, 처벌의 엄격성에 대하여는 엄격한 처벌이 범죄율에 영향을 미친다는 일관성 있는 결과를 보여주지 못하고 있다. 한편 처벌을 받은 경험이 많을수록 법적 제재에 대한 두려움이 적어져 범죄억제효과를 가져오지 못하고, 처벌이 아주 엄격한 경우에 한하여 경험있는 범죄자들에게 억제효과가 있다는 연구결과도 있다.[86] 사형제의 무기징역형에 대비한 일반예방효과에 대하여 헌법재판소는 인정하였지만, 연방대법원의 위헌결정으로 사형제의 일시중단을 경험하였고, 주마다 사형제의 도입여부를 달리하는 미국에서의 계량경제학적 연구결과를 보면, 사형제가 무기징역형 등에 비하여 사형에 처해질 살인범죄(Capital murder)에 대한 더 큰 억지효과가 인정된다고 단정하기도 어렵다.[87]

이러한 일반예방효과에 관한 논의는, 일정한 형벌이 부과되는 경우 범죄의 억지효과가 있다는 것을 전제로 그러한 범죄억지효과가 처벌을 강화하는 경우와 처벌의 확실성을 높이는 경우 등에 어떻게 변화하는지를 검토하는 것이다. 형벌법규로 인한 범죄의 일반예방효과 그 자체에 대하여 성도덕과 관련된 범죄 등 금지된 행위의 성격상 논란이 되는 경우를 제외하고는 일반적으로는 인정하는데 큰 문제가 없다. 따라서 국가는 사회유해성 있는 행위나 법익침해행위로부터 개인과 사회의 안전을 보호할 의무를 다하기 위해 일반예방효과가 엄밀하게 입증되지 않는 경우에도 형벌법규로써 해당 행위를 금지할 수 있다. 다만 특별히 중한 형벌을 부과하는 경우 그에 따라 일반예방효과가 높아질 것인지 여부에 대하여는 일반예방효과에 관한 추가적 논증이 필요하다고 생각된다.

이처럼 일반예방효과는 명확히 증명될 수 있는 성질의 것은 아니나, 특별형법과 같이 중벌로 인하여 오히려 부작용이 초래된다고 보이거나, 성도덕과 관련된 범죄와 같이 형사처벌로 금지된 행위의 성격상 형사처벌을 하더라도 일반예방효

86) 연성진, 처벌의 범죄억제 효과에 관한 연구, 형사정책연구원, 2003, 28－38면 참조.
87) 홍기원, “사형제도의 범죄억지력에 관한 최근 미국 법경제학의 연구성과에 대한 검토”, 고려법학 제57호, 고려대학교 법학연구원, 2010. 6, 1－24면; 이종인, 범죄와 형벌의 법경제학, 한울, 2013, 254－255면 참조.

과를 거둘 수 있는지 강하게 의심되는 경우에는 이에 대한 논증없이 형사처벌의 정도에 따라 일반예방효과가 높아진다고 그대로 인정될 수는 없다.

(다) 특별예방목적

사형제에 관한 위 결정에서 헌법재판소는 '당해 범죄인 자신에 의한 재범의 가능성을 영구히 차단함으로써 사회를 방어'한다는 특별예방목적을 입법목적의 정당성에서 설시하면서 응보나 일반예방목적과는 달리 수단의 적합성, 피해최소성, 법익균형성에서 더 이상 언급하지 않고 있다. 위 결정에서 위헌의견을 전개한 김희옥 재판관은 특별예방목적의 측면에서 '범죄인의 생명을 박탈하는 것은 그 개선교화의 가능성을 배제하는 것이므로 특별예방이라는 형벌의 목적에는 전혀 기여할 수 없다.'는 점에서 사형제가 수단의 적합성이 없다는 의견을 개진하고 있다.

헌법재판소는 특별예방목적의 하나인 (교도소 수용기간 동안의) 무력화효과에 대하여는 별다른 언급을 하지 않고 있고, 다른 하나인 특별억제효과에 대하여는 간통죄와 양심적 병역거부에 대한 결정에서 논의가 이루어지고 있다. 간통죄에 대한 위헌결정에서 "간통행위에 대한 사회적 비난의 정도는 상당한 수준으로 낮아져 있다. 결국, 간통죄는 행위규제규범으로서의 기능을 잃어가고 있어 형사정책상 일반예방 및 특별예방의 효과를 모두 거두기 어렵게 되었다."[88]고 하여 행위규제규범으로서 기능을 잃어감에 따라 특별억제의 효과도 거두기 어렵다는 방식의 논증을 하고 있다. 역시 종교적 신념을 이유로 한 양심적 병역거부를 처벌하는 병역법 규정에 대한 합헌결정에서 반대의견은 '양심적 병역거부자들이 모범적인 수형생활을 하고 있는 점, 형사처벌을 통한 교정·교화가 애초부터 기대하기 어려운 점'을 들어 특별억제효과에 대하여 의문을 표시하였다. 실제 확신범에 대한 특별억제효과는 그 의미가 상당부분 포기되는 것으로 보아야 할 것이다.

이와 관련하여, 일반적으로 엄한 형벌로 다시 범죄를 저지르지 않도록 한다는 특별억제효과에 대하여는 재범률을 줄인다는 연구결과를 찾아보기 어렵고, 오히려 수감생활을 한 초범자들은 재범율이 증가한다는 연구결과는 특별억제효과에 대한 의문을 표시하게 한다. 이에 대하여는 범죄의 낙인효과가 영향을 미쳤다는 분석이 있다.[89]

---

88) 헌재 2015. 2. 26. 2009헌바17 등, 판례집 27-1상, 20, 29.
89) 연성진, 처벌의 범죄억제 효과에 관한 연구, 38-41면 참조.

(라) 소 결

응보목적은 시대상황과 법감정 등이 개입되는 것으로 법정형의 높고 낮음을 통하여 상대적으로 비교할 수 있을 뿐이고, 특별예방목적은 교도소 수형을 통한 개선·교화가 제대로 이루어지는지 여부 등 형사정책적 문제가 관련되어 있어 행위와 법정형과의 관계에서 계량경제학적 분석 등을 통한 논증이 가능한 영역이 아니라고 보인다.

반면, 일반예방목적은 법이론적 분석 외에 계량경제학적 분석이 이루어지기도 하는 등 과학적 논증의 대상이 될 여지가 있다. 그러나 헌법재판소는 때로는 일반예방효과에 대한 논증이 되지 않았다는 이유로 위헌의 논거를 삼기도 하고, 논증없이 바로 일반예방효과를 인정하기도 한다.[90] 제3장 제5절에서 다시 살피겠지만, 법정형에 따라 단계적으로 일반예방효과가 더 높아진다고 단정하기는 어렵더라도 그러한 효과가 일반적으로 추정될 수 있다고 본다. 그러나 사형이나 무기징역, 하한형이 7년 이상의 중형과 같이 단계적 일반예방효과의 상승을 바로 단정하기 어려운 경우에는 엄격한 논증이 필요하다고 생각된다.

(3) 위헌심사에서 형벌의 정당화(목적)의 의미

형벌의 정당화사유 즉 형벌의 목적인 응보, 일반예방, 특별예방이 형벌법규에 대한 위헌심사의 중요한 판단요소가 된다는 것은 형벌법규에 대한 위헌심사의 중요한 특징 중 하나이다. 물론 다른 기본권제한법규의 경우에도 각 형벌목적에 대응하는 것을 상정해 볼 수 있다. 응보 목적에 대하여는 징벌 목적을, 일반예방목적에 대하여는 과태료 등의 행정제재나 불이익을 통한 예방목적을, 특별예방목적에 대하여는 안전교육을 통한 면허정지기간감면 제도 등 동일한 위법행위의 반복을 방지하는 조치를 각기 대응시킬 수 있다.

---

90) 독일 연방헌법재판소의 경우 형사정책적 논의 등에 비추어 일반예방효과가 불확실한 상황에서도 일반적으로 일반예방효과가 있다는 판단은 입법자에게 주어져 있다며 일반예방효과에 대한 입증을 요구하고 있지 않다고 분석되고, 대표적 결정례로 BVerfGE 90, 145[대마흡연처벌사건]를 들고 있다[Mario Bachmann und Ferdinand Goeck, Ein Blick in den Abgrund?–Strafrecht auf dem Prüfstand von Verfassung und Kriminologie, Strafrecht und Verfassung(Symposium Junger Strafrechtlerinnen und strafrechtler, Nomos, 2013, 41–42면) 참조].

그러나 형벌의 응보목적은 '사회적 비난'이 주된 요소라는 점에 특성이 있고, 일반예방목적은 통상적으로 논의되는 자유형을 상정할 때, 신체의 자유를 빼앗아 일정한 장소에 구금함으로써 가족 등과의 일상적 접촉이 불가능하고, 개인의 내밀한 영역이 사실상 허용되지 않으며, 교도소 관리자의 감시와 감독 하에서 타의에 의한 생활 및 노동을 요구받는 것으로서 그 기본권제한의 정도는 다른 기본권제한법규의 제재수단과 비교하기 어렵다. 재산형인 벌금·과료형의 경우에도 이를 내지 않을 경우 결국 신체구금형인 노역장유치로 연결될 수 있다.

형벌의 특별예방목적은 형벌 그 자체의 집행으로, 특히 자유형의 집행으로 이루어지고, 형사처벌을 통한 교정·교화라는 특성이 있는 반면, 다른 기본권제한법규에서는 과태료 등이 특별예방효과를 낼 수는 없고, 다른 교육제도의 도입으로 그러한 목적을 달성하려고 한다는 점에서 차이가 있다. 따라서 형벌법규에 대한 위헌심사에서는 형벌의 정당화사유인 '형벌의 목적'이 전면적으로 위헌심사의 판단요소로서 등장하게 되는 것이다.

또한 우리 형벌법규가 가지는 부정적 특성인 '형법을 압도하는 특별형법으로 인한 중벌주의', '사회윤리적 색채를 가진 형벌법규'에 대한 위헌심사에서 범죄억지력(일반예방효과) 및 특별억제력(특별예방효과)에 대한 논증요구가 위헌심사의 중요한 판단요소로 작용하게 된다.

4. 형벌법규의 위헌심사에서 '법감정'의 의미

가. 쟁 점

위헌심사기준을 세운다는 것은 결국 헌법에 기초하여 법논리 전개의 기준을 세운다는 것이고, 법논리는 사회규범으로서 법에 내재하는 사회일반인의 상식, 조리, 건전한 사회통념을 벗어날 수 없는 것이며, 이러한 관념들은 포괄적으로 법감정에 바탕을 두고 있다.[91]

헌법재판소는 '법감정'을 형벌법규에 대한 위헌심사에 있어 2가지 영역에서 판단기준으로 사용하고 있다. 첫째, 죄형법정주의의 명확성원칙 심사에 있어 판단자의 자격으로서 '건전한 상식과 통상의 법감정을 가진 사람',[92] 둘째, 어떠한 행위

91) 임웅, "법감정에 관한 연구", 법철학연구 제1권, 한국법철학회, 1998, 87면 참조.

의 범죄화에 대한 입법자의 광범위한 재량의 내용으로서[93] 또는 법정형의 종류와 범위에 관한 입법자의 광범위한 입법재량의 내용으로서[94] '국민 일반의 가치관 내지 법감정'이 그것이다. '법감정'이라는 개념 자체의 불명확성으로 인하여, 그 규범적 의미에 대하여 논의가 풍부하게 이루어지고 있지 않으나,[95] 헌법재판소에서는 위헌심사기준의 중요한 판단요소로서 제시되고 있어 그 규범적 의미를 분명히 할 필요가 있다. 법감정에 대하여 한마디로 정의내리기는 어려운 일이나, 일반적으로 '무엇이 법인가, 그리고 무엇이 법이어야 하는가에 대한 감정, 인간행태의 근본가치로서 법적인 것에 대한 감정'을 말하는 것으로 설명된다.[96]

이하에서 헌법재판소에서 '법감정'이 실제 형벌법규에 대한 위헌심사에서 구체적으로 어떤 역할을 수행하고 있는지 살피고 그 의미와 문제점을 검토하기로 한다.

나. 죄형법정주의의 명확성원칙에서 판단자의 자격

죄형법정주의의 명확성원칙에서 판단자의 자격으로 헌법재판소는 '건전한 상식

92) 헌재 2005. 3. 31. 2004헌바29, 판례집 17-1, 429, 436; 헌재 2010. 12. 28. 2008헌바157 등, 판례집 22-2하, 684, 696, 헌재 2007. 5. 31. 2006헌가10, 판례집 19-1, 558; 헌재 2005. 5. 26. 2003헌가17, 판례집 17-1, 579, 586; 헌재 2004. 1. 29. 2002헌가20 등, 판례집 16-1, 1 참조.

93) 헌재 2015. 2. 26. 2009헌바17 등, 판례집 27-1상, 20; 헌재 2009. 11. 26. 2008헌바58 등, 판례집 21-2하, 520, 532-533 참조.

94) 헌재 2008. 12. 26. 2007헌가10 등, 판례집 20-2하, 523; 헌재 2007. 11. 29. 2006헌가13, 판례집 19-2, 535, 540; 헌재 2006. 4. 27. 2006헌가5, 판례집 18-1상, 491, 497; 헌재 2004. 3. 25. 2001헌바89, 판례집 16-1, 346, 355; 헌재 2009. 6. 25. 2007헌바25, 판례집 21-1하, 784, 804; 헌재 1995. 11. 30. 94헌가3, 판례집 7-2, 550, 556 참조.

95) 임웅 교수의 위 글 외에도 법감정에 관한 우리 학계에서 이루어진 논의를 살펴보면 다음과 같다. 참여를 통해 국민의 법감정에 부합하는 입법이 될 수 있도록 하여야 한다는 글(이종수, "현대 법치국가에 있어서 법률의 과잉과 국민의 법감정", 연세대 석사학위논문, 1988), 자유로운 참여를 통한 민주적 의사형성절차를 거쳐 일반화된 법감정 형성의 중요성에 대하여 주장하는 글(변종필, "법감정의 일반화를 위한 제언", 법철학연구 제3권 제1호, 한국법철학회, 2000. 5), 점유취득시효에 관한 판례의 법리가 일반의 법감정과 배치된다는 점에 관한 글(박종연, "점유취득시효 판례의 문제점 고찰 : 판결과 법감정의 일치 여부", 법조 507, 법조협회, 1998. 12), 사형제도와 관련하여 법감정의 의미와 역할을 분석한 글(이덕인, "사형제도에 관한 법감정의 비판적 고찰", 동아대학원 논문집 29, 2005. 5), 여성주의적 관점에서 법감정이 법추론에 합리적 논증요소로 개입될 수 있다는 글(전해정, "법감정의 인식론적 가능성 연구", 법학논총 제26권 제2호, 국민대학교, 2013. 10)이 있다. 위 글들은 본격적으로 '법감정'을 법적 논증의 요소로, 즉 이 연구의 주제인 위헌심사기준으로서 활용하는 것에 대하여는 논의를 전개하지 않고 있다.

96) 임웅, "법감정에 관한 연구", 87면 참조.

과 통상의 법감정을 가진 사람'을 제시하고 있다. 여기에서 통상의 법감정은 법률의 해석과 주로 관련된 것으로서 '통상의 일반인이 가지고 있을 것으로 상정되는 그 시대의 일반적인 법에 대한 이해정도'를 의미하는 것으로 보인다. 그러나 실제 죄형법정주의의 명확성원칙 심사에서 판단자의 자격으로서 '통상의 법감정'이 무엇인지 설명되지는 않고 있다. 죄형법정주의의 명확성원칙 부분에서 상세히 살피겠지만, 법률전문가에게 익숙한 법학방법론에 따른 법률해석이 이루어지고, 이러한 법률해석하에서 그 의미를 일의적으로 파악하기 어려운 경우에 명확성원칙에 위배된다고 보는 것이 헌법재판의 실무이다.

이처럼 실무적으로는 일반인이 가진 통상의 법감정이 아닌 직무상 법적 결정을 내리고 이를 통제, 평가하는 모든 부분의 사람들 – 법원, 검찰, 행정부, 변호사단체, 대학 및 연구기관, 법규의 해당 단체 등과 같은 영역의 법전문가들 – 이 이러한 법감정의 주체가 되는 것이 오히려 일반적이라고 볼 수 있다.97) 그러나 이념적으로 '통상의 법감정'이 의미하는 것은 높은 수준의 법지식이나 이해도를 의미하지 않고 법의 존재와 기능을 알고 있는 일반국민이면 누구든지 알 수 있는 법이해를 의미한다. 죄형법정주의의 명확성원칙은 누구나 법률이 처벌하고자 하는 행위가 무엇이며 그에 대한 형벌이 무엇인지를 예견할 수 있고, 그에 따라 자신의 행위를 결정할 수 있어야 하는 원칙이기 때문이다. 따라서 형벌법규에 대한 해석은 정확한 개념사용과 법체계의 모순없는 통일성을 중시하는 법전문가들의 법감정 뿐 아니라 비전문가인 일반 국민의 법감정에도 사리에 와 닿을 때 설득력을 가지게 된다.98)

이처럼 형벌법규의 명확성에 대한 판단자의 자격으로서 '통상의 법감정'은 형벌법규에 대한 명확성원칙 심사에 있어 통상 일반인의 법이해 정도에 기반하도록 할 것을 의미하는 것이다.

다. 범죄화의 판단요소로서 '법감정'

(1) 구체적 위헌심사에서 판단내용

헌법재판소는 어떠한 행위를 범죄로 할 것인가에 관하여 '법감정'을 실제 위헌

97) 임웅, "법감정에 관한 연구", 98면 참조.
98) 임웅, 형법총론, 11면 참조.

심사의 중요한 판단요소로 활용하고 있다. 먼저, 합헌결정에서 위헌결정으로 번복되었던 혼인빙자간음죄, 간통죄에 대한 위헌심사에서 '법감정'에 대한 평가가 어떠하였는지를 살펴볼 수 있다.

혼인빙자간음죄에서 합헌결정을 할 당시 헌법재판소는 "최근 들어 급속한 성윤리의 개방화로 국민들의 성에 관한 인식과 이에 대한 법감정에 엄청난 변화가 진행 중에 있어 그 규범력과 실효성이 점차 약화되고 있음을 부인할 수 없다. 또한 이 사건 법률조항이 민·형사사건의 처리과정에서 합의 등을 강제하는 수단으로 악용되는 사례 등도 없지 아니하다. 그러나 이러한 사정에도 불구하고 우리 사회에서 혼인의 순결과 미혼여성의 정절관념은 전통적인 윤리·가치로서 여전히 뿌리깊게 자리잡고 있어 혼인빙자간음죄는 사회질서를 해치고 타인의 권리를 침해하는 경우에 해당한다고 보는 우리의 법의식은 여전히 유효하다고 본다."99)고 판시하여 국민의 법감정이 혼인빙자간음죄의 필요성을 인정하고 있음을 합헌의 논거로 사용하였다. 그러나 이후 위헌결정으로 번복하면서 과잉금지심사 중 수단의 적절성 및 피해의 최소성 항목에서 '국민 일반의 법감정의 변화'라는 제목하에 "최근의 우리 사회는 급속한 개인주의적·성개방적인 사고의 확산에 따라 성과 사랑은 법으로 통제할 사항이 아닌 사적인 문제라는 인식이 커져 가고 있으며, 전통적 성도덕의 유지라는 사회적 법익 못지 않게 성적자기결정권의 자유로운 행사라는 개인적 법익이 더한층 중요시되는 사회로 변해가고 있다. … 중략 … 결혼과 성에 관한 국민의 법의식에 많은 변화가 생겨나 여성의 착오에 의한 혼전 성관계를 형사 법률이 적극적으로 보호해야 할 필요성은 이미 미미해졌다고 보지 않을 수 없다. … 중략 … '교활한 무기를 사용하여 순결한 성을 짓밟고 유린하는 남성'과 '성의 순결성을 믿고 있는 여성'간의 대립항은 21세기 한국 사회에서는 더 이상 통용되기 어려워졌다"100)고 판시하여 법감정의 변화를 주요한 위헌결정의 사유로 삼았다.

간통죄에 대하여 최초 합헌결정을 할 당시 헌법재판소는 "간통죄에 대한 규범력이 어느 정도 약화되었음은 이를 부인할 수 없다. 그러나 우리 사회의 구조와 국민의식의 커다란 변화에도 불구하고 우리 사회에서는 고유의 정절관념 특히 혼인한 남녀의 정절관념은 전래적 전통윤리로서 여전히 뿌리깊게 자리잡

99) 헌재 2002. 10. 31. 99헌바40 등, 판례집 14-2, 390, 400.
100) 헌재 2009. 11. 26. 2008헌바58 등, 판례집 21-2하, 520, 532-533.

고 있으며, 일부일처제의 유지와 부부간의 성에 대한 성실의무는 우리 사회의 도덕기준으로 정립되어 있어서 우리 국민의 상당부분의 법의식이 아직은 간통에 대한 형사처벌을 성에 관한 사항을 스스로 결정할 수 있는 개인의 권리의 본질적 내용을 침해한 것으로 여길 정도로 변화되었다고 단정하기는 어렵다."[101]고 판시하여 국민의 법감정을 합헌결정의 사유로 삼았으나, 이후 위헌결정으로 번복하면서 과잉금지심사의 수단의 적절성 및 침해최소성 항목에서 '간통행위에 대한 국민의 인식변화'라는 제목하에 "최근 전통적인 가족 구조 및 가족 구성원의 역할이나 지위에 대한 인식이 변화하고 있고, 급속한 개인주의 및 성개방적 사고가 확산됨에 따라 결혼과 성에 대한 인식도 바뀌어 가고 있다. 성과 사랑은 형벌로 통제할 사항이 아닌 개인에게 맡겨야 하는 문제로서 부부간의 정조의무를 위반한 행위가 비도덕적이기는 하나, 법으로 처벌할 사항은 아니라는 것이다. 또한, 오늘날 우리 사회는 가치판단에 있어서 전통적인 성도덕의 유지 내지 부부간 정조의무 보호라는 법익 못지않게 성적 자기결정권을 자유롭게 행사하는 것이 개인의 존엄과 행복추구의 측면에서 더한층 중요하게 고려되는 사회로 변해가고 있다는 점도 무시할 수 없다. 이러한 사회 구조의 변화, 결혼과 성에 관한 국민의 의식 변화, 그리고 성적 자기결정권을 보다 중요시하는 인식의 확산에 따라, 배우자 있는 사람이 배우자 아닌 사람과 성관계를 하였다고 하여 이를 국가가 형벌로 다스리는 것이 적정한지에 대해서는 이제 더 이상 국민의 인식이 일치한다고 보기 어렵게 되었다."[102]고 판시하여 간통행위에 대한 국민의 인식변화, 즉 법감정의 변화를 주요한 위헌결정의 사유로 삼고 있다.

이처럼 헌법재판소는 범죄화에 있어 '법감정'을 '(혼인빙자간음행위나 간통행위를) 형사처벌 대상으로 할 것인지 여부에 관한 (국민의) 법의식이나 법인식'으로 보고 있다. 범죄화의 판단요소로 함께 제시되고 있는 우리의 (법)문화, 국민일반의 가치관은 이러한 법감정을 형성하는 기본적인 사항들이라고 할 수 있다.

(2) 논증여부 및 방식

이러한 '법감정'이 형벌법규의 위헌심사에 있어 규범적 요소로 작용할 수 있을

101) 헌재 1990. 9. 10. 89헌마82, 판례집 2, 306, 314–315.
102) 헌재 2015. 2. 26. 2009헌바17 등, 판례집 27–1상, 20, 27–28.

것인가 하는 점이 문제된다. 사회구성원의 압도적 다수에 의하여 승인된 경우 또는 사회구성원의 지배적 인식에 이른 법감정을 '보편적 법감정'이라고 할 수 있고, 이는 일정한 법률문제에 대한 법감정의 경험적 확실성이 침전된 것이라고 할 수 있는데 그 최종적인 확인은 '다수결의 원리'로 넘어갈 수밖에 없다.[103]

그렇다면 법감정을 확인하는 것은 다수결의 원리에 따른 입법자의 결단의 문제가 되는 것으로, 입법자가 아닌 헌법재판소가 어떠한 행위를 형사처벌하는 것을 승인하는 법감정이 변화하여 더 이상 이를 승인하지 않고 있음을 확인하는 것이 가능한가? 뒤에서 상세히 살피겠지만 행위책임의 요소와 형벌목적에 대한 입법자의 결정이 헌법의 기준에 배치될 때 위헌결정을 하여 그 효력을 없애는 것이 헌법재판소의 권한이라면, 역시 입법자의 입법재량의 요소인 '법감정' 또한 헌법재판의 판단대상이 될 수 있다는 것은 당연하다. 다만 이러한 법감정의 변화 내지 입법자가 법감정을 잘못 파악하였음을 어떻게 논증할 것인가, 더 나아가 법감정이 논증의 대상인가의 문제가 남는다.

앞서 본 바와 같이 법논리는 필연적으로 법감정을 기반으로 하고 있고,[104] 특히 형법의 영역에서 정의로운 질서에 대한 우리의 규범적 판단은 시대에 따라 변화하고 문화에 따라 다른 내용을 가지게 되므로 형벌법규에서 '법감정'은 중요한 판단요소가 되고, 실제 형벌법규의 위헌심사에서 논증의 대상이 되고 있다.

논증의 방식과 관련하여, 혼인빙자간음죄에 대한 위헌결정을 살펴보면, 사회상황의 변화에 따른 법감정의 변화로 입법목적 자체가 양성평등이라는 헌법적 가치에 배치된다고 하는 규범적 판단을 이끌어 내고 있다. 한편 간통죄에 대한 위헌결정에서는 가부장제로 대표되는 전통적인 결혼과 성에 대한 인식변화를 명확히 지적함으로써 위헌결정에 이르게 된 '법감정의 변화'를 적시하고 있다. 다만 이러한 법감정의 변화가 있다는 점에 대한 논증이 설득력 있는 근거를 제시하며 이루어지지 않은 점은 비판받아야 할 것이다. 헌법재판관들의 직관적인 선언이 아니라 법감정의 변화를 논증하기 위한 객관화된 자료들이 제시되었어야 한다.[105]

---

103) 임웅, "법감정에 관한 연구", 94면 참조.

104) 박종연의 위 글은 취득시효에 관한 대법원의 판례가 구체적 사안에서 국민의 법감정에 어긋날 경우 그 법논리의 치밀성에도 불구하고 불공평한 결과를 초래할 수 있음을 지적하고 있다. 한편 형법의 위법성조각사유인 사회상규(형법 제20조) 등 불확정개념의 해석 및 초실정적 법원칙의 경우에 법감정이 크게 작용하게 된다는 점에 대하여는 임웅, "법감정에 관한 연구", 101면 참조.

105) 법감정이 단순히 간통죄에 대한 여론조사를 의미하는 것이 아니라면(사실 위헌결정이 이루어

반면, 어떠한 행위를 형사처벌하기 위한 공익(사회유해성 내지 법익침해), 형벌 목적 달성의 실효성 등이 의심되는 상황임에도 법감정만을 이유로 처벌의 정당성을 이끌어내는 논증이 이루어져서는 아니될 것이다. 이는 곧 심정형법과 다수에 의한 소수자의 억압으로 귀결될 수 있기 때문이다.106)

이처럼 어떠한 행위의 범죄화에 관한 법감정은 입법자에 의해 다수결로 판단되는 것이나, 그러한 법감정이 인간의 존엄과 가치를 중심으로 하는 헌법의 가치에 배치되거나,107) 형사처벌의 대상으로 삼아야 한다는 법감정에 있어 변화가 있음을 논증하는 방식으로 위헌심사가 이루어질 수 있다.

라. 법정형의 종류와 범위에 관한 입법재량의 판단요소로서 '법감정'

헌법재판소는 제1차 사형제 결정에서 "인류 역사상 가장 오랜 역사를 지닌 형벌의 하나로서 범죄에 대한 근원적인 응보방법이며 또한 가장 효과적인 일반예방법으로 인식되어 왔고, 우리나라에서는 고대의 소위 기자 8조금법에 상살자 이사상(相殺者 以死償)이라고 규정된 이래 현행의 형법 및 특별형법에 이르기까지 계속하여 하나의 형벌로 인정되어 오고 있다. … 중략 … 사형은 인간의 죽음에 대한 공포본능을 이용한 가장 냉엄한 궁극의 형벌로서 그 위하력이 강한 만큼 이를 통한 일반적 범죄예방효과도 더 클 것으로 추정되고 또 그렇게 기대하는 것이 논리적으로나 소박한 국민일반의 법감정에 비추어 볼 때 결코 부당하다고 할 수 없으며 … 중략 … 인간의 생명을 부정하는 등의 범죄행위에 대한 불법적 효과로서 지극히 한정적인 경우에만 부과되는 사형은 죽음에 대한 인간의 본능적인 공포심과 범죄에 대한 응보욕구가 서로 맞물려 고안된 필요악으로서 … 중략 … 한 나라의 문화가 고도로 발전하고 인지가 발달하여 평화롭고 안정된 사회가 실현되는

지기 이전과 그 무렵의 여론조사를 하면 간통죄의 존치론은 지속적으로 60%를 넘어섰다), 전통적 결혼과 성에 대한 인식변화를 알 수 있는 자료가 논증의 자료로 제시되었어야 할 것이다. 예를 들자면, 이혼률・이혼사유의 변화 및 여성의 사회적 지위 변화 등에 대한 근거자료들이 현출되었어야 할 것이나, 이에 대하여는 헌법재판관들의 선언적인 판단이 있을 뿐이다.

106) 우리의 경우에는 해당되기 어렵지만, 다인종사회에서 백인과 흑인의 결혼을 금지하고 위반시 형사처벌하는 규정이 국민 다수의 동의를 받는다고 하더라도 헌법상 평등원칙에 위반되는 것으로 정당화될 수 없다.

107) 위치추적 전자장치사건의 반대의견(일부위헌의견)에서 "국민의 법감정이나 그에 대한 입법자의 판단보다 항상 헌법이 우선해야 하기 때문이고, 그것이 바로 법치국가의 원리이다."(헌재 2012. 12. 27. 2010헌가82 등, 판례집 24-2하, 281, 308.)라고 하였는바, 같은 취지이다.

등 시대상황이 바뀌어 생명을 빼앗는 사형이 가진 위하에 의한 범죄예방의 필요성이 거의 없게 된다거나 국민의 법감정이 그렇다고 인식하는 시기에 이르게 되면 사형은 곧바로 폐지되어야 하며, 그럼에도 불구하고 형벌로서 사형이 그대로 남아있다면 당연히 헌법에도 위반되는 것으로 보아야 한다."108)고 하여, 생명을 부정하는 등의 범죄행위에 대하여 형벌로써 사형을 규정하여 대응(응보형)하는 것이 역사적으로 유래하고 현재에도 유효한 '법감정'이라는 취지로 판시하였다. 이처럼 사형제 합헌론의 중요한 논거로 국민의 법감정을 드는 것에 대하여 반대의견(조승형 재판관)에서는 충분히 숙고하지 않은 표면적 국민여론은 존중되어야 할 '법감정'이 될 수 없고, 우리 사회의 민주화와 생명에 대한 존중 등 국민의식의 변화에서 사형에 대한 '법감정의 변화'를 발견해내어 위헌결정의 논거로 삼아야 한다고 주장하였고,109) 사형제도의 합헌성의 논거를 사회일반의 법감정에서 찾는 것에 대한 비판적 견해도 제시되었다.110) 앞서 본 바와 같이 사형제의 일반예방효과 등 실효성이 의심되어 위헌이라는 평가가 이루어질 수 있음에도 국민의 법감정을 주된 근거로 처벌의 정당성을 이끌어내는 논증이 이루어져서는 아니될 것이다. 그 뒤 다시 헌법재판소는 사형제에 대하여 합헌결정(제2차 사형제 결정)을 하게 되는데 헌법재판소는 헌법이 명문으로 사형제를 인정하고 있는지, 생명권이

---

108) 헌재 1996. 11. 28. 95헌바1, 판례집 8-2, 537, 544-549.

109) 반대의견에서는 "국민일반의 법감정이 무엇을 의미하는지는 알 수 없으나, 국민여론을 뜻하는 것으로 이해하면서 살피면, 여론조사는 알 기회를 전혀 갖지 못한 대다수 국민의 평범한 생각으로, 알 기회를 가져서 알고 있는 일부 국민의 생각을 비판하려는 의도로 행하여지는 경우가 허다하다. 예를 들면 '살인죄에 대한 사형은 당연하다'는 생각은 국민 대다수의 소박하고 평범한 서민감각이며 국민대다수는 이와 같은 서민감각을 쉽게 버릴 수 없을 것이므로 그들의 생각이 여론조사에 그대로 반영될 것은 뻔한 노릇이며, 이와 같은 여론조사 결과는, 모든 국민에게 필요한 정보를 완전하게 전달한 후가 아니면, 사형폐지론을 비판하는 데에 남용되는 의도적 산물에 불과할 뿐 국민 일반의 법감정으로 정당화시킬 수는 없다. 또한 생명은 평범이상의 신비스런 외경의 존재이므로 이와 같은 평범한 서민감각을 일반의 경우와 동일하게 국민 일반의 법감정으로 승화하거나 정당화시킬 수는 없다. … 중략 … 우리나라는 이제 독재와 독선으로 일관하였던 헌정사를 마감하고 이른바 문민정치의 시대를 열어가고 있으며 각 종교와 자선단체의 노력으로 생명에 대한 외경심을 높이고 있을 뿐만 아니라, 사형수의 사면을 원하는 등 가해자를 용서하는 피해자들이 점차 증가하고 있는 등 귀감이 되어 국민의식이 크게 변화하고" 있다고 하여 합헌의견을 비판하였다.

110) 위 이덕인의 글은, 헌법재판소가 사형제도에 대한 합헌성의 논거를 헌법과 헌법정신에 걸맞는 헌법해석에서 찾지 아니하고, 사회일반의 법감정에서 구하는 것에 대하여 비판적 의견을 제시하며, 언론매체의 왜곡된 범죄보도와 교육현실에서의 생명존중과 인간존엄성에 기반한 교육의 미흡으로 인하여 사형제에 대한 국민의 법감정이 원시적 보복감정에 그치고 있다고 비판하고 있다.

헌법 제37조 제2항에 의한 일반적 법률유보의 대상이 될 수 있는지, 사형제도가 생명권 제한에 있어서 헌법상 비례원칙에 위배되는지, 사형제도가 인간의 존엄과 가치를 규정한 헌법 제10조에 위배되는지 여부에 대하여 헌법해석을 중심으로 합헌론을 전개하였다.[111] 이는 국민의 법감정을 중요한 이유로 삼아 합헌결정을 이끌어낸 점에 대한 비판적 의견을 의식한 것으로 보인다.

한편 사형제를 제외한 법정형의 종류와 범위에 관한 위헌심사에서 '법감정'이라는 요소는 판단기준의 일반적 설명에서 적시되고, 초기 헌법재판소 결정례에서 예외적으로 합헌의 논거로 제시되는 경우가 있을 뿐,[112] 일반적으로 범죄화에 대한 위헌심사의 경우와 같이 합헌이나 위헌의 논거로 사용되지는 않고 있다.

제4절 형벌법규에 대한 위헌심사의 특성

헌법에서 부여한 권한으로 헌법재판소는 형벌법규에 대하여 위헌심사권을 가지게 된다. 헌법재판소는 형벌법규에 대한 위헌심사에 관하여 일찍이 '우리 헌법이 권력분립제도를 취하고 있고, 헌법 제40조에서 입법권은 주권자인 국민의 대의기관인 국회에 귀속시키고 있어 형벌법규의 제정은 원칙적으로 국회의 고유권한에 속하는 것'이라고 하면서도 "우리 헌법은 국가권력의 남용으로부터 국민의 기본권을 보호하려는 법치국가의 실현을 기본이념으로 하고 있고 그 법치국가의 개념에는 헌법이나 법률에 의하여 명시된 죄형법정주의와 소급효의 금지 및 이에 유래하는 유추해석금지의 원칙 등이 적용되는 일반적인 형식적 법치국가의 이념뿐만 아니라 법정형벌은 행위의 무거움과 행위자의 부책에 상응하는 정당한 비례성이 지켜져야 하며, 적법절차를 무시한 가혹한 형벌을 배제하여야 한다는 자의금지 및 과잉금지의 원칙이 도출되는 실질적 법치국가의 실현이라는 이념도 포함하

111) 헌재 2010. 2. 25. 2008헌가23, 판례집 22－1상, 36 참조.

112) 폭력범죄단체 구성죄(간부)를 집단폭력범이나 폭력범죄단체가 목적으로 하는 범죄행위보다 중하게 처벌하는 규정에 대한 위헌소원에서 "무겁게 처벌하여야 한다는 것이, 당시 국민일반의 법감정이었고"(헌재 1997. 3. 27. 95헌바50, 판례집 9－1, 290, 298)라고 하여 합헌의 논거로 삼았고, 도주차량 유기치사죄에 대한 가중처벌규정 위헌소원의 반대의견(합헌)은 '국민일반의 법감정'에 비추어 수긍할 만한 합리적 이유가 있다고 주장하였다(헌재 1992. 4. 28. 90헌바24, 판례집 4, 225, 253 참조).

는 것으로 이는 국회의 입법재량 내지 입법정책적 고려에 있어서도 국민의 자유와 권리의 제한은 필요한 최소한에 그쳐야 하며, 기본권의 본질적인 내용을 침해하는 입법은 할 수 없는 것을 뜻한다."[113]고 판시하여 형벌법규에 대한 위헌심사의 의미를 밝혔다.

앞서 살핀 바와 같이, 형벌법규에 대한 위헌심사에서는 범죄의 정당화사유로서 '사회유해성 내지 법익침해'와 형벌의 정당화사유로서 '응보, 일반예방, 특별예방'이라는 형벌의 목적이 과잉금지심사에 있어 중요한 판단요소가 된다. 그리고 형벌의 대상 및 적정성과 관련한 논의는 형벌에 관한 책임원칙, 과잉금지원칙, 평등원칙 등에서 투영되는데 이는 형벌법규의 특성이 위헌심사에 반영된 결과라고 볼 수 있다.

이하에서는 형벌법규의 일반적, 역사적 특성을 간략히 살피고, 이러한 형벌법규의 특성과 헌법과의 관계에 관한 논의를 통해 형벌법규에 대한 위헌심사가 가지는 특성을 확인한다. 이는 제3장에서 전개하는 형벌법규에 대한 위헌심사의 구체적 기준에 대한 기본 바탕이 되는 논의이다.

1. 형벌법규의 특성

가. 이론적 측면

(1) 형벌법규의 성격

형벌법규는 '범죄자인 사인(私人)을 처벌하는 국가의 형벌권력'에 관한 법으로서 '공법'에 해당하고, 어떠한 행위를 범죄로 하고 범죄에 대하여 어떠한 형벌을 과하는가 하는 실체관계를 규율하는 법이므로 '실체법'으로서 재판의 기준이 되는 '재판규범'의 성격을 가진다. 또한 형벌법규는 "타인의 재물을 절취한 자는 6년 이하의 징역에 처한다"라는 형식으로 규정하여 일정한 행위를 조건으로 하고, 이 조건이 갖추어진 경우에 법률효과로서 형벌이 부과된다는 '가언적 규범'의 형식을 취하고 있으며, 일정한 행위를 가치에 반하는 것으로 부정적으로 평가한다는 면에서 '평가규범'이고, 수범자로 하여금 반가치판단을 내린 행위를 결의하지 않도록 하는 '의사결정규범'이며, 일정한 행위를 해서는 안 된다는 금지규범과 일정한 행

113) 헌재 1992. 4. 28. 90헌바24, 판례집 4, 225, 229－230.

위를 해야 한다는 명령규범인 '행위규범'의 성격을 가진다.[114)]

(2) 형벌법규와 다른 기본권제한법규의 차이점

(가) 제재의 강도

형벌법규와 다른 기본권제한법규의 중요한 차이점 중 하나는 법규 위반자에 대한 제재방법의 강도에서 찾을 수 있다. 형벌법규 위반자에 대하여는 자유형을 통하여 사람의 신체를 구속하고, 재산을 박탈하며, 사형을 통해 생명까지 앗아갈 수 있다. 이는 민사법규 위반자에 대하여 손해배상의무 부과(민법 제390조, 제750조) 또는 채무의 강제이행(민법 제389조), 행정질서법규 위반자에 대하여 영업정지, 과태료 · 과징금 부과와 같이 경제적이거나 금전적인 부담을 부과하는 것에 그치는 경우와 차이가 있다. 한편 손해배상액, 과태료나 과징금이 벌금액보다 크거나 법규 위반자의 개별적 상황에 따라 징역형을 받는 것이 벌금형보다 선호되는 경우도 있을 수 있다는 점[115)]에서 이러한 차이가 상대적이라고 볼 수도 있다. 그러나 일반적으로 신체의 자유박탈이 재산의 박탈보다 더 강력한 제재로 인식되고 평가된다는 점에서 자유형의 경우에는 형벌법규에 따른 제재방법이 다른 법규위반자에 대한 제재방법에 비하여 강도에서 큰 차이가 있다. 재산형(벌금, 과료)이 재산의 박탈이라는 점에서 과태료 등과 차별성이 크지 않다고 볼 수도 있으나, 재산형도 형벌로서 사회적 비난과 낙인의 대상이 될 수 있고, 벌금 또는 과료의 경우에 이를 납부하지 않을 경우 노역장에 유치할 수 있으므로 신체의 자유박탈로 귀결될 수 있다는 점에서 차이가 있다(형법 제69조, 제70조).

(나) 사회적 비난

형벌법규 위반에 따른 제재가 다른 법규위반에 따른 제재와 가지는 중요한 차이 중 하나는 '유죄판결에 따른 사회적 비난과 일종의 낙인'이라고 할 수 있다.[116)] 입법자가 어떠한 행위를 범죄로 규정하고, 그에 대하여 형벌을 부과하도록 한 것

---

114) 임웅, 형법총론, 5-7면; 이재상, 형법총론, 4-5면 참조.
115) 실제 형사실무에서 경제적 어려움에 처한 피의자(피고인)의 경우, 죄질이 중하지 않아 벌금형이 처하는 것이 양형실무상 적정함에도 벌금형을 납부할 능력이 없다는 점을 호소하며, 정식재판을 통해 징역형 및 그에 대한 집행유예를 받기를 희망하는 경우가 종종 있다.
116) Joshua Dressler, Understanding Criminal Law(5ed), 2006, 1-2면 참조.

은 형벌법규 위반자에 대하여 사회유해성 내지 (형사적) 법익침해성이 있는 행위를 한 것으로 판단하는 것이다. 계약위반이나 불법행위로 손해배상책임을 지는 경우에도 일종의 비난이 있겠지만 이는 당사자 사이의 문제에 그치고, '사회적' 유해성이 있다거나 '사회의 공존·공영조건을 확보하기 위한' 법익의 문제가 아니므로 사회적 비난의 대상이 되지는 않는다. 헌법재판소도 "만약 법질서가 부정적으로 평가한 결과가 발생하였다고 하더라도 그러한 결과의 발생이 어느 누구의 잘못에 의한 것도 아니라면, 부정적인 결과가 발생하였다는 이유만으로 누군가에게 형벌을 가할 수는 없다. 물론 결과의 제거와 원상회복을 위해 그 결과 발생에 아무런 잘못이 없는 개인이나 집단에 대해, 민사적 또는 행정적으로 불이익을 가하는 것이 공평의 관념에 비추어 볼 때 허용되는 경우도 있을 수 있다. 그러나 법질서가 부정적으로 평가할 만한 행위를 하지 않은 자에 대해서 형벌을 부과할 수는 없다. 왜냐하면 형벌의 본질은 비난가능성인데, 비난받을 만한 행위를 하지 않은 자에 대한 비난이 정당화될 수 없음은 자명한 이치이기 때문이다."[117]라고 하여 민사·행정법규와 다른 형벌법규의 특색이 '비난가능성'에 있음을 분명히 하고 있다.

(다) 과실, 미수 및 증거판단에서의 차이

형벌법규에서 과실은 '정상의 주의를 태만함으로 인하여 죄의 성립요건을 인식하지 못한 행위'로써 법률에 특별한 규정이 있는 경우에 한하여 처벌한다(형법 제14조). 반면, 민사법에서의 과실은 별도의 개념 규정이 없고, 고의와 특별히 다르게 취급하지 않는다. 또한 입증책임의 전환, 추정 등도 폭넓게 인정된다. 이에 대하여는 제3장 제1절 형벌에 관한 책임원칙에서 다시 다룬다.

민사법에서는 미수에 그쳐 손해발생의 결과가 발생하지 않는 경우에는 손해배상책임을 지지 않지만, 형벌법규의 경우에는 미수에 그친 경우에도 처벌하는 경우를 법률에서 정하도록 하고 있다(형법 제29조). 그 처벌의 근거는 실행의 착수에 의해 행위자의 범죄적 의사 내지 법적대적 의사가 외부에 표현되고 법적 평온이 깨어졌다는 점에 있으나, 그 처벌범위는 법익침해의 직접적 위험성 내지 결과발생의 높은 개연성이라는 객관적 기준에 따라 제한되어야 한다고 보는 것이 다수 형

---

117) 헌재 2007. 11. 29. 2005헌가10, 판례집 19-2, 520; 그 외에 헌재 2009. 9. 24. 2007헌바102, 판례집 21-2상, 156, 530; 헌재 2013. 7. 25. 2011헌바267, 판례집 25-2상, 82, 85에서도 형벌의 사회적 비난가능성의 성격에 대하여 명시하고 있다.

법학자의 견해이다.118)

형사재판에서는 사실인정의 기초자료가 되는 증거자료가 민사재판에 비하여 엄격한 요건을 갖추어야 한다. 민사재판은 당사자간의 손해분담 등 이해관계의 조정을 목적으로 하나, 형사재판의 경우에는 신체의 자유 등 기본권에 대한 중요한 제한이 이루어지므로 검찰에 부과되는 입증기준이 민사원고에 비하여 훨씬 더 높다. 민사재판에서는 법원에서 당사자가 자백한 사실은 증명을 필요로 하지 않는데 반하여(민사소송법 제288조), 형사재판에서는 자백이 유일한 증거일 때에는 이를 유죄의 증거로 할 수 없도록 하고 있을 뿐 아니라(형사소송법 제310조), 전문증거 등에 관하여 엄격한 요건하에 증거능력을 인정하고 있다(형사소송법 제310조의 2, 제312조, 제313조, 제316조).

(라) 규정의 명확성 및 해석의 엄격성 요청

형벌법규의 경우에는 미리 구성요건에 해당하는 행위에 대하여 형사처벌이 부과된다는 점을 경고함으로써 그러한 행위를 억제하는 일반예방효과를 목적으로 하는 것으로 규정이 명확하고, 엄격하게 해석되어야 한다. 반면, 민사법규의 경우에는 일단 결과가 발생한 후 계약이나 구체적 상황에 따라 손해배상책임 등의 여부와 범위가 달라지므로 신의성실의 원칙 등 불확정개념의 사용이 불가피한 경우가 많다.

(3) 형벌법규와 다른 기본권제한법규의 수렴경향

현대사회에서 형벌법규에 의해 보호되는 법익이 위험사회에 따른 사회적·국가적 필요에 따라 보편·추상화되는 경향이 있고, 이에 따라 위험관리 및 예방적 대처차원에서 환경·경제·조세형법 등 행정형벌법규와 양벌규정이 대거 등장하여 형법의 투입시점이 앞당겨지는 현상이 발생하고 있다.119) 이는 한편으로는 형벌법규의 엄격한 고의 중심의 책임원칙을 흔들어 일부 행정형벌법규 위반죄의 성립에서 고의가 아닌 과실이면 충분한 것으로 인식되는 것으로 나타나고,120) 다른

118) 임웅, 형법총론, 359–360면 참조.
119) 임석원, "법익의 보호범위의 확대와 해석의 한계 : 형사법익과 민사법익의 비교를 중심으로", 법학연구 제41집, 한국법학회, 2011. 2, 294–295면 참조.
120) 대법원 1991. 10. 22. 선고 91도2174 판결; 대법원 2008. 11. 27. 선고 2008도7438 판결(비산

한편으로는, 형벌법규의 구성요건의 명확성 및 위임요건의 완화요구로 나타난다. 보편적 법익의 보호를 위해 추상적으로 구성요건을 규정한다. 그러나 행정제재의 하나인 과태료가 부과되는 경우에도 법위반행위에 고의 또는 과실이 있을 것을 요구하고 있고(질서위반행위규제법 제7조), 형벌법규에서 과실범은 별도의 규정이 있는 경우에 예외적으로 처벌되는 것이므로 별도의 과실범 처벌규정이 없음에도 과실범도 처벌되는 것으로 해석되는 것은 문제가 있다.121) 또한 형벌법규를 엄격하게 해석하지 않고 민사적 사안까지 형벌법규로 포섭하는 것에 대한 비판도 제기되고 있다.122)

반면, 법치국가의 정착과 더불어 특히 침익적 행정법규의 경우 법치국가의 명확성원칙에 따라 죄형법정주의에 준하는 명확성이 필요하고, 엄격하게 해석·적용하여야 하고 유추적용이 금지되는123) 등 형벌법규와 가까워지는 상황이다.

나. 역사적 측면

(1) 검토의 의미

앞서 살펴본 형벌법규의 이론적 측면은 현대 헌법국가에서 일반적으로 인정되는 형벌법규에 대한 이론적 특성을 의미하는 것으로, 고대 이후 형벌법규의 역사

먼지 억제시설을 설치하지 아니한 자 등을 처벌하는 구 대기환경보전법 규정에 대하여, 목적론적 해석까지 동원하여 고의범은 물론이고, 과실로 인하여 그러한 내용을 인식하지 못하고 위 시설을 설치하지 아니하거나 필요한 조치를 하지 아니한 자도 함께 처벌하는 규정이라고 해석함이 상당하다고 판시하고 있다. 피고인은 자동식 세륜시설의 고장으로 인해 가동하지 못한 것이지 고의로 가동하지 않은 것은 아니라고 주장하고 있다).

121) 또한 일제 시대의 의용형법과는 달리 법에 정해진 경우에만 과실범을 처벌한다는 규정을 둔 형법 제14조의 입법취지에 비추어, 과실범 처벌이 법에 명문으로 규정되어 있지 않더라도 해석상 과실범 처벌이 가능하다는 대법원 판례는 죄형법정주의에 위배된다는 견해가 있다[신동운, "행정형법과 과실범의 처벌 : 2010. 2. 11. 2009도9807 판례를 계기로", 서울대 법학 제52권 제1호, 서울대학교 법학연구소, 2011. 3. : 이 글에서는 위 판결(2008도7438)과 같은 취지의 대법원 판례(2009도9807)를 중심으로 검토하였다].

122) 박광현, "형사법의 독자성과 민사법과의 법질서 통일성 관점에서 바라 본 학제간 고찰", 서울법학 제20권 제1호, 서울시립대학교 법학연구소, 2012. 5, 288-291면 참조[민사법 제도의 불충분성을 이유로 (업무상)배임죄(형법 제355조 제2항, 제356조) 등 형벌법규의 추상적 구성요건(배임죄의 경우에는 '임무에 위배')에 부동산이중매매와 같은 민사적 사안이 포섭되는 것으로 해석하는 것에 대한 비판적 견해로, 대법원 판례(82도180)가 이중매매의 중도금지급을 기준으로 후순위 매수인에게 소유권이전등기를 한 경우 선순위 매수인은 매도인에게 이행불능에 따른 채무불이행 책임을 물을 수 있다는 점을 그 이유로 한다].

123) 대법원 2008. 2. 28. 선고 2007두13791 판결; 대법원 2013. 12. 12. 선고 2011두3388 판결.

적 측면을 살펴봄으로써 그 정확한 의미를 알 수 있고, 우리 형벌법규에서 부정적으로 평가되는 특성의 역사적 근원을 알 수 있으며, 인간의 존엄과 가치를 중심으로 한 형벌법규에 대한 위헌심사의 의미를 통시적으로 파악할 수 있다.

형벌법규의 역사를 어떻게 바라볼 것인가 하는 문제는 일반 법사학과 마찬가지로 방법론적으로는 법체계 자체의 고유한 실체를 가진 자율적인 것으로 바라보는 전통적 법학적 법사학, 법에 대한 사회과학적 분석을 기초로 하는 사회과학적 법사학,[124] 법을 이데올로기의 실재로 바라보는 비판적 법사학 등으로 나뉠 수 있고, 우리 법에 있어서는 일제 식민지시대에 대한 평가를 둘러싸고 그 이전의 전통사회와 연속과 단절을 어떻게 바라볼 것인지에 관한 어려운 문제가 있다.[125] 방법론적으로 세밀하게 형벌법규의 역사적 측면을 접근하는 것은 본 연구의 범위를 넘어서는 것이다. 본 연구에서는 일반적으로 인류역사를 통해 형벌법규가 점차적으로 인간의 존엄을 지키는 방향으로 발전하여 왔다는 점, 우리 형벌법규의 경우에도 기본적으로는 마찬가지이나, 일본의 국민을 교화의 대상으로 본 초국가적 근대화 모델로서의 형벌법규가 식민지 조선에서 총독에 의한 식민통치수단의 성격이 더하여 폭압적 형태를 지니고 있었으며, 해방 이후 권위적 정부에 의해 그러한 성격이 일정정도 지속되었다는 점을 확인하는 것에 그치도록 한다. 이러한 확인을 통하여 현재 우리 형벌법규의 왜곡된 합리성을 확인하여 깊이 성찰함으로써 인간의 존엄성을 중심으로 한 보편적 합리성을 현재 시점에서 회복하는 것이 한국 민주주의와 법치주의의 과제이고,[126] 형벌법규에 대한 위헌심사기준을 엄격히 적용하여야 하는 것이 헌법재판소의 책무라는 점을 분명히 하고자 한다.

(2) 형벌법규 일반의 역사적 변화

형벌법규는 동서양을 막론하고 고대로부터 그 존재형식이 어떠하든 국가의 통치와 사회의 질서유지에 지대한 역할을 하여 온 법규범이다. 형벌제도의 변화는

124) 미국의 대표적 사회과학적 법사학자로 로렌스 M 프리드만의 저서 '미국법의 역사'가 번역되어 식민지시대부터 20세기까지 미국법의 역사를 미국사회의 변화와 관련하여 서술하고 있고, 그 중에는 범죄와 형벌에 관한 부분도 중요한 부분으로 서술되어 있다(로렌스 M 프리드만, 미국법의 역사, 안경환 역, 청림출판, 2006 참조).

125) 심희기, 한국법제사 강의, 삼영사, 1997, 43–87면 참조.

126) 이정훈, "한국 법체계에서 '근대성', '근대화' 논의의 의의", 한국사법의 근대성와 근대화를 생각한다, 세창, 2012, 38면 참조.

민족에 따라, 민족이 처한 역사적 조건에 따라 다르기는 하지만 복수형, 위하형, 형벌의 인도화 시대, 형벌의 과학화 시대로 나누어서 볼 수 있다. '복수형 시대'에는 형벌제도의 기원이 복수에 있었고, 가해자에 대한 피해자 측의 복수가 정의요 의무로 간주되었다. 이러한 복수를 완화하는 방법으로 '눈에는 눈, 이에는 이'라고 하는 동해보복형, 곡식, 금전 등으로 배상금을 받고 용서하는 속죄형제도 등이 시행되었다. 이후 고대사회가 국가화되면서 점차 국가가 형벌권을 행사하는 공형벌 시대로 넘어가게 된다. '위하형 시대'에 형벌의 국가화는 그 시점이 민족에 따라 다르지만, 통치권의 확립과 왕권의 위엄을 꾀하는 차원에서 형벌이 국민에게 공포심을 주고 위하하기 위한 수단으로 행사되었다는 공통점을 갖는다. 따라서 형벌이 매우 준엄하고 형의 집행도 잔혹하였다. 위하형 시대에도 형벌은 범죄에 대한 응보로 이해되었으나, 사적인 복수형시대에 비하면 국가에 의하여 현저히 질서화된 양상을 보이는 차이점이 있다. 18세기에 즈음하여 '형벌의 인도화 시대'가 도래하는데 계몽사상의 영향을 받게 된 유럽국가에서는 개인주의·자유주의 정신이 형벌제도에도 반영되어, 죄형전단주의로 표현되는 과거의 형벌제도에 대하여 일대 혁명이 일어나게 된다. 개인의 자유와 인권을 관철하고자 한 벡카리아 등 계몽주의 시대의 형법사상가들은 국가의 자의적인 형벌권을 법률로 봉쇄하기 위하여 죄형법정주의라고 하는 형법의 일반원칙을 확립하는 한편, 형벌을 현저히 완화하고 인도화하였다. 이로써 인류는 잔혹한 위하형 시대를 마감하고, '인도주의·박애주의 형벌'의 시대, '형벌의 법률화'시대에 접어들게 된다. 그리고 19세기 후반에 이르러 '형벌의 과학화 시대'에 접어드는데, 서양에서의 누범 및 소년범의 격증현상과 자연과학의 발달은 형법사상에도 큰 영향을 미치게 되었다. 범죄의 원인에 있어서는 범죄인에 대한 사회학적·생물학적 규명이 중시됨으로써 과거의 관념적인 연구방법을 지양하고 과학적·실증적 방법을 채택하게 되었다. 형벌도 범죄에 대응할 것이 아니라 범죄인 개개인의 반사회적 성격에 대응해야 한다고 보아 개별화하고, 범죄적 성격을 개선·교육하여 범죄자의 사회복귀에 이바지하기 위한 것으로 변화하였다.127)

한편 앞서 본 바와 같이 과학기술의 발전에 의하여 인위적으로 발생한 원자적, 생태적, 유전공학적 자멸가능성을 지닌 후기산업사회에서 시민들의 불안감 최소화

127) 임웅, 형법총론, 11－14면 참조 : 형벌제도의 역사를 간략히 잘 정리하고 있어 필요한 범위 내에서 원용하는 것으로 이 부분 논의를 대신하였다.

욕구를 형벌법규를 통하여 충족시키는 현상이 발생하여 환경·마약·경제·조세 형벌법규 등의 영역에서 새로운 보편적 법익의 창설과 법익보호의 전치화가 이루어지고 있다. 이는 위험사회에 대한 형법적 대응의 차원에서 논의되고 있다. 이처럼 형벌법규는 형벌의 가혹성을 벗어나 인도화, 과학화의 추세와 함께 위험사회에 대응하는 역할을 담당하고 있다.

(3) 우리 역사에서 형벌법규

(가) 우리 형벌법규의 역사

1) 고대에서 고려시대까지의 형벌제도

문헌상 알 수 있는 우리나라 최초의 형법은 고조선 시대의 8조 금법이라고 할 수 있는데 살인자는 바로 죽이고, 사람을 상해한 자는 곡물로 배상하게 하며, 절도를 범한 자는 피해자의 노비로 삼고 속죄하려면 50만전을 내야 하는 것으로 나오는데 이러한 응보형은 모든 고대사회에서 공통되는 것으로서 복수본능에서 나온 것이나 속죄형이 인정된 점에서 상당히 발달한 형률이라고 할 수 있다.128)

고대 국가가 성립한 이후인 삼국시대 이후 통일신라시대까지는 율령 형식으로 형법이 제정되는데, 율령은 국가가 왕토왕민 원리의 기초 위에서 국민에 대하여 전제적 지배를 관철하는 것이다. 고구려의 율령은 모반죄, 모역죄, 항패죄(降敗罪) 등 국가의 존립에 관한 죄와 살인죄, 행겁죄(行劫罪), 살우마죄, 절도죄 등 사회질서에 관한 죄가 있었고, 참형, 화형, 기시(棄市),129) 등 사형과, 재산몰수형인 적몰형(籍沒刑), 태형 등이 있었다. 백제에서는 뇌물을 받은 자는 배로 추징하고 종신금고에 처하는 영을 내렸고, 율령으로 모반죄, 살인죄, 간통죄, 절도죄, 수뢰죄 등을 두고, 형벌로는 참형, 연좌형, 금고형이 있었고, 사형에 해당하는 죄는 반드시 중앙정부에서 심리하여 왕에게 다섯 번 상주하여 처결하도록 한 것으로 보아 형정이 매우 조직화되고 신중하였음을 알 수 있다. 신라에서는 고구려의 율령과 당의 율령을 계수하여 국가의 존립에 관한 죄인 모반죄, 모대역죄, 적전부진죄 등이 있었고, 형벌로는 거열형, 사지해형, 기시형, 자진형, 육시형 등 사형과 유배형인 사변형, 그리고 장형이 있었다.130)

---

128) 박병호, 한국법제사, 민속원, 2012, 28면 참조.
129) 사람이 모인 곳에서 죄인의 목을 베고 그 시체를 길거리에 버리는 형벌.

고려시대에는 당률을 계수하여 형률을 시행하였는데, 고려사 형법지에 따르면 고려율은 총 71개조로 당률에서 필요한 것을 채택하여 고려의 사정에 맞게 시행하였다고 하나 그 내용은 전해지지 않고 있다. 그러나 형법 조문 100여조가 관련된 판결과 왕법, 상소 등과 함께 수록되어 있어 그 내용을 알 수 있다. 태・장・도・류・사의 오형제도가 확립되었고, 태형은 10부터 50까지의 5등급, 장형은 60부터 100까지의 5등급, 도형은 1년, 1년 반, 2년, 2년 반, 3년의 5등급, 유형은 2천리, 2천 5백리, 3천리의 3등급, 사형은 교와 참의 2등급으로 되어 있었다.[131]

이처럼 우리의 고대부터 고려시대까지의 형벌법제는 중국의 당률을 기초로 하되, 국가존립과 관련된 죄 등에서 가혹한 형벌을 가하는 등 전형적인 '위하형의 시대'였다고 볼 수 있다.

2) 조선시대의 형벌법제

고려 말 이래의 병폐는 형법에 관한 기준이 없이 가혹한 형을 과하며, 동일한 범죄에 대한 형벌이 관리나 관청에 따라 경중의 차가 심하여 백성의 원성이 높았다. 태조는 건국과 동시에 형법의 정비를 급선무의 하나로 내걸고, 모든 범죄를 처결함에는 반드시 중국의 대명률을 적용한다는 것을 선언하였다. 즉 대명률은 법전편찬에 앞서 형법으로서 대명률 전체가 포괄적으로 계수되어 일반적으로 적용하게 된 것이다. 경국대전 형전의 첫머리 용률조에는 대명률을 적용한다고 규정하였고, 속대전 형전에도 이 취지를 덧붙여 경국대전에 의하여 대명률을 적용하며 경국대전과 속대전에 대명률에 해당하는 규정이 있는 경우에는 양전의 규정에 따를 것임을 밝히고 있다. 대명률이 난해하여 일반관리들이 이해하기 쉽도록 이두를 섞어 조선실정에 맞도록 직해한 '대명률직해'를 편찬하였다. 형벌은 고려와 같이 5형 체제로서 사형도 교형과 참형만으로 이루어졌다. 그러나 이러한 형 외에도 사형으로는 육시, 거열, 사지해, 효수, 사약이 때로 시행되었고, 3번 이상의 도범(盜犯)에 대하여 왼쪽 다리의 힘줄을 끊는 단근형이 과해졌다.[132] 조선왕조는 통치이념의 인정(仁政), 덕치(德治)를 표방하고 형벌 그 자체가 필요없도록 하여 형법은 존재하되 쓰지 않는 예방과 계몽을 위한 법이 되어야 한다고 표방하였다. 조선시

130) 박병호, 한국법제사, 31－34면 참조.
131) 박병호, 한국법제사, 35－37, 134면 참조.
132) 박병호, 한국법제사, 67－69, 134－141면 참조.

대 형벌의 특징은 유교적 법치주의가 국왕을 정점으로 한 신분제 질서와 이를 유지하는 도덕원리로서의 삼강오륜으로 나타나고 있었던 만큼 형사법규에도 그러한 원리가 철저히 관철되고 있었다는 것이다. 동일한 범행이라도 범죄자와 범죄대상과의 관계가 가족과 친족내부, 신분제 내부, 국가적 조직체계(국왕・왕실, 관직체계 안에서의 등급) 내부에서 어떠한 지위에 있는가에 따라 형벌이 체감 또는 가중되었다. 또한 삼강오륜을 크게 위반한 행위인 십악을 규정하여 그에 대하여는 모두 극형에 처하고 연좌제를 적용하였을 뿐 아니라 사면령이 있어도 용서하지 않는다고 하였다. 피의자 또는 증인의 자백, 기타의 진술을 얻어내기 위하여 일정한 법적 규제와 제한 하에서 고신(拷訊)하는 것을 허용하였고, 피의자의 범행 자백이 없는 한 판결을 선고하거나 집행할 수 없었다. 법률의 적용에 있어서는 율령의 해당 조문을 인용하여야 하는 것이 원칙이나, 단죄할 때 정당한 조문이 없을 경우에는 왕의 재가를 받아 다른 율문 중 가장 가까운 것을 끌어와 적용할 수 있었고(인률비부, 引律比附), 율령에 없더라도 해서는 안 될 행위를 한 자는 태 40에 처한다(불응위, 不應爲)고 하였다. 지금으로 보면 유추적용과 포괄적 처벌규정을 둔 것이다. 한편 1년에도 몇 차례씩 사면이 행해졌고 지나치게 빈번하여 헤아릴 수 없을 정도였다.[133] 이러한 조선시대의 형법에 대하여 심희기 교수는 신분과 관계에 따라 형벌의 부과가 달라지는 권위주의적 형법이고, 구타치사 사건으로 교형에 처하여야 함에도 삼강오륜에 따라 석방을 명한 사례를 들어 유교적 법추론이 이루어졌다고 설명하고 있다.[134]

3) 구한말과 일제시대의 형벌법제

구한말의 법제의 풍경에 대하여 박병호 교수가 표현한 내용을 소개하면 다음과 같다. "19세기 말의 사회경제의 내부적 모순과 외세의 침투는 법제면에서도 소용돌이치기 시작하였다. 법제사적인 면에서 특히 실정법적으로는 1894년 갑오경장에 의한 개혁부터 개화기의 기점이 시작된다. 이때부터 일부 사상가들의 개화

133) 도면회, 한국 근대 형사재판제도사, 34－97면 참조; 인률비부나 불응위가 당시에 유효했던 이유에 관하여 허일태 교수는 형사에 관한 법률이 완벽하게 정비되지 않았고, 국왕의 전제적인 통치권으로 독자적 입법기관이 존재할 수 없으며 국왕의 명령 그 자체가 하나의 고유한 법령으로서 기능을 가졌기 때문이라고 설명하고 있다(허일태, "죄형법정주의의 연혁과 그 사상적 배경에 관한 연구", 법학논고 제35집, 경북대 법학연구원, 2011. 2, 130면 참조).

134) 심희기, 한국법제사 강의, 206－217면 참조.

운동의 정신적 바탕에서의 주체성은 외세, 특히 일본제국주의에 의하여 희생되고 20여년의 짧은 기간에 타력에 의하여 놀랄 만한 속도로 서구적 근대법제에 접하게 되었다. 서구제국의 강압 앞에 정부의 존립을 걸고 법치국으로서의 면목을 달성하지 않으면 안 되었던 일제가 그들이 놓였던 처지를 그대로 조선에 강요하였으니 개화를 법제적 서구적 근대화로 받아들일 때 이 타력적 근대화는 전통과 인연이 없는 제도의 이식으로 말미암아 전개되는 생소함과 마찰, 민족적 저항의 숙명을 민족적으로 안고 있었으며, 그럼에도 불구하고 제국주의적 침략의 발판을 만들기 위해 강제하였던 갑오개혁은 비뚤어진 가운데도 그런대로 서서히 제도적 근대화를 위한 기반을 굳히고 있었다."135) 갑오개혁기간 동안 형사재판제도는 급격한 변화를 겪게 되는데, 국사범, 황족의 범죄 등의 몇몇 예외를 제외하고는 동등하게 형사법규가 적용되도록 하였고, 연좌제가 폐지되었으며, 사법권을 통치권력으로부터 분리시켜 전임 사법관으로 하여금 형사재판을 담당하게 하였다. 형사법규는 여전히 대명률을 일반법으로 하고 대전회통 형전을 특별법으로 사용하였지만, 능지형 · 처참형을 폐기하고 민간인에게는 교수형, 군사범죄에는 총살형을 실시하게 한 점, 종래의 5형 중 장형 · 도형을 폐지하고 징역형을 도입한 점, 체포영장제가 도입되고, 이들 형벌이 국사범을 제외하고 모든 국민에게 동일하게 적용되었다는 점 등 중요한 변화가 있었다. 그러나 이러한 개혁은 제대로 시행되지 못하였고, 아관파천을 거쳐 고종이 대한제국을 선포한 뒤 각종 정변미수사건을 겪으면서 점차 엄형주의를 지향하게 되었다. 1898년 11월 22일 의뢰외국치손국체자처단례(외세에 의뢰하여 국체를 치손시킨 자를 처단하는 법률)를 시행하여 민권운동을 전개하는 세력에 대한 통제를 강화하였고, 참형 · 연좌제 등을 부활시키고자 하였다. 1900년 전후에는 형법 제정에 착수하여 1905년 5월 29일 역사상 최초로 근대적 형법체제를 갖춘 '형법대전'이 반포되었다. 갑오개혁 이래 반포된 신식 형사법규를 포함하면서도 구래의 대전회통, 대명률의 형사법규를 옮겨 실었다. 인륜비부를 여전히 인정하는 등 근대적 죄형법정주의를 도입하지는 않았으나, 형벌의 체계화 · 완화가 이루어진 점, 자주적이고 독자적 형법을 갖추게 되었다는 점 등에서 의미가 있다. 이후 일제는 강제병합과정에서 1909년 재판권한을 통감부 사법청에 이관하였는데 일본의 재판제도를 그대로 이식하되, 피고인의 국적에 따라 판

135) 박병호, 한국법제사, 73면.

사를 차별적으로 규정하였고, 일본의 예심판사 권한을 통감부 경부·경시 등 사법경찰관도 행사할 수 있게 하였으며, 벌금·과료형에 처할 죄에 대해 정식재판을 하지 않고 통감부의 경찰관이 즉결 선고를 할 수 있도록 하는 등의 특례를 두었는데 1910년 강제병합 이후에도 이러한 특례들이 그대로 유지되어 식민지 형사재판제도의 중요한 부분을 구성하였다.[136]

일제는 강제병합 당일 칙령 제324호로 '조선에 시행할 법령에 관한 건'을 공포하여 조선에서 법률제정이 필요한 사항은 내각총리대신을 거쳐 천황의 재가를 얻은 후 조선총독의 명령으로 제정할 수 있게 하였다. 이를 '제령'이라 칭하였는데 형사법규에 관하여는 1912년 제정된 제령으로 '조선형사령'(제령 제11호), '조선태형령'(제령 제13호), '범죄즉결례중개정'(제령 제12호)이 있고, 조선총독부령으로 같은 해 공포된 '경찰범처벌규칙'이 적용되었다. 형벌법규와 관련된 부분을 주로 살펴보면, 경찰범처벌규칙은 언론집회, 관권도전행위, 사회질서·도로교통·경제질서 교란행위 등의 87개 항목의 금지규정에 대하여 처벌을 함으로써 식민지 지배를 위해 필요한 치안의 강화와 조선총독부의 통치편의를 위한 매우 편리한 수단으로 기능하였다. 조선태형령은 즉결심판대상이 되는 행위에 대해 일본인에게는 구류 또는 과료형을, 조선인에게는 태형을 실시함으로써 조선인을 '자유형으로 개선될 수 없는 열등한 자'로 보았고, 감옥시설을 늘리는 경비를 절약하고자 하였다. 조선태형령의 대상은 ① 3월 이하의 징역 또는 구류에 처해야 할 때, ② 1백원 이하의 벌금 또는 과료에 처해야 할 자이되 조서 내에 일정한 주소를 갖지 않거나 재산이 없다고 인정될 때 사정에 따라 태형을 실시할 수 있도록 하였는데 도박죄, 상해죄, 각종 행정법규 위반죄 등 광범위하게 조선인에게 형사처벌이 실제 신체에 대한 폭력행사를 의미하는 '일상적 폭력'으로 존속하였던 반면, 조선총독부에는 값싸고 효율적인 식민지 조선 통치수단이었다. 헌병경찰에 의해 운영되는 범죄즉결례는 태형과 결합하여 강압적 식민지배의 수단이었다. 태형은 식민지 수탈목적으로 집단적으로 가해지기도 하였는데 일본인 신작로 감독이 어느 부락을 지정하여 몇 일까지 몇 리의 신작로를 닦으라 하면 기일 내에 완수해야 하고, 완성하지 못하였을 경우에는 경찰서에 구두고발하고, 그 고발에 의하여 부락민 모두를 끌고가 태형을 부과한 사례 등이 대표적이다. 태형은 3·1 운동 이후 민심

136) 도면회, 한국 근대 형사재판제도사, 450–463면 참조.

수습책으로 1920년 폐지되었다. 이러한 형벌법규 체계는 식민지 주민의 의사가 전혀 반영될 수 없었고, 헌병경찰에 의한 사실상 군정과 같은 것이었다. 그 외에도 1919년 3·1운동 이후 '정치에 관한 범죄처벌의 건'을 제정하여 정치의 변혁을 목적으로 다수가 공동하여 안녕질서를 방해하거나 방해하려 한 자, 선동한 자를 10년 이하의 징역 또는 금고에 처하도록 하였고 그 적용범위를 만주, 시베리아 등 일제의 통치권이 미치지 않는 지역까지 확대하였다. 1925년 제정된 치안유지법은 국체를 변혁하거나 사유재산제도를 부인하는 것을 목적으로 결사를 조직하고, 또는 그 정을 알고 이에 가입한 자를 10년 이하의 징역 또는 금고에 처하도록 규정하였는데 사회주의 운동 등 사상운동과 학생운동에 적용되었다. 1926년 '폭력행위등 처벌에 관한 법률을 조선 등에 시행하는 건'등의 전시동원 체제 유지를 위한 일본의 법률이 칙령에 의해 조선에서 시행되어 학생들의 집단적 항일운동, 소작쟁의, 노동쟁의를 탄압하는데 적용되었다. 1941년에는 사상전환을 하지 않은 경우에 대한 예비구금제도 또한 도입되었다. 구 대한제국법으로 실질적으로 일본인에 의해 제정되어 의병운동과 애국계몽운동을 겨냥하였던 신문지법, 보안법, 출판법도 해방될 때까지 사상탄압과 언론탄압을 위해 위력을 발휘하였다. 전시체제로 전환하면서 내선일체의 논리를 강화하고 표현과 결사에 대한 전면적 탄압을 위해 '조선불온문서임시취제령', '조선임시보안령' 등을 통해 인심을 혹란시킬 목적으로 치안을 방해하는 사항을 기재한 불온문서 발행자, 시국에 관하여 인심을 혼란시킬 사항 유포자 등에 대한 처벌규정을 두어 확대해석과 남용을 통해 모든 항일적 언사에 대해 형사처벌을 할 수 있는 근거를 확보하였다.137)

이처럼 일제 식민지하 형사법제의 특징으로 한인섭 교수는 다음의 네 가지를 들고 있다. 첫째, 형벌법규의 비대화 현상을 들 수 있는데 형벌법규 중에서도 특별형법의 중요성이 두드러졌고, 형법의 적용도 치안유지의 관점에서 다루어졌으며 적법절차에 대한 고려는 거의 없었다. 둘째, 시기에 따라 살피면, 노골적인 폭력의 법제화시기(1910년대), 형사법령의 일상적 적용(1920년대), 식민지 파시즘하에 통제 법령의 극단적 팽창과 심정형법의 전면적 도입(1930년대 이후)으로 구분될 수 있다. 셋째, 법집행에서 자의성과 차별성이 두드러졌고, 고문과 장기구속이 수사기관의 체질로 자리잡았다. 넷째, 식민지법의 억압적 속성, 법집행집단의 군림

137) 도면회, 한국 근대 형사재판제도사, 465－507면 참조; 박병호, 한국법제사, 82－83면 참조; 한인섭, 한국형사법과 법의 지배, 한울, 1998, 18－54면 참조.

하는 태도는 법 전반에 대한 부정적 인식을 심화시켰다.138)

(나) 우리 형벌법규의 부정적 특성139)

1) 일제와 개발독재의 잔재로서 특별형법에 압도된 형벌법규

일제의 식민지배로부터의 해방은 한반도에 신국가 수립의 과제를 안겨주었는데, 해방 후 대한민국의 수립까지 3년간 많은 헌법안들이 마련되었다. 작성주체에 따라 다른 내용에도 불구하고 모든 헌법안은 '민주공화국'과 '국민주권'을 규정하고 있었고, 이는 대한민국 임시정부의 입헌주의적 전통이 반영된 것이다. 1948년 헌법제정은 통일된 국가를 수립하지 못한 채 제정주체가 우익에 편중되는 등 다양한 세력의 의견을 제대로 반영시킬 수 없었다는 한계가 있지만, 우리 역사상 처음으로 시민들이 주권자로서 참여하여 선출한 의회에서 입헌주의의 출발을 하였다는 점에서 의의가 있다.140) 따라서 해방 이후 형벌법규가 권위적 정권하에서 일제의 식민지 잔재를 완전히 벗어나지 못하였다고 하더라도 우리 국민들 스스로 주권자가 되어 형벌법규가 인간의 기본권 존중이라는 헌법의 가치를 실현해나갈 수 있고, 실제 이를 실현해 나가고 있다는 점에서 일제 식민지하에서의 형벌법규와 근본적인 차이가 있다.

1948년에는 여순반란사건을 계기로 일제하 치안유지법을 그대로 계승한 것으로 비판받는 국가보안법이 형법보다 먼저 제정되었다. 한편 1953년 전시에 제정된 형법은 국가방위·사회방위적 요소가 강조되었고, 형량도 일본 형법보다 전반적으로 높은 경향이었으며, 일본의 주관주의 형법이론을 따름으로써 미수죄, 예비죄, 상습범 규정이 광범위하게 신설되었다. 이러한 형법의 전시 통제입법, 국가우월적 기조는 5·16 군사변란 직후 일제하의 법률과 동일한 명칭으로 비상기구인 국가재건최고회의에서 형법상 폭행, 상해, 체포, 감금, 공갈 등 폭력행위에 대하여 야간, 상습, 단체 또는 다중의 위력이라는 표지를 매개로 법정형을 대폭 상향한

---

138) 한인섭, 한국형사법과 법의 지배, 55–57면 참조.

139) 해방 이후의 형벌법규의 모습은 권위주의적 정부와 경제적 압축성장을 거치는 과정에서 정치적 반대자에 대한 보복의 성격을 지닌 정치사법, 표현의 자유 등에 대한 광범위한 억압, 국가목적 달성을 최우선시하는 형벌법규의 모습을 가지고 있었으나, 우리 사회의 민주적 역량의 제고로 형벌의 인도화, 과학화 또한 동시에 진행되고 있는 등 어떤 시기를 기준으로 나눌 수 없어 전체적으로 함께 검토한다.

140) 김수용, 건국과 헌법 – 헌법논의를 통해 본 대한민국건국사 –, 서울대학교 법학연구소 연구총서 18, 경인문화사, 2008, 339–340면 참조.

'폭력행위등 처벌에 관한 법률'에서 더욱 강화되었다. 1972년 유신체제의 선포와 함께 궐석재판, 전재산몰수형의 병과 등 법치주의의 기초조차 찾아보기 어려운 '반국가행위자의 처벌에 관한 조치법'이 제정되었고, 표현, 언론 · 출판, 집회 · 결사의 자유를 대폭 제한하는 일련의 긴급조치가 내려졌으며, 1975년 반국가사범에 대한 사회안전법이 제정되어 법무부장관의 행정처분에 의해 보안감호 등을 할 수 있었다.[141]

또한 국가재건최고회의에서 제정된 '특정범죄처벌에 관한 임시특례법'이 1963년 개정 헌법 이후 대법원에서 적용될 수 없다고 판단되자 뇌물죄, 밀수 · 산림도벌 · 탈세 · 통화위조 등 경제사범을 근절하고, 마약 등 국민보건상의 병폐를 강력하게 단속하기 위해 위 범죄들을 뇌물(피해)가액 또는 범죄의 내용에 따라 가중처벌하는 것을 내용으로 하는 '특정범죄 가중처벌 등에 관한 법률'(1966년)이 제정되었다.[142]

한편 '특정경제범죄 가중처벌 등에 관한 법률'은 제5공화국 출범 이후 장영자 어음사기 사건 등 경제 범죄와 외화도피 범죄가 빈번히 일어나자 이에 대한 법정형을 대폭 강화하여 가중처벌하기 위해 1983년 제정되었다. 1990년에는 노태우 대통령이 선포한 범죄와의 전쟁을 위한 입법조치로서 '기본적 윤리와 사회질서'를 침해하는 특정 강력범죄에 대하여 누범가중 등을 통해 법정형을 대폭 상향하고, 처벌절차의 특례를 규정한 '특정강력범죄의 처벌에 관한 특례법'을 제정하였다. 1995년에는 각종 성폭력범죄가 흉포화, 집단화 되는 것에 대한 대응으로 '성폭력범죄의 처벌 및 피해자보호 등에 관한 법률'이 제정되어 주거침입, 강도 등 일정 범죄와 결합된 성폭력범죄에 대한 가중처벌 등에 관하여 규정하였다.

이러한 특별형법으로 인하여 형법의 적용은 배제되고 대부분 특별형법이 적용되는 결과 일반법인 형법 등보다 더 자주 적용되는 특별법의 일반법화 현상이 발생하였다.[143] 이들 입법의 상당수는 정상적인 입법기구가 아닌 비상입법기구에서

141) 한인섭, 한국형사법과 법의 지배, 71－106면 참조; 유신헌법의 개정과정과 내용, 국회의원 정수 1/3(유정회)의 대통령 추천권, 대부분 기본권에 법률유보조항 규정 등 유신헌법의 반자유민주적 성격에 대하여는 임지봉, "유신헌법과 한국 민주주의", 공법학연구 제13권 제1호, 한국비교공법학회, 2012. 2, 183－197면 참조.

142) 박상기 외 5인, 형사특별법론, 한국형사정책연구원, 2009, 179－180면 참조.

143) 박상기 외 5인, 형사특별법론, 35－36면 참조; 폭력에 의한 강력범죄 276,707명(2004년 기준) 중 폭력행위등 처벌에 관한 법률위반이 221,561명으로 전체 가운데 80.1%를 차지하였다. 그러나 2004. 12. 16. 폭력행위등 처벌에 관한 법률 제3조 제2항(야간 폭력행위 가중처벌규정)에

만들어졌다는 점에서 일제하 조선총독부에 의한 일방적 형사입법과 유사성이 있다.

헌법재판소는 이처럼 일반 형법을 압박하는 특별형법에 대하여 위헌심사를 할 기회를 가지게 되었다. 유신헌법 하에서의 긴급조치에 대한 위헌소원사건의 위헌결정,[144] 유신헌법하에서 만들어져 소환불응자에 대한 전재산몰수형을 규정한 반국가행위자의 처벌에 관한 특별조치법에 대한 위헌제청사건의 위헌결정,[145] 폭력행위등 처벌에 관한 법률 중 야간흉기 휴대 협박죄에 대한 일률적 법정형 가중규정에 대한 위헌결정(국가재건최고회의 제정),[146] 특정범죄 가중처벌 등에 관한 법률 중 도주차량 유기치사죄의 법정형에 대한 위헌결정(유신체제하 국회해산 후 비상국무회의 신설),[147] 마약의 단순매수를 영리매수와 마찬가지로 법정형을 가중한 규정에 대한 위헌결정,[148] 반국가범죄를 반복적으로 저지른 자에 대한 법정형의 최고를 사형으로 한 국가보안법 규정에 대한 위헌결정(국가재건최고회의에서 제정된 반공법의 내용이 그대로 국가보안법으로 규정)[149] 등이 이에 해당한다. 위 결정 중에서 헌법재판소는 위 특별형법이 만들어진 경위(비상입법기구에 의한 것,[150] 유신체

대하여 위헌결정이 내려지자 폭력행위등 처벌에 관한 법률위반 사건이 대폭 감소하기 시작하여 2013년에는 총 235,871건 중 40,889건으로 17.3%에 그치고 있고, 대신 적용되는 형법상 폭행죄, 상해죄의 비율이 증가하였다(법무연수원, 2014년 범죄백서, 74면 참조).

144) 헌재 2013. 3. 21. 2010헌바132 등, 판례집 25-1, 180.

145) 헌재 1996. 1. 25. 95헌가5, 판례집 8-1, 1.

146) 헌재 2004. 12. 16. 2003헌가12, 판례집 16-2하, 446.

147) 헌재 1992. 4. 28. 90헌바24, 판례집 4, 225.

148) 헌재 2003. 11. 27. 2002헌바24, 판례집 15-2하, 242.

149) 헌재 2002. 11. 28. 2002헌가5, 판례집 14-2, 600.

150) 헌법재판소는 비상입법기구에서 제정되었다는 것 자체를 이유로 위헌결정을 하지 않고, 법률내용의 위헌성을 판단함에 있어 중요한 요소 중 하나로 보고 있다. 이에 관하여는 국가보안법상 편의제공죄가 비상입법기구인 국가보위입법회의에서 제정되었다는 이유만으로 위헌인지 여부에 관하여 전면적으로 다루어졌는데, 이 사건에서 헌법재판소는 "1980. 10. 27. 공포된 구 헌법 부칙 제6조 제1항은 국가보위입법회의는 구 헌법시행일로부터 구 헌법에 의한 국회의 최초의 집회일 전일까지 국회의 권한을 대행한다고 규정함으로써 국가보위입법회의에 입법권을 부여하는 합헌적 근거규정을 마련하였고, 동 제3항은 국가보위입법회의가 제정한 법률에 대하여 지속효를 가지며 제소나 이의할 수 없도록 하여 구 헌법하에서 그 제정절차를 다툴 수 없는 유효한 법률임을 명백히 하였으며, 한편 1987. 10. 29. 공포된 현행 헌법 부칙 제5조는 현행 헌법 시행당시의 법령은 현행 헌법에 위배되지 아니하는 한 효력을 지속한다고 하여 법령의 지속효에 관한 규정을 두고 있는바, 그렇다면 국가보위입법회의에서 제정된 법률의 내용이 현행 헌법에 저촉된다고 하여 다투는 것은 별론으로 하되 현행 헌법하에서도 제정 절차에 위헌적 하자가 있음을 다툴 수는 없다"(헌재 1992. 4. 14. 90헌바23, 판례집 4, 162, 168)고 함으로써 헌법의 부칙에 의한 연속성을 이유로 비상입법기구에 의한 입법자체의 위헌성이 아닌 그 내용의 위헌성을 심판대상으로 한다고 판시하고 있다. 헌정질서의 중단이 여러 차례 있었던 헌법현실, 헌법 자체의 연속성을 부정하기 어려운 점에 비추어 불가피한 법리구성으로 보

제하에서 권위적 통치수단으로 만들어진 점 등), 지나치게 과도한 형벌 등의 문제점을 지적하여 위헌결정을 하였다.

2) 사회윤리적 색채가 강한 형벌법규

대한민국 정부수립 이후 법제정비를 위해 수립된 법제편찬위원회의 제정형법 입안의 기본원칙 중에는 "우리 민족 고유의 순풍양속의 유지향상에 유의하였다"는 내용이 포함된 점에서 보듯이 1953년 제정형법은 간통죄, 혼인빙자간음죄 등의 성범죄와 아동혹사죄, 아동학대죄 등 도의를 고조한다는 명분하에 부녀・아동에 대한 보호적 간섭을 꾀하였다. 도의형법론은 일본의 보수학자들이 서구민주주의의 법적 표현에 반대하는 논리로 애용된 것으로, 당시 입법안을 준비하고 의회에서 토론한 사람들의 전통에 관한 인식이기도 했다.[151] 이에 따라 우리 형벌법규에는 성도덕에 관한 범죄로서 간통죄, 혼인빙자간음죄 등이 규정되어 있었고, 존속에 대한 범죄의 가중처벌규정을 두고 있으며, 형벌법규에 사회윤리적 색채가 강한 용어가 범죄구성요건 뿐 아니라 위법성조각사유[152]에서도 사용되고 있다. 우리 형벌법규에 사용된 사회윤리적 색채가 강한 용어들 중 헌법재판소에서 죄형법정주의 명확성원칙 위반여부에 대한 심사가 있었던 예로 '잔인성을 조장할 우려, 범죄의 충동, 아동의 덕성을 심히 해할 우려'(99헌가8), '공중도덕상 유해한 업무'(2004헌바29), '공익을 해할 목적'(2008헌바157 등), '가정의례의 참뜻에 비추어 합리적인 범위내'(98헌마168), '미풍양속을 해하는'(2006헌바60), '소비자를 현혹할 우려'(2013헌바28), '건전한 유통질서'(2007헌가13) 등을 들 수 있다.

이상돈 교수는 이에 더하여, 전통사회윤리가 후기 산업사회의 환경・보건 등 위험사회에 대처한 예방형법의 논리로 쉽게 받아들여져 광범위한 행정형벌을 사회윤리적 일탈에 대한 국가의 후견자적 지위에서의 제재로서 받아들이는 경향이라고 분석하고 있다.[153] 1983. 12. 31. '건전한 국민경제윤리'에 반하는 재산국외

인다.

151) 한인섭, 한국형사법과 법의 지배, 73－79면 참조.

152) 형법 제20조 "기타 사회상규에 위배되지 않는 행위는 벌하지 아니한다."는 규정에 관하여, 실질적 위법성론을 근거로 우리 형법에 들어온 조항으로 포괄적 위법성조각사유로 사용되면서 국민 일반의 건전한 도의감, 사회통념, 사회윤리 또는 선량한 풍속이라는 사회윤리적 근거로 가벌성의 범위를 정하고 있다는 비판이 있다(김성돈, "한국 형법의 사회상규조항의 기능과 형법학의 과제", 성균관법학 제24권 제4호, 성균관대학교 법학연구소, 2012. 12, 247－285면 참조).

153) 이상돈, 형법학, 법문사, 1999, 173면 참조.

도피사범에 대한 법정형을 대폭 강화한 특정경제범죄 가중처벌 등에 관한 법률 제4조 등에서 후기 산업사회의 형법수요가 '건전한 국민경제윤리'라는 사회윤리적 측면에서 접근된 예를 찾아볼 수 있다(2006헌바12).

한편 심희기 교수는 우리의 형사사법 운영 측면에 있어서도 외형은 서구의 모습이지만, 내실을 보면 조선시대 유교적 형사사법모델이 가지고 있는 문화적 특성이 상당부분 재현되고 있음을 지적하고 있다. 즉 검사의 기소유예 재량행사에 있어 응보적 요소의 고려 및 훈계, 자백하고 반성하는 경우에 관용을 베푸는 경우가 많은 점, 형사사법을 국정의 중요한 업무로 여기지 않아 수형자의 재사회화 등에 대한 투자에 극히 인색한 점, 정치지도자들이 선정의 모습을 실증하기 위해 자주 사면권을 행사하는 점, 법무부에서 범죄없는 마을을 지정하여 표창하는 점 등을 들고 있다.[154]

3) 광범위한 행정형벌과 포괄위임 그리고 모호한 용어 사용

일제의 식민지 통치질서 유지를 위해 광범위한 행정형벌을 도입하고 이를 경찰에 의한 즉결심판, 태형 등 폭압적 통치에 사용하였음을 앞서 살펴보았다. 해방 이후 우리나라는 효율적 국가목적 달성 및 강력한 통치를 위해 매우 광범위한 범위에서 행정형벌규정을 두고 있다. 법무연수원 발간 범죄백서에 따르면, 2004년 당시에는 폭력행위등 처벌에 관한 법률위반죄 등 특별형법을 포함한 형법범죄가 826,886건이고, 행정형벌에 대한 특별법범죄는 1,254,015건으로 특별법범죄가 형법범죄의 수를 능가하고 있다.[155]

국가 행정목적의 효율적 수행을 우선시하는 행정형벌법규는 포괄적인 행정입법 위임과 추상적이고 모호한 용어의 사용을 통해 행정청의 재량을 넓히는 방향으로 입법이 되기 쉽다. 심지어 헌법재판소는 초기에 형벌 자체를 대통령령에 위임한 경우에도 수범자의 제한성 등을 이유로 죄형법정주의 원칙에 위배되지 않는다고 판시(93헌가15 등)하다가 차후 이를 번복하여 위헌결정(2009헌바2)을 하였다.

---

154) 심희기, 한국법제사강의, 504－521면 참조.

155) 법무연수원, 2014년 범죄백서, 51－58면 참조 : 2013년 전체범죄 발생건수 2,006,682건 중 형법범죄는 1,057,855건이고, 행정형벌법규와 특별형법이 포함된 특별법 범죄가 948,827건으로 2004년에 비하여 형법범죄는 23만건 가까이 늘었고, 특별법범죄는 30만건 가까이 감소하는데, 특별법범죄의 감소이유는 도로교통법위반 사건 중 합의된 대물사고를 입건하지 않은 것이 영향을 미친 것으로 파악되고 있다.

사회윤리적 색채를 가진 형벌법규 용어사용에 대하여는 위에서 살펴보았고, 그 외에도 행정목적 달성의 효율성을 우선시한 법률상 용어들이 다수 존재하여 헌법재판소에서 위헌심사가 이루어졌다. 대표적인 예로는 '다량의 토사, 현저한 오염'(2011헌가26), '중요한 회의'(2010헌가29), '함부로'(2013헌바385) 등이 이에 해당하고, 모호하고 포괄적인 위임에 대하여 위헌심사가 이루어졌다. 이에 대하여는 제3장 제3절 죄형법정주의의 명확성원칙에서 상세히 살핀다.

형법제정 당시 법제편찬위원회에서는 용어를 언문일치체로 하여 왜색이 농후한 직역어와 일반적으로 사용하지 않는 한자와 괴기한 언사를 피할 것을 형법기초요강의 하나로 삼았으나, 제정형법상 일본식 용어와 난해한 용어가 상당수 잔존하였다.[156] 계속적인 형법 개정작업을 통하여 일부만이 개선되었고, 최근에서야 법무부에서 형벌법규에 대한 전반적인 용어순화 작업이 시작되었다.[157] 일제의 잔재(번역투의 난해하고 모호한 용어)가 그대로 존속하고, 권위적 정부의 행정청 규율의 편의를 위하여 폭넓은 재량이 인정될 수 있는 용어선택이 더해지는 바람에 행정형벌규정의 모호성과 광범위성이 우리 형벌법규의 역사적 측면에서 심각한 문제로 대두되었다.

2. 형벌법규의 특성과 헌법적 논의의 관계

헌법과 형벌법규의 관계는 이론적으로 헌법학과 형법학 간의 논의의 장이 되겠지만, 실무적으로는 헌법재판소의 결정과 법원의 판결을 통해 그 구체적 모습이 드러나게 된다. 헌법재판소의 결정을 통해 형벌법규에 대한 헌법에 따른 심사가 이루어지고, 법원의 형벌법규 적용에 있어 헌법의 기준이 작용하게 된다. 헌법재판소의 '형벌법규에 대한 위헌심사기준'를 중심으로 형벌법규의 특성이 헌법적 논

156) 한인섭, 한국형사법과 법의 지배, 79면 참조; 이와 관련, 외국어를 어렵게 번역한 일본형법을 직역하는 바람에 우리 형법용어의 난해성과 모호성의 문제가 시작되었다는 지적(이상돈, 형법학, 176－179면 참조) 및 우리 법상 일반조항 대부분이 서구법의 계수에서 연유(일본법을 통해 계수된 것이 상당수이다)하는데 이는 번역상의 문제 때문에 서구법상의 개별적인 요건들이 개괄적인 개념으로 번역되었다는 지적(김영환, "개념법학적인 사유형태와 일반조항에로의 도피", 응용법철학, 아카넷, 2002, 38면 참조)이 있다.

157) 법무부 홈페이지 보도자료(http://www.moj.go.kr/HP/COM/bbs_03/ListShowData.do) : 2015. 7. 29.부터 형사법개정 특별분과위원회에서 형법개정안을 마련하기로 하였고, 대표적 예로 '작량감경'을 '정상참작감경'으로, '개전의'를 '뉘우치는'으로, '모해할'을 '모함하여 해칠'로 바꿀 예정임을 밝히고 있다.

의와 어떠한 관련성을 갖는지에 관하여 이론적 맥락을 살피도록 한다.

우리 형법학계에서 형벌법규와 헌법의 관계에 대하여 심도있는 논의를 진행하지 않고 있다. 그 이유는 헌법재판소도 헌법조문화 되어 있는 형벌법규의 기본원칙인 죄형법정주의, 법률유보원칙, 비례성 원칙 등을 위헌심사의 기준으로 삼고 있고, 논의내용 또한 형법학에서의 논의와 다르지 않기 때문일 것이다.[158] 형법학자들이 헌법과 형법의 관계에 대하여 논의한 내용은 형벌법규의 독자성과 특징을 강조하면서도 양자의 관계를 대립적으로 파악하지 않고 형벌법규의 이론이 헌법(헌법재판)의 논리에 어떻게 접목해 들어가는지를 설명하는 방식을 취하고 있다.[159][160]

형법학자들의 주장을 구체적으로 살펴보면, 형법이 형사입법의 한계기준으로 발전시켜온 법익개념이나 범죄유형개념(침해범, 구체적 위험범, 추상적 위험범)은 헌법규범과 법치국가원리의 추상성을 보충하여 어떤 행위가 형사처벌대상이 되는지에 관한 적극적 기준을 마련할 수 있다는 주장이 있고,[161] 헌법상 비례원칙이 형

158) 같은 의견으로 이상돈, 헌법재판과 형법정책, 고려대학교출판부, 2005, 12면 참조 : 이상돈 교수는 더 나아가 형법학에서 헌법재판에 차가운 대립전선이 그어지지 않은 이유에 대하여, '이론적으로는 형법정책의 미성장(형사법률해석학이나 형사정책학의 발전에도 불구하고 헌법재판소가 형법의 정체성을 건드리지 않는 것으로 보는 경향으로 인해 헌법재판소의 결정에 대한 법정책적 비판의식 부족)', '실천적으로는 보수성의 연대(형법학계의 범죄화정책 경향 및 헌법재판소의 체제비판적 일탈행동에 대한 진압적 태도', '역사적으로는 형법학의 전통적 자족성(헌정국가 이전부터 발전시켜온 법익보호원칙, 비례성원칙 등에 대한 확고한 자기의식)'에 기인하는 것으로 분석하고 있다(같은 책, 13-15면 참조). 전체적으로 설득력있는 분석이나 형법학계에서 범죄화정책(특히, 특별법을 통한 형벌가중)에 대하여 대부분의 학자들이 비판적인 태도를 가지고 있다는 점, 헌법재판소가 중벌주의에 비판적으로 보면서 일부 위헌결정을 하고, 성도덕에 관련된 범죄에 대하여 위헌결정을 하는 점 등을 고려할 때 이상돈 교수가 말하는 보수성의 연대는 형법학계와 헌법재판소가 아니라 우리 사회의 형벌법규에 대한 언론과 일반인의 인식을 얘기하는 것으로 보아야 할 것이다.

159) 임웅, 형법총론, 16-38, 87-91면 참조 : 형법총론 교과서에서는 죄형법정주의 등 헌법조문화된 형법의 일반원칙에 대한 소개와 형벌론에서 사형제에 대한 헌법재판소의 결정례를 소개하고 있을 뿐, 그 외 형벌법규의 원리 등이 헌법재판에서 어떻게 평가받는지에 대하여는 형법각론 교과서에서 개별 범죄차원에서 산발적으로 이루어지고 있다.

160) 헌법과 형법의 관계를 다룬 글로는 전지연, "형법형성에서의 법치국가적 원리", 665면 이하(이 글은 형법이 법익보호기능, 자기귀책성, 실질적 범죄개념이라는 3가지 제한요소를 통해 헌법 제37조에 근거한 법치국가적 제한을 받게 된다고 설명하고 있으나, 형벌법규의 자체 제한원리를 법치국가적 원리라는 이름하에 설명하고 있을 뿐이어서 헌법과 형법간의 관계에 대한 본격적인 분석이 이루어졌다고 보기는 어렵다.); 이진국, 형사입법자의 형벌법규 제정권한의 한계에 관한 연구, 한국형사정책연구원, 2003; 이용식, "비례성원칙을 통해 본 형법과 헌법의 관계", 형사법연구 제25호, 한국형사법학회, 2006. 6, 27면 이하; 법철학자이자 형법학자인 이상돈 교수의 위 책(헌법재판과 형법정책) 등이 있다.

법과의 관계에서 외부적 통제수단으로서, 내부적으로는 헌법합치적 해석을 요청하는 지침으로서 작용하고, 후자의 경우 형법의 유기적 판단구조와 체계적 특수성으로 인하여 전자와 차별성을 가지지만 그 차별성이 어떤 것인지는 아직까지 명확히 하지 못하고 있음을 언급하고 있으며,162) 대화이론을 바탕으로 형법적 공론경쟁 속에서 헌법원리가 구성된다는 점을 강조하면서 형법과 헌법의 수평적 관계를 주장하는 견해163) 등이 있다.

헌법학 교과서에서는 일반적으로 헌법과 형벌법규의 관계에 관하여, 형법의 영역에서 헌법의 법치국가적 원칙이 적용된다는 관점 하에서 설명하고 있다. 그 내용을 보면, 헌법에 명시된 형벌법규와 관련된 조항들의 해석을 위주로 죄형법정주의(법률주의, 명확성원칙, 유추적용금지, 소급입법금지), 이중처벌금지 등을 설명하고, 형벌법규의 원칙으로서 '책임원칙'이 헌법의 영역에서는 과잉금지원칙이 구체화된 것이라는 취지로 설명하고 있으며, 국민의 기본권보호의무(헌법 제10조)의 하나로 형법은 기본권에 의하여 보호되는 법익인 개인의 생명, 건강, 자유와 재산을 보호하기 위한 국가의 조치로 이해되고 있다.164)

헌법과 형법의 관계를 본격적으로 다룬 헌법학자의 글에서도 이러한 기본적 관점은 유지가 된다. 이에 따르면, "헌법과 형벌법규는 오늘날 국가법질서의 일부로서 국가와 국민의 관계를 규율하는 공법이며 모두 프랑스대혁명 이후 국민의 자유를 보장하는 대헌장이라는 공통점을 갖는다. 그러나 형법의 단편적 성격은 인간의 자유의 침해는 제한적이라는 헌법원리, 형벌가치성과 필요성은 기본권 과소보호금지 내지 비례원칙의 수단적절성과 관련된 것이고, 형법의 최후수단성 및 보충성은 피해의 최소성을 달리 표현한 것이며, 형법의 의심스러울 때 자유우선 원칙은 법익균형성을 강조한 것이고, 사회적 유해성 등 실질적 범죄개념은 기본권의 내재적 한계이론 내지 기본권제한목적인 질서유지와 관련되어 있다. 이처럼 오랜 역사를 통해 발전한 형법의 자기제한원리는 오늘날 헌법우위의 법질서변화를 인식하지 못한 시대착오적인 것으로 그 헌법이론적 근거를 찾아 줄 필요가 있다."165)고 하여

161) 이진국, 형사입법자의 형벌법규 제정권한의 한계에 관한 연구, 52－54, 71－78면 참조.
162) 이용식, "비례성원칙을 통해 본 형법과 헌법의 관계", 51－52면 참조.
163) 이상돈, 헌법재판과 형법정책, 25－67면 참조.
164) 한수웅, 헌법학, 283－293, 421, 617－618면 참조.
165) 장영철, "헌법과 형법의 관계에 대한 서설", 공법연구 제30집 제2호, 한국공법학회, 2001. 12, 231－232면.

헌법재판소에 의한 위헌심사에 있어서 형법의 원리는 심사척도 내지 판단요소가 될 수 없다고 주장한다. 이처럼 헌법학자의 입장에서는 형벌법규의 역사적으로 형성되어온 여러 원리는 헌법원리로 대체할 수 있다고 보고 있어 형벌법규의 위헌심사에 있어 형벌법규 이론의 독자성은 설 자리가 없다는 것이 된다.

헌법학계에서 헌법원리로 형벌법규의 역사적으로 형성되어온 원리들을 대체할 수 있다는 주장이 나오는 것은 헌법에서 공익목적의 기본권제한 원리와 형벌법규에서 법익보호 목적의 범죄자에 대한 형벌부과 원리가 서로 일치하고, 형벌법규의 원리 중 중요부분이 대부분 헌법조문화 되어 있다는 점에 근거하는 것으로 상당한 설득력을 지닌다. 아래의 [표 1]에서 보듯이 형벌법규의 이론과 원칙이 헌법의 이론과 원칙으로 대부분 포섭될 수 있기 때문이다.

표 1 형벌법규와 헌법의 비교

형벌법규	헌법
죄형법정주의(형법 제1조 제1항)	죄형법정주의(헌법 제12조 제1항, 제13조 제1항 전단, 제2항)
이중처벌금지	이중처벌금지(헌법 제13조 제1항 후단)
형벌부과	기본권의 제한
범죄의 정당화 : 사회유해성 또는 법익침해 방지(보호법익)	기본권제한 목적 : 공익보호 과잉금지원칙
형벌의 정당화 : 응보, 일반예방, 특별예방	과잉금지원칙
보충성, 최후수단성	과잉금지원칙－피해최소성
책임원칙	책임없으면 형벌없다는 원칙, 책임과 형벌간의 비례원칙
의심스러울 때 자유우선	과잉금지심사－법익균형성
국가의 법익보호의무	기본권보호의무

이에 대해 형법학자들은 결국 형법학에서 발전시켜온 법익개념 등의 구체적 내용이 헌법의 추상적 기준을 채우는 내용이 된다는 점에서 헌법의 등장 이후에도 형벌법규 자체의 법리 발전은 필요한 것이라고 한다.

헌법재판소에서 실제 이루어지는 형벌법규에 대한 위헌심사를 보면, 형법학에서 발전시켜 온 법익개념, 형벌목적 등이 위헌심사에서 중요한 판단요소로서 작용하고 있고, 보충성, 최후수단성, 의심스러울 때 자유우선의 원칙과 같이 과잉금지심사에 녹아들어가 그 내용으로 포섭되는 경우도 있다. 책임원칙과 같이 책임없는 자에 대하여 형벌을 부과하는 형벌법규의 위헌성심사기준으로서 책임원칙, 책임과의 관계에서 법정형의 위헌성을 심사하는 책임과 형벌간의 비례원칙 등으로 새로운 헌법원칙화된 경우도 있다. 이처럼 형법학에서의 논의는 헌법재판소의 형벌법규에 대한 위헌심사의 내용을 풍부히 하는 것으로 연결된다. 그 구체적 내용은 제3장에서 살피도록 한다.

3. 형벌법규에 대한 위헌심사의 이론적 · 역사적 특성

가. 이론적 차원의 검토

(1) 헌법조문화된 형벌법규의 원리에 따른 심사

형벌법규의 원칙 중 죄형법정주의 원칙(형법 제1조 제1항)은 헌법조문화되어 헌법의 원칙으로 인정되고 있다. 이처럼 형벌법규의 원칙이 헌법조문화한 경우는 일반 법원칙과는 다른 차이를 가지게 된다. 헌법원칙화한 형벌법규의 원리는 그 자체로 헌법의 원리로서 직접적으로 위헌심사의 기준이 된다. 헌법원칙이 아닌 일반법원칙의 경우에는 위헌심사의 기준이 될 수 없고, 단지 해당 법영역의 적용에 있어 기준이 될 수 있을 뿐이고, 입법자는 공익상의 이유로 이에 대한 예외를 설정할 수 있다.[166] 그러나 헌법원칙은 그 자체로는 예외를 허용하지 않는 절대적 효력을 가지게 된다. 즉 죄형법정주의의 소급효금지원칙은 절대적 소급효금지를 의미하는 것으로서 공익을 위한 형벌법규의 소급은 허용되지 않는다.

이처럼 헌법조문화된 형벌법규의 원칙은 역으로 헌법의 일반원리에 영향을 미쳐 기본권보장을 강화하는 방향으로 해석되도록 한다. 죄형법정주의 원칙의 내용으로서 형벌법규에만 적용되었던 유추적용금지 원칙은 법원판례상 침익적 행정법규에도 적용되는 것으로 해석되고, 다른 기본권제한법규의 법치국가원리에 근거한 명확성원칙에 영향을 미쳐 명확성의 요청이 강화되도록 하고 있다. 이는 소급효금지원칙이 다른 기본권제한법규에 적용되는 신뢰보호원칙에 미치는 영향과도 연결

166) 헌재 2002. 8. 29. 2000헌가5 등, 판례집 14-2, 106, 125 참조.

된다. 다른 기본권제한법규에 적용되는 자기책임의 원리는 헌법상 형벌에 관한 책임원칙의 엄격해석의 영향을 받는 것으로 보인다.167)

(2) 단순한 강화인가 특별한 의미가 있는가?

다른 기본권제한법규에 대한 위헌심사에 비하여 형벌법규에 대한 위헌심사는 심사의 정도를 강화한 것인가 아니면 형벌법규의 특성을 반영한 특별한 의미를 가지는 것인가? 우선 형벌법규에 의한 기본권제한의 정도가 크다는 점에서는 위헌심사의 정도를 강화하여야 할 것이고, 이는 표현의 자유의 중요성에 비추어 위헌심사의 강도를 높게 하는 것과 비교될 수 있다. 이처럼 심사의 정도를 강화하되, 그 내용은 형벌법규의 특성을 반영한 것이 된다.

본 장에서 범죄와 형벌의 정당화, 법감정과 관련하여 형벌법규의 특성이 위헌심사기준에 반영된 논의를 이미 살펴보았고, 형벌법규에 대한 구체적 위헌심사기준에서 형벌법규의 특성이 어떻게 반영되어 있는지는 제3장에서 순차적으로 살펴보기로 한다.

(3) 형벌법규의 위헌심사에 있어 소급효

헌법재판소법 제47조 제3항은 “형벌에 관한 법률 또는 법률의 조항은 소급하여 그 효력을 상실한다.”라고 하여 형벌법규에 대한 위헌결정에 대한 소급효를 인정하고 있다. 형벌법규에 대한 위헌결정에 대하여 다른 위헌결정과 달리 소급효를 인정한 것은 소급적 위헌으로 인한 법적 안정성의 훼손보다 형벌법규에 의해 처벌받은 피고인의 이익이 더 크다고 보았기 때문으로 이 경우에도 바로 확정판결을 무효화할 경우의 법적 혼란을 방지하기 위해 재심청구를 할 수 있도록 하는 방식을 취하고 있다. 그런데 형벌법규의 위헌성 여부가 시대에 따라 달라질 수 있고, 그러한 이유로 위헌결정이 내려진다면168) 소급효를 무한정 확대하기는 어

167) 반면, 형벌법규는 후기산업사회에서 등장한 환경·마약·경제·조세형벌법규 등의 영역에서 새로운 보편적 법익의 창설과 법익보호의 전치화로 인한 추상적 위험범화, 행정형벌의 과잉으로 죄형법정주의의 명확성 원칙, 법률유보원칙, 유추적용금지원칙의 엄격함이 불가피하게 완화되고 있음은 앞서 이미 살핀 바와 같다.

168) 혼인빙자간음죄에 대한 위헌소원사건(헌재 2009. 11. 26. 2008헌바58)에서 결혼과 성에 관한 국민의 법의식에 많은 변화가 생겨나 여성의 착오에 의한 혼전 성관계를 형사 법률이 적극적으로 보호해야 할 필요성은 이미 미미해졌고, 사생활에 대한 비범죄화 경향이 현대 형법의 추

렵다는 결론에 이른다. 이런 이유로 헌법재판소법 제47조 제3항 단서는 "다만, 해당 법률에 대하여 종전에 합헌으로 결정한 사건이 있는 경우에는 그 결정이 있는 날로 소급하여 효력을 상실한다."는 규정을 두어 소급효의 범위를 제한함으로써 종래의 합헌결정 이전의 확정판결에 대한 무분별한 재심청구를 방지하고 합헌결정에 실린 당대의 법감정과 시대상황에 대한 고려를 존중하고자 하고 있다.169) 이와 같은 헌법재판소법의 개정 이후 헌법재판소는 종래 합헌결정을 하였던 간통죄에 대하여, 위헌결정을 하였다.

나. 역사적 차원의 검토

앞서 본 바와 같이 제헌헌법의 한계에도 불구하고, 사회계약의 의미에서 형벌법규의 의미가 사회구성원의 기본권 보장을 위한 평화로운 질서를 유지하기 위한 수단으로서 자리매김하기 시작하였다면, 1987년 헌법은 권위적 정부 시대의 형식적 법치주의를 벗어나 헌법 제10조의 인간의 존엄과 가치가 최우선의 가치로 존중되는 헌법질서에 부합하는 형벌법규를 요구하고 있고, 헌법재판소는 헌법재판을 통하여 이를 규범적으로 실현하는 역할을 담당하게 된 것이다.

이처럼 헌법재판소는 우리 형벌법규가 가지고 있는 부정적 특성 – 특별형법에 압도된 형벌법규, 강한 사회윤리적 색채, 행정형벌의 과잉과 포괄위임 및 모호한 용어사용 – 을 1987년 헌법의 가치에 맞도록 위헌심사를 통해 평가해나가는 책무를 담당하게 되었다. 우리 사회의 민주화를 대폭 신장시킨 1987년 헌법을 기반으로 태동한 헌법재판소가 형벌법규의 이러한 역사적 배경을 분명하게 인식하고 형벌법규에 대한 위헌심사를 하여 왔는지에 대한 분석이 필요하다. 이러한 형벌법규의 일반적, 역사적 특성을 살펴 위헌심사의 내용을 풍부하게 하는 것이 위헌심사기준이라는 칼을 보다 예리하게 만드는 것이라고 생각된다.

세라는 점 등을 고려하여 헌법에 위반된다고 판시함으로써 종래 형법 제304조는 헌법에 위반되지 아니한다고 판시한 헌재 2002. 10. 31. 99헌바40 등 결정을 변경하였다.

169) 인터넷 법제처 국가법령정보센터(http://www.law.go.kr/main.html), 법률 제12597호, 2014. 5. 20. 헌법재판소법 일부 개정법률의 개정이유 참조.

제3장

형벌법규의 구체적 위헌심사기준 분석

제1절 헌법 제10조 : 인간의 존엄과 가치, 형벌에 관한 책임원칙
제2절 헌법 제11조 제1항 : 평등원칙
제3절 헌법 제12조 제1항 후단, 제13조 제1항 : 죄형법정주의 원칙
제4절 절차관련 규정의 형벌법규에 대한 위헌심사기준 여부
제5절 헌법 제37조 제2항 : 과잉금지원칙 및 본질적 내용의 침해 금지
제6절 피해자의 기본권을 중심으로 한 형벌법규의 위헌심사기준

제1절 헌법 제10조 : 인간의 존엄과 가치, 형벌에 관한 책임원칙

1. 인간의 존엄과 가치

가. 법적 성격과 쟁점

헌법 제10조의 인간의 존엄과 가치 규정이 형벌법규에 대한 위헌심사기준으로서 어떻게 작용하는지를 검토하기 위해서는 먼저 인간의 존엄과 가치 규정이 가지는 헌법사적 의미를 간략하게라도 살펴볼 필요가 있다. 세계 2차 대전 이후 독일의 나치즘과 일본의 군국주의에 의해 자행된 조직적 유태인 학살, 단종, 생체실험 등 비인간적 만행의 경험을 바탕으로 이러한 역사적 과오를 반복하여서는 안된다는 점을 분명히 하기 위해 국제인권규범(1945년 국제연합헌장 전문, 1948년 세계인권선언 제1조, 1950년 유럽인권규약 제3조 등)과 각국 헌법(1949년 독일 기본법 제1조 제1항[1] 등)에서 '인간존엄의 불가침'규정을 두게 되었다. 우리 헌법에서는 1962. 12. 26. 개정된 헌법 제6호에서 처음으로 규정되기 시작하였는데 당시 국가재건최고회의에서 개정안을 다루었다는 점 외에 그 도입의 배경에 대하여 알 수 있는 자료는 없으나, 위와 같은 인간의 존엄성 규정을 둔 독일 등의 예를 따른 것으로 보인다.[2]

헌법재판소는 인간의 존엄과 가치는 "최고의 헌법적 가치이자 국가목표규범으로서 모든 국가기관을 구속하며, 그리하여 국가는 인간존엄성을 실현해야 할 의무와 과제를 안게 됨을 의미"[3] 하고, "모든 기본권 보장의 종국적 목적(기본이념)이라 할 수 있는 인간의 본질이며 고유한 가치인 개인의 인격권과 행복추구권을 보장"[4]하는 것이라고 판시하였다. 이처럼 헌법재판소는 인간의 존엄과 가치의 법적 성격에 관하여, 최고의 헌법적 가치이자 근본규범적 성격과 함께 기본권의 성격을 인정하고 있다. 한편 다른 개별 기본권들이 인간존엄을 구현하기 위한 목적에 기여하는 의미를 가진다는 점에서, 목적(인간의 존엄과 가치)과 과정(자유권, 생존권

1) "인간의 존엄은 불가침이다. 이를 존중하고 보호하는 것은 모든 국가권력의 의무이다."
2) 헌법주석서 I, 법제처, 2007, 251-252면 참조.
3) 헌재 2011. 8. 30. 2008헌마648, 판례집 23-2상, 417, 434.
4) 헌재 1990. 9. 10. 89헌마82, 판례집 2, 306, 310.

등 다른 기본권)의 관계이고, 유치장내 화장실 사건에서 인격권의 문제와 같이 개별 기본권들의 기본권 공백시 이를 보완하는 관계에 있으며, 다른 개별 기본권의 한계를 의미하기도 한다.[5]

헌법재판소는 형벌법규의 경우에도 다른 기본권제한법규와 마찬가지로 "형벌위협으로부터 인간의 존엄과 가치를 존중하고 보호하여야 한다는 헌법 제10조의 요구와 그에 따른 입법상의 한계"[6]가 있다고 하여 인간의 존엄과 가치를 최고의 헌법적 가치 내지 근본규범으로서 형벌법규의 입법상의 한계로 제시하였다. 헌법재판소에서 형벌법규의 위헌심사기준과 관련하여 인간의 존엄과 가치의 의미를 분명히 한 결정례를 중심으로 살펴보면, 위헌심사의 전제가 되는 헌법상 인간상 및 다른 위헌심사기준의 헌법상 근거가 되었고, 사형제 등과 관련해서는 독자적 위헌심사기준으로서 활용되었음을 알 수 있다.

나. 위헌심사의 전제가 되는 헌법상 인간상의 근거

개인의 자유와 공익상의 요청에 의한 사회적 기속 간의 대립·긴장관계는 오늘날 모든 헌법적 질서의 기초를 이루고 있고, 이에 따라 헌법은 자유와 구속의 이중성을 가진 인간을 '헌법의 인간상'으로 예정하고 있다.[7] 헌법재판소는 헌법의 인간상에 관하여 "자신이 스스로 선택한 인생관·사회관을 바탕으로 사회공동체 안에서 각자의 생활을 자신의 책임 아래 스스로 결정하고 형성하는 성숙한 민주시민인바, 이는 사회와 고립된 주관적 개인이나 공동체의 단순한 구성분자가 아니

5) 정재황, "한국에서의 인간존엄성의 보장", 세계헌법연구 제7호, 국제헌법학회 한국학회, 2002. 8, 107–109면 참조; 인간의 존엄과 가치에서 인격권 및 그로부터 (성적)자기결정권을 도출한 결정례(헌재 2009. 11. 26. 2008헌바58 등, 판례집 21–2하, 520, 529; 헌재 2015. 2. 26. 2009헌바17 등, 판례집 27–1상, 20)가 있다.

6) 헌재 1992. 4. 28. 90헌바24, 판례집 4, 225, 230.

7) 한수웅, 헌법학, 517면 참조; 헌법상의 인간상은 독일에서의 논의에 바탕을 두고 주로 개인과 사회와의 관계를 기준으로 설명된다. 즉 개인주의 사회, 인격주의 사회, 전체주의 사회로 유형화한 다음 개인주의 사회에서는 인간이 고립적, 이기적, 독립적 인간상에 해당하고, 전체주의 사회에서의 인간은 자신의 결단에 의하여 자신을 규율할 자유를 소유하지 못하고 국가권력의 객체로 격하된 인간상에 해당하게 되는데 이러한 견해들과는 달리 '인격주의 사회'에서의 인간은 인간의 고유가치를 유지하면서 사회와 긴밀한 관계를 가질 뿐만 아니라 사회에 의하여 구속을 받는 인간상을 의미한다. 우리 헌법이 이러한 인격주의 사회에서의 인간상에 해당한다는 것이 통설적 견해이다(김주영, "한국헌법상의 인간개념의 검토", 세계헌법연구 제17권 제1호, 국제헌법학회 한국학회, 2011. 4, 31면 참조).

라, 공동체에 관련되고 공동체에 구속되어 있기는 하지만 그로 인하여 자신의 고유가치를 훼손당하지 아니하고 개인과 공동체의 상호연관 속에서 균형을 잡고 있는 인격체"[8]라고 판시하고 있다. 형벌에 관한 책임원칙에서 '책임'은 이러한 헌법상 인간상을 전제로 하는 것이고, 앞서 본 바와 같이 형벌의 목적도 이러한 헌법의 인간상을 염두에 두고 있는 것이다.

그런데 이러한 헌법의 인간상은 이상적인 것으로 현실적 인간과의 괴리가 문제될 수 있다. 즉 이러한 이상적 인간상에 못 미치는 것으로 여겨지는 현실적 인간 – 예를 들자면, 연쇄 살인범, 소아성범죄자, 정신질환 장애인 등 – 을 인간의 존엄과 가치의 주체에서 배제하는 결과를 초래할 수도 있다. 따라서 헌법 제10조의 '인간'은 인간 그 자체의 사실적인 측면으로 파악하여 인간이라는 속 전체[사람과(사람, 고릴라, 침팬지, 오랑우탄 등)－사람속(현생인류와 직계조상)－사람종(현생인류)]를 가리키는 생물학적 측면에서 파악하여 헌법상 인간상의 요건을 충족하지 못한 경우에도 헌법 제10조의 인간의 존엄과 가치의 대상으로 보아야 할 것이다.[9] 다만, 헌법적으로 사회의 안전을 지키기 위한 합당한 조치들에 대한 고민이 필요할 것인데 이러한 고민의 결과가 보호감호, 전자위치추적장치, 치료감호 등 보안처분제도로 나타나게 된다.

앞서 본 바와 같이 헌법재판소는 형벌법규의 수범자의 인간상 뿐 아니라 피해자에 대하여도 헌법상 인간상이 구현되어야 한다고 판시한 점에서 특색이 있다. 헌법재판소는 혼인빙자간음죄에 대한 위헌결정에서 피해자의 (규범적) 인간상으로 '개인 스스로 선택한 인생관·사회관을 바탕으로 사회공동체 안에서 각자의 생활을 자신의 책임 아래 스스로 결정하고 형성하는 성숙한 민주시민이 우리 헌법이 지향하는 바람직한 인간상'을 제시함으로써[10] 헌법의 인간상이 범죄에 있어 피해자에 대한 판단기준으로서 적용된다는 점을 분명히 하였다. 즉 범죄와 관련하여 국가의 후견적 보호를 받아야 할 대상에 해당할 수 있는 청소년, 장애인 등이 아님에도 범죄피해자를 수동적이고 미성숙한 사람이라고 규범적으로 미리 전제하는 것은 국가의 지나친 후견적 개입이라고 보았다. 이는 범죄피해자 – 헌법재판소

8) 헌재 2003. 10. 30. 2002헌마518, 판례집 15－2하, 185, 201.
9) 김주영, "한국헌법상의 인간개념의 검토", 51면 참조 : 이 글에서 헌법 제34조 제1항의 '인간다운 생활'은 규범적인 의미로 파악하여 '인간의 존엄성에 상응하는 건강하고 문화적인 최저한도의 생활'이라는 정도의 개념을 구체적인 것으로 제시하였다.
10) 헌재 2009. 11. 26. 2008헌바58 등, 판례집 21－2하, 520, 530 참조.

결정례에서 본 바와 같이 혼인빙자간음죄의 피해자로 상정된 '여성'– 를 후견적 개입이 필요한 미성숙한 시민으로 전제하는 형벌법규에 대한 위헌심사에서 중요한 판단기준이 될 수 있다.

다. 형벌법규에 대한 다른 위헌심사기준의 헌법상 근거

헌법 제10조 전단은 '모든 국민은 인간으로서의 존엄과 가치를 가지며, 행복을 추구할 권리를 가진다.'고 규정하고 있는데 헌법재판소는 "형사법상 책임원칙은 기본권의 최고이념인 인간의 존엄과 가치에 근거한 것"이라고 하면서 "법정형의 종류와 범위를 정할 때는 형벌의 위협으로부터 인간의 존엄과 가치를 존중하고 보호하여야 한다는 헌법 제10조의 요구에 따라야"한다고 판시하였다.11) 이를 근거로 개인의 책임이 없는 경우에 대한 형벌책임부과의 위헌성 및 책임에 비해 가혹한 형벌(법정형)에 대한 위헌심사가 이루어진다는 점은 뒤에서 상세히 살핀다.

또한 헌법재판소는 "(무죄추정원칙이) 언제나 불리한 처지에 놓여 인권이 유린되기 쉬운 피의자나 피고인의 지위를 옹호하여 형사절차에서 그들의 불이익을 필요한 최소한에 그치게 하자는 것으로서 인간의 존엄성 존중을 궁극의 목표로 하고 있는 헌법이념에서 나온 것이다."12)라고 판시하여 무죄추정의 원칙의 헌법이념상 근거로서 인간의 존엄과 가치를 자리매김하고 있다. 한편 헌법재판소는 누범가중의 위헌성이 다투어진 사안에서 "합리적인 근거가 있는 차별인가의 여부는 그 차별이 인간의 존엄성 존중이라는 헌법원리에 반하지 아니하면서 정당한 입법목적을 달성하기 위하여 필요하고도 적정한 것인가를 기준으로 판단하여야 한다."13)고 하여 평등원칙 심사의 판단기준으로 판시하고 있다. 그러나 일반적으로 평등원칙 심사에서는 인간존엄성 보다는 주로 차별의 합리성이 있는지, 자의가 개입되었는지 여부를 중심으로 위헌심사가 이루어진다.14)

---

11) 헌재 2004. 12. 16. 2003헌가12, 판례집 16–2하, 446, 456–457 참조.
12) 헌재 1997. 5. 29. 96헌가17, 판례집 9–1, 509, 517.
13) 헌재 1995. 2. 23. 93헌바43, 판례집 7–1, 222, 236.
14) 정재황, "한국에서의 인간존엄성의 보장", 115면 참조; 인간의 존엄성 존중을 평등원칙의 논증으로 사용한 것이 이례적이다.

라. 독자적 위헌심사기준으로서 잔인한 형벌 등의 금지

(1) 사형제

헌법재판소는 사형제에 대한 위헌심사에서 "사형제도가 인간존엄성의 활력적인 기초를 의미하는 생명권 제한에 있어서 헌법 제37조 제2항에 의한 헌법적 한계를 일탈하였다고 볼 수 없는 이상, 사형제도가 범죄자의 생명권 박탈을 내용으로 한다는 이유만으로 곧바로 인간의 존엄과 가치를 규정한 일반조항인 헌법 제10조에 위배되어 위헌이라고 할 수는 없다. … 중략 … 사형제도는 공익의 달성을 위하여 무고한 국민의 생명을 그 수단으로 삼는 것이 아니라, 형벌의 경고기능을 무시하고 극악한 범죄를 저지른 자에 대하여 그 중한 불법 정도와 책임에 상응하는 형벌을 부과하는 것으로서 이는 당해 범죄자가 스스로 선택한 잔악무도한 범죄행위의 결과라 할 것인바, 이러한 형벌제도를 두고 범죄자를 오로지 사회방위라는 공익 추구를 위한 객체로만 취급함으로써 범죄자의 인간으로서의 존엄과 가치를 침해한 것으로 보아 위헌이라고 할 수는 없다. 한편, 사형을 선고하는 법관이나 이를 집행하여야 하는 교도관 등은 인간의 생명을 박탈하는 사형을 선고하거나 집행하는 과정에서 인간으로서의 자책감을 가지게 될 여지가 있다고 할 것이나, 이는 사형제도가 본래 목적한 바가 아니고 사형의 적용 및 집행이라는 과정에서 필연적으로 발생하게 되는 부수적인 결과일 뿐이다. … 중략 … (따라서) 사형제도가 법관 및 교도관 등을 공익 달성을 위한 도구로서만 취급하여 그들의 인간으로서의 존엄과 가치를 침해하는 위헌적인 형벌제도라고 할 수는 없다."[15]고 판시하였다.

이처럼 헌법재판소가 사형제에 대한 위헌심사에서 기본권제한의 비례심사기준인 헌법 제37조 제2항에 의한 헌법적 한계를 벗어나지 않았다면 헌법 제10조에 위배되는 것이 아니라고 하여 인간의 존엄과 가치를 과잉금지원칙 위반여부 심사의 결론에 연동시키고 있다. 그렇지만 그러한 판단 이후에 '범죄자를 사회방위라는 공익 추구를 위한 객체로 취급하였는지 여부, 사형제도가 법관 및 교도관들을 공익 달성을 위한 도구로서만 취급하였는지 여부'를 별도로 검토함으로써 헌법 제

15) 헌재 2010. 2. 25. 2008헌가23, 판례집 22-1상, 36, 61-63.

10조의 인간의 존엄과 가치가 과잉금지원칙과 구별되는 독자적 위헌심사기준으로 사용될 가능성을 보여주고 있다.

(2) 가혹한 형벌

헌법재판소는 초기에 법정형의 가혹함에 대한 위헌심사를 함에 있어 책임과 형벌간의 비례원칙 외에도 헌법 제10조의 인간의 존엄과 가치를 심사기준으로 삼기도 하였다. 마약매매행위에 대한 법정형의 가중을 규정한 특별형법조항에 대한 위헌심사에서 법정의견은 책임과 형벌간의 비례원칙에 덧붙여 인간의 존엄과 가치의 위배 여부를 판단하는데 그쳤으나, 반대의견에서는 "(마약의) 소비매수행위에 대한 마약법상의 엄벌주의는 인간의 존엄성을 존중하고 보호하여야 할 국가의 의무에 위배된다. 우리 헌법의 최고가치인 인간의 존엄성은 무엇보다도, 국가가 국민을 단지 통치권의 객체로, 또는 국가형벌권의 객체로 만드는 것을 금지하고 있다. … 중략 … 입법자가 마약사용자의 이러한 고유한 상황을 전혀 고려하지 아니하고 단지 형벌의 일반예방적 효과만을 노려 무거운 형벌을 특히, 인간의 존엄한 생명을 빼앗는 사형에까지 처할 수 있도록 규정하고 있는 것은 바로 국가가 개인을 단지 범죄예방 또는 퇴치의 객체로만 보고 있음을 나타내는 직접적인 표현"[16)]이라고 하여 인간의 존엄과 가치를 독자적 의미가 있는 심사기준으로 사용하였다.

또한 교통사고 후 도주로 인한 유기치사의 가중처벌규정에 대한 위헌심사에서 헌법 제37조 제2항 과잉금지원칙 및 헌법 제11조 평등원칙 위반여부 판단과 함께 '지나치게 과중하고 가혹한 법정형이 헌법 제10조의 인간으로서의 존엄과 가치를 보장할 국가의 의무에 위배된다'[17)]고 판시하였다. 그러나 이와 같은 판시는 그 이후 결정에서는 찾아볼 수 없고, 형벌에 관한 책임원칙의 도출근거 규정으로서 헌법 제10조를 언급하는 것이 일반적이다. 위 91헌바11의 마약매매행위 처벌규정에 대한 합헌결정을 번복하여 위헌결정을 한 사안에서도 헌법 제10조를 책임과 형벌간의 비례원칙의 헌법적 근거로서 명시하고 있을 뿐 인간의 존엄과 가치를 별도의 독자적인 위헌심사기준으로 삼지 않았다.[18)]

---

16) 헌재 1995. 4. 20. 91헌바11, 판례집 7–1, 478, 496–497.
17) 헌재 1992. 4. 28. 90헌바24, 판례집 4, 225, 240–241 참조.
18) 헌재 2003. 11. 27. 2002헌바24, 판례집 15–2하, 242 참조.

(3) 비인간적이거나 굴욕적인 형벌의 금지

우리 헌법하에서 더 이상 허용되지 않는 신체형(예를 들어, 조선시대의 3회 이상의 절도범에 대한 단근형, 일제 강점기에 조선태형령에 따른 '태형')[19]이나 수치심을 주는 공개적 형벌부과의 위헌성을 확인할 수 있는 가장 근접한 헌법조문은 헌법 제10조의 인간의 존엄과 가치가 될 수 있다. 물론 형벌에 관한 다른 위헌심사기준인 과잉금지원칙에 의한 위헌심사가 이루어질 수 있으나, 연쇄살인범 등의 예와 같이 책임이 매우 중한 경우에는 과잉금지심사에 따라 응보목적이나 일반예방목적의 차원에서 신체형이나 공개처형 등도 허용된다는 논의가 가능할 수도 있다. 과잉금지심사는 기본적으로 법익침해의 중대성과 이에 대한 예방필요성이라는 공익과 수범자의 기본권침해의 정도에 대한 비교형량을 의미하기 때문이다. 그러나 헌법 제10조의 인간의 존엄과 가치는 '비인간적이거나 굴욕적인' 형벌자체가 인간의 존엄과 가치에 위반되는지 여부를 심사한다는 점에서 과잉금지원칙과 차별성을 가지는 중요한 위헌심사기준으로 제시될 수 있다.

형벌의 정식유형으로서 신체형과 공개형은 더 이상 우리 형법전에 존재하지 않지만, 보안처분법규와 관련하여서는 신체형 내지 공개형의 성격을 가지는 형사적 제재조치들이 도입되어 시행되고 있다. 이와 관련하여, 청소년성매수자에 대한 신상공개제도는 수치심을 주는 공개형벌이 아닌지 문제된다. 헌법재판소는 이에 대해 이중처벌인지 여부를 검토하면서 "신상공개제도에서 공개되는 신상과 범죄사실은 헌법 제109조 본문에 의해 이미 공개된 재판에서 확정된 유죄판결의 내용의 일부이며 달리 개인의 신상 내지 사생활에 관한 새로운 내용이 아니고, 위에서 본 바와 같이 공익적 목적을 위하여 이를 공개하는 과정에서 부수적으로 수치심 등이 발생된다고 하여 이것을 기존의 유죄판결 상의 형벌 외에 또 다른 형벌로서 '수치형'이나 '명예형'에 해당한다고 볼 수는 없다."고 판시하였다.[20] 반면에 5인의 재판관이 함께 한 위헌의견에서는 이중처벌금지원칙을 검토하지 않고 인격

---

19) 현행 형법상 형벌의 일부인 징역이나 금고, 구류형도 감옥에 가두는 것으로 신체에 대하여 부과되는 형벌이나, 대상자의 자유가 제한되는 점이 형벌의 주된 요소이므로 '자유형'이라고 분류된다. 반면 태형, 단근형 등은 신체에 대하여 직접 물리력을 행사하는 형벌로서 '신체형'이라고 통칭한다.

20) 헌재 2003. 6. 26. 2002헌가14, 판례집 15-1, 624, 641.

권에 대한 과잉금지심사를 하면서 “(수치형은) 범죄인을 하나의 인격체로서가 아니라 한낱 범죄퇴치의 수단으로 취급하고 그를 대중의 조롱거리나 경멸의 대상으로 만들어 필경 사회적 매장으로 몰고 가려는 의도가 짙다. 이는 단지 범죄인의 인격을 황폐화시키는 것에서 끝나는 것이 아니라, 사회 전체에 인간존엄성에 대한 불감증을 만연시킬 수 있다. … 중략 … 현행 신상공개제도는 대상자를 독자적 인격의 주체로서 존중하기보다는 대중에 대한 전시(展示)에 이용함으로써 단순히 범죄퇴치수단으로 취급하는 인상이 짙다. 공개대상자는 주변의 경멸을 시작으로 직장 또는 삶의 근거지를 옮기거나 이혼 기타 가정파탄을 겪는 등 한 개인이 오랫동안 가꿔온 사회적 지위와 환경을 하루아침에 박탈당할 수 있다. 더 나아가서, 죄 없는 가족들에게까지 함께 정신적 고통을 겪게 하거나 그 생활기반을 상실시키는 결과가 초래될 수도 있다. 이렇게 볼 때, 신상공개제도는 국가가 단지 범죄행위만이 아니라 범죄인 본인까지 악으로 규정짓고 사회에서 근절할 대상으로 삼고 있다는 의문을 갖기에 충분하다. 이는 비록 범죄인일망정 그가 지니는 인간으로서의 기본적인 존엄과 가치를 보장하는 것이 국가적 의무임을 천명한 우리 헌법의 이념에 정면으로 배치되는 것이라 아니할 수 없다.”[21]라고 하여 ‘신상공개’가 수치형의 성격을 가지는 것으로서 인간의 존엄과 가치에 위반된다는 취지의 주장을 하고 있다.

이에 대하여, 신상공개로 인한 사회적 고립화와 수치심 유발은 실질적으로 징역형 이상의 징벌적 효과를 가지고 있어 신상공개는 명예형 가운데서도 범죄자에게 사회적 낙인을 찍어서 사회복귀를 저해하는 수치(치욕)형이고, 형벌은 형벌적 성격에 따라 헌법적으로 해석되어야지 형법의 형벌규정에 구속될 수 없다는 주장이 있는바,[22] 신상공개가 형벌이 아니라고 하더라도 형벌에 부수되는 형사적 제재의 하나인 것은 분명하므로 인간의 존엄과 가치에서 금지하는 ‘비인간적이거나 굴욕적인 형벌’인지 여부의 심사기준으로 위헌심사를 진행할 수 있다는 점에서 설득력이 있다고 생각된다. 다만 그 위헌심사의 구체적 내용은 ‘신상공개’라는 형사적 제재의 방식을 문제삼았다는 점에서 위 결정의 반대의견에서 ‘인격권에 대한 과잉금지심사’를 통해 논의한 내용과 다르지 않을 것이다.

---

21) 헌재 2003. 6. 26. 2002헌가14, 판례집 15－1, 624, 652－653.

22) 강태수, “성범죄자의 신상공개제도에 관한 헌법적 고찰”, 공법학연구 제7권 제2호, 한국비교공법학회, 2006. 6, 141, 153－154면 참조.

한편 헌법재판소는 신체형의 성격을 가지는 형사적 제재로 논란이 될 수 있는 '성폭력범죄자의 성충동 약물치료에 관한 법률 제4조 제1항 등 위헌제청사건(2013헌가9)'에서 2015. 12. 23. 성충동 약물치료 자체에 대하여는 합헌결정을 하였다.

2. 형벌에 관한 책임원칙

가. 헌법적 근거와 내용

우리 헌법과 형법[23]은 형벌에 관한 책임원칙에 대하여 명시적으로 규정하고 있지 않지만, 헌법재판소는 형벌에 관한 책임원칙을 헌법과 형법의 근간을 이루는 기본원칙으로 인정하고 있다. 헌법재판소는 형벌에 관한 책임원칙의 헌법적 근거에 대하여 "귀책사유로서의 책임이 인정되는 자에 대해서만 형벌을 부과할 수 있다는 것은 법치국가의 원리에 내재하는 원리인 동시에 인간의 존엄과 가치 및 자유로운 행동을 보장하는 헌법 제10조로부터 도출되는 것이고, 책임의 정도에 비례하는 법정형을 요구하는 것은 과잉금지원칙을 규정하고 있는 헌법 제37조 제2항으로부터 도출되는 것이다."[24]라고 하여 책임이 없는 자에게 형벌을 부과하는 것의 위헌성은 법치국가원리, 헌법 제10조에서 도출되고, 법정형 비례는 헌법 제37조 제2항에서 도출되는 것으로 보고 있다.[25]

한편 법정형의 위헌성에 대한 위헌심사에서 "우리 헌법은 국가권력의 남용으로부터 국민의 기본권을 보호하려는 법치국가의 실현을 기본이념으로 하고 있고, 법치국가의 개념은 범죄에 대한 법정형을 정함에 있어 죄질과 그에 따른 행위자의 책임 사이에 적절한 비례관계가 지켜질 것을 요구하는 실질적 법치국가의 이

23) 독일 형법 제46조 제1항에서는 "형의 양정은 행위자의 책임을 기초로 한다"고 하여 책임원칙을 규정하고 있다. 우리의 경우에도 1992년 형법개정안 제44조 제1항에서 "형을 정함에 있어서는 범인의 책임을 기초로 한다."고 한 바가 있다.

24) 헌재 2007. 11. 29. 2005헌가10, 판례집 19-2, 520, 528.

25) 한편 죄형법정주의를 책임원칙의 도출근거로 하는 결정례(헌재 2009. 7. 30. 2008헌가14, 판례집 21-2상, 77, 87.)가 있다. 이 결정에서는 죄형법정주의에서 도출되는 이유에 대하여는 달리 언급을 하지 않으나, 실질적 죄형법정주의 원칙 또는 죄형법정주의의 적정성 원칙을 근거로 한 것으로 보인다. 물론 죄형법정주의가 관철되어야 시민들이 자신의 행위를 금지규범에 따라 행동할 것인가를 자기책임으로 결정하고 선택할 수 있으므로 책임원칙의 전제가 될 수 있다고 생각된다. 그러나 책임원칙의 전제가 되는 것이지 헌법상 책임원칙의 도출근거가 된다고 보기는 어렵고, 이에 대하여는 뒤에서 살피는 바와 같이 독자적 위헌심사기준으로서 적절하지 않다고 생각된다.

념을 포함"[26]하고 있고, "형벌 위협으로부터 인간의 존엄과 가치를 존중하고 보호하여야 한다는 헌법 제10조의 요구에 따라야 한다"[27]고 하여 헌법 제10조[28] 및 실질적 법치국가의 이념을 도출근거로 하고 있다. 이처럼 법정형의 비례에 관한 책임원칙의 도출근거는 헌법 제10조, 실질적 법치국가원리, 헌법 제37조 제2항의 과잉금지원칙 모두에서 찾을 수 있다.[29]

헌법재판소는 종업원의 무면허의료행위에 대하여 영업주를 처벌하는 내용의 보건범죄단속에 관한 특별조치법 제6조 중 제5조에 의한 처벌부분에 대한 위헌결정(양벌규정에 대한 최초의 위헌결정이다)에서 '형벌에 관한 책임원칙'이라는 제목하에 "형벌에 관한 형사법의 기본원리인 책임원칙은 두 가지 의미를 포함한다. 하나는 형벌의 부과자체를 정당화하는 것으로, 범죄에 대한 귀책사유, 즉 책임이 인정되어야만 형벌을 부과할 수 있다는 것이고('책임 없는 형벌 없다'), 다른 하나는 책임의 정도를 초과하는 형벌을 과할 수 없다는 것이다('책임과 형벌 간의 비례의 원칙'). 따라서 일정한 범죄에 대해 형벌을 부과하는 법률조항이 정당화되기 위해서는 범죄에 대한 귀책사유를 의미하는 책임이 인정되어야 하고, 그 법정형 또한 책임의 정도에 비례하도록 규정되어야 한다."[30]고 판시하여 형벌법규에 대한 위헌심사기준으로서 책임원칙의 의미를 ① (형사적) 책임이 없는 자에게 형벌을 부과하는 것의 위헌성의 문제와 ② 법정형이 책임을 초과하는 경우의 위헌성의 문제로 제기될 수 있다고 하였다.[31] 헌법재판소의 이러한 판시는 형법학의 논의를 전제로 하는 것이다. 형법학에서 형벌은 가치중립적인 제재가 아니고 행위자에 대한 사회윤리적인 비난을 담고 있고, 이 비난은 위법행위를 한 데 대하여 행위자에게 책임이 있을 때 비로소 가해진다고 설명한다. 이와 같이 '책임없으면 형벌없

26) 헌재 1992. 4. 8. 90헌바24, 판례집 4, 225, 230.
27) 헌재 2003. 11. 27. 2002헌바24, 판례집 15-2하, 242, 252.
28) 책임에 비례하지 않은 가혹한 법정형은 인간의 존엄을 해할 수 있다는 점에서 헌법 제10조가 법정형의 비례성에 관한 책임원칙의 도출근거가 될 수 있다.
29) 독일 연방헌법재판소는 형벌에 관한 책임원칙은 실질적 법치국가원리와 인간의 존엄성을 규정한 기본법 제1조 제1항에서 도출된다는 입장이다[독일기본법 주해서 제1권(Ⅰ), 김주환 역, 헌법재판소, 2004, 144면 참조(BVerfGE 20, 323, 331; 57, 250, 275 등을 관련 판례로 소개하고 있다)].
30) 헌재 2007. 11. 29. 2005헌가10, 판례집 19-2, 520, 528.
31) 위 결정에서 재판관 4인의 위헌의견은 책임없는 자에 대한 형벌부과의 측면에서만 위헌결정의견을 내었고, 다른 4인의 위헌의견은 이에 더하여, 책임의 정도에 비하여 지나치게 무거운 법정형을 규정한 측면에 대하여도 위헌의견을 표명하였다.

다'는 책임원칙[32]은 근대 형법의 철칙으로서 두 가지 의미를 가지게 된다.[33]

헌법재판소는 양벌규정에 관한 이 위헌결정 이후 본 논문이 대상으로 삼고 있는 2014년까지 헌법재판소 판례집에 실린 형벌법규에 관한 사건 전체 위헌결정 80건 중 14건(17.5%)[34]에서 양벌규정에 대하여 형벌에 관한 책임원칙 위반을 이유로 위헌결정을 하였는데 이는 전자(① 유형)의 문제이고, 이는 헌법상 일반원칙으로 '자기책임의 원리'와 어떻게 차별성을 가지는지가 주요한 논의사항이다. 또한 법정형 자체의 위헌성을 다투는 다수 사안에서 '책임과 형벌간의 비례원칙'이라는 명칭 하에 과잉금지원칙과 결합된 형태의 책임원칙을 다루고 있는데 이는 후자(② 유형)의 문제이다.

이처럼 헌법재판소에서 형벌법규에 대한 위헌심사기준으로 사용하고 있는 '형벌에 관한 책임원칙'은 형법학에서의 '책임원칙'에서 비롯된 것이기는 하나, 헌법에서 그 근거를 확인함으로써 위헌심사기준으로 자리잡게 되었다.[35]

나. 책임없는 형벌없다는 원칙

(1) 헌법상 일반원칙으로서 '자기책임의 원리'와의 관계

책임이 있어야만 형벌이 부과될 수 있다는 '형벌에 관한 책임원칙'의 기본원리는 형사법의 영역에만 국한되지 않는다. 헌법재판소는 형사법이 아닌 행정법 영역

---

32) 헌법재판소는 책임주의 원칙, 책임원칙, 자기책임원칙 등의 용어를 혼용하여 사용하고 있다. 자기책임원칙은 헌법재판소가 다른 기본권제한법규에 관하여 사용하고 있는 '자기책임원리'와 혼동이 될 수 있으므로 결국 책임주의 원칙과 책임원칙이 선택대상으로 남게 되는데, 우리 형법학에서 관련 논의를 상당부분 참고하고 있는 독일 형법학에서의 용어 사용례(Schuldprinzip)을 고려하여 '책임원칙'으로 용어를 통일하기로 한다.

33) 임웅, 형법총론, 281면; 이와 관련하여 책임원칙이 가지는 형사법에서의 의미에 대하여 독일 형사법학계에서는 회의적인 의견이 제시되고 있고, 이에 관하여는 책임형법론(심재우 편역, 홍문사, 1995)에서 독일 형법학자들인 Arthur Kaufmann, Hans Joachim Hirsch, Hans Joachim Rudolphi, W.Hassemer, Gunter Jakobs, Michael Baurmann의 책임원칙에 관한 논의를 소개되고 있다.

34) 이는 헌법재판소 판례집에 실린 것을 기준으로 하는 것으로 헌법재판소의 판례검색시스템을 통해 확인한 결과, 양벌규정에 대하여 위헌결정을 하였음에도 헌법재판소 판례집에 실리지 않은 것이 52건 더 있는 것으로 확인된다. 그렇다면 전체 위헌결정건수는 132건이고, 그 중 양벌규정으로 인한 위헌결정은 총 66건으로 전체의 50%에 해당한다.

35) 형사법상 책임원칙으로서는 '형벌법규의 도그마틱으로서 책임조각사유', '형벌법규 해석의 기준'(대법원 2007. 4. 19. 선고 2005도7288 판결 참조), 구체적 사안에서 '양형의 기준'(대법원 2008. 5. 29. 선고 2008도1816 판결 참조) 등이 논의될 수 있다.

에서 "(헌법상 자기책임의 원리는) 인간의 자유와 유책성, 그리고 인간의 존엄성을 진지하게 반영한 원리로서 그것이 비단 민사법이나 형사법에 국한된 원리라기보다는 근대법의 기본이념으로서 법치주의에 당연히 내재하는 원리"[36]라고 판시하여, 자기책임의 원리[37]는 모든 법 영역에서 공통으로 적용된다는 점을 분명히 하고 있다. 또한 헌법재판소는 자기책임의 원리의 헌법적 근거를 헌법 제10조의 인간의 존엄성 및 법치국가원리로 하고 있어 헌법상 형벌에 관한 책임원칙의 헌법상 근거도 같이 하고 있다. 이처럼 헌법상 자기책임의 원리는 인간의 자유와 유책성, 그리고 인간의 존엄성을 진지하게 반영한 근대법의 기본이념으로서 법치주의에 당연히 내재하는 원리이다. 법치주의의 원리로서 자기책임의 원리는 민사영역에서는 사적 자치의 원칙 내지 과실책임의 원칙으로 나타나고, 형사영역에서는 형벌에 관한 책임원칙으로 나타나게 된다. 특히 민사영역과 형사영역은 근대 헌법 성립 이전부터 이미 각자 자체적으로 관련 법리를 발전시켜왔는데 헌법 제10조 행복추구권과 법치주의 이론에서 그 통합적 근거를 마련하게 된 것이라고 볼 수 있다.

헌법재판소는 헌법상 형벌에 관한 책임원칙을 '형벌에 관한 책임원칙'이라는 명칭으로, 다른 기본권제한법규의 경우에는 '자기책임의 원리'라고 하여 용어를 구분하고 있다.[38] 다만 헌법재판소는 정당이 특정인을 후보자로 추천하는 일과 관련하여 금품이나 그 밖의 재산상 이익을 제공하거나 제공받을 수 없도록 규정한 공직선거법의 형사처벌규정에 대한 위헌소원 결정[39]에서 '자기책임의 원리'라는 용어를 사용하고, 형벌법규에 관한 것이 아닌 행정법규에 대한 결정례를 선례로 인용하는 등 형벌에 관한 책임원칙과 다른 기본권제한법규의 자기책임원리를 엄밀하게 구분하지 않은 결정례도 있다.[40]

헌법 제13조 제3항 연좌제 금지조항은 헌법상 자기책임원리를 규정한 것으로

---

36) 헌재 2004. 6. 24. 2002헌가27, 판례집 16-1, 706, 715.

37) 헌법재판소에서는 '자기책임(의) 원리', '자기책임원칙'을 혼용하고 있고 양자의 의미에 차이는 없는 것으로 보인다. 용어 사용의 통일성과 편의를 위하여 헌법재판소에서 처음 사용되었고 주로 사용되고 있는 '자기책임의 원리'를 사용하도록 한다.

38) 청구인이 책임주의원칙 위반이라고 주장하자 이를 '쟁점의 정리'를 통해 형벌법규가 아니므로 자기책임원칙에 위배된다는 주장으로 볼 수 있다고 용어를 명확히 구분하여 정리하였다(헌재 2012. 10. 25. 2011헌바99, 판례집 24-2하, 6, 13 참조).

39) 헌재 2009. 10. 29. 2008헌바146 등, 판례집 21-2하, 248, 263-264 참조.

40) 그 외에 형벌법규에 대한 위헌심사에서 '자기책임원칙'이라는 용어를 사용하고, 선례도 다른 기본권제한법규의 것을 들기도 한다(헌재 2014. 4. 24. 2013헌가12, 판례집 26-1상, 601).

그 금지하는 불이익한 처우가 '형벌'이라면 연좌제의 금지는 '개인적 책임없이 형벌없다'는 형벌에 관한 책임원칙으로부터 나오는 것이고, 불이익한 처우가 '형벌 외의 불이익한 조치'라면 '자기가 결정할 수 없는 것에 대하여 책임을 지지 않는다'는 자기책임의 원리로부터 나오는 것이라고 볼 수 있다.[41]

(2) 헌법상 '자기책임의 원리'의 내용과 특성

헌법재판소는 부당내부거래행위에 대한 과징금부과에 관한 위헌제청사건의 반대의견(재판관 한대현, 권 성, 주선회)에서 '위법행위와 그에 대한 처벌 내지 제재 사이에는 정당한 상관관계가 있어야만 한다'는 취지로 '자기책임의 원리'를 처음으로 언급하면서 실질적 법치주의의 당연한 내용으로서 헌법의 배후에 전제되어 있는 기본적인 헌법원리라고 하였다.[42] 이후 담배소비세가 면제된 담배를 공급받은 자가 이를 당해 용도에 사용하지 않은 경우 면세담배를 공급한 제조자에게 담배소비세와 이에 대한 가산세의 납부의무를 부담시키는 지방세법 규정에 대한 위헌제청사건에서 일반적 헌법원리로서 자기책임원리를 본격적으로 인정하면서 이를 근거로 위헌결정을 하였다.[43]

먼저 민사영역에서 자기책임의 원리를 살펴본다. 헌법재판소는 계약의 자유와 관련된 사적 자치의 원칙에 관하여는 헌법 제10조의 행복추구권에서 파생되는 일반적 행동자유권을 근거로 하고 있으나,[44] 과실책임원칙 및 사적 자치의 원칙에 관하여는 일반적으로 헌법적 근거를 헌법 제119조 제1항 경제질서조항에서 찾고 있다.[45] 살피건대, 근대 민법은 법질서는 개인과 그의 이익에 이바지하기 위한 것이라는 자유주의적 세계관에 기반한 것으로 헌법 제10조의 일반적 행동의 자유라는 이념하에 민사법의 테두리 내에서 각자는 자기의 법률관계를 자기의 의사에

---

41) 한수웅, 헌법학, 294면.
42) 헌재 2003. 7. 24. 2001헌가25, 판례집 15-2상, 1, 21-22 참조.
43) 헌재 2004. 6. 24. 2002헌가27, 판례집 16-1, 706, 714-715 참조. 이후 헌법재판소는 조세관련 법규(2004헌가13, 2009헌바218), 일반 행정제재 규정(2004헌가30, 2010헌바45, 2011헌바99, 2012헌바292), 공직선거법 조항(2009헌마350, 2009헌가170, 2010헌마68) 등에서 자기책임의 원리를 일반적 위헌심사기준으로 활용하였다.
44) 헌재 2014. 3. 27. 2012헌가21, 판례집 26-1상, 342, 353; 헌재 2010. 5. 27. 2008헌바61, 판례집 22-1하, 205, 211; 헌재 2009. 6. 25. 2007헌바39, 판례집 21-1하, 820, 826-827 참조.
45) 헌재 1998. 5. 28. 96헌가4 등, 판례집 10-1, 522, 534-535 참조.

따라 스스로 결정 · 형성하고, 자기의 의사작용의 결과에 대하여 책임을 지는 것이므로 과실책임의 원칙과 사적자치의 원칙은 구분될 수 없는 것으로서 헌법 제10조와 제119조 제1항을 모두 그 근거로 삼을 수 있다고 생각된다.[46] 다만 이러한 민사영역 특히 불법행위의 영역에서는 과실책임의 원칙에 대한 예외를 넓게 인정하고 있다. 헌법재판소는 자동차사고의 무과실책임조항에 관한 위헌심사에서 "현대 산업사회에서 고속교통수단, 광업 및 원자력산업 등의 위험원이 발달하고 산업재해 및 환경오염으로 인한 피해가 증가함에 따라 헌법이념의 하나인 사회국가원리의 실현을 위하여 과실책임의 원리를 수정하여 위험원을 지배하는 자로 하여금 그 위험이 현실화된 경우의 손해를 부담하게 하는 위험책임의 원리가 필요하게 되었다."[47]라고 하여 민사영역에서 과실책임원칙이 대폭 완화될 수 있음을 설명하고 있다. 그러나 민사영역이라고 하더라도 무과실책임이 무한정 넓어질 수는 없고, 과실책임에 의하여 손해의 공평한 분담이라는 제도목적을 달성할 수 없는 경우에 한하여 예외적, 보충적으로 이루어져야 할 것이다.[48] 그 외 소송법적으로는 입증책임의 전환, 법률상 추정, 일응의 추정 등에 의해 책임의 전환이 이루어지고 있다. 민사영역에서 과실책임원칙에 관한 위헌심사는 과실책임원칙의 예외를 두는 것이 손해의 공평한 분담이나 우월한 공익적 목적을 달성하기 위한 헌법적 정당성을 가지는가의 심사를 중심으로 이루어진다.

한편 헌법재판소는 "상법상 주주의 유한책임원칙이나 임원의 과실책임원칙은 헌법상의 원칙이 아닌 법률상의 원칙이므로 입법자는 공익상의 이유로 이에 대한 예외를 설정할 수 있고, 단지 상법상 원칙에 대한 예외를 두는 것은 입법목적을 달성하기 위하여 적합하고 필요한 조치에 해당해야 한다는 것이 헌법상의 유일한

46) 지원림, 민법강의(제9판), 홍문사, 2010, 19–23면 참조; 대법원에서는 카지노사업자와 카지노 이용자 사이의 카지노 이용을 둘러싼 법률관계에 대하여, "우리의 사법질서는 사적 자치의 원칙과 과실책임의 원칙 등을 근간으로 한다. 사적 자치의 원칙은 개인이 자신의 법률관계를 그의 자유로운 의사에 의하여 형성할 수 있다는 것을 의미하고, 과실책임의 원칙은 개인이 자신에게 귀책사유가 있는 행위에 대하여만 책임을 지고 그렇지 아니한 타인의 행위에 대하여는 책임을 지지 아니한다는 것을 의미한다. 이에 따라 개인은 자신의 자유로운 선택과 결정에 따라 행위하고 그에 따른 결과를 다른 사람에게 귀속시키거나 전가하지 아니한 채 스스로 이를 감수하여야 한다는 '자기책임의 원칙'이 개인의 법률관계에 적용된다."고 하여 민사영역에서의 자기책임의 원칙에 관하여 사적자치 및 과실책임의 원칙을 포괄하는 것으로 판시하고 있다(대법원 2014. 8. 21. 선고 2010다92438 전원합의체 판결).

47) 헌재 1998. 5. 28. 96헌가4 등, 판례집 10–1, 522, 534.

48) 지원림, 민법강의, 1,662–1,663면 참조.

요청이다."49)라고 판시하여 상법상 임원의 과실책임원칙이 헌법상 원칙이 아니라는 점을 분명히 하면서도 부실경영에 관련되지 않은 임원이나 과점주주에 대하여 연대변제책임을 부과하는 것은 비례의 원칙에 위반된다고 보아 과실책임원칙의 예외에 대한 헌법적 정당성 심사를 행하였다.

이처럼 헌법재판소는 자동차운행자의 무과실책임에 대하여는 헌법 제119조 제1항의 자유시장경제질서에 위배되지 않는다는 논증과 운행자의 재산권 제한과 관련하여 과잉금지원칙에 위배되지 않는다는 논증으로 합헌결정을 한 반면, 상법상 임원의 무과실책임에 대하여는 상법상 임원의 과실책임원칙은 법률상 원칙으로 제한이 가능하다고 논증한 뒤 재산권 제한에 대한 과잉금지원칙에 위배된다는 논증으로 한정위헌결정을 하였다. 살피건대, 헌법재판소에서 판시한 바와 같이 헌법 제10조, 실질적 법치국가원리에 근거를 둔 헌법상 자기책임의 원리는 민사영역에도 적용이 되는 헌법상 일반원칙이라고 보되, 민사영역에서는 과실책임원칙 및 그 완화된 형태로서 현대 산업사회에서 위험원을 지배하는 자로 하여금 그 위험이 현실화된 경우의 손해를 부담하게 하는 위험책임까지 허용되는 것으로 보아야 할 것이다. 상법상 임원의 과실책임원칙을 헌법상 원칙이 아닌 법률상 원칙으로 본 헌법재판소의 결정이 법리상 문제가 있는 것은 아니나, 헌법상 일반원칙으로서 자기책임의 원리를 심사기준으로 삼아 민사영역에서 그 헌법적 한계를 규명하는 방식으로 논의를 전개하는 것이 위험책임 인정의 한계와 관련된 헌법적 쟁점을 보다 명확히 하는 것이라고 생각된다. 위험책임은 그 성격상 과실책임에 의하여 손해의 공평한 분담이라는 제도목적을 달성할 수 없는 경우에 한하여 예외적, 보충적으로 이루어져야 하고, 위험원을 지배하는 자에 대하여 이루어져야 한다는 헌법적 정당화 요건을 갖추어야 할 것이다.

다음으로 행정영역에서 자기책임의 원리를 살펴본다. 앞서 본 바와 같이 '자기결정권의 한계논리'로서 책임부담의 근거임과 동시에 자기가 결정하지 않은 것이나 결정할 수 없는 것에 대하여는 책임을 지지 않고 책임부담의 범위도 스스로 결정한 결과 내지 그와 상관관계가 있는 부분에 국한된다는 헌법상의 일반원칙이다.

헌법재판소는 선거범죄를 범한 비례대표국회의원 당선인 본인의 의원직 박탈

---

49) 헌재 2002. 8. 29. 2000헌가5 등, 판례집 14-2, 106, 125; 헌재 1997. 6. 26. 93헌바49 등, 판례집 9-1, 611, 624 참조.

로 그치지 아니하고 그로 인하여 궐원된 의석의 승계를 인정하지 아니하는 공직선거법 규정은 결과적으로 불이익을 입게 되는 소속 정당이나 후보자명부상의 차순위 후보자의 귀책사유에서 비롯된 것이 아니라 당선인의 선거범죄에서 비롯된 것이라는 점에서 자기책임의 범위를 벗어나는 제재로서 스스로 결정하지 않은 것이나 결정할 수 없는 것에 대하여 책임을 지는 것이므로 자기책임의 원리에 위반된다고 보았다.[50] 또한 헌법재판소는 자동차운전전문학원을 졸업하고 운전면허를 받은 사람 중 교통사고를 일으킨 비율이 대통령령이 정하는 비율을 초과하는 때'에는 학원의 등록을 취소하거나 1년 이내의 운영정지를 명할 수 있도록 한 도로교통법 규정은 "운전전문학원이 주체적으로 행해야 하는 자기책임의 범위를 벗어난 것이고, 원인과 상관없이 결과만 발생하면 책임을 묻겠다는 방식이어서 지나치게 행정편의적"[51]이라고 보면서 위험책임의 필요성만으로 입법을 정당화하기는 어렵다고 판시하였다. 그밖에도 고의 또는 과실로 건설공사의 시공을 조잡하게 한 경우 과징금을 부과하는 대상에 건설공사를 직접 시공한 건설업자뿐만 아니라, 하도급 시 원래의 수급인에게도 행정처분을 할 수 있도록 한 건설산업기본법 규정은 "하수급인을 선정하고 그에 대한 관리·감독권을 가지는 수급인이 법령상의 의무를 위반하는 등 '자신의 고의 또는 과실이 있는 경우'에 제재를 가하도록 규정한 조항으로 해석"[52]되므로 수급인 자신의 귀책사유에 대한 책임을 규정한 조항에 해당한다고 보아 자기책임의 원리에 위배되지 않는다고 보았다. 이처럼 헌법재판소는 자신의 고의 또는 과실로 인하여 스스로 결정할 수 없는 것에 대하여는 자기책임의 원리상 책임을 지지 않는다고 판시하고 있다.

한편 일정한 경우에는 고의·과실이 없는 경우에도 자기책임의 원리에 위배되지 않는다고 판시하고 있다. 회계책임자가 선거비용 관련 범죄로 300만원 이상의 벌금을 선고받은 경우 후보자의 당선을 무효로 하고 있는 공직선거법 규정에 대하여, 후보자가 회계책임자 등에 대하여는 선거범죄를 범하지 않도록 지휘·감독할 책임을 다하지 못한 것이므로 헌법상 자기책임의 원리에 위배되지 아니한다고 보았고,[53] 후보자의 배우자의 경우에도 후보자와 불가분의 선거운명공동체를 형

50) 헌재 2009. 10. 29. 2009헌마350 등, 판례집 21-2하, 426, 433-434 참조.
51) 헌재 2005. 7. 21. 2004헌가30, 판례집 17-2, 1, 14.
52) 헌재 2014. 7. 24. 2012헌바292, 판례집 26-2상, 51, 59.
53) 헌재 2010. 3. 25. 2009헌마170, 판례집 22-1상, 535 참조 : 이에 대하여 반대의견(재판관 조대현, 김종대, 목영준, 송두환)에서는 "단순히 금전배상을 명하는 민사상 제재와는 전혀 다른 영

성하여 활동하게 마련인 배우자의 실질적 지위와 역할을 근거로 후보자에게 연대책임을 부여한 것이므로, 헌법 제13조 제3항에서 금지하고 있는 연좌제에 해당하지 아니하고, 자기책임의 원리에도 위배되지 아니한다고 보았다.[54)]

헌법재판소는 헌법상 자기책임의 원리상 행정영역에서 행정목적의 달성을 위하여 '위험책임'을 인정할 수 있는지에 대한 명시적 논의를 하지 않고 있다. 다만 선거회계책임자에 대한 지휘·감독책임(2009헌마170), 후보자와 배우자의 불가분의 선거공동운명체(2010헌마68), 피상속인과의 근접성 및 정당한 사유가 있는 경우 배제가능성(2003헌바79)을 논거로 실제 지휘·감독상의 주의의무 위반 등 고의·과실여부를 살피지 않고 책임을 인정하고 있다. 이는 위험원을 지배하는 자(후보자, 상속인)로 하여금 그 위험이 현실화된 경우의 법적 부담을 지게 하는 것으로 선거부정방지 내지 세금부과의 편의라는 행정목적 달성을 위한 일종의 위험책임을 인정한 것으로 볼 수 있다. 이에 대하여는 위에서 본 바와 같이 무과실책임을 묻는 것은 자기책임의 원리에 위배된다는 강력한 반대의견이 제기되고 있다.[55)]

역인 후보자의 공무담임권을 박탈하는 공직선거법상의 제재에 대해서까지 법정 무과실책임으로 규정하고 있고, 회계책임자인 피고인의 주관적 양형조건도 반영된 그 양형에 의해 제3자인 후보자의 공무담임권 박탈을 예외 없이 연계시키고 있다. 회계책임자에 대한 형사재판은 제3자인 회계책임자의 범죄행위에 대한 재판일 뿐 후보자 자신의 국회의원직 상실 여부를 결정하는 재판이 아닐 뿐만 아니라, 더욱이 회계책임자가 후보자를 배신하여 이 사건 법률조항 소정의 선거범죄를 저지른 경우와 같이 후보자와 회계책임자의 이해가 일치하지 아니하게 된 경우에는 후보자에게 사실상으로도 변명·방어의 기회가 보장될 수 없다. 후보자가 자신의 관리·감독책임 없음을 입증하여 면책될 가능성조차 부여하지 아니한 채 회계책임자의 불법행위를 근거로 후보자의 공무담임권을 확정적으로 박탈하는 이 사건 법률조항은 헌법상 자기책임의 원리에 위배"된다는 의견을 제시하였다.

54) 헌재 2011. 9. 29. 2010헌마68, 판례집 23-2상, 692 참조 : 이에 대하여 반대의견(재판관 김종대, 목영준, 송두환, 이정미)에서는 "후보자 자신이 배우자의 범죄를 알면서 묵인하였는지, 아니면 그 범죄를 알지 못했고 알 수도 없었는지, 후보자가 배우자의 행위를 관리·감독할 주의의무를 위반하였는지 등과 같은 후보자의 당해 범죄에 대한 고의·과실 등 책임 유무와는 아무런 관계없이 그로 인해 곧바로 후보자의 당선을 무효로 하여 국회의원직이 박탈되도록 규정하고 있다. 그 결과 이 사건 법률조항에 의할 경우 후보자가 배우자의 위반행위와 관련하여 아무런 잘못이 없는 경우까지도 후보자에게 당선무효라는 불이익을 가할 수밖에 없게 된다. … 중략 … 배우자의 행위를 후보자의 행위와 전적으로 동일시하여 배우자의 위반행위에 대한 후보자의 잘못이 전혀 없는 경우까지 후보자에게 법정 무과실책임을 묻는 것은 헌법상 자기책임의 원리 및 연좌제금지원칙과 결코 조화될 수 없다."는 의견을 제시하였다.

55) 2003헌바79 사건은 반대의견이 없는데 이는 법원의 판례상 의무이행을 상속인에게 기대하는 것이 무리라고 할 만한 사정, 즉 정당한 사유가 있는 경우 그 부담을 벗어날 수도 있기 때문으로 보인다.

(3) 형벌에 관한 책임원칙의 내용과 특성

(가) 헌법재판소 결정례

1) 양벌규정[56)]

앞서 본 바와 같이 양벌규정에 대한 헌법재판소의 위헌결정은 '형벌에 관한 책임원칙'이 형벌법규의 위헌심사에 있어 헌법상의 일반원칙으로 등장한 첫 번째 사례이다. 헌법재판소는 "이 사건 법률조항은 영업주가 고용한 종업원이 그 업무와 관련하여 무면허의료행위를 한 경우에, 그와 같은 종업원의 범죄행위에 대해 영업주가 비난받을 만한 행위가 있었는지 여부, 가령 종업원의 범죄행위에 실질적으로 가담하였거나 지시 또는 도움을 주었는지, 아니면 영업주의 업무와 관련한 종업원의 행위를 지도하고 감독하는 노력을 게을리 하였는지 여부와는 전혀 관계없이 종업원의 범죄행위가 있으면 자동적으로 영업주도 처벌하도록 규정하고 있다. 이것은 아무런 비난받을 만한 행위를 한 바 없는 자에 대해, 다른 사람의 범죄행위를 이유로 처벌하는 것으로서 형벌에 관한 책임주의에 반하는 것"[57)]이라고 판시하여 종업원의 범죄행위에 대하여 영업주의 감독상의 잘못을 인정할 수 없음에도 형벌을 부과하는 것은 형벌에 관한 책임원칙 위반이라고 판시하였다.

반면, 대표자의 법규위반 행위에 대한 법인의 양벌책임에 관하여는 "법인은 직접 범행의 주체가 될 수 없고 대표자의 행위를 매개로 하여서만 범행을 실현할 수 있으므로 대표자의 행위를 곧 법인의 행위로 보고 법인을 처벌하는 것이다. 더욱이 더 이상의 감독기관이 없는 대표자의 행위에 대하여 누군가의 감독상 과실을 인정할 수도 없고, 달리 대표자의 책임과 분리된 법인만의 책임을 상정하기도 어렵다. 결국, 법인 대표자의 법규위반행위에 대한 법인의 책임은, 법인 자신의 법규위반행위로 평가될 수 있는 행위에 대한 법인의 직접책임으로서, 대표자의

---

56) 양벌규정에 대한 위헌결정이 총 66건으로 전체의 50%에 해당하지만, 동일한 법리를 적용하여 동일 유형의 양벌규정에 대하여 일률적으로 위헌결정을 한 것이어서 책임없으면 형벌없다는 원칙의 첫 적용사례로서 그 의미를 살피는 것에 그치도록 한다. 양벌규정에 대한 상세한 논의는 유지현, "양벌규정에 관한 헌법적 고찰", 성균관대학교 석사학위논문, 2010 참고(현직 헌법연구관의 실무적 감각이 녹아있고 양벌규정에 관한 헌법재판소 결정의 이론적 배경 등이 잘 설명되어 있다).

57) 헌재 2007. 11. 29. 2005헌가10, 판례집 19-2, 520, 527.

고의에 의한 위반행위에 대하여는 법인 자신의 고의에 의한 책임을, 대표자의 과실에 의한 위반행위에 대하여는 법인 자신의 과실에 의한 책임을 부담하는 것이다."[58]라고 하여 형벌에 관한 책임원칙 위반이 아니라고 판시하였다.

2) 책임의 귀속근거

선거기간 중 국민운동단체인 바르게살기운동협의회의 모임을 개최한 자를 처벌하는 공직선거법 규정에 대한 위헌제청사건에서[59] 헌법재판소는 "국민운동단체의 특성상, 선거기간 중에는 모임 그 자체만으로도 특정 정당이나 후보자의 당선 또는 낙선에 영향을 미칠 가능성이 적지 않으며, 통상의 모임을 빙자하여 선거에 영향을 미치는 모임이 개최될 수 있는 점 등을 고려할 때, 다른 시기에 개최할 수도 있는 모임을 굳이 선거기간 중에 개최하는 경우에는 그 모임을 개최하는 행위 자체가 선거에 영향을 미치는 것으로 보아 이를 금지하는 것이 선거의 공정성을 확보하는 방법이 될 수 있다. 이와 같이 심판대상조항은 국민운동단체인 바르게살기운동협의회가 본격적인 선거운동이 이루어지는 선거기간 중에 모임을 개최하는 것이 선거에 영향을 미친다고 보고 그 모임을 개최한 자를 처벌하는 규정이다. 따라서 심판대상조항이 법적으로 비난가능성이 없는 자를 형사처벌하는 규정이라고 볼 수는 없으므로 심판대상조항은 책임주의에 위반되지 않는다."[60]고 하였다.

또한 부실금융기관에 대한 손해배상청구 등을 위한 예금보험공사의 조사에 불응한 자를 형사처벌하는 예금자보호법 규정에 대한 위헌제청사건의 반대의견(민형기 재판관)은 "불가피한 사정에 의하여 사후에 금융기관에 대한 채무를 이행하지 못하거나, 채무변제를 위한 담보를 충분히 제공한 경우와 같이 채무불이행자가 그 대출금융기관의 부실에 책임이 있거나 그와 관련이 있다고 보기 어려운 경우에도(즉 단순한 민사상 채무불이행자의 경우) 단지 그가 예금보험공사의 조사에 응하지 아니하거나 출석을 거부하였다는 이유만으로 획일적으로 형사처벌하는 것은'책임 없는 자에게 형벌을 부과할 수 없다'는 책임주의원칙에 위배"[61]된다는 의견을 제

58) 헌재 2010. 7. 29. 2009헌가25 등, 판례집 22-2상, 183, 193.

59) 제청법원은 '바르게살기운동협의회가 선거기간 중 개최한 모임의 목적, 성격, 내용 등을 묻지 않고 모임을 개최하기만 하면 그 개최자를 처벌함으로써, 법질서에 의하여 비난가능성이 없는 행위라 할지라도 형벌을 부과하는 규정으로서 형벌에 관한 책임주의에 반한다'는 점을 위헌제청의 이유로 삼았다.

60) 헌재 2013. 12. 26. 2010헌가90, 판례집 25-2하, 595, 604-605.

시하고 있다. 같은 취지에서 수표부도시 형사처벌하는 부정수표단속법 제2조 제2항에 대한 위헌제청사건에서 기본적으로 민사상 채무불이행에 대하여 형사처벌을 하는 것으로서 특히 연쇄부도와 같이 자기에게 책임이 없는 경제여건의 변화로 부도가 된 경우에도 형사처벌하는 것은 책임원칙에 위배된다는 반대의견(재판관 권성)이 있다.62)

한편 건설업 등록을 하지 않은 건설공사 하수급인이 근로자에게 임금을 지급하지 못한 경우에, 하수급인의 직상 수급인에 대하여 하수급인과 연대하여 임금을 지급할 의무를 부과하고 직상 수급인이 그 의무를 이행하지 않으면 처벌하도록 한 근로기준법 규정에 대하여, 헌법재판소는 "건설도급에 있어서 직상 수급인이 건설업 등록이 되어 있지 않아 건설공사를 위한 자금력 등이 확인되지 않는 자에게 건설공사를 하도급하는 위법행위를 함으로써 하수급인의 임금지급의무 불이행에 관한 추상적 위험을 야기한 잘못에 대하여, 실제로 하수급인이 임금지급의무를 이행하지 않아 그러한 위험이 현실화되었을 때 그 책임을 묻는 것"63)이라고 하여 하수급인의 임금미지급에 대하여 직상수급인의 형사책임 부과가 합헌이라고 판시하였다.

(나) 형벌에 관한 책임원칙의 특성

위에서 살핀 바와 같이 헌법상 형벌에 관한 책임원칙은 헌법상 자기책임의 원리와 그 헌법적 근거 및 기본적 원리를 같이 하는 것이다. 행정영역에서 헌법상 자기책임의 원리가 '자기가 결정하지 않은 것이나 결정할 수 없는 것에 대하여는 책임을 지지 않고 책임부담의 범위도 스스로 결정한 결과 내지 그와 상관관계가 있는 부분에 국한된다'는 원리라면, 형벌에 관한 책임원칙은 이에 더하여 '법질서에 의해 부정적으로 평가된 행위에 대한 비난가능성'이 있어야 하고,64) 행위자 개

61) 헌재 2009. 9. 24. 2007헌가15, 판례집 21-2상, 408, 425.
62) 헌재 2001. 4. 26. 99헌가13, 판례집 13-1, 761, 780-781 참조.
63) 헌재 2014. 4. 24. 2013헌가12, 판례집 26-1상, 601, 607.
64) 헌재 2012. 12. 27. 2011헌바235, 판례집 24-2하, 481, 489 참조("청구인은 임대차 계약기간 중간에 성매매에 제공되는 사실을 알게 된 임대인을 처벌하는 것은 법질서가 부정적으로 평가할 만한 행위를 하지 않은 자를 처벌하는 것이 되어 책임주의에 반한다고 주장한다. 그러나 이 사건 법률조항이 처벌하고자 하는 것은 임대인이 성매매에 제공되는 사실을 알게 된 후에 적어도 이를 용인하려는 의사로 건물제공행위를 중단하지 않는 등 성매매 및 성매매알선을 용이하게 하려는 '고의'가 있는 경우이며, 해당 건물에서 성매매알선행위가 이루어지고 있고 건물 임대인이 이를 알고 있다는 사정만으로 무조건 임대인을 위 조항에 의해 처벌하는 것은 아니다. 따

인이 형사처벌을 받는다는 점에서 인과관계 내지 객관적 귀속의 측면에서 '직접적으로 귀속'될 것을 요구한다. 따라서 원칙적으로 민사영역이나 행정영역에서 인정될 수 있는 '위험책임'은 형벌에 관한 책임원칙의 내용으로서 허용되기는 어렵다.[65)][66)]

우리의 종래 양벌규정은 영미법상의 무과실책임의 요소가 도입된 것으로 평가되는데[67)] 앞서 본 바와 같이 헌법재판소는 양벌규정에 대하여 선임·감독상의 과실이 없음에도 형사책임을 묻는 것은 위헌이라고 판시하여 고의·과실이 없는 '위험책임' 성격의 형사책임은 인정될 수 없다는 점을 명백히 하고 있다.

그러나 헌법재판소 결정 중 하수급인의 임금미지급과 관련하여 직상수급인에게 형사책임을 부과할 수 있다는 합헌결정(2013헌가12 결정)은, 직상수급인이 '하수급인의 자금력을 확인하지 않고 도급한 행위'를 하수급인의 '임금미지급의 추상적 위험'을 야기한 것의 형사책임을 묻는 것으로서 직상수급인으로서는 하수급인의 임금미지급과 관련하여 직접 귀속되는 행위가 없음에도 일종의 '위험책임'을 부과하는 것이라고 판단된다. 민사적으로 하수급인의 임금지급의무에 대한 연대지급의무를 부과하는 것은 민사영역에서의 손해분배 차원에서의 위험책임문제로 논의될 수 있을 것이나, 더 나아가 이러한 임금지급을 하지 않은 행위를 형사처벌

라서 이 사건 법률조항이 법적으로 비난가능성이 없는 자를 형사처벌하는 조항이라고 볼 수는 없으므로 이 사건 법률조항은 책임주의에 위배되지 아니한다.").

65) 헌재 2007. 11. 29. 2005헌가10, 판례집 19-2, 520, 527 참조 : 민사, 행정영역과 달리 형벌에 있어서는 위험책임이 적용될 수 없다는 점을 명시하고 있다.

66) 이는 대륙법계 형법체제하에서의 논의라는 것을 밝혀둔다. 영미법계에서는 (대륙법계에서 얘기하는) 책임원칙의 예외로서 무과실책임인 엄격책임(strict liability), 피용자에 대한 고용자의 책임인 대위책임(vicarious liability), 기업의 기관의 잘못에 대하여 기업책임(enterprise liability) 등이 인정되고 있는데 특히 엄격책임의 경우에는 주류·마약관계법, 식품관계법, 환경법, 교통관계법 등에서 인정된다. 한편 영미형법의 엄격책임도 무과실책임에서 책임원칙과의 문제로 점차 과실책임으로 변화하고 있는 것으로 보인다(박강우, "영미형법상 엄격책임의 이해", 형사정책연구 제18권 제3호, 한국형사정책연구원, 2007. 8, 263면 참조). 독일법하에서 위험사회에 대한 형법적 대응으로서 추상적 행위요청에 대한 형사제재, 책임의 개인귀속원리의 완화 등에 대한 논의를 소개하면서 법치국가적 형법은 유지하되, 일정한 한계하에서 '자연적인 생존조건'과 같은 형사적 법익이 인정될 수 있다는 견해가 있다(김영환, 법철학의 근본문제, 홍문사, 2006, 194-204면 참조). 한편 양벌규정에 대한 위헌결정 이전에 현대사회형 집단범죄로서 회사범죄에 대하여 책임원칙에 부합하는 형사책임 부과방안에 관하여는 노명선, 회사범죄(Ⅰ), 성민, 2001, 75-95면 참조.

67) 이에 관한 전반적 논의는 이기헌, "미국 형법상의 책임원칙", 사회과학논집 제13집 제2권, 명지대, 1997 및 조병선, "기업형사책임과 책임원칙 : 양벌규정에 대한 위헌결정의 파장과 책임원칙의 재조명", 형사법연구 제22집 제1권, 한국형사법학회, 2010. 3. 참조.

하는 것은 형벌에 관한 책임원칙에 배치된다고 생각된다. 이 결정에서 헌법재판소는 형벌에 관한 책임원칙의 선례가 아닌 행정법규에 관한 자기책임의 원리 선례를 원용하였고, 실제 용어도 형벌에 관한 책임원칙이 아닌 '자기책임원칙'을 사용하였다. 이는 헌법재판소가 위험책임이 허용되지 않는 형벌에 관한 책임원칙과 위험책임이 예외적으로 허용되는 자기책임의 원리의 차별성을 명확히 인식하지 못하고 있기 때문으로 보인다.

또한 채무불이행자가 그 대출금융기관의 부실에 책임이 있거나 그와 관련이 있다고 보기 어려운 경우에도 부실과의 관련성을 추정하여 조사에 불응하는 경우에 형사처벌을 하는 것에 대한 합헌결정(2007헌가15 결정)과 수표부도시 일반적으로 형사처벌을 하는 부정수표단속법 제2조 제2항에 대한 합헌결정(99헌가13 결정)은 모두 (형사적) 비난가능성이 없는 채무불이행과 관련하여 형사책임을 묻는 것으로 형벌에 관한 책임원칙에 위배된다는 반대의견에 설득력이 있다.

(4) 과잉금지원칙과의 관계

형벌에 관한 책임원칙심사는 형사적으로 개인에게 상관성이 인정되어 행위책임을 묻는 것에 대한 문제제기인 반면, 헌법 제37조 제2항에 따른 과잉금지심사는 형벌법규에 의한 관련 기본권의 제한이 헌법적으로 정당한 범위내인가를 묻는 것이다. 예를 들어, 헌법재판소는 선거기간 중 국민운동단체인 바르게살기운동협의회의 모임을 개최한 자를 처벌하는 공직선거법 조항 위헌제청사건(2010헌가90 결정)의 예를 살펴보면, 형벌에 관한 책임원칙으로 위헌심사를 진행한 후 관련 기본권인 집회의 자유 제한에 대한 과잉금지심사를 진행하고 있다.

형벌에 관한 책임원칙심사에서는 '선거기간 중에 모임을 개최하는 것이 선거에 영향을 미친다고 보아 그 모임을 개최한 개인의 행위가 법적으로 비난가능성이 있어 책임을 귀속시킬 수 있는지 여부'의 측면에서 접근한 반면, 과잉금지심사에서는 '집회의 자유에 대한 제한의 헌법적 정당성의 측면에서 국민운동단체의 특성과 짧은 선거기간, 선거의 공정 확보 필요성 등'이 피해최소성과 법익균형성에서 검토되었다.

다. 법정형에 대한 위헌심사와 책임원칙

(1) 형벌에 관한 책임원칙을 구성하는 두 가지 내용 중 '책임없으면 형벌없다는 원칙'은 양벌규정에 국한되기는 하였으나, 이를 근거로 위헌결정이 내려지고 있다. 또한 민사·행정영역에서의 자기책임의 원리와 비교하여, 위험책임이 허용되지 않는 등 형벌법규에 있어 강화된 기준의 의미로서 평가될 수 있다. 반면, 법정형에 대한 책임원칙은 누범 내지 상습범에 대한 법정형 가중의 경우를 제외하고는 헌법재판의 실무에 있어 '책임과 형벌간의 비례원칙'이라고 하는 과잉금지원칙의 형벌법규에 있어 특화된 심사기준으로 결합하여 연원적 근거로서의 의미 외에 독자적 심사기준으로서 의미를 찾기는 어렵다. 먼저 누범 내지 상습법에 대한 법정형 가중의 경우를 살핀 뒤, 형벌에 관한 책임원칙이 책임과 형벌간의 비례원칙에 어떻게 반영되어 있는지, 입법자의 광범위한 입법재량의 내용으로 제시되는 '우리의 역사와 문화', '입법당시의 시대적 상황과 국민일반의 가치관 내지 법감정', '범죄의 실태와 죄질 및 보호법익' 그리고 '범죄예방효과'가 책임원칙과의 관계에서 어떤 의미를 가지는지를 살피도록 한다. 또한 유사한 죄질의 범죄자간의 평등문제인 형벌체계상의 균형성 심사에 있어 책임원칙이 가지는 의미에 대하여도 살핀다.

(2) 누범 내지 상습범에 대한 법정형 가중과 책임원칙

헌법재판소는 형벌법규에서 책임은 원칙적으로 '행위책임'으로 파악하고 있다. 형법 제35조의 누범규정의 위헌여부에 대한 결정에서 "(누범규정이) 행위책임을 근간으로 하는 책임주의에 반하는 것이 아닌가 하는 의문이 있을 수 있다. 그러나 앞서 본 바와 같이 누범을 가중처벌하는 것은 범죄인이 전범에 대한 형벌에 의하여 주어진 경고기능을 무시하고 후범의 실현을 통하여 범죄추진력이 보다 강화되어 행위책임이 가중되기 때문이고, 나아가 재범예방이라는 형사정책적 목적을 달성하기 위한 것이므로 이 사건 법률조항이 행위책임을 근간으로 하는 책임주의에 반한다고 할 수 없다."[68]라고 판시하여 형법상 책임이 행위책임을 근간으로

68) 헌재 2011. 5. 26. 2009헌바63 등, 판례집 23-1하, 160, 167.

하는 것임을 분명히 하고 있다.[69]

그러나 한편으로는 상습범에 대한 결정에서 '행위자책임'에 대하여는 언급없이 상습범가중이 정당화됨을 전제로 합헌임을 선언하였고,[70] 상습범과 누범이 같이 문제되어 법정형을 가중한 사안에서 "누범을 가중처벌하는 이유는 전판결의 경고기능을 무시하고 범죄추진력을 강화하여 다시 범죄를 저지름으로써 행위책임에 대한 비난가능성이 가중되기 때문이고, 상습범을 가중처벌하는 이유는 상습범에게는 범죄행위를 반복하여 저지르는 범죄의 습벽이 있어 그러하지 아니한 사람에 비하여 반사회적 위험성이 크고 그만큼 그 행위자에 대한 비난가능성이 증대되기 때문이어서 가중의 근거가 각각 다르므로 하나의 행위에 대하여 상습범 가중에 더하여 다시 누범 가중을 한다는 사실만으로 반드시 책임의 범위를 벗어난 지나치게 과중한 형벌이 되는 것은 아니다."[71]고 판시하였다. 이때 상습범은 '범죄의 습벽'이라는 행위자의 성행으로 인하여 반사회적 위험성이 큰 만큼 행위자에 대한 비난가능성 즉 책임이 높아진다고 하여 행위자책임을 인정하고 있다. 행위책임을 중심으로 놓고 볼 때, 행위자의 습벽은 자유의지를 벗어나는 것으로 비난가능성을 인정하기 어렵기 때문이다. 이처럼 헌법재판소는 입법자가 법정형을 정함에 있어 행위책임을 근간으로 하되 '범죄의 습벽'이라는 상습범의 행위자책임 등을 반영하더라도 위헌은 아니라고 보고 있다. 학계에서는 행위의 반복을 요소로 하는 재범, 평생 또는 일정한 기간에 동종 또는 이종의 범죄를 연속하여 저지르는 경력범, 유죄판결이나 형집행 전과가 있는 자가 일정한 기간내에 다시 범죄를 저지르는 누범, 그리고 범죄의 습벽에 의한 상습범을 구분하여야 한다는 견해가 일반적이다.[72]

살피건대, 인간의 완전한 자유의지는 애초에 불가능한 것이고, 자유의사를 둘러싼 그 동안의 연구성과는 증명될 수 없는 문제를 가지고 비생산적 관념론에 도취할 염려가 있다는 결론에 이르게 된다. 따라서 엄밀한 증명보다는 상대적인 범

69) 누범에 대하여도 행위책임이 아닌 행위자책임의 성격을 가진 생활영위책임으로서 책임원칙에 위배된다는 견해가 다수 있으나, 헌법재판소가 행위책임임을 명확히 하고 있어 본 연구의 취지상 이에 대하여는 더 다루지 않는다.

70) 헌재 1995. 3. 23. 93헌바59, 판례집 7-1, 388 참조.

71) 헌재 2008. 11. 27. 2006헌바94 등, 판례집 20-2하, 226, 238; 헌재 2012. 5. 31. 2011헌바98 등, 판례집 24-1하, 458, 466.

72) 최병각, "상습범의 법제와 개선방향", 비교형사법연구 제3권 제2호, 한국비교형사법학회, 2001. 12, 263-264면 참조.

위 내에서 인간의 자유의사를 출발선상에 놓고 논의를 진행하는 것이 가능하고 필요하다. 즉 인간은 한편으로는 소질과 환경의 제약을 받으면서 다른 한편으로는 자유롭게 의사를 결정하여 행동하고 그 결과에 책임질 줄 아는 주체적 존재로서 상대적 자유의사가 인정된다. 이처럼 상대적으로 자유의자를 가지고 자신의 행동을 결정하게 되는데 책임은 자유의지에 따른 행위책임을 원칙으로 하여야 할 것으로 생각된다. 따라서 자유의지를 벗어난 명백히 행위자책임으로 판단되는 유전적 결함이나 인격형성상 결함을 이유로 한 경우에는 이를 이유로 한 보안처분 외에 형벌부과나 법정형가중은 허용되지 않는다고 할 것이다.

상습범의 경우에 일반적으로 행위자책임으로 파악되고 있으나, 형사법 실무에서 '상습범' 인정은 범인의 자유의지를 벗어난 '습벽'의 측면보다는 범죄전력과 범행빈도를 기준으로 하고 있어 누범과 차별성을 찾기 어려운 것이 일반적이고,[73] 일정한 패턴으로 계속하여 저지르는 범행의 방식(상습범의 경우 수법이 치밀한 것이 일반적이다)에서 비난가능성을 찾고 있어 행위책임의 성격도 상당부분 가진 것으로 볼 수 있다.[74] 헌법재판소가 '범죄의 습벽'이라는 행위자책임의 요소를 명시하면서도 행위책임에 관한 표현인 '비난가능성'을 사용한 것은 상습범을 개인이 어찌할 수 없는 습벽 보다는 지능화된 범행수법의 치밀성 · 반복성 등에서 비난가능성을 찾는 형사법 실무의 입장이 반영된 것이라고 보인다.[75][76] 그러나 원래의 의미에서 상습범은 그 범죄적 습벽으로 인하여 심신유기체에 장애가 발생하여 보통범의 경우보다도 오히려 주체적으로 규범적으로 자유로운 의사결정을 하지 못하

---

73) 송문호, "상습범 및 누범의 대책에 대한 문제점", 형사법연구 제16호, 한국형사법학회, 2001. 12, 190면 참조.

74) 상습범이 동종범죄의 반복을 통해 범죄의 수법과 기술, 요령을 습득하게 되고, 그만큼 행위의 위험성과 불법이 증대하므로 행위자책임이 아니라 행위책임이라는 견해도 있다(한상훈, "형법 및 형사특별법상 재산범죄 가중처벌규정의 문제점 및 개선방안 : 상습범, 누범 및 가중적 구성요건을 중심으로", 형사법연구 제26호, 한국형사법학회, 2006. 12, 146-147면 참조).

75) 헌법재판소는 이러한 입장은 집단적 · 흉기휴대의 폭력상습범과 그러한 범죄의 누범을 동일하게 처벌하는 것에 대한 형벌체계상의 균형성 판단에서도 드러나는데, 양자가 개념상 다른 것임을 언급하면서도 "누범은 상습범죄자들이 항용 빠지기 쉬운 형사정책적 제재영역이고, 누범자는 보통 범죄의 습벽을 가진 자들임이 경험적으로 입증되고 있다. 따라서 누범과 상습범은 실제상 중첩되는 경우가 허다하고, 서로 밀접한 관련을 맺고 있어 일상 속에 도사리고 있는 같은 종류의 사회악으로 평가할 수 있는 것이다."(헌재 2002. 10. 31. 2001헌바68, 판례집 14-2, 500, 511)라고 하여 양자가 실제 구별되지 않고 있음을 밝히고 있다.

76) 형법학계에서 상습범 가중처벌은 범행의 습벽을 형성한데 따른 '생활영위책임'으로서 행위자책임이지만 책임주의에 반하지 않는다는 이론구성을 한 경우도 예외적으로 있다(김일수 · 서보학, 새로쓴 형법총론(제9판), 박영사, 2002, 766면 참조).

는 경우이므로 그 법정형이 감경되어야 할 것이고, 재범의 위험성은 상습성에 대한 치료의 문제인 보안처분의 문제로 접근하여야 할 것이다.77)

그렇다면 상습범의 가중처벌규정은 오히려 자유의사가 부족하여 책임을 감경하여야 함에도 오히려 형을 가중한 것으로 형벌에 관한 책임원칙에 위반된다. 헌법재판소의 결정은 상습범이 엄밀하게 재범, 경력범, 누범과 구분되지 않고 범죄경력과 빈도를 기준으로 적용되는 형사법의 운용현실을 반영한 것이나, 상습범 자체의 애초 기획을 고려할 때 책임원칙에 부합된다고 보기는 어렵다.78) 같은 이유로 누범의 경우에도 범죄적 습벽에 기인한 것이라면 마찬가지로 책임을 가중하는 것이 정당화될 수 없다.

(3) '책임원칙'과 '책임과 형벌간의 비례원칙'의 관계

(가) '책임과 형벌간의 비례원칙'의 내용

헌법재판소는 법정형의 종류와 범위에 관한 위헌심사에서 법정형에 관하여 입법자의 광범위한 입법재량 내지 형성의 자유를 인정하면서도 "어느 범죄에 대한 법정형이 그 죄질과 이에 대한 행위자의 책임에 비하여 지나치게 가혹한 것이어서 전체 형벌체계상 현저히 균형을 잃게 되고 이로 인하여 다른 범죄자와의 관계에 있어서 헌법상 평등의 원리에 반하게 된다거나, 그러한 유형의 범죄에 대한 형벌 본래의 기능과 목적을 달성함에 있어 필요한 정도를 일탈함으로써 헌법 제37조 제2항으로부터 파생되는 비례의 원칙 혹은 과잉금지 원칙에 반하는 것으로 평가"79)되는 경우는 헌법위반이라고 볼 수 있다고 판시하였다. 이처럼 헌법재판소는 법정형이 '죄질과 이에 대한 행위자의 책임'이라고 하는 책임과의 관계에서 지나치게 가혹하여서는 아니되고, 죄질이 유사한 다른 범죄자와의 관계에서 평등원칙에 위배되어서는 아니된다고 하였다. 법정형이 책임에 비하여 지나치게 가혹

77) 신치재, "상습범 가중처벌의 타당성 및 죄수판단에 대한 고찰", 중앙법학 제10집 제4호, 중앙법학회, 2008. 12, 106–108면 참조.

78) 오히려 헌법재판소는 통상 상습범이 누범보다도 더 불법과 책임의 정도가 더 큰 경우가 많다고 보고 있고, 누범의 가중처벌에 위헌의견을 낸 재판관들도 상습범을 누범 중에 특히 사회적 위험성이 크다고 볼 수 있는 경우로 파악하고 있다(헌재 2002. 10. 31. 2001헌바68, 판례집 14–2, 500, 511–517 참조).

79) 헌재 1995. 4. 20. 91헌바11, 판례집 7–1, 478, 487; 헌재 1995. 10. 26. 92헌바45, 판례집 7–2, 397, 404; 헌재 1999. 5. 27. 96헌바16, 판례집 11–1, 529, 538–539.

한지에 더하여 그러한 법정형이 형벌 본래의 기능과 목적을 달성함에 있어 필요한 정도를 일탈하였는지 여부를 판단하는 위헌심사기준이 '책임과 형벌간의 비례원칙'을 구성하게 된다. 책임과 형벌간의 비례원칙에 대한 헌법재판소 결정례는 제3장 제5절에서 상세히 검토하기로 하고, 여기서는 책임원칙이 책임과 형벌간의 비례원칙에 반영된 점에 집중하여 그 의미를 살피도록 한다.

(나) 입법자의 광범위한 입법재량요소와 책임원칙

형벌에 관한 책임원칙은 행위자의 책임에 상응하는 범위 내에서만 형벌을 부과하도록 하는 원칙인데 이러한 책임원칙의 실현은 먼저 형벌귀속의 전제로서 책임의 정도에 관한 인식의 문제에 부딪히게 된다. 또한 후기 산업사회 및 과학·기술화된 현대사회에서 행위자의 행위에 대한 책임확정과 그에 따른 형벌귀속은 매우 불확실하게 된다.[80] 따라서 법정형에 대한 위헌심사에서 핵심적 요소인 '죄질과 이에 대한 행위자의 책임의 정도' 그 자체로 책임의 정도를 벗어났는지 여부를 평가할 수 있는 표지가 있는 경우(헌법재판소의 예를 들어보면, 법정형으로 사형을 규정한 경우, 법정형의 하한이 7년 이상인 경우, 필요적 몰수·추징 등)를 제외하면, 책임확정과 그 귀속을 객관적으로 논증하는 것은 사실상 불가능하다. 이런 이유로 형벌에 관한 책임원칙에서 입법자의 광범위한 입법재량이 인정될 여지가 커지게 되는데 헌법재판소가 입법재량에서 종합적으로 고려할 수 있다고 제시한 '우리의 역사와 문화', '입법당시의 시대적 상황', '국민일반의 가치관 내지 법감정'은 결국 국민의 대의기관인 입법자에 의해 형벌법규의 제개정 과정에서 확인될 수 밖에 없는 성격을 가진다. 이러한 고려사항들은 입법자가 어떠한 범죄행위의 죄질과 이에 대한 행위자의 책임의 정도 즉 행위책임의 정도를 법정형의 종류와 범위로 법정화하는데 있어 중요한 판단요소가 되고, 입법의 배경 등에 대한 설명 등에서 형벌법규의 법정형에 대한 합헌론의 논거로 활용되고 있다. 그런데 이러한 입법자의 재량요소에 대한 고려가 잘못되었음이 명백히 확인되었을 경우에는 형벌법규의 위헌성에 대한 의심이 커지게 된다.

형벌의 '책임개념'에 대하여, 헌법재판소는 '행위의 (규범적) 비난가능성'에 초점을 맞추면서 '형벌의 목적'에 관하여는 책임원칙에 포함되는지 여부를 별도로 논

80) 변종필, 형법해석과 논증, 286－288면 참조.

의하지 않고 '책임과 형벌간의 비례원칙'이라는 제목하에 법정형의 위헌성을 검토하면서 비례성 심사의 중요한 판단요소로 사용하고 있다.

헌법재판소는 ① 법정형에 사형이 있는 경우(군형법상 상관살해죄, 2006헌가13)에 있어서 심리적 위하효과에도 불구하고 일반예방효과가 불분명하다는 점을, ② 법정형의 하한이 7년 이상인 경우[도주차량 유기치사죄(90헌바24), 금융기관 임직원 직무관련 금품수수 가중처벌(2006헌가5)]에 있어 '지나친 형벌로 인한 부작용, 일반예방목적을 제대로 달성하지 못한 점'등을, ③ 일부 필요적 몰수・추징규정(94헌가3, 2001헌바89, 2008헌바11)에 대하여 '임의적 몰수・추징 또는 벌금형으로도 입법목적 달성이 가능하다'는 점을, ④ 야간 위험한 물건 휴대한 협박죄에 대한 일률적 가중처벌규정에 대한 위헌심사(2003헌가12)에서 중벌주의에 의한 일반예방효과 일반에 대하여 의문을 표시하는 등 형벌의 목적을 달성할 수 있는지를 주요한 위헌사유로 평가하였다.

(다) '책임원칙'과 '형벌의 체계균형성(평등원칙)'의 관계

법정형과 관련된 형벌상의 책임원칙은 죄질과 보호법익이 유사한 범죄 즉 행위책임이 유사한 범죄는 법정형의 종류나 범위에 있어 현저한 차이가 있어서는 아니된다는 측면에서 평등원칙과 관련이 된다.

헌법재판소는 마약사범과 향정사범은 죄질이나 보호법익이 유사하거나 향정사범이 더 중함에도 불구하고, 마약사범에 대하여만 가중처벌규정을 두는 경우(2002헌바24), 야간에 위험한 물건을 휴대하여 협박죄를 저지른 경우에 협박과 현저히 행위책임이 다른 상해・체포・감금・갈취의 경우와 마찬가지로 가중처벌을 하는 경우(2003헌가12) 등에 있어 형벌의 체계균형성을 상실하여 평등원칙에 위배되었다고 판시하고 있다.

다른 한편으로 누범・상습범 가중이나 존비속으로 인한 법정형의 가중에 대한 평등원칙의 심사에서도 책임원칙은 관련된다. 앞서 살펴보았듯이 누범・상습범 가중이 '행위책임'을 근거로 하는 것이 아니라면 합리적 차별의 이유가 될 수 없을 것이다. 존속살해죄의 경우에도 '존비속'의 관계로 인하여 법정형의 가중이 '행위책임'을 근거로 하는지 여부가 쟁점이 될 것인데, 합헌의견에서는 일반 살인죄보다 가해자인 직계비속의 패륜성에 대한 고도의 사회적 비난가능성 즉 '행위책임'이 있다고 본 반면, 위헌의견에서는 차별의 근거가 행위책임이 아니라 봉건적

윤리관념에 그 근거를 두고 있다고 보아 평등원칙 위반이라고 판단하였다.81)

제2절 헌법 제11조 제1항 : 평등원칙

1. 행위 · 제재규범에 대한 평등원칙 심사

헌법은 제11조 제1항에서 "모든 국민은 법 앞에 평등하다. 누구든지 성별 · 종교 또는 사회적 신분에 의하여 정치적 · 경제적 · 사회적 · 문화적 생활의 모든 영역에 있어서 차별을 받지 아니한다."고 규정하고 있다. 이러한 평등원칙82)은 과잉금지원칙과 함께 정의를 지향하는 헌법국가의 핵심적 행위원칙이자 전체 법질서의 지도적 원칙으로서 국가의 침해적 행위에 의하여 개인의 기본권이 제한되는 경우에 적용되는 과잉금지원칙과 달리 국가의 침해적 행위 뿐 아니라 급부행위에 있어서도 적용된다.83) 헌법재판소의 형벌법규에 대한 위헌심사에 있어서도 평등원칙은 주요한 심사기준으로 사용되고 있다. 형벌법규는 일정한 행위를 금지하거나 요구하는 내용의 '행위규범'과 그 위반행위에 대하여 형벌을 부과하는 '제재규범'으로 나눌 수 있는데 이러한 행위 · 제재규범에 대한 위헌심사가 어떻게 이루어지는지, 다른 기본권제한법규와 다른 특징이 있는지를 검토한다. 본 연구대상으로 삼은 기간 동안의 형벌법규의 행위 · 제재규범에 대한 위헌결정사건에서 평등원칙위반 여부의 심사가 이루어진 사안은 총 4건으로 [표 2]와 같다. 먼저 평등원칙 심사에 대한 헌법재판소의 태도와 이와 관련된 쟁점에 대하여 간략히 검토한

81) 헌재 2013. 7. 25. 2011헌바267, 판례집 25-2상, 82 참조.

82) 이때 평등권과 평등원칙의 관계가 문제될 수 있다. 헌법재판소는 헌법 제11조 제1항이 평등원칙을 규정한 것임과 동시에 '국가에 대하여 합리적 이유없이 불평등한 대우를 하지 말 것과 평등한 대우를 요구할 수 있는 모든 국민의 권리'(헌재 1989. 1. 25. 88헌가7, 판례집 1, 1, 2.)라고 판시하고 있다. 평등원칙은 과잉금지원칙과 같은 위헌심사기준으로 객관적 법원칙인 반면, 평등권은 주권적 권리라는 차이점이 있으나, 양자가 불가분의 관계에 있다는 점은 부인할 수 없다. 헌법재판소는 일반적으로 기본권제한이 적법요건인 헌법소원(헌마사건)에서는 '평등권 침해여부'의 문제로, 이러한 문제점이 없는 위헌제청사건(헌가사건), 위헌소원사건(헌바사건)에서는 '평등원칙 위반여부'를 사용하고 있다. 본 저서의 주제가 형벌법규의 위헌심사기준인 점을 고려하여, 평등원칙으로 용어를 통일하도록 한다.

83) 한수웅, 헌법학, 559면 참조.

후 이를 토대로 형벌법규에 대한 위헌심사에서 평등원칙 심사기준에 대한 헌법재판소 결정례를 분석하도록 한다.[84]

표 2 행위 · 제재규범에 대한 위헌결정에서 평등원칙이 검토된 사안

순번	사건번호	결정	비교집단	심사강도
1	2001헌가4(정당후보 표방금지 사건)	위헌	광역의회의원, 광역자치단체장 및 기초자치단체장	자의금지심사
2	2003헌가9등	위헌	위와 같음	위와 같음
3	2007헌마1468(BBK 특검법사건)	위헌	통상의 형사소송절차의 적용을 받는 참고인	비례성심사(신체의 자유와 함께 과잉금지심사)
4	2006헌마1096(공무원선거기획금지사건)	한정위헌	공무원이 아닌 다른 입후보자, 국회의원과 그 보좌관 등	자의금지심사

가. 평등원칙에 대한 위헌심사기준 일반 - 자의금지심사와 비례성심사

(1) 98헌마363 결정 이전의 자의금지심사

헌법재판소가 98헌마363 결정으로 평등원칙심사에서 엄격심사기준으로 '비례성심사'를 천명하기 이전에는 원칙적으로 자의금지원칙에 따른 심사를 하였고, 그 내용은 "광범위한 입법형성권을 가진 입법자의 선택결정 사항에 속한다고 할 것이며 위 입법에 헌법재판소가 관여할 만큼 현저한 합리성이 결여되거나 입법형성권에 명백한 남용 내지는 자의가 있어서 평등권의 침해가 있었다고 할 사유를 찾을 수 없다"[85]는 판시에서 잘 알 수 있듯이 헌법재판소는 입법자의 결정에 대하여 단지 헌법적 한계의 준수여부만을 심사하는 것으로 평등원칙을 자리매김하였다.

84) 평등원칙 위반여부 심사에서는 과잉금지심사와는 달리 행위규범과 제재규범을 구분하여 평등원칙 심사를 하기는 어렵다. 어떠한 행위에 대하여 형사처벌이 된다는 것을 전제로 행위금지(요구)에 대한 비교집단을 찾아 심사가 이루어지기 때문이다.
85) 헌재 1989. 3. 17. 88헌마1, 판례집 1, 9, 22.

(2) 98헌마363 결정 이후 비례성심사 기준

헌법재판소는 제대군인의 가산점제도에 대한 평등원칙위반 여부 심사에서 "헌법에서 특별히 평등을 요구하고 있는 경우 엄격한 심사척도가 적용될 수 있다. 헌법이 스스로 차별의 근거로 삼아서는 아니 되는 기준을 제시하거나 차별을 특히 금지하고 있는 영역을 제시하고 있다면 그러한 기준을 근거로 한 차별이나 그러한 영역에서의 차별에 대하여 엄격하게 심사하는 것이 정당화된다. 다음으로, 차별적 취급으로 인하여 관련 기본권에 대한 중대한 제한을 초래하게 된다면 입법형성권은 축소되어 보다 엄격한 심사척도가 적용되어야 할 것이다. … 중략 … 엄격한 심사를 한다는 것은 자의금지원칙에 따른 심사, 즉 합리적 이유의 유무를 심사하는 것에 그치지 아니하고 비례성 원칙에 따른 심사, 즉 차별취급의 목적과 수단 간에 엄격한 비례관계가 성립하는지를 기준으로 한 심사를 행함을 의미한다."[86]라고 판시하여 평등원칙에서 비례성심사를 하여야 하는 경우로 ① 헌법에서 특별히 평등을 요구하는 경우, ② 차별적 취급으로 인하여 관련 기본권에 대한 중대한 제한을 초래하는 경우라는 두 가지 기준을 제시하였다.[87]

헌법재판소는 ①요건에 해당하는 제대군인가산점제(98헌마363, 헌법 제32조 제4항, 고용·임금 및 근로조건에서의 여성차별금지), 국적취득에서 부계혈통주의(97헌가12), 호주제(2001헌가9), 부부합산과세제(2001헌바82), 세대별합산과세제(2006헌바112), 처 사망시 남편의 유족연금수급제한(2006헌가1)[헌법 제36조 제1항, 혼인과 가족생활에서의 양성평등]에 대하여 2006헌가1을 제외한 나머지 사건에서는 모두 위헌결정(부계혈통주의의 경우 헌법불합치)을 하였다. 반면, ②요건에 해당하는 국가유공자가족 가산점 제도(2004헌마675), 국공립학교 채용시험 동점자 처리시 국가유공자 우선권제도(2005헌마44), 국립사범대 졸업자 교원우선임용조항 위헌결정 이전 임용후보자 등재자에 대한 특별정원제도(2005헌마598), 병역의무 이행 관련 교원미임용자 특별채용제도(2005헌마821)에 대하여는 국가유공자가족 가산점제도(헌법불합치)를 제외하고는 모두 합헌결정을 하였다. 이처럼 ①요건의 경우 대부분

86) 헌재 1999. 12. 23. 98헌마363, 판례집 11-2, 771, 787-789.

87) 이후 같은 기준을 제시한 결정들로는 헌재 1999. 12. 23. 98헌바33, 판례집 11-2, 732, 749; 헌재 2000. 8. 31. 97헌가12, 판례집 12-2, 167, 181; 헌재 2002. 4. 25. 98헌마425 등, 판례집 14-1, 351, 367 참조.

위헌결정을 한 반면, ②요건의 경우에는 대부분 합헌결정이 내려졌다.

한편 헌법에서 차별대우를 요구하고 있으나, 차별적 취급으로 관련 기본권에 대한 중대한 제한을 초래하는 경우에는 비례성기준에 따르되 완화된 심사를 한다고 하여 완화된 비례성심사기준에 대하여 판시하였다. 이에 따라 국공립학교 채용시험에서 국가유공자 가산점제도(2000헌마25)에 대하여 완화된 비례성심사 후 합헌결정을 하였다.88)

그런데 우리 헌법재판소는 완화된 심사기준인 자의금지심사에 의한 경우에도 위헌결정에 이르는 경우가 드물지 않게 있어89) 차별의 합리성 심사에 그치는 자의금지심사와 차별의 목적과 수단의 비례성까지 심사하는 비례성심사의 실제적 차이에 대하여 의문이 제기될 수 있다. 자의금지심사로 위헌결정이 이루어진 사안들을 구체적으로 살펴보면, 강도 높은 심사를 통해 차별취급의 합리성을 배척하고 있다.90) 그런데 자의금지심사의 합리성심사는 비례성심사에서 '차별목적의 정당성 및 차별취급의 적합성' 심사에 해당하는데, 비례성심사를 통하여 위헌결정이 내려진 사안을 살펴보면, 대부분 차별취급의 적합성 단계에서 합리성과 적합성을 배척하고 있어91) 자의금지심사를 하더라도 위헌결정이 내려지게 될 것이다. 이런 점에 비추어보면, 차별취급의 적합성 단계에서 합리성이 배척되는 경우 자의금지심사와 비례성심사는 결론에 있어 차이가 없다. 물론 비례성심사에 의하는 경우에는 차별취급의 적합성 단계를 통과하더라도 차별취급의 목적과 수단 사이의 비례성 심사를 통해 위헌결정이 내려질 가능성이 있다는 점에서 자의심사기준과 분명한

88) 이 결정 중 국가유공자 본인이 아닌 가족에 관한 부분은 2004헌마675 등 결정에서 합헌결정이 번복되어, 헌법불합치 결정이 내려졌고, 심사기준으로는 완화된 비례성원칙이 적용되는 국가유공자 본인과 달리 가족에 대하여는 엄격한 비례성원칙이 제시되었다.

89) 정재황, 신헌법입문(제2판), 박영사, 2012, 325－326면 참조(그 예로 2007헌가8, 2008헌바84, 2003헌가8, 2008헌가28, 2009헌가8, 2010헌마746 결정을 들고 있다).

90) 2007헌가8 결정의 예를 살펴보면, 국세징수법상 공매절차에서의 매각결정취소시 매수인 계약보증금의 국고귀속규정에 대하여 동일한 성격인 민사집행법상의 경매절차인 매수신청보증금이 배당재원에 포함되는 것과는 달리 국고귀속하는 것은 차별취급의 목적(조세채권의 신속하고 적정한 실현)에 비추어 합리적이지 않고, 국가 등이 자력집행권을 남용하여 부당한 이익을 취하도록 하는 것으로서 체납처분절차의 형성에 요구되는 합리성이 결여되어 있다고 판시하여, 차별목적의 합리성에 대하여 강도 높은 심사가 이루어지고 있다.

91) 비례성심사가 도입된 98헌마363 결정의 예를 살펴보면, 차별취급의 비례성 판단 이전에 이미 차별취급의 적합성 판단에서 "가산점 제도는 공직수행능력과는 아무런 합리적 관련성을 인정할 수 없는 성별 등을 기준으로 여성과 장애인 등의 사회진출기회를 박탈하는 것이므로 정책수단으로서의 적합성과 합리성을 상실한 것"(헌재 1999. 12. 23. 98헌마363, 판례집 11－2, 770, 791)이라고 판시하고 있다.

차이가 있다.[92]

평등권위반여부의 비례성심사는 차별목적의 정당성,[93] 차별대우(취급)의 적합성,[94] 차별대우(취급)의 필요성 내지 불가피성, 차별대우(취급)의 비례성[95]의 4단계로 심사를 진행하게 된다.

나. 헌법재판소의 평등원칙 심사와 관련된 쟁점

(1) 비례성심사의 적용범위

먼저 비례성심사의 ①요건과 관련하여, 헌법 제11조 제1항 후문의 '성별, 종교 또는 사회적 신분'이 헌법에서 특별히 평등을 요구하는 경우로서 비례성심사의 대상이 될 것인가 하는 점이 문제된다. 이에 관하여 헌법재판소는 남성에 한하여 병역의무를 부과하도록 한 병역법 조항이 평등원칙에 위반되는지 여부에 대한 심사에서 헌법 제11조 후문은 차별금지의 예시적 사유를 기재한 것으로 헌법에서 별도로 양성평등 보호규정을 둔 경우(헌법 제32조 제4항, 제36조 제1항)와 달리 비례성심사기준이 적용되지 않는다고 명시적으로 판시하였다.[96]

또한 친일재산을 그 취득·증여 등 원인행위시에 국가의 소유로 하도록 규정한 '친일반민족행위자 재산의 국가귀속에 관한 특별법' 규정이 친일반민족행위자의 후손이라는 사회적 신분에 따라 합리적 이유없이 당해 재산의 소유자들을 차별하고 있는지 여부에 관한 평등원칙 위반여부 심사에서 친일반민족행위자의 후손이라는 점이 헌법 제11조 제1항 후문의 사회적 신분에 해당하더라도 이것만으

---

92) 헌재 2006. 2. 23. 2004헌마675 등, 판례집 18-1상, 269, 285-287 참조(이 결정에서는 차별취급의 적합성까지 인정한 뒤 차별취급의 필요성 및 비례성을 인정할 수 없다는 이유로 헌법불합치 결정을 하였다).

93) 헌법재판소는 평등원칙심사에서 비례성심사시 '입법목적의 정당성'이라는 표현을 사용하고 있으나, 기본권제한에 대한 위헌심사인 과잉금지원칙 심사와 혼동을 줄 수 있다는 점에서 적절하지 않다고 생각된다.

94) 헌법재판소의 결정에서는 차별대우(2004헌마675 등) 또는 차별취급(2006헌바112 등)이라는 용어가 혼용되어 사용되고 있다.

95) 헌법재판소 결정에서는 대체로 '법익균형성'이라고 항목을 잡아 검토하고 있으나, 기본권제한에 대한 과잉금지심사와 달리 비교할 공익과 사익이 아닌 차별의 목적과 그 수단인 차별대우 사이의 비례성의 문제이므로 법익균형성 보다는 '차별대우의 비례성'이 더 적정한 표현이라고 생각된다.

96) 헌재 2010. 11. 25. 2006헌마328, 판례집 22-2하, 446, 454; 헌재 2011. 6. 30. 2010헌마460, 판례집 23-1하, 519, 526 참조.

로는 헌법에서 특별히 평등을 요구하는 경우라고 할 수 없다고 판시하여[97] 사회적 신분 또한 비례성심사의 기준이 될 수 없음을 명시하고 있다. 그러나 성별, 종교 또는 사회적 신분은 우리나라의 과거의 역사적 경험에 바탕을 둔 사려 깊은 열거로서 비례성심사의 대상이 된다고 보아야 한다는 견해에 설득력이 있다.[98]

비례성심사의 ②요건과 관련해서는 '차별적 취급으로 기본권에 대한 중대한 제한을 초래하게 되는 경우'의 의미에 대한 해석이 문제된다. 이에 관하여는 성기용 교수의 글에서 잘 설명하고 있는데 이를 간략하게 정리하여 보면 다음과 같다.

기본권에 대한 '제한'에 초점을 맞추는 견해는 차별취급으로 인하여 기본권의 행사에 있어 차별을 가져오는 경우 항상 비례성심사를 하여야 하지만, 그 차별취급이 기본권의 행사에 미치는 영향의 정도에 따라 비례성심사의 강도를 달리하여야 한다는 것으로 헌법재판소의 일부 결정(2003헌마30, 2004헌마675, 2005헌마44)을 예로 들면서 독일 연방헌재의 1993. 1. 26. 제2차 성전환자 결정을 통해 밝힌 '최신의 공식'과 마찬가지라고 한다. 반면, 헌법재판소의 주류적 결정은 위에서 본 바와 같이 기본권에 대한 '중대한' 제한에 초점을 맞추고 있다. 기본권의 행사에 있어 차별을 가져오지만 중대한 제한이 아니라는 이유로 자의심사를 한 결정들(2005헌마403, 2001헌마59, 2003헌바47, 2000헌바84 등)이 있다. 그런데 헌법재판소의 결정을 분석하여 보면, 기본권행사에 중대한 제한이라고 볼 수 밖에 없는 교원 이외 공무원의 노동 3권 제한 등에 있어 자의심사기준에 의하고 있어(2003헌바51등), 헌법재판소의 기준이 일관되게 적용되고 있다고 보기 어렵다. 실제 비례성심사를 한 경우를 살펴보면, 모두 비교집단이 일정한 생활영역에서 경쟁관계에 있는 경우에 일정집단에게만 혜택을 부여함으로써 관련 기본권에 대한 제한을 초래한 경우라는 공통점이 있다고 분석된다.[99]

---

97) 헌재 2011. 3. 31. 2008헌바141 등, 판례집 23-1상, 276, 311 참조.

98) 한수웅, 헌법학, 578-580면; 성기용, "평등권의 보장과 발전", 헌법논총 제19집, 헌법재판소, 2008, 535면 참조.

99) 성기용, "평등권의 보장과 발전", 540-551면 참조 : 이 글에서 비례성심사의 ②요건을 '차별적 취급이 기본권의 제한과 직접적·실질적으로 관련되어 있는 경우'라는 표현으로 하는 것이 적절하다는 의견을 제시하고 있다.

(2) 평등원칙의 비례성심사와 과잉금지원칙의 관계

헌법 제37조 제2항의 '자유와 권리'는 기본권 전반을 포함하는 것이므로 평등원칙의 비례성심사와 헌법 제37조 제2항에 따른 기본권제한에 대한 과잉금지심사가 결국 같은 것이라는 견해[100]와 평등권은 보호영역을 특정할 수 없는 기본권으로서 헌법 제37조 제2항의 기본권제한에 대한 과잉금지심사는 본질적으로 차이가 있다는 견해[101]로 나뉜다. 헌법재판소의 결정 중에는 전자의 입장에서 헌법재판소 설립 초기에 평등권 침해 여부를 헌법 제37조 제2항의 과잉금지원칙에 따라 심사한 경우가 있으나,[102] 이후 대부분의 결정에서는 헌법 제37조 제2항의 과잉금지원칙과는 구별하여 자의금지심사 내지 비례성심사를 하고 있다.

평등권은 기본권의 주체, 평등권의 구속을 받는 국가, 기본권주체와 비교의 대상이 되는 제3자라는 구조적 특징을 가지고 있고, 고유한 보호영역의 특정이 불가능하며, 다양한 사실관계의 비교를 통하여 비로소 그 내용이 결정되고 기능하는 상대적 기본권으로서 원칙적으로 자의금지심사를 한다는 점에서, 헌법 제37조 제2항의 과잉금지심사에 의해 기본권제한의 헌법적 정당성이 평가되는 다른 기본권과는 성격을 달리한다.[103] 그러나 '목적과 수단의 비례성 심사'라는 엄격심사의 기본 구조를 같이 하므로 헌법재판 실무에서 양 심사기준은 명확한 차이점을 찾기 어렵다.[104]

---

100) 한상운 · 이창훈, "현행 헌법상 평등심사기준에 관한 연구", 성균관법학 제20권 제1호, 성균관대학교 법학연구소, 2008. 4, 81-82면; 황도수, "헌법재판의 심사기준으로서의 평등", 서울대 박사학위논문, 1996, 154면; 미국 연방대법원의 경우 근본적 권리에 대한 평등원칙의 엄격심사기준은 적법절차에 의한 심사에 있어서도 일반적으로 사용되는 것이라고 하여 양자가 결국 같은 것이라는 취지이다(Erwin Chemerinsky, Constitutional Law(3ed), ASPEN PUBLISHERS, 2006, 793면 참조).

101) 김주환, "일반적 평등원칙의 심사기준과 방법의 합리화 방안", 공법학연구 제9권 제3호, 한국비교공법학회, 2008. 3, 213-214면 참조.

102) 헌재 1989. 5. 24. 89헌가37 등, 판례집 1, 48, 54-58; 헌재 1990. 8. 27. 89헌가118, 판례집 2, 222, 236; 헌재 1991. 3. 11. 90헌마28, 판례집 3, 63, 76-82; 헌재 1992. 2. 25. 90헌가69 등, 판례집 4, 114, 124; 헌재 1990. 6. 25. 89헌가98 등, 판례집 2, 132, 143-155(다른 사안에서는 평등권 외 기본권의 제한에 대하여 함께 과잉금지원칙으로 심사된 반면, 이 사안에서는 평등권만에 대하여 과잉금지심사를 하였다.) 참조.

103) 한수웅, 헌법학, 562-563면 참조.

104) 과잉금지심사와 비례성심사가 같이 이루어진 교통사고 중상해 면책사건(헌재 2009. 2. 26. 2005헌마764 등, 판례집 21-1상, 156)의 위헌심사과정을 보면, 과잉금지심사와 평등원칙의 비례성심사는 측면을 달리할 뿐 같은 논증구조로 이루어짐을 알 수 있다.

이처럼 '차별대우 그 자체로 기본권의 행사에 불리한 효과를 발생시켜 비례성 심사를 하게 되는 경우'에는 평등원칙심사를 통하여 기본권의 침해여부를 함께 심사하게 됨으로써 사실상 양자는 일원화되어 중복적・경합적인 판단을 하게 되고, 이 경우 평등원칙의 비례성심사에서 과잉금지심사가 함께 이루어지거나, 실질심사가 이루어진 뒤 기본권제한에 관한 심사는 이를 원용하여 형식적인 심사에 그치게 된다.[105]

헌법재판소도 "기본권의 행사상의 차별 문제가 심사의 대상이 되는 경우, 통상 해당 기본권에 대한 심사내용은 평등원칙(평등권)의 심사내용과 혼합되게 되므로 서로 나누어 심사할 필요 없이 하나로 묶어 판단함이 상당하다."[106]고 하여 평등원칙의 비례성심사기준을 제시하면서 공무담임권의 과잉금지심사를 함께 하거나, 평등원칙의 비례성심사를 진행한 후 기본권제한에 대한 과잉금지심사에서 "평등권 침해 여부와 관련하여 앞에서 이미 자세히 살펴 본 바와 같이 비례의 원칙 내지 과잉금지의 원칙에 위반된 것으로도 볼 수 없다."[107]는 방식으로 평등원칙의 비례성심사를 원용하여 과잉금지심사로 대체하기도 한다.

다. 형벌법규에 대한 평등원칙 위반여부 심사기준

(1) 평등원칙 위반으로 위헌결정된 사안의 분석

먼저 위헌 또는 한정위헌결정된 사안 중 공직선거와 관련된 3건(표 2의 순번 1, 2, 4)의 경우를 살펴본다. 이 사안들에서 헌법재판소는 기본권(정치적 표현의 자유) 제한에 대한 과잉금지심사를 통하여 기본권제한의 위헌성을 확인하였고, 이에 더하여, 기초의회의원선거를 그 외의 지방선거와 다르게 취급을 할 만한 본질적인 차이점이 있는가 하는 점에 대하여(2001헌가4, 2003헌가9 등), 공무원인 입후보자와 다른 입후보자, 지방자치단체장과 국회의원과 그 보좌관, 비서관, 비서 및 지방의회의원과 달리 차별하는 것(2006헌마1096)에 대하여 각 자의금지심사를 진행하였다.

---

105) 한수웅, 헌법학, 587면; 성기용, "평등권의 보장과 발전", 554－558면 참조.
106) 헌재 2003. 9. 25. 2003헌마30, 판례집 15－2상, 501, 511. 그 외 헌재 2006. 6. 29. 2005헌가13, 판례집 18－1하, 165에서도 평등원칙의 비례성심사기준을 제시하면서 공무담임권에 대한 과잉금지심사와 함께 판단하였다.
107) 헌재 2001. 2. 22. 2000헌마25, 판례집 13－1, 386, 413.

그런데 정당후보표방금지사건(표 2의 순번 1, 2)의 경우에는 과잉금지심사를 통하여 기초의회의원선거에서 정당후보 표방을 금지하는 입법목적의 정당성에 대한 과잉금지심사가 이루어지고, 평등원칙심사에서 자의금지심사기준에 의하되, 기초의회의원선거를 그 외의 다른 지방선거와 다르게 취급할 만한 합리적인 사유가 있는지에 관하여 별도로 다른 내용으로 판단하고 있다.108) 반면, 공무원선거기획금지사건(표 2의 순번 4)에서는 "위에서 본 바와 같이 이 사건 법률조항이 공무원이라 하더라도 그 지위를 이용하지 않고 사적인 지위에서 선거운동의 기획행위를 하는 것까지 금지하는 것은 선거의 공정성을 보장하려는 입법목적을 달성하기 위한 합리적인 차별취급이라고 볼 수 없으므로 평등권을 침해한다고 볼 것이다."109)라고 판시하여 과잉금지심사의 내용을 원용하는 방식을 채택하였다.

다음으로, BBK 특검법 사건(표 2의 순번 3)에서는 "이 사건 동행명령조항이 과잉금지의 원칙을 위반하여 청구인들의 신체의 자유를 침해하는지 여부를 본다. 또 청구인들은 자신들의 의사와 무관하게 이 사건 동행명령조항의 적용대상이 됨으로써 통상의 형사소송절차의 적용을 받는 참고인들과 사이에 차별이 발생하였는바, 이러한 차별이 과잉금지의 원칙에 위배되는지 여부를 함께 살핀다."110)고 하여 신체의 자유 뿐 아니라 평등권에 대하여도 함께 과잉금지원칙에 따른 심사를 진행하였다. 이는 앞서 본 바와 같이 평등권을 헌법 제37조 제2항의 기본권에 포함되는 것으로 보는 견해에서 제시하는 초기 헌법재판소의 결정에서 볼 수 있었던 것으로 최근 헌법재판소의 결정에서는 볼 수 없는 판시방식이다. 이와 같은 소수의 선례를 제외하면, 형벌법규와 관련된 평등원칙 심사는 우선적으로 기본권의 제한이 존재하여 이에 대한 과잉금지심사가 진행되고, 그 제한의 적용대상에 있어 차별성이 있는 점에 대하여 합리적 이유가 있는지 여부를 판단하는 방식이 된다는 점을 알 수 있다.

(2) 형벌법규에 대한 비례성심사 여부

헌법재판소의 비례성심사기준에 따르면, 선거운동의 기회와 관련된 부분에서는 헌법 제116조 제1항 선거운동의 기회균등 규정에 따라 헌법이 특별히 평등을

108) 헌재 2003. 1. 30. 2001헌가4, 판례집 15-1, 7, 20-21 참조.
109) 헌재 2008. 5. 29. 2006헌마1096, 판례집 20-1하, 270, 282-283.
110) 헌재 2008. 1. 10. 2007헌마1468, 판례집 20-1상, 1, 36-37.

요구하는 사항에 해당한다고 볼 수 있어, 위에서 본 공직선거와 관련된 사안 3건(표 2의 순번 1, 2, 4번)의 경우에는 ①요건에 해당하는 비례성심사의 대상이라고 판단된다. 이러한 경우에는 '선거운동의 기회균등'이라는 헌법상 평등요구의 고유한 특성에 기초한 실질적 비례성심사가 이루어져야 하고, 기본권제한에 따른 과잉금지심사와는 다른 차별성을 가진다. 비록 위 결정에서 자의금지심사에 의하기는 하였으나, 기초의회의원선거에서만 다른 선거와는 달리 정당후보표방을 금지한 것은 합리적 이유가 없다는 이유로 위헌이라는 결론에 이르렀다. 그러나 심사기준에 있어서는 자의금지심사가 아닌 비례성심사에 의하는 것이 타당하다고 생각된다.

한편 BBK 특검법 사건에서 보듯이 형벌법규의 경우에는 통상의 형사절차의 적용을 받는 참고인과 비교하여 볼 때, '특검에 의한 수사절차의 참고인'이라고 하는 차별성으로 인해 소환에 따른 출석의무를 부과받고, 동행명령 거부시 형사처벌을 받게 되어 '기본권에 대한 중대한 제한'이 발생하므로 헌법재판소의 기준에 따르면, 비례성심사의 ②요건에 따라 비례성심사기준을 적용하여야 할 것으로 보인다. 위 결정에서는 신체의 자유와 평등권을 함께 과잉금지원칙에 의한 심사를 하면서 참고인의 수사 협조자로서의 지위, 형사소송법상 증거보전절차나 제1회 공판기일전 증인신문제도 등으로 참고인의 진술을 확보할 수 있어 동행명령과 이에 대한 형사처벌이 기본권제한의 과잉금지원칙에 위반된다는 점에 대하여 주로 논증이 이루어졌을 뿐, 평등원칙 위반여부 즉 특검에 의한 수사절차에서 일반 수사절차와 달리 차이를 두어야 하는 이유에 관한 심사는 보이지 않는다. 형벌법규에 대한 평등원칙심사는 차별취급이 기본권의 중대한 제한을 가져오는 것이므로 헌법에서 특별히 평등을 요구하지 않더라도 ②요건에 따라 모두 비례성심사기준에 따라야 할 것이다.

(3) 심사의 방식

그런데 형벌법규와 같이 기본권제한이 당연히 전제되어 있는 경우는 앞서 평등원칙의 심사기준에서 비례성심사가 이뤄진 사안들과 심사의 방식을 달리한다. 앞서 본 비례성심사 사례들은 국가유공자 가산점 등 수혜적 조치가 그 자체로 그러한 수혜를 받지 못하는 경쟁자 집단의 공무담임권 등 기본권에 불리한 영향을 미치는 경우로서 평등원칙 위반여부가 해당 조치의 위헌성을 판단함에 있어 가장 효과적인 반면, 형벌법규의 경우에는 기본권 중에서도 자유권의 제한조치가 있고, 조치의 대상자가 조치를 받지 않거나 함께 조치를 받는 유사한 인적 집단과의 관계에서 차별 또는 무차별의 헌법적 정당성을 검토하는 것이므로 자유권의 제한조치에 대한 과잉금지심사가 중심이 될 수 밖에 없다는 점에서 차이가 있다.

헌법재판소는 형벌법규에 대한 평등원칙 심사에서 원칙적으로 비례성심사를 하지 않고 있다.[111] 그런데 왜 형벌법규에서 일반적으로 자의금지심사를 하고 있는 것인가? 이는 앞서 본 바와 같이 형벌법규의 경우에는 범죄화에 관하여 입법자에게 넓은 입법재량을 부여하고 있고, 자유권의 제한이 일반적인 것으로 과잉금지원칙 위반여부의 심사를 중심으로 이루어지고, 평등원칙 심사는 이에 수반되는 것으로 과잉금지심사를 원용하여 가볍게 처리되는 경향이 있으며,[112] 동일성 있는 비교집단의 경우 대부분 형사처벌의 대상이 되고 있어 평등원칙의 심사대상인 비교집단의 동일성이 상대적으로 약하므로 자의금지심사를 하더라도 평등원칙 위반여부 판단이 어렵지 않기 때문으로 보인다.[113]

그렇다면 형벌법규의 평등원칙 심사는 어떠해야 하는가? 기본권제한에 대한 과잉금지심사의 내용과 일부 중복되더라도 평등원칙의 고유한 특징을 살려서 비례성심사로 명확히 판단해줄 필요가 있다고 생각된다.[114] 물론 기본권제한 자체가

---

111) 위 2007헌마1468 결정(BBK 특검사건)과 2005헌마764등 결정(교통사고중상해 면책사건)에서 비례성심사를 하였다고 볼 수도 있으나, 전자는 신체의 자유와 함께 평등권을 함께 제한되는 기본권으로 보고 이에 대한 평등원칙의 비례성 심사가 아닌 과잉금지심사를 한 이례적인 경우이고, 후자는 엄밀히 따지면 형벌법규의 처벌대상인 아닌 소추요건에 관한 것인데다가 피해자의 기본권을 중심으로 한 위헌심사라는 점에서 잠재적 범죄인을 수범자로 하는 일반적 형벌법규에 대한 평등원칙 위반여부 심사라고 보기는 어렵다.

112) 평등원칙심사가 해당 사안의 위헌성을 판단하는데 더 적합한 경우에는 평등원칙심사가 먼저 이루어진 예도 있다(헌재 2002. 11. 28. 2000헌바75, 판례집 14－2, 633 참조 : 정부관리기업체의 간부직원을 뇌물죄의 공무원으로 의제하는 규정에 대한 위헌심사에서는 일반 사인을 비교집단으로 하여 달리 차별하는 사유에 관한 평등원칙심사를 먼저 한 후 이를 토대로 과잉금지심사를 진행하였다).

113) 예를 들어, 영화업자에게는 신고의무위반시 과태료를 부과하고 있다는 점과 게임물판매업자에게는 등록의무를 부과하고 위반시 형사처벌하는 규정을 둔 것이 평등원칙 위반인지가 검토되는데 청소년의 매체접근용이성, 대량복제의 가능성 등 비교대상간 차이가 분명하여 자의금지심사만으로도 차별성에 대한 위헌심사가 충분하게 이루어질 수 있다(헌재 2002. 2. 28. 99헌바117, 판례집 14－1, 118, 126 참조).

114) 공공연구기관 연구원에 대한 뇌물죄에 있어 공무원의제조항의 예를 들어보면, 과잉금지심사는 공무원이 아님에도 뇌물죄의 공무원으로 의제하는 것의 필요성 등 과잉금지심사가 이루어지게

제한되는 수범자와의 차별성을 의미하는 경우에는 평등원칙은 차별성이 없어지고 이에 대한 판단 자체가 무의미할 것이다.115)

위에서 본 위헌결정사례들도 기초의회의원과 광역의회의원, 광역자치단체장, 지방자치단체장의 정당표방금지라는 입법목적하에서 동질성이 매우 강한 비교집단이라고 볼 수 있고, 일반 수사의 대상이 되는 참고인과 특검수사의 대상이 되는 참고인, 공무원인 입후보자와 공무원이 아닌 입후보자 등 차별목적하에서 비교집단의 동일성이 매우 큰 경우들로서 결국 비교대상과의 비교하에서 위헌성이 드러나고, 형사처벌의 대상이 된다는 점에서 비례성심사가 이루어졌어야 할 것으로 보인다.

형벌법규에 관한 처분적 법률의 경우에는 더더욱 평등원칙 위반여부가 문제될 수 있는데 헌법재판소는 "개별사건 법률은 원칙적으로 평등원칙에 위배되는 자의적 규정이라는 강한 의심을 불러일으키는 것이지만, 개별법률금지의 원칙이 법률제정에 있어서 입법자가 평등원칙을 준수할 것을 요구하는 것이기 때문에 특정규범이 개별사건법률에 해당한다 하여 곧바로 위헌을 뜻하는 것은 아니며, 이러한 차별적 규율이 합리적인 이유로 정당화될 수 있는 경우에는 합헌적일 수 있다. 5·18 민주화운동 등에 관한 특별법 제2조의 경우는, 이른바 12·12 및 5·18 사건의 경우 그 이전에 있었던 다른 헌정질서 파괴범과 비교해 보면, 공소시효의 완성 여부에 관한 논의가 아직 진행 중이고, 집권과정에서의 불법적 요소나 올바른 헌정사의 정립을 위한 과거청산의 요청에 미루어 볼 때 비록 특별법이 개별사건법률이라고 하더라도 입법을 정당화할 수 있는 공익이 인정될 수 있으므로 위 법률조항은 헌법에 위반되지 않는다."116)고 하여 자의금지원칙에 따른 심사를 하고 있으나, 이 결정은 비례성심사 기준이 나오기 전의 결정이라는 점에서 향후에도 선례로서 기능할 것인지는 의문이다. 처분적 법률의 경우에는 그 자체로 기본권제한과 연결되는 것으로서 그 성격상 비례성심사를 하여야 한다.

되고, 평등원칙 위반여부 심사에서는 비교집단이 되는 사설 연구기관과의 관계에서 차별성이 문제가 되므로 다소 논의가 중복되더라도 실제 바라보는 관점에는 차이가 존재한다(헌재 2010. 6. 24. 2009헌바43, 판례집 22-1하, 518 참조).

115) 예를 들어, 법무사 아닌 자의 법무사업무를 업으로 하는 행위의 형사처벌규정에 대한 위헌심사(헌재 2003. 9. 25. 2001헌마156, 판례집 15-2상, 380)에서 법무사 자격이 없는 일반국민의 직업선택의 자유를 과도하게 제한하였는지의 과잉금지심사면 충분하지, 같은 내용을 다시 법무사와 비법무사를 차별하여 평등원칙에 위반되는지를 검토한 것은 불필요하였다고 보인다.

116) 헌재 1996. 2. 16. 96헌가2 등, 판례집 8-1, 51, 69-70.

2. 법정형에 대한 평등원칙 심사

본 저서의 연구대상기간 중 법정형과 관련하여 위헌결정이 이루어진 사안은 총 7건으로 [표 3]과 같다.

표 3 법정형에 대한 위헌결정에서 평등원칙이 검토된 사안

순번	사건번호	대상법률 조문	결정	비교집단(대상)	심사기준
1	90헌바24(도주차량치사 사건)	특정범죄 가중처벌등에 관한 법률 제5조의 3 제2항 제1호	위헌	다른 형사법(살인죄) 특가법(제5조의 3 제1항 제1호)	형벌체계상의 정당성, 형벌체계상의 균형성
2	2002헌바24(마약소비목적 매수자 가중처벌사건)	특정범죄 가중처벌등에 관한 법률 제11조 제1항	위헌	특가법이 적용되지 않는 향정신성의약품관리법위반사범	형벌체계상의 균형성
3	2003헌가12(야간흉기휴대협박죄 가중처벌사건)	폭력행위등 처벌에 관한 법률 제3조 제2항	위헌	상해치사 폭처법상 체포감금, 갈취범	형벌의 체계정당성(상해치사죄), 체계균형성(폭처법)
4	2006헌가5(금융기관임직원 금품수수 가중처벌사건)	특정경제범죄 가중처벌등에 관한 법률 제5조 제4항 제1호	위헌	특가법 뇌물죄의 대상인 공무원	형벌체계상의 균형성
5	2007헌가10 등(이중가중 누범사건)	특정강력범죄의 처벌에 관한 특례법 제3조	위헌	형의 선택시에 따른 차이 강도치상과 강도치사	형벌체계상의 균형성
6	2011헌바2(마약류수입 가중처벌사건)	구 특정범죄 가중처벌등에 관한 법률 제11조 제1항	위헌	가중적 구성요건의 표지가 있는 다른 특가법상 처벌규정	형벌체계상의균형성
7	2014헌바224(통화위조 가중처벌사건)	특정범죄 가중처벌등에 관한 법률 제10조	위헌	〃	형벌체계상의 균형성

위헌결정이 내려진 사안들을 보면, 90헌바24 사건에서 형벌체계상의 정당성, 균형성이라는 용어가 등장하며 평등원칙 위반여부의 심사기준으로 사용되기 시작한 이래 법정형에 대한 위헌심사에서 "형벌체계의 균형성 및 평등원칙이란, 죄질과 보호법익 등이 유사한 범죄는 합리적인 범위 내에서 비슷한 법정형으로 처벌되어야 함을 뜻한다."117)라고 판시하여 형벌의 체계균형성이 평등원칙의 심사기준으로 자리를 잡아가는 것을 알 수 있다. 최근에는 법정형에 대한 과잉금지심사에 해당하는 책임과 형벌간의 비례원칙에 대한 심사를 생략하고 형벌의 체계균형성에 반하여 평등원칙에 위반된다는 점을 문제삼아 위헌결정을 하는 결정례(2011헌바2, 2014헌바224)가 잇달아 나오는 등 법정형의 위헌심사에서 평등원칙의 독자적 의미가 부각되고 있다. 다만 법정형에 관한 평등원칙심사 중에서 누범·상습범 가중, 존비속을 이유로 한 가중의 경우와 같이 일반 범죄를 비교대상으로 하는 경우 형벌의 체계균형성의 문제가 아닌 일반 평등원칙의 문제로 보아야 하는 경우가 있다.118) 이에 대하여는 행위·제재규범에서 논의한 평등원칙의 심사기준 논의로 대체하고 이하에서는 형벌의 체계균형성에 집중하여 검토하기로 한다. 먼저 형벌체계상의 정당성과 일반적 평등원칙과의 관계를 살펴 법정형에 대한 위헌심사에 있어 평등원칙의 심사기준으로 자리잡게 된 과정을 검토하고, 이러한 심사기준이 가지는 문제점 등을 일반 평등원칙의 심사기준과의 관계에서 비판적으로 검토한다.

---

117) 헌재 2011. 11. 24. 2010헌바472, 판례집 23－2하, 401, 407; 헌재 2006. 6. 29. 2006헌가7, 판례집 18－1하, 185, 194.

118) 다만 이러한 경우에는 평등원칙심사의 내용이 법정형의 가중에 대한 과잉금지심사의 내용과 차별성을 가지기 어렵다. 누범의 경우에는 과잉금지심사를 하되 평등원칙심사에서 이를 원용하는 방식을 취하였고(헌재 2011. 5. 26. 2009헌바63 등, 판례집 23－1하, 160, 168 참조), 존속살해죄의 경우에는 아예 과잉금지심사 없이 평등원칙심사만을 진행하고 있다(헌재 2013. 7. 25. 2011헌바267, 판례집 25－2상, 82 참조). 물론 이 경우에도 일반범죄가 아닌 유사한 죄질의 범죄(헌법재판소의 예에서 보듯이 누범가중에 대한 상습범가중)이 비교대상인 경우에는 형벌의 체계균형성의 문제로 볼 수도 있다.

가. 형벌의 체계균형성에 관한 헌법재판소 결정례 분석

(1) 체계정당성, 체계균형성의 용어가 구분없이 과잉금지원칙 및 평등원칙의 논거로 사용한 사례

위 90헌바24 사건에서 헌법재판소는 ① 형벌체계상 형사법의 법정형에는 과실범에 대하여 사형에 처하는 경우를 찾아 볼 수 없는 점 ② 과실로 사람을 치상하게 한 자가 구호행위를 하지 아니하고 도주하거나 고의로 유기함으로써 치사의 결과에 이르게 한 경우에 고의적 살인범보다 법정형의 하한이 2배 이상인 점을 들어 형벌체계상 균형을 잃었고, 형벌체계상의 정당성을 상실하였을 뿐 아니라 형벌의 기능과 목적에도 본질적으로 배치되는 것이라고 판시하면서 이를 평등원칙 위반과 과잉금지원칙 위반의 근거로서 함께 설시하고 있다.[119]

(2) 형벌의 체계균형성으로 평등원칙을 심사한 사례

마약류범죄에 대한 가중처벌규정에 대하여 헌법재판소는 '다른 범죄와의 관계에서 평등의 원칙에 어긋나는지 여부'라는 제목하에 유사한 죄질이고, 남용의 정도나 폐해가 가장 심각한 향정사범에 대하여 가중처벌하지 않으면서 마약사범이 차지하는 양적인 비율이나 질적인 위험성의 정도가 현저히 저하되고, 향정신성의 약품에 비해 더욱 위험하다고 할 수 없는 마약사범만을 가중함으로써 형벌체계상의 균형성을 현저히 상실하여 평등원칙에 위반된다고 판시하였다.[120]

(3) 형벌의 체계정당성과 체계균형성을 모두 평등원칙의 문제로 본 사례

야간에 위험한 물건을 휴대하여 협박죄를 저지른 자에 대하여 5년 이상의 유기징역에 처하도록 한 것에 대한 위헌심사에서 야간에 흉기 기타 위험한 물건을 휴대하여 상해치사죄를 저지른 경우에도 3년 이상의 유기징역에 처하도록 하는 점에 비춰 형벌의 체계정당성에 어긋나고, 야간에 위험한 물건을 휴대한 범행이더라도 협박을 한 자와 그 행위불법과 결과불법이 전혀 다른 상해·체포·감금·갈

119) 헌재 1992. 4. 28. 90헌바24, 판례집 4, 225, 236-237 참조.
120) 헌재 2003. 11. 27. 2002헌바24, 판례집 15-2하, 242, 256-257 참조.

취한 자를 동일하게 평가하는 것은 형벌체계상의 균형성을 현저히 상실한 것이어서 평등원칙에 위배된다고 판시하여 체계정당성과 체계균형성을 모두 평등원칙의 문제로 보았다.121)

(4) 체계정당성을 책임과 형벌간의 비례원칙(과잉금지원칙)의 문제로, 체계균형성을 평등원칙으로 본 사례

금융기관 임직원의 직무관련 수재행위에 대한 가중처벌규정에 대하여 헌법재판소는 살인죄의 법정형보다 높아 작량감경의 사유가 있는 경우에도 집행유예가 가능하지 않는 점을 책임과 형벌간의 비례원칙의 문제로 보았고, 유사한 죄질을 가진 다른 전문직종 종사자의 직무관련 수재죄 및 공무원의 뇌물죄 가중처벌규정과의 비교를 통해 형벌체계상의 균형성을 상실하여 평등의 원칙에 위반된다고 보았다.122)

나. 형벌의 체계정당성과 형벌체계의 균형성 그리고 평등원칙의 관계

(1) 헌법상 체계정당성의 원리

헌법재판소는 "체계정당성의 원리라는 것은 동일 규범 내에서 또는 상이한 규범 간에 그 규범의 구조나 내용 또는 규범의 근거가 되는 원칙면에서 상호 배치되거나 모순되어서는 아니된다는 하나의 헌법적 요청이다. 즉 이는 규범 상호간의 구조와 내용 등이 모순됨이 없이 체계와 균형을 유지하도록 입법자를 기속하는 헌법적 원리라고 볼 수 있다. 이처럼 규범 상호간의 체계정당성을 요구하는 이유는 입법자의 자의를 금지하여 규범의 명확성, 예측가능성 및 규범에 대한 신뢰와 법적 안정성을 확보하기 위한 것이고 이는 국가공권력에 대한 통제와 이를 통한 국민의 자유와 권리의 보장을 이념으로 하는 법치주의원리로부터 도출되는 것이라고 할 수 있다. 그러나 일반적으로 일정한 공권력작용이 체계정당성에 위반한다고 해서 곧 위헌이 되는 것은 아니고, 그것이 위헌이 되기 위해서는 결과적으로 비례의 원칙이나 평등의 원칙 등 일정한 헌법의 규정이나 원칙을 위반하여야

121) 헌재 2004. 12. 16. 2003헌가12, 판례집 16－2하, 446, 458－459 참조.
122) 헌재 2006. 4. 27. 2006헌가5, 판례집 18－1상, 491, 500－502 참조.

한다."[123]고 하여 법치국가원리에서 도출되는 헌법상 원칙으로서 헌법상 체계정당성의 원칙에 대하여 판시하고 있다. 헌법상 체계정당성원리는 형벌법규를 제외하고는 주로 세법과 관련하여 검토가 이루어지고 있는데,[124] 그 자체로 비례원칙이나 평등원칙 등을 매개로 하지 않고는 위헌판단으로 나아갈 수 없다는 점에서 독자적인 위헌심사기준으로서의 가치는 크지 않다고 평가될 수 있다.

참고로 독일 연방헌법재판소에서는 평등의 원칙 위반여부를 심사할 때 자의적 차별이나 평등취급의 금지가 문제되고 있는 체계내에서 존중되고 있는가 여부만을 심사하므로 체계정당성의 사고가 중요하게 된다. 즉 법규정이 그가 속하는 법체계에 전체적 구상과 내적으로 모순되고 있는지의 여부가 심사되고, 모순되는 경우 여기에는 평등원칙 침해의 징후가 존재한다고 보고 있다.[125]

(2) 형벌법규에 있어 체계정당성과 체계균형성

우리 헌법재판소에서는 앞서 본 바와 같이 초기에는 체계정당성의 문제와 체계균형성의 문제를 혼용하여 과잉금지원칙 또는 평등원칙의 문제로 바라보았으나,[126] 점차적으로 형벌체계의 정당성 문제와 체계균형성의 문제를 구분하여, 후자를 평등의 원칙과 연결시키는 경향이라고 볼 수 있다. 즉 형벌체계의 정당성은 살인죄 등 중요한 법익침해범과의 관계에서 일반적 체계적합성의 문제로서 책임과 형벌간의 비례원칙의 하나의 판단요소로 보고, 형벌의 체계균형성 문제는 유사한 법익침해 범죄와의 비교문제 내지는 서로 다른 죄질의 범죄를 동일하게 취급하는 문제로 보아 평등원칙위반 심사와 거의 일치시키고 있다. 실제 사용하는 표현을 보더라도 '형벌의 체계균형성에 반하여 평등의 원칙위반인지 여부'[127] 등으로 항목을 설정하고 있다.

이때 유사한 법익침해성을 가진 범죄의 법정형 사이에 체계균형성을 검토하는 것이 동일성을 가지는 비교집단간의 차별의 합리성을 검토하는 평등원칙으로 바

123) 헌재 2010. 6. 24. 2007헌바101 등, 판례집 22－1하, 417, 433－434.
124) 헌재 2005. 6. 30. 2004헌바40 등, 판례집 17－1, 946(증여세); 헌재 2004. 11. 25. 2002헌바66, 판례집 16－2하, 314(명의신탁 관련 증여세); 헌재 2008. 11. 13. 2006헌바112 등, 판례집 20－2하, 1(부동산세); 헌재 2010. 5. 27. 2008헌바66 등, 판례집 22－1하, 217(법인세).
125) 콘라드헷세, 통일 독일헌법원론(20판), 계희열 역, 박영사, 2001, 272－273면 참조.
126) 형벌체계상의 균형성의 문제를 과잉금지원칙의 문제로 보아 위헌결정을 한 사례도 있다(헌재 1997. 9. 25. 96헌가16, 판례집 9－2, 312).
127) 헌재 2012. 12. 27. 2011헌바217, 판례집 24－2하, 443, 460 참조.

로 연결될 수 있는가 하는 점이 검토될 필요가 있다. 법정형의 비교는 결국 해당 범죄를 저지른 자가 받아야 할 형벌의 종류 및 범위에 관한 것이므로 비교대상이 된 범죄를 저지른 자가 비교집단이 될 수 있다고 생각된다. 헌법재판소도 야간에 위험한 물건을 휴대하여 협박을 하여 5년 이상의 유기징역형이라는 법정형의 적용을 받는 자와 야간에 위험한 물건을 휴대하여 상해·체포·감금·갈취한 자를 동일한 법정형의 적용을 받도록 하는 것의 문제라고 보아 해당 범죄의 법정형의 적용을 받는 자들을 비교집단으로 보는 입장을 취하고 있다.[128]

이처럼 헌법재판소는 헌법상 체계정당성의 원리라는 일반원리를 형벌법규에 대한 평등원칙과 결합하여 형벌의 체계균형성이라는 형벌법규의 법정형에 대한 위헌심사에서 특유한 심사기준을 도출하였다. 헌법상 체계정당성 원리는 일반적 위헌심사기준으로서 제대로 위상을 찾지 못한 반면, 형벌법규에서는 평등원칙과 긴밀하게 결합함으로써 형벌체계상의 균형성이라는 형벌법규의 법정형에 대한 독자적 위헌심사기준으로서 자리잡았다는 점에서 특색이 있다.

다. 형벌의 체계균형성에 관한 결정례

(1) 비교집단의 선정과 심사기준

헌법재판소는 법정형에 대한 형벌체계상 균형에 관한 위헌심사를 함에 있어 비교집단(대상)의 설정과 관련하여 "법정형의 종류와 범위를 정함에 있어서 고려해야 할 사항 중 가장 중요한 것은 당해 범죄의 보호법익과 죄질로서 보호법익이 다르면 법정형의 내용이 다를 수 있고, 보호법익이 같다고 하더라도 죄질이 다르면 또 그에 따라 법정형의 내용이 달라질 수밖에 없다. 그러므로 보호법익과 죄질이 서로 다른 둘 또는 그 이상의 범죄를 동일 선상에 놓고 그 중 어느 한 범죄의 법정형을 그 기준으로 하여 단순한 평면적인 비교로써 다른 범죄의 법정형의 과중 여부를 판정하여서는 아니된다."[129]고 하여 보호법익과 죄질이 유사한 범죄의 법정형이 형벌의 체계균형성심사에서 비교대상이 될 수 있다고 판시하였다.

또한 헌법재판소는 "형벌체계상의 균형성문제는 범죄의 죄질뿐만 아니라 입법 당시의 시대적 상황, 국민일반의 가치관 내지 법감정 그리고 범죄예방을 위한 형

128) 헌재 2004. 12. 16. 2003헌가12, 판례집 16-2하, 446, 458-459 참조.
129) 헌재 2008. 11. 27. 2006헌바94, 판례집 20-2하, 226, 239.

사정책적 측면 등 여러가지 요소를 종합적으로 고려하여 입법자가 결정할 입법재량에 속하는 문제"130)라고 판시함으로써 법정형에 관한 형벌의 체계균형성 심사는 입법자의 광범위한 입법재량의 영향을 받아 쉽사리 위헌결정을 하기 어렵다는 점을 설명하고 있다.

그러나 한편으로는 "어느 범죄가 얼마나 사회적으로 유해한가 하는 점에 대하여는 어느 정도 사회적 합의가 형성되어 있으며, 형법에 규정되어 있는 구체적인 법정형은 개별적인 보호법익에 대한 이러한 통일적인 가치체계를 표현한다고 할 수 있다. 따라서 그 법정형을 가중하는 것도 형법상의 기존 법정형을 기준으로 일정 정도를 가중하는 것이 옳고 그 가중의 정도도 유사범죄와 비교하여 현저히 부당하지 아니한 범위 내에서 가중하도록 해야"131)한다고 보아 형법상의 기존 법정형을 가중하는 특별형법의 경우에는 형법상의 기존 법정형을 기준으로 위헌심사가 제대로 이루어질 수 있음을 판시하고 있다. 실제 형벌의 체계균형성 심사를 통해 위헌결정된 7건 모두 법정형을 가중한 특별형법의 위헌성이 문제된 사안이다. 이처럼 헌법재판소는 형법이나 기본법에 규정된 법정형에 대하여는 그 가중의 정도가 유사범죄와 비교하여 현저히 큰 경우에 집중하여 형벌의 체계균형성 심사를 진행하고 있다고 볼 수 있다.

(2) 위헌결정사례 유형

(가) 형법에서는 법정형에 차이가 있으나, 가중처벌규정에서 일률적으로 동일한 법정형을 규정한 법정형 사이의 비교

헌법재판소는 형법상 협박죄와 상해죄는 법정형이 현저한 차이가 있음에도 폭력행위등 처벌에 관한 법률 제3조 제2항에서 야간에 흉기 기타 위험한 물건을 휴대하여 범행이 이루어지는 경우 일률적으로 5년 이상의 유기징역에 처하도록 한 규정에 대한 위헌심사에서, 야간흉기휴대협박죄와 야간흉기휴대상해죄를 비교대상으로 하여 불법내용과 책임의 정도에 있어 차이가 있음에도 동일한 법정형을 규정한 것이 형벌체계상의 균형에 위반된다고 판시하였다.132) 또한 헌법재판소는

---

130) 헌재 1997. 3. 27. 95헌바50, 판례집 9-1, 290, 297-298.
131) 헌재 2008. 12. 26. 2007헌가10 등, 판례집 20-2하, 523, 538.
132) 헌재 2004. 12. 16. 2003헌가12, 판례집 16-2하, 446 참조.

강도치상 후 3년 이내 강도치상죄를 저지른 경우나 강도치사 후 3년 이내 강도치사를 한 경우 특정강력범죄의 처벌에 관한 특례법에 따라 유기징역형이 모두 동일하게 되는데 이는 보호법익이나 죄질의 경중이 달라 그에 대한 형을 정함에 있어서도 달리 취급하여야 할 강도상해·치상죄와 강간치사죄, 강도치사죄 등을 자의적으로 동일하게 취급하는 결과가 되어 형벌의 체계균형성을 상실하여 평등원칙에 위배된다고 판시하였다.[133]

(나) 법정형 가중에 있어 죄질과 보호법익이 유사한 범죄와의 비교

헌법재판소는 과실로 사람을 치상하게 한 자가 구호행위를 하지 아니하고 도주하거나 고의로 유기함으로써 치사의 결과에 이르게 한 경우에 고의적 살인범보다 법정형의 하한이 2배 이상인 점을 들어 형벌체계상 균형을 잃었다고 판시하였다.[134] 단순매수나 단순판매목적소지의 마약사범에 대하여도 사형·무기 또는 10년 이상의 징역에 처하도록 하는 특정범죄 가중처벌등에 관한 법률 조항에 대한 위헌심사에서 마약사범과 유사하거나 더 중한 죄질인 향정사범을 비교대상으로 하여 향정사범에 대하여는 가중처벌하지 않으면서 마약사범에 대하여만 가중처벌하는 것이 형벌체계상의 균형에 반한다고 판시하였다.[135] 또한 헌법재판소는 금융기관 임직원의 직무관련 수재죄와 공적인 성격을 가져 청렴성 및 불가매수성이 요구되는 변호사, 파산관재인 등의 수재죄를 비교대상으로 하여, 죄질과 보호법익이 비슷함에도 금융기관 임직원의 수재죄의 법정형이 지나치게 과중하여 형벌체계상의 균형성에 위반되고, 공적인 업무를 담당한다는 측면에서 비교대상이 되는 공무원의 수뢰죄 보다 일정한 경우 법정형이 더 중하게 되는 경우가 있어 형벌체계상의 균형성에 위반된다고 판시하였다.[136]

(다) 형법 등의 법정형을 가중적 구성요건의 표지 없이 가중한 사례(가중적 구성요건의 표지가 있는 다른 특별형법상 처벌규정과의 비교)

헌법재판소는 마약류수입과 판매에 관한 마약류관리에 관한 법률위반죄의 법정형(무기 또는 5년 이상의 징역)이 별도의 가중적 구성요건 표지없이 특정범죄 가

133) 헌재 2008. 12. 26. 2007헌가10 등, 판례집 20–2하, 523 참조.
134) 헌재 1992. 4. 28. 90헌바24, 판례집 4, 225, 236–237 참조.
135) 헌재 2003. 11. 27. 2002헌바24, 판례집 15–2하, 242.
136) 헌재 2006. 4. 27. 2006헌가5, 판례집 18–1상, 491 참조.

중처벌 등에 관한 법률에서 법정형만 가중한 경우(무기 또는 10년 이상의 징역)137)와 국내통화를 위조·행사한 경우(5만원권 지폐를 위조한 사안이었다)의 법정형(무기 또는 2년 이상의 징역)이 별도의 가중적 구성요건 표지없이 특정범죄 가중처벌 등에 관한 법률에서 법정형만 가중된 경우(사형, 무기 또는 5년 이상의 징역)138)에 별도의 가중적 구성요건 표지가 있어 법정형이 가중되는 다른 특정범죄 가중처벌 등에 관한 법률위반죄와의 비교에서 형벌체계상의 균형성을 잃어 평등원칙에 위반된다고 판시하였다.

(3) 체계균형성 심사방법 분석

위헌결정이 내려진 사안은 위에서 보는 바와 같이 모두 법정형이 가중된 경우들이다. (다) 유형의 경우에 헌법재판소는 검사의 법률적용의 선택으로 차별적 상황이 발생할 수 있음을 위헌결정 이유의 하나로 들고 있으나, 검사는 특별법 우선의 원칙에 따라 특별형법을 적용하여야 할 뿐 임의적으로 특별법을 적용하지 않을 권한이 없다는 점에서 적절한 논거가 아니다.139)

먼저, 형법에서는 법정형에 차이가 있으나, 가중처벌규정에서 일률적으로 동일한 법정형을 규정한 법정형 사이의 비교에 관하여 살펴보면, 형법상 강제추행죄와 강간죄는 법정형이 각 10년 이하의 징역과 3년 이상의 징역으로 차이가 있음에도 성폭력범죄의 처벌 및 피해자보호 등에 관한 법률 제5조 제2항에서 일률적으로 법정형을 '사형·무기 또는 10년 이상의 징역'으로 하고 있는 것에 대한 위헌심사에서, 특수강도강제추행죄에 대하여 특수강도강간죄를 비교대상으로 하여 불법내용과 책임의 정도에 있어 차이가 있음에도 동일한 법정형을 규정한 것에 대하여 형벌체계상의 균형성에 위반되지 않는다고 판시하였고,140) 주거침입강간죄와 주거침입강제추행죄의 법정형 차이에 대한 위헌심사에서도 형벌체계상의 균형성에 위반되지 않는다고 판시하였다.141)

---

137) 헌재 2014. 4. 24. 2011헌바2, 판례집 26-1상, 621 참조.
138) 헌재 2014. 11. 27. 2014헌바224 등, 판례집 26-2상, 703 참조.
139) 실제 문제된 사안(2011헌바2)은 마약류관리에 관한 법률위반죄로 기소되어 1심에서 징역 4년이 선고되었다가 항소심에서 특정범죄 가중처벌 등에 관한 법률위반죄로 공소장이 변경되어 징역 6년을 선고받자 위헌법률심판을 제청신청한 사안이었다. 그러나 특별형법을 적용하지 않은 것은 검사의 법률적용상 오류이지 임의적 선택사항이 아니다.
140) 헌재 2001. 11. 29. 2001헌가16, 판례집 13-2, 570 참조.

전자의 사건에서는 3인의 재판관이 형벌의 체계균형성에 위반된다는 의견을 피력하였고, 후자의 사건에서는 5인의 재판관이 형벌의 체계균형성에 위반된다는 의견을 피력함으로써142) 형법의 기본 법정형에 대한 입법자의 판단을 기본적인 가치체계의 기준으로 인정함으로써 이에 어긋나는 법정형 가중에 대하여 보다 엄격한 기준에 따른 심사가 이루어지고 있다고 평가될 수 있다. 또한 주거침입강간미수범이 사람을 상해한 경우와 주거침입강간기수범이 사람을 상해한 경우 법정형을 같이 하는 것에 대하여 강간행위의 기수여부가 결합범 전체의 불법 크기에 본질적 차이를 가져온다고 보기 어렵다고 보아 형벌의 체계균형성에 위반되지 않는다고 판시하였다.143) 이 결정에서는 반대의견을 피력한 재판관이 없었는데 이러한 형벌의 체계균형성 위반여부에 대한 판단차이는 '가중된 구성요건 표지와 결합한 전체의 불법 크기가 본질적 차이를 가져오는지 여부'에 따른 것이라고 보인다. 위에서 본 위헌결정된 사례(야간흉기휴대협박죄와 야간흉기휴대상해죄, 강도치상 누범과 강도치사 누범의 경우), 합헌결정되었으나 반대의견이 있었던 사례(주거침입강제추행죄와 주거침입강간죄, 특수강도강제추행죄와 특수강도강간죄), 합헌결정되면서 반대의견도 없었던 사례(주거침입강간미수와 주거침입강간기수범의 상해)는 각기 결합된 전체의 불법크기에 본질적인 차이가 있는지에 대한 판단의 스펙트럼을 보여준다.

표 4 형벌의 체계균형성 위반여부의 판단(법정형 가중 관련)

위헌		합헌(반대의견 있음)		합헌
합헌의견 없음	합헌의견 3인	반대의견 5인	반대의견 3인	
야간흉기휴대협박죄와 야간흉기휴대상해죄 (합헌에서 위헌으로 선례변경)	강도치상 누범과 강도치사 누범의 경우	주거침입강제추행죄와 주거침입강간죄	특수강도강제추행죄와 특수강도강간죄	주거침입강간미수범의 상해와 주거침입강간기수범의 상해

141) 헌재 2013. 7. 25. 2012헌바320, 판례집 25-2상, 212 참조.

142) 물론 그 사이에 입법자는 2012. 12. 18. 법률 제11574호로 형법 제297조의2(유사강간)를 신설하여 '구강, 항문 등 신체(성기는 제외한다)의 내부에 성기를 넣거나 성기, 항문에 손가락 등 신체(성기는 제외한다)의 일부 또는 도구를 넣는 행위' 등 강간에 못지않은 불법성을 지닌 강제추행행위와 그렇지 않은 강제추행행위를 구별하여 법정형을 규정하고 있다. 그럼에도 주거침입강제추행 일반에 관하여 일률적으로 주거침입강간죄와 마찬가지로 법정형을 정하고 있는 것에 대하여 반대의견은 비판적으로 바라보고 있다.

143) 헌재 2010. 3. 25. 2008헌바84, 판례집 22-1상, 421 참조.

다음으로, 법정형 가중에 있어 죄질과 보호법익이 유사한 범죄의 법정형 비교를 살펴보면, 헌법재판소는 집단적·흉기휴대 상습폭력사범과 집단적·흉기휴대 폭력의 누범에 대하여 동일한 법정형을 규정한 사안에서 양자의 밀접한 관련성이나 중첩성 등을 이유로 형벌의 체계균형성에 위반되지 않는다고 판시하였고,[144] 미성년자약취유인 후 재물이나 재산상이익 요구한 행위에 대하여 징역 10년 이상에 처하도록 한 규정의 법정형이 약취유인 후 치사케 한 경우나 폭행·상해·감금 또는 유기하거나 가혹행위를 한 경우의 유기징역형(각 7년 이상, 5년 이상)보다 낮은 것이 형벌의 체계균형성을 잃는 것이 아니라고 판시하였다.[145] 이처럼 죄질과 보호법익이 현저히 차이가 나지 않는 경우에는 입법자의 입법재량을 존중하는 취지에서 쉽게 위헌결정에 나아가지 않고 있다. 그러나 후자의 경우에는 사형이나 무기징역형을 선택하지 않은 이상 약취유인 후 금품요구행위가 약취유인 후 치사나 가혹행위를 한 경우보다 유기징역형의 하한형이 높게 설정된 것은 합리성이 결여된 것으로 형벌체계상의 균형성이 있다고 보기 어렵다.[146] 한편 금융기관 임직원의 직무관련 수재죄와 관련한 위헌결정은 이후 동일 조문에 대하여 이루어진 헌법재판소 결정에서 법개정으로 인한 공무원의 뇌물죄 가중규정과의 형평성 해소를 이유로 공무원을 제외한 다른 공공업무 종사자(변호사, 공인회계사 등)에 대한 사적 뇌물죄와의 평등원칙위반에 대하여는 별다른 설명없이 위헌결정에서 합헌결정으로 입장을 변경하고 있다. 이 결정에서 5인의 재판관이 위헌의견을 피력하였는데, 공적 업무종사자에 대한 '사적 뇌물죄'와 비교할 때, 벌금형이 없고 수뢰액에 따라 법정형이 가중되는 등 지나치게 높고, '부정한 청탁'이라는 추가적 구성요건이 없다는 점을 근거로 형벌체계상의 균형성에 위반되었다고 주장하고 있다.[147] 선례와의 관계에서도 위헌의견에 설득력이 있다.

---

144) 헌재 2002. 10. 31. 2001헌바68, 판례집 14-2, 500 참조 : 이 사안에서 반대의견(위헌 3인)은 상습범이 누범보다 불법이나 책임의 정도가 높다는 전제하에서 형벌체계상의 균형이 상실되었다고 주장하나, 상습범은 앞서 본 바와 같이 '행위자책임'의 성격을 지닌 것으로 기본적으로 책임을 이유로 법정형을 강화하는 것이 정당화되지 않는다는 점에서 타당하지 않다. 합헌의 법정의견도 마찬가지의 태도를 보이고 있다. 한편 반대의견은 누범자 중에 전판결의 경고에 따라 자신의 행위를 결정할 능력이 없거나 억제할 수 없는 폭력성향 또는 오랜 수행생활로 인한 사회적 부적응으로 다시 범죄에 나아간 자가 있을수 있고 이러한 경우에는 책임가중을 할 수 없다고 판시하고 있어 역시 본인에게 책임을 묻기 어려운 행위자책임 성격인 상습범에 대하여 불법이나 책임의 정도가 높다고 판단한 것과 부합되지 않는다.

145) 헌재 2009. 2. 26. 2008헌바9 등, 판례집 21-1상, 137 참조.

146) 헌재 2009. 2. 26. 2008헌바9 등, 판례집 21-1상, 137의 반대의견(목영준 재판관) 참조.

(4) 그 밖에 형벌의 체계균형성이 논의된 사례

그 밖에도 형법과 기본법에서의 법정형과 관련하여 형벌의 체계균형성이 논의된 사례들이 있으나 헌법재판소는 형벌의 체계균형성에 위배되는지에 관하여 소극적으로 판단하는 경향이다.

(가) 범죄행위의 차이와 법정형

헌법재판소는 공직선거법상 학력의 미기재와 허위기재를 동일하게 처벌하는 규정이 형벌체계상의 균형에 위반되지 않는다고 판시하였고,148) 관세포탈예비와 기수의 동일한 처벌에 대하여도 형벌체계상의 균형에 위반되지 않는다고 판시하였다.149)

(나) 유사 범죄의 벌금형 존부 및 하한형

법정형에서 징역형을 선고받는 경우(집행유예 선고시에도) 공무원 등의 자격이 박탈되고, 벌금형의 하한형이 높은 경우 공직선거와 관련된 당선무효와 연결된다는 점에서 벌금형을 둘 것인지 여부 및 하한형을 높이는 경우의 위헌성이 다투어진 사례들이 있다. 헌법재판소는 사문서위조죄와 유사한 죄질이면서도 벌금형을 두지 않고 있는 사서명위조죄,150) 벌금형이 있는 허위공문서작성죄와 벌금형이 없는 공문서위조죄의 비교151)와 관련하여 형벌의 체계균형성에 위반되지 않는다고 판시하였다. 그런데 사서명위조죄는 사문서위조의 수단으로 행해지는 경우가 일반적이고 이는 흡수관계이므로 흡수되는 사서명위조죄의 경우에는 벌금형의 선

147) 헌재 2012. 12. 27. 2011헌바217, 판례집 24－2하, 443 참조.
148) 헌재 2010. 3. 25. 2009헌바121, 판례집 22－1상, 479 참조.
149) 헌재 2010. 7. 29. 2008헌바88, 판례집 22－2상, 270 참조.
150) 사문서위조죄(5년 이하 징역 또는 1천만 원 이하 벌금)와 사인위조죄(3년 이하 징역)를 비교대상으로 하여, 사인위조죄에는 비록 벌금형이 없지만 법정형의 상한은 사문서위조죄가 더 높으므로 사문서위조의 형이 더 중하다고 할 것이고, 선택형으로 벌금형이 없다는 이유로 사문서위조죄보다 엄하게 처벌한다고 보기는 어렵다고 판시하였다(헌재 2006. 6. 29. 2006헌가7, 판례집 18－1하, 185, 194 참조); 헌재 2011. 11. 24. 2010헌바472, 판례집 23－2하, 401의 경우에서도 같은 취지의 결정을 하였다.
151) 헌재 2008. 10. 30. 2006헌마447, 판례집 20－2상, 1049 참조(한의대 교수가 국가유공자증서를 위조하여 무임승차를 하려 한 사안으로 법정형에 벌금형이 없자 위헌법률심판제청신청한 사안이다).

택이 가능한 반면, 흡수되지 않는 사서명위조죄의 경우에는 벌금형을 선택할 수 없는 형벌체계상의 문제점[152]이 있다고 생각된다.

또한 기업의 영업비밀을 취득·사용하거나 제3자에게 누설한 자에 대한 법정형이 5년 이하의 징역 또는 그 재산상 이득액의 2배 이상 10배 이하에 상당하는 벌금으로 규정되어 있어 이득이 없는 경우 오히려 벌금형을 선택할 수 없고 징역형만을 선택하여야 하더라도 재산상 이득액이 있는 자에게는 징역형도 함께 부과하는 등 법관의 양형으로 시정할 수 있다는 이유로 형벌의 체계균형성을 상실하지 않았다고 판시하였다.[153] 이러한 법정의견에 대하여 헌법불합치의견(재판관 민형기, 목영준, 이정미)에서는 이러한 법정형 체계상 문제점을 법원이 선고할 수 있는 선고형을 근거로 하여 법정형 자체의 비합리성을 완화할 수는 없다고 주장하고 있는바, 반대의견에 설득력이 있다.[154]

지역농협의 임원선거와 관련하여 후보자비방죄의 법정형을 벌금 500만원 이상으로 규정함으로써 500만원 이하의 벌금형을 규정한 공직선거법 후보자비방죄와 비교에서 평등원칙에 위반된다는 주장에 대하여, 지역농협의 특성, 선고유예 가능성, 임원자격의 박탈의 효과는 4년에 제한된다는 점을 들어 평등원칙에 위배되지 않는다고 판시하고 있다.[155] 이에 대하여는 4인의 재판관이 불합리한 차별로서 평등원칙에 위반된다는 반대의견을 제시하였다.

(다) 위법성조각사유의 존부

위 사안에서 농협협동조합법은 벌금형의 차이 뿐 아니라 공직선거법에는 있는 '다만, 진실한 사실로서 공공의 이익에 관한 때에는 처벌하지 아니한다.'라는 위법성 조각사유를 규정하고 있지 않은 점이 평등원칙에 위배되는지 또한 문제되었고, 이에 대하여 지역농협의 특성, 형법 제20조의 사회상규에 따른 위법성조각이 가능한 점을 이유로 명백히 입법재량권의 범위를 벗어난 차별이라고 볼 수 없다고 판시하였다.[156] 이후 같은 조문에 대하여 다시 합헌결정이 내려졌는데 앞서 4명

---

152) 위에서 문제된 사서명위조죄 사안에서 청구인들은 각 음주운전으로 적발되어 피의자신문조서를 작성하면서 서명란에 타인 명의의 서명을 하였다는 이유로 사서명위조 및 동행사죄로 기소되었다.
153) 헌재 2011. 11. 24. 2010헌가42, 판례집 23-2하, 159 참조.
154) 헌재 2011. 11. 24. 2010헌가42, 판례집 23-2하, 159, 173-174 참조.
155) 헌재 2012. 2. 23. 2010헌바480, 판례집 24-1상, 142 참조.
156) 헌재 2012. 2. 23. 2010헌바480, 판례집 24-1상, 142, 151 참조.

이었던 반대의견이 5명으로 늘어났다가,157) 재판부 구성의 변화 이후 다시 같은 조문에 대하여 내려진 합헌결정에서는 반대의견이 4명으로 줄었다.158) 지역농협 임원선거가 국민의 대표를 선출하는 공직선거에서 저질러진 같은 유형의 행위보다 그 죄질과 책임을 더 무겁게 하고, 위법성조각사유에 있어서도 차이를 두는 것은 명백히 합리성이 결여되었다는 반대의견에 더 설득력이 있다고 생각된다.

라. 형벌의 체계균형성 심사기준의 강도에 대한 검토

헌법재판소의 심사기준은 비례성심사와 자의금지심사의 어느 것에 해당하는가? 법정형에 대한 형벌의 체계균형성 심사는 범죄인지 여부가 결정되는 '범죄화에 대한 평등원칙 심사'와는 성격을 달리하는 측면이 있다. 법정형에 대한 형벌의 체계균형성 심사는 유사한 죄질이라고 하더라도 그 사회유해성 내지 법익침해성, 범죄예방목적, 시대상황 및 법감정 등을 고려하여 입법자에 의해 각기 다른 법정형의 설정이 이루어질 수 있고, 법정형이 특정된 것이 아니라 일정한 범위의 형을 내용으로 하고 있어 실제 판결선고시 여러 가지 사정이 고려된 형이 선고될 수 있다는 점에서 특색이 있다. 또한 법정형의 종류와 범위를 정함에 있어 입법자에게 '(행위)책임'의 양을 세밀하게 따져 법정형을 계량화할 것을 요구하고, 유사한 죄질의 범죄유형에 대하여 차이가 발생하지 않도록 하는 것은 입법자의 기본적인 입법재량을 지나치게 통제하는 것이 된다. 헌법재판소는 농협임원선거에 있어 후보자비방죄에 대하여 공직선거법과 달리 위법성조각사유를 두지 않고, 법정형의 하한도 벌금 500만원 이상으로 한 점에 대한 평등원칙 심사의 심사기준과 관련하여 "차별의 내용도 형사처벌의 범위나 정도에 관련된 것으로서 차별취급으로 인하여 관련 기본권에 대한 중대한 제한을 초래하게 되는 경우에 해당한다 할 수도 없으므로, 이 사건 법률조항이 평등원칙에 위배되는지 여부는 자의금지원칙에 따라 판단하기로 한다."159)고 하여 법정형에 대한 위헌심사는 비례성심사에 의하지 않음을 밝히고 있다.

그러나 법정형의 체계균형성에 문제가 발생하는 경우는 실제 재판에서 법관의 양형 등에 의해 시정을 기대하기에는 법정형 체계 자체에서 의미있는 차별이 발

157) 헌재 2012. 11. 29. 2011헌바137, 판례집 24-2하, 141, 154-155 참조.
158) 헌재 2013. 7. 25. 2012헌바112, 판례집 25-2상, 189, 200-201 참조.
159) 헌재 2012. 2. 23. 2010헌바480, 판례집 24-1상, 142, 150.

생한 경우이다. 이에 대하여는 비례성심사를 진행하는 것이 타당하다. 법정형 체계 자체에서 발생하는 의미있는 차별로는 위에서 본 바와 같이 ① 형법에서는 법정형에 차이가 있음에도 가중처벌규정에서 일률적으로 동일한 법정형을 규정하였으나, 가중된 구성요건 표지와 결합한 전체의 불법 크기가 본질적 차이가 있는지 문제되는 경우, ② 법정형 가중에 있어 죄질과 보호법익이 유사한 범죄와의 비교가 문제되는 경우, ③ 형법 등의 법정형을 가중적 구성요건의 표지 없이 가중한 경우, ④ 범죄행위의 유형 차이에도 불구하고 법정형이 동일한 경우, ⑤ 유사 범죄에서 벌금형의 유무 차이가 있는 경우 및 공직자격 등과 관련되어 있는 벌금형의 하한형에 차이가 있는 경우 등이 이에 해당할 것이다. 이러한 경우에는 유사한 죄질의 범죄유형간 법정형 비교시 엄격한 비례성심사가 이루어져야 한다.

제3절 헌법 제12조 제1항 후단, 제13조 제1항 : 죄형법정주의 원칙

1. 의의와 쟁점

죄형법정주의란 '일정한 행위를 범죄로 하고 이에 대하여 일정한 형벌을 부과하기 위해서는 반드시 행위시 이전에 명확히 제정 · 공포된 성문의 법률을 필요로 한다.'는 원칙을 의미한다. 독일의 형법학자 포이에르바하(A. Feuerbach)가 '법률없으면 범죄없고, 법률없으면 형벌없다(nullum crimen sine lege, nulla poena sine lege)'고 하여 죄형법정주의를 간결하게 표현하였다.[160]

죄형법정주의의 사상적 배경과 연혁은 이글에서 본격적으로 다루려고 하는 것이 아니므로 이에 대한 체계적 논의는 생략하고,[161] 현재 정립되어 있는 죄형법정주의의 의미를 중심으로 형벌법규의 위헌심사기준으로서 작용되는 모습을 살피

160) 임웅, 형법총론, 16면.
161) 이에 관하여는 허일태, "죄형법정주의의 연혁과 그 사상적 배경에 관한 연구", 법학논고 제35집, 경북대 법학연구원, 2011. 2, 159면 이하, Joshua Dressler, Understanding Criminal Law, 39-41면에 잘 정리되어 있다. 영미법에서의 죄형법정주의도 소급효 금지, 명확성 원칙, 엄격해석 원리 등을 그 내용으로 하고 있어 대륙법계에서의 그것과 내용상 큰 차이를 보이지 않는다.

고자 한다. 죄형법정주의는 전통적으로 법률주의 원칙, 명확성원칙, 유추적용금지의 원칙, 소급효금지의 원칙이라는 파생원칙을 그 내용으로 하고 있으며, 형식적 법치주의에서 실질적 법치주의로의 시대적 이행에 따라 적정성의 원칙이 새로이 논의된다.162)

헌법재판소에서는 죄형법정주의원칙에 대하여 "이미 제정된 정의로운 법률에 의하지 아니하고는 처벌되지 아니한다는 원칙으로서 이는 무엇이 처벌될 행위인가를 국민이 예측 가능한 형식으로 정하도록 하여 개인의 법적 안정성을 보호하고 성문의 형벌법규에 의한 실정법질서를 확립하여 국가형벌권의 자의적 행사로부터 개인의 자유와 권리를 보장하려는 법치국가 형법의 기본원칙"163)이라고 판시하고 있다.

먼저 죄형법정주의의 법률주의원칙에 관하여, 헌법 제12조 제1항은 '법률과 적법한 절차에 의하지 아니하고는 처벌을 받지 아니한다'고 규정하여 '범죄와 형벌'은 법률에 의하도록 규정하고 있다. 이때 법률이란 국회에서 제정된 형식적 의의의 법률을 뜻하고, 형법의 법원은 사법·행정 등 다른 영역과는 달리 관습법·명령·규칙·판례·조리의 직접적 법원성이 부정된다.164) 특히 죄형법정주의는 성문법이 아닌 관습법 등에 의한 범죄의 성립은 허용되지 않는다는 것을 근대 이후 형법의 기본정신으로 선언하고 있다.165) 헌법재판소는 죄형법정주의의 법률주의원칙 위반여부를 판단함에 있어 "형벌 구성요건의 실질적 내용을 법률에서 직접 규정하지 아니하고 모두 단체협약에 위임하고 있어 죄형법정주의의 기본적 요청으로서 범죄와 형벌에 관하여는 입법부가 제정한 형식적 의미의 법률로써 정하여야 한다는 법률주의에 위배된다."166)고 판시한 이래 형벌 구성요건의 '실질적 내용'을 법률에서 직접 규정할 것을 요구하고 있다.

한편 형벌법규도 헌법 제75조에 따라 하위법령에 위임을 할 수 있다고 하면서

162) 임웅, 형법총론, 19면; 이재상, 형법총론, 14면 참조.
163) 헌재 1991. 7. 8. 91헌가4, 판례집 3, 336, 340.
164) 임웅, 형법총론, 제19면 참조.
165) 영미계의 보통법체제하에서도 보통법 범죄(common law crimes)의 전통은 19세기에 중단되었고, 미국에서도 대부분의 주가 폐지하였으나, 아주 예외적으로 보통법 범죄가 인정된 경우가 있다[영국판례(Shaw v. Director of Prosecution, 1962), 이경재, "영미형법상 죄형법정주의", 164–165면 참조]. 또한 미국에서 보통법에 의한 범죄인정은 과거의 일이라고 한다(Joshua Dressler, Understanding Criminal Law, 29면 참조).
166) 헌재 1998. 3. 26. 96헌가20, 판례집 10–1, 213, 220.

도 "특히 긴급한 필요가 있거나 미리 법률로서 자세히 정할 수 없는 부득이한 사정이 있는 경우에 한정되어야 하고 이러한 경우일지라도 법률에서 범죄의 구성요건은 처벌대상인 행위가 어떠한 것일 것이라고 이를 예측할 수 있을 정도로 구체적으로 정하고 형벌의 종류 및 그 상한과 폭을 명백히 규정하여야 한다."[167]고 하여 다른 기본권제한법규에 비하여 엄격한 위임의 필요성요건을 제시하였고, 원칙적으로 헌법 제75조, 제95조에서 예정하고 있는 대통령령, 총리령, 또는 부령 등의 법규명령의 형식을 벗어나서는 아니된다고 판시하고 있다.[168] 이러한 헌법재판소의 판단기준을 정리하여 보면 다음과 같다. 첫째, 내용요건으로는 형벌 구성요건의 '실질적' 내용을 법률에서 직접 규정하여야 한다. 둘째, 법률주의의 엄격한 위임의 필요성 요건으로는 ① 특히 긴급한 필요가 있거나 ② 미리 법률로서 자세히 정할 수 없는 부득이한 사정이 있을 것이 요구된다. 셋째, 위임입법의 방식 요건으로서 범죄의 구성요건은 처벌대상인 행위가 어떠한 것일 것이라고 이를 예측할 수 있을 정도로 구체적으로 정하고, 형벌의 종류 및 그 상한과 폭을 명백히 규정하여야 한다. 넷째, 위임의 대상은 원칙적으로 헌법에서 예정한 법규명령에 국한된다. 이 중 둘째, 셋째 요건에 대하여, 헌법재판소는 죄형법정주의의 명확성원칙의 문제로 분류하여 검토하고 있으나, 둘째 요건은 법률주의원칙의 문제로 보는 것이 타당하다.

다음으로 헌법재판소는 죄형법정주의의 명확성원칙을 형벌법규의 위헌심사에 있어 주요한 심사기준으로 활용하고 있다. 이는 우리 형벌법규 — 특히 행정형벌법규 — 에서 광범위하게 사용되고 있는 일반규정 · 위임규정과 관련하여 형사재판과정에서 청구인들이 다른 해석의 가능성을 제기하고, 일정한 법원의 해석에 대하여 죄형법정주의를 근거로 다투고 있기 때문이다. 특히 종래 법원의 해석을 다투는 헌법소원청구에 대하여 부적법하다는 이유로 각하를 하였으나, 한정위헌형식의 청구의 적법성에 관한 논의[169] 이후 최근에는 한정위헌청구를 단순위헌청구의

---

167) 헌재 1991. 7. 8. 91헌가4, 판례집 3, 336, 341에서 처음 형벌법규에 대한 위임입법의 한계에 대하여 판시한 이래, 헌재 1996. 2. 29. 94헌마213, 판례집 8−1, 147, 158−159; 헌재 2000. 6. 29. 99헌가16, 판례집 12−1, 767, 775; 헌재 2000. 7. 20. 99헌가15, 판례집 12−2, 37, 46 등에서 일관되게 판시하고 있다.

168) 헌재 2010. 7. 29. 2008헌바106, 판례집 22−2상, 288, 297 참조.

169) 헌법재판소는 이른바 '한정위헌청구의 적법성'에 관하여, 헌법재판소법 제68조 제2항이 "법률의 위헌여부심판의 제청신청이 기각된 때에는"이라고 규정함으로써 심판의 대상을 "법률"에 한정하고 있으므로, 일반적으로 법률조항 자체의 위헌판단을 구하는 것이 아니라 법률조항을

일부에 해당한다고 보거나 청구인의 주장을 선해하여 단순위헌청구로서 적법하다고 하는 사례가 다수 있다.[170] 이처럼 헌법재판소는 한정위헌청구에 대하여 죄형법정주의의 명확성원칙 위배를 다투는 것으로 선해하여 해석하면서 명확성원칙에 대한 판단이 많아지고 있다. 본 저서가 대상범위로 삼고 있는 1988년부터 2014년까지의 형벌법규에 대한 헌법재판소 결정 중 죄형법정주의의 명확성원칙 위반을 이유로 위헌결정이 이루어진 사례는 모두 26건이고, 한정위헌 결정한 사례는 1건으로 형벌법규에 관한 위헌결정건수(한정위헌, 헌법불합치 포함)의 80건 중 33.7%를 차지하고 있다.[171] 법치국가원리에서 근거한 명확성 원칙과 죄형법정주의 명확성원칙의 구별기준, 명확성의 판단자 즉 수범자에 따른 판단기준, 명확성원칙의 적용범위(위법성조각사유), 과잉금지원칙과의 관계 등에 관하여 살핌으로써 죄형법

"……하는 것으로 해석하는 한 위헌"이라는 판단을 구하는 청구는 헌법재판소법 제68조 제2항에 의한 청구로 적절하지 않다고 하여 원칙적으로 부적법하다는 원칙 하에서 예외적으로 적법하다고 한 것으로는 ① 법규정 자체의 불명확성을 다투는 것으로 보는 경우로서 헌법상의 명확성 원칙을 다투는 경우 혹은 조세법률주의 위반을 다투는 경우 ② "법원의 해석에 의하여 구체화된 심판대상규정의 위헌성" 문제가 있는 것으로 볼 만큼 일정한 사례군이 상당기간에 걸쳐 형성, 집적된 경우 ③ 위 두 가지에는 해당하지 않지만 한정위헌의 판단을 구하는 청구가 법률조항 자체에 대한 다툼으로 볼 수 있는 경우를 들고 있다(헌재 2003. 12. 18. 2001헌바91, 판례집 15－2하, 406, 430－431 등). 법률과 법률의 해석에 의해 법률의 내용이 정해지므로 이를 준별할 수 없고, 헌법재판소가 법률이 헌법에 위반되는지를 판단하기 위해서는 헌법해석과 아울러 법률의 내용을 확정하는 것이 필수적이라는 점에서 법률조항의 해석을 다툰다는 이유만으로 원칙적으로 부적절하다고 볼 것이 아니고, 선례가 예외로 들고 있는 위 ①③항은 법률조항 자체에 대한 위헌청구를 당사자가 한정위헌청구의 방식으로 청구한 것이라는 점에서 한정위헌청구라고 보기 어렵고, ②항은 결국 법원의 해석을 통해 법률조항의 적용범위가 형성되었다는 것이므로 결국 법률조항의 위헌성을 다투는 것으로 볼 수 있는바, 청구인이 한정위헌청구를 하여 오는 경우 법률의 위헌성을 다투는 규범통제를 청구할 때는 적법한 것으로 보아 본안 판단에 나아가고, 명백히 구체적 사안에서 재판의 기초가 되는 사실관계의 인정과 그 인정된 사실에 대한 단순한 법률적용을 다투는 경우에는 부적법한 것으로 보는 것이 적정하다는 의견이 있다(헌법재판의 주요쟁점에 대한 검토, 헌법재판소, 2011, 3－28면, 허완중 책임연구관, 김경목 부장연구관 의견). 위 검토회의에서는 법률과 법률해석론의 준별이 어렵다는 점이 지적되었고, 실무처리방안으로는 한정위헌청구를 인정하는 전제에서 원칙적 허용, 예외적 부적법으로 하는 방안 등이 논의되었으나, 결론이 내려지지는 않았고 결국 이후의 헌재결정에 맡겨진 상황이었고, 2011헌바117 결정에 이르러 명시적으로 한정위헌청구에 대하여 원칙적으로 적법성을 인정하기에 이른다. 다만 2011헌바117 결정으로 모든 한정위헌청구에 대하여 본안에 나아갈 것인가 하는 점에 대하여는 아직 명확하게 정리되었다고 보기는 어렵다(오영신, "구 특정범죄 가중처벌 등에 관한 법률 제2조 제1항 위헌소원 등", 헌법재판소 결정해설집 제11집, 헌법재판소, 2013, 581－585면 참조).

170) 헌재 2011. 2. 24. 2009헌바33, 판례집 23－1상, 88, 97; 헌재 2010. 9. 30. 2009헌바313, 공보 제168호, 1698, 1699 참조.

171) 위헌결정 중 양벌규정에 대한 위헌결정이 14건에 이르러 이를 제외한 위헌결정 중에서 그 비율을 산정하여 보면 40%(27/66)에 이른다.

정주의 명확성원칙이 형벌법규의 위헌심사 기준으로서 가지는 의미와 특성을 밝히도록 한다.

죄형법정주의의 유추적용금지원칙은 형벌법규에 처벌의 대상으로 명시되지 않은 사항에 대하여 그 사항과 가장 유사한 사항을 규정한 형벌법규를 적용하여서는 안 된다는 원칙이다. 최근 헌법재판소에서 형법 제129조 제1항의 뇌물수수죄 조항 중 '공무원'에 대한 법원의 해석·적용에 관하여 죄형법정주의의 유추적용금지원칙위반을 이유로 한정위헌 결정을 함으로써 형벌법규에 있어 위헌적인 유추적용이 헌법재판의 대상이 될 수 있음을 판시하였다. 이 결정은 죄형법정주의의 유추적용금지원칙이 헌법재판소에서 법정의견에서 위헌의 논거로 제시된 첫번째 사례로서 위헌심사와 관련된 법률해석론과 관련하여 명확성원칙과의 관계, 유추적용금지의 적용범위(다른 기본권제한법규에서 유추적용이 금지될 것인지), 형벌법규의 유추적용에 대한 위헌심사의 의미가 논의될 수 있다.[172)]

헌법 제13조 제1항 전단은 형벌불소급의 원칙을 규정하고 있다. 따라서 형벌법규는 효력발생 이후의 행위에만 적용되고, 시행되기 이전의 행위에까지 소급하여 효력을 갖지 않는다. 만일 사후입법에 의하여 행위시에 적법이었던 행위를 행위 후에 범죄로 만든다면 죄형법정주의의 정신은 근본적으로 무너지고, 국민은 법질서에 대한 신뢰를 상실하여 법치국가가 의도하는 법적 안정성 및 법적 예측성이 크게 훼손될 것이다.[173)] 형벌법규의 불소급원칙은 예외가 없는 절대적인 것으로서 다른 기본권제한법규에 적용되는 신뢰보호원칙과의 관계에서 그 특성을 찾아볼 수 있고, 보안처분법규의 소급적용과 관련하여 검토가 필요하다. 또한 공소시효의 정지규정 및 판례의 변경이 형벌법규의 불소급원칙 위반인지 여부에 대하여 헌법재판소에서 논의가 이루어졌다.

이하에서는 죄형법정주의의 법률주의원칙, 명확성원칙, 그 외 파생원칙으로서

172) 이에 대하여는 오영신, "법률의 유추적용에 대한 위헌심사", 성균관법학(제26권 제1호), 성균관대학교 법학연구소, 2014. 3, 1-30면에서 법률의 유추적용 일반의 위헌심사가능성의 차원에서 다루었다. 그 내용 중 일부를 본 저서의 전개에 필요한 정도의 범위에서 간략히 재정리하도록 한다. 그리고 이하에서는 위 글에서 밝힌 바와 같이 법 개념의 포섭범위가 명확한 핵심영역에 관한 것에 있어서는 유추와 해석이 명확히 구별되고, 일반조항이나 재량규정을 통해 법관에게 해석을 위임하는 경우와 특정 사안에 대한 법률의 흠결이 있고 이를 보충할 법관의 결정으로 흠결을 보충할 필요가 있는 경우를 구별할 수 있다는 점에서 법률의 흠결시 이를 보충하는 유추는 법률의 해석과는 구별되는 개념으로 파악될 필요가 있으므로 이하에서는 '유추적용'이라는 용어로 통일하기로 한다.

173) 임웅, 형법총론, 제22면; 한수웅, 헌법학, 288면 참조.

유추적용금지원칙, 소급효금지원칙, 적정성원칙에 대하여 차례로 검토하되, 형벌법규의 위헌심사기준으로 활용되는 방식과 심사기준이 보다 명확하게 드러나는 위헌결정 사례를 중심으로 분석한다.

2. 범죄와 형벌의 법률주의 원칙

가. 헌법재판소의 결정례

(1) '위임의 형식요건'에 관한 결정례

헌법재판소는 단체협약에 의한 결정에 위반한 행위를 한 자에 대한 형벌규정에 대하여 "범죄구성요건의 실질적 알맹이, 즉 금지의 실질을 단체협약의 내용에 모두 내맡기고 있는 바, 단체협약은 위에서 본 바와 같이 근본적으로 근로조건에 관한 노동조합과 사용자 또는 사용자단체간에 체결되는 계약에 불과하므로 결국 처벌법규의 내용을 형성할 권한을 노사(勞使)에 넘겨준 것이나 다름없다"[174]고 판시하였고, 새마을금고의 정관과 농협의 정관에 범죄구성요건을 위임한 사안에서 모두 죄형법정주의의 법률주의원칙 위반이라고 판시하고 있다.[175] 또한 헌법재판소는 "범죄구성요건에 해당하는 '감사보고서에 기재하여야 할 사항을 기재하지 아

174) 헌재 1998. 3. 26. 96헌가20, 판례집 10-1, 213, 221 [심판대상조문 : 구 노동조합법 제46조의3(벌칙) 제34조 제1항의 규정에 의한 체결된 단체협약 또는 제38조의 규정에 의한 결정에 위반한 자는 1,000만원 이하의 벌금에 처한다. 문제된 사안 : 노조 단체협약의 "회사와 조합은 이 협약에서 정하는 단체교섭의 협의에서 해결되지 아니하는 경우 이외에는 쟁의행위를 하지 않는다."는 규정에 위배하여 연장근로와 휴일근로를 거부하는 쟁의행위를 하였다는 이유로 기소된 사안에서 법원이 직권으로 위헌제청한 사안이다].

175) 헌재 2001. 1. 18. 99헌바112, 판례집 13-1, 85, 96 참조 [심판대상조문 : 구 새마을금고법 제66조 (벌칙) ①금고 또는 연합회의 임·직원이 다음 각호의 1에 해당하는 행위를 한 때에는 5년 이하의 징역 또는 500만원 이하의 벌금에 처한다. 2. 이 법과 이 법에 의한 명령 또는 정관에 위반하는 행위를 함으로써 금고 또는 연합회에 손해를 끼쳤을 때. 문제된 사안 : 금고이사장이 금고여유자금으로 정관에 위배하여 보장금리가 없는 주식운용상품에 투자하여 금고에 손해를 끼쳤다는 사건에서 위헌소원이 제기된 사안이다); 헌재 2010. 7. 29. 2008헌바106, 판례집 22-2상, 288, 297-298(농업협동조합법 제172조(벌칙) ② 다음 각 호의 1에 해당하는 자는 1년 이하의 징역 또는 1천만 원 이하의 벌금에 처한다. 2. 제50조 제4항(제107조·제112조 또는 제161조의 규정에 따라 준용되는 경우를 포함한다)의 규정을 위반하여 선거운동을 한 자 법 제50조(선거운동의 제한) ④ 누구든지 임원선거와 관련하여 다음 각 호의 방법 중 정관이 정하는 행위 외의 선거운동을 할 수 없다. 문제된 사안 : 지역신문기자가 농협임원선거와 관련하여 정관이 정하는 행위 외의 선거운동을 하였다는 내용으로 기소되어 위헌소원이 청구된 사안이다].

니하거나'의 의미내용에 관하여 이를 하위 법령에 전혀 위임조차 하지 아니하고 있음에도 불구하고, 증권관리위원회 및 금융감독위원회가 정한 내부규칙인 회계감사기준은 특히 그 제4장의 보고기준에서 위 사항에 대하여 마치 법률의 위임을 받은 것처럼 그 내용을 직접 상세히 규정하고 있다. 그렇다면 이는 구성요건적 행위를 법률의 위임없이 사실상 하위규범에 의하여 정의하고 제한하고 있는 것이 될 것이므로 국민의 모든 자유와 권리에 대한 제한을 반드시 '법률'에 의하여만 할 수 있도록 규정한 헌법 제37조 제2항 전단을 직접 위배하는 것이 된다고 할 것이다."[176]라고 판시하였다.

반면, 헌법재판소는 위반시 형사처벌이 되는 단체협약사항을 6가지로 구체화한 형벌법규에 대하여 "이 사건 법률조항은 위 헌법재판소 결정의 대상이 되었던 개정 전의 법률조항과는 달리 처벌의 대상이 될 단체협약 위반행위를 6가지로 분류하고 구체화하여 이를 직접 법률로써 규정한 것 중의 하나로서, 형벌을 통해 금지하고자 하는 행위의 실질을 법률 스스로 직접 규정하고 있다(이 사건 법률조항의 규정형식보다 더 이상 구체성을 띤 입법형식으로 단체협약 위반행위를 규정한다는 것은 입법기술상으로도 쉽지 않다고 보여진다). 그러므로 이 사건 법률조항은 위 헌법재판소 96헌가20 결정의 취지에 반하는 것으로 볼 수 없다."[177]고 하여 합헌결정을

176) 헌재 2004. 1. 29. 2002헌가20 등, 판례집 16-1, 1, 23 [심판대상조문 : 구 주식회사의 외부감사에 관한 법률 제20조 (벌칙) ① 상법 제635조 제1항에 규정된 자, 감사인 또는 그에 소속된 공인회계사나 감사업무와 관련된 자가 다음 각호의 1에 해당하는 행위를 한 때에는 2년 이하의 징역 또는 1천만 원 이하의 벌금에 처한다. 2. 감사보고서에 기재하여야 할 사항을 기재하지 아니하거나 허위의 기재를 한 때. 문제된 사안 : 회계법인 소속 공인회계사들이 주식회사의 외부감사를 실시하여 감사보고서를 작성함에 있어 감사보고서에 기재할 사항을 기재하지 않았다는 이유로 기소되어 법원에서 위헌제청한 사안이다] : 죄형법정주의의 법률주의를 근거로 하지 않고 헌법 제37조 제2항의 법률주의를 언급한 것은 의문이나, 법률의 위임없이 범죄구성요건을 구성하도록 한 것은 법률주의원칙 위반이라는 점을 분명히 한 취지로 이해된다.

177) 헌재 1998. 3. 26. 96헌가20, 판례집 10-1, 213. 225 [심판대상조문 : 노동조합 및 노동관계조정법(2001. 3. 28. 법률 제6456호로 개정된 것) 제92조(벌칙) 다음 각 호의 1에 해당하는 자는 1천만 원 이하의 벌금에 처한다. 31. 제31조 제1항의 규정에 의하여 체결된 단체협약의 내용 중 다음 각 목의 1에 해당하는 사항을 위반한 자

가. 임금·복리후생비, 퇴직금에 관한 사항

나. 근로 및 휴게시간, 휴일, 휴가에 관한 사항

다. 징계 및 해고의 사유와 중요한 절차에 관한 사항

라. 안전보건 및 재해부조에 관한 사항

마. 시설·편의제공 및 근무시간 중 회의참석에 관한 사항

바. 쟁의행위에 관한 사항

문제된 사안 : 국민건강보험공단 지역본부장 등이 징계위원회 개최에 있어 노조추천자 참관이라는 단체협약내용을 위반하였다는 내용으로 기소되어 위헌제청된 사안이다].

하였고, ‘행정관청의 시정명령위반’이라는 범죄구성요건에 대하여 죄형법정주의의 법률주의원칙에 위배되지 않는다고 판시하였으며,[178] 게임물 관련사업자의 제공 또는 승인이 구성요건인 형벌법규,[179] 행정기관인 청소년보호위원회에 유해매체물 판정권한을 위임한 형벌법규,[180] 범죄구성요건의 일부를 조례[181]나 고시[182]에 위임한 형벌법규에 대하여 죄형법정주의의 법률주의원칙에 위배되지 않는다고 판시하였다.

(2) ‘엄격한 위임의 필요성 요건’에 관한 헌법재판소 결정례

헌법재판소는 초기에 복표발행, 현상 기타 사행행위 단속법 제5조에서 시행령에 처벌대상행위로 정해놓은 규정들은 각령에 위임할 것이 없이 본법에서 충분히 규정할 수 있는 것이고,[183] 범죄 구성요건인 건축물의 용도변경행위를 전부 대통령령에 위임하여야 할 위임의 긴급한 필요나 미리 법률로써 자세히 정할 수 없는 부득이한 사정도 전혀 찾아볼 수 없다고[184] 하는 등 포괄위임입법금지 원칙위반 여부 판단의 전제로서 엄격한 위임의 필요성 요건을 간략히 언급하여 위헌결정의 사유로 삼아왔다. 이후 위헌결정을 함에 있어 그에 관한 논증이 구체화된다.

먼저, 약국을 관리하는 약사 또는 한약사는 ‘보건복지부령으로 정하는 약국관리에 필요한 사항을 준수하여야 한다’는 약사법 제19조 제4항 위반자에 대한 위헌결정에서 죄형법정주의 및 포괄위임입법금지 원칙과 관련하여, “이 사건 약사법 시행규칙 제11조 제1항이 정하고 있는 준수사항은 위임입법의 취지 중 하나인 급변하는 사회현상에 맞추어 수시로 긴급하게 개정할 필요가 있는 것으로 보기 어려운 동시에 입법기술상 법률에 규정하는 것이 현저히 곤란하다고 보이지도 않으며 처벌규정으로서 그 구성요건을 행정입법에 포괄적으로 위임하여야 할 부득이한 사정이 있다고 보기 힘들다.”[185]고 판시하여 위헌결정을 하였다. 대통령령에 정하는 바에 위반하여 행하여지는 유가증권의 시세고정 · 안정 목적의 매매거래

178) 헌재 2012. 8. 23. 2011헌가22, 판례집 24－2상, 400, 406－407 참조.
179) 헌재 2012. 6. 27. 2011헌마288, 판례집 24－1하, 773, 782－783 참조.
180) 헌재 2000. 6. 29. 99헌가16, 판례집 12－1, 767, 776 참조.
181) 헌재 2005. 10. 27. 2003헌바50 등, 판례집 17－2, 238, 259－260 참조.
182) 헌재 2008. 7. 31. 2005헌마667 등, 판례집 20－2상, 269, 286－287 참조.
183) 헌재 1991. 7. 8. 91헌가4, 판례집 3, 336, 342－343 참조.
184) 헌재 1997. 5. 29. 94헌바22, 판례집 9－1, 529 참조.
185) 헌재 2000. 7. 20. 99헌가15, 판례집 12－2, 37, 49.

등을 금하고 있는 구 증권거래법 규정의 위헌결정에서 위임입법의 한계를 일탈하였는지를 검토하면서 '위임입법의 필요성'이라는 제목하에 "증시환경의 변화에 맞추어 규제 또는 허용해야 될 주가고정·안정행위들을 국회에서 그때그때 사전에 예측하여 법률에 반영하는 것은 국회의 기술적·전문적 능력이나 시간적 적응능력의 한계를 벗어나므로, 일반적으로는 법률로서는 기본적인 사항만을 규정하고 세부적인 사항은 대통령령 등 하위규정에 위임함으로써 탄력적인 적용이 가능하도록 할 필요성은 있다고 할 수 있다. 그런데, 실제로 위 조항의 위임을 받은 시행령 제83조의8 제1항은, 1974. 12. 31. 구 증권거래법 시행령(대통령령 제7465호) 제52조의2 제1항으로 최초로 신설된 이후 현재에 이르기까지 수차례 조문의 위치 및 일부 사소한 부분의 표현만이 변경되었을 뿐 기본적인 내용에 있어서 동일성을 유지하여 왔는바, 이와 같은 점을 고려할 때 위 시행령에 규정된 내용이 증시환경의 변화나 신종 주가조작행위의 출현 등에 의하여 수시로 변경을 요하는 성격을 갖고 있는 것이라고 할 수는 없고 최소한 유가증권의 모집 또는 매출과 관련된 것이라는 점에 관하여는 법률조항 자체에 포함시켜 구체적으로 규정하는 것이 충분히 가능하였다고 할 것이다."[186]고 판시하여 엄격한 위임의 필요성 요건에 관하여 구체적으로 논증한 뒤 위헌결정을 하였다.

한편 어업단속·위생관리·유통질서 그 밖에 어업조정을 위하여 필요한 사항들을 규정한 대통령령에 위반한 경우 그 처벌에 관한 사항을 대통령령에 위임한 구 수산업법 규정에 대한 위헌결정에서는 포괄위임이나 위임입법의 한계에 대한 판단없이 바로 죄형법정주의원칙 위반여부만을 검토하면서 '위임의 필요성'이라는 제목하에 "가벌성과 처벌의 정도에 대한 판단은, 사회공동체의 가치관 또는 법감정을 고려하여 입법자가 정책적으로 결정하여야 할 문제로서, 그 판단이 사회적 상황에 따라 수시로 급변하는 것이라고 할 수 없을 뿐 아니라 미리 법률로써 자세히 정하기 어려울 정도로 전문적이고 기술적인 사항이라고 볼 수도 없다."[187] 고 판시하여 위헌결정을 하였다.[188]

---

186) 헌재 2005. 5. 26. 2003헌가17, 판례집 17-1, 579, 589-590.

187) 헌재 2010. 9. 30. 2009헌바2, 판례집 22-2상, 1, 19.

188) 이 사안에서 헌법재판소의 법정의견은 위임의 필요성과 예측가능성을 검토한 후, 죄형법정주의 원칙위반이라고 위헌결정하였다. 예측가능성의 문제를 죄형법정주의 명확성원칙의 문제로 보아온 헌법재판소의 결정례의 태도에 비추어, 위임의 필요성 부분을 죄형법정주의의 법률주의 원칙위반의 문제로 본 것으로 볼 수 있다. 반대의견에서는 죄형법정주의 원칙 외에 포괄위임 금지원칙도 심사기준으로 언급하면서 위임의 필요성 문제를 포괄위임금지원칙의 문제로 포섭

반면, 전기통신사업자의 전기통신역무를 이용하여 일반에게 공개를 목적으로 정보를 제공하는 자 중 청소년보호법상의 청소년유해매체물 제공자는 대통령령이 정하는 표시방법에 따라 청소년유해매체물임을 표시하도록 한 정보통신망이용촉진 및 정보보호등에 관한 법률 규정에 대한 합헌결정에서 “일반적으로 오늘날 전기통신이나 인터넷 기술의 빠른 발전추세를 감안할 때 그러한 정보의 표시방법에 관한 내용은 법률에서 직접 모두 규정하기보다는 전체적인 기준 및 개요를 법률에 정한 뒤 세부적인 사항은 변동 상황에 따른 탄력적 혹은 기술적 대응을 위하여 하위법에서 정하게 할 필요성이 인정된다고 할 것이다.”[189]고 하여 긴급한 필요나 부득이한 사정이라는 엄격한 위임의 필요성 요건에 대한 논증없이 합헌결정을 한 사례도 있다. 이는 ‘운전이 금지되는 술에 취한 상태의 기준’을 대통령령에 위임하고 있는 구 도로교통법 규정에 대한 합헌결정,[190] 근로계약 체결 시 사용자에게 근로조건의 명시의무를 규정하면서 이 경우 임금의 구성항목, 계산방법 및 지불방법에 관한 사항의 ‘명시방법’에 대해서는 대통령령에 위임을 한 근로기준법 규정에 대한 합헌결정[191]에서도 마찬가지이다.

나. 헌법재판소 결정례에 대한 분석

(1) 자치법규에 대한 형벌법규의 위임 가부

헌법재판소는 형벌 구성요건의 실질적 내용을 법률에 규정하여야 하고, 정관 등의 자치법규에 위임할 수 없다고 판시하면서도, 2006헌가9 결정에서는 6가지 유형으로 구체화된 단체협약에 대하여, 위임의 불가피성을 언급하며 죄형법정주의 원칙에 위배되지 않는다고 판시하였다. 이는 96헌가20에서 제시한 헌법재판소의 판단기준에 배치된다. 죄형법정주의의 명확성원칙위반의 문제까지 포함하여 위헌결정을 하였으므로 위헌이라는 최종 결론에 있어 차이는 없으나, 죄형법정주의의 법률주의원칙과 관련된 기존 선례를 실질적으로 번복하는 것임에도 이를 명확히

하고 있다.

189) 헌재 2004. 1. 29. 2001헌마894, 판례집 16－1, 114, 129.

190) 헌재 2005. 9. 29. 2003헌바94, 판례집 17－2, 152, 158 참조(다만 이 사안에서는 형벌법규가 문제된 사안임에도 위임규정만을 심판대상으로 삼아 죄형법정주의에 대한 언급없이 포괄위임금지원칙만을 심사기준으로 언급하고 있다).

191) 헌재 2006. 7. 27. 2004헌바77, 판례집 18－2, 108, 118－120 참조.

하지 않았다. 더구나 96헌가20 결정의 판단기준은 헌재 2010. 7. 29. 2008헌바106 결정에서 그대로 원용하였다는 점에서 기존 선례가 변경되지 않았다는 점은 명백하다. 이처럼 죄형법정주의의 법률주의원칙에 관한 헌법재판소의 심사기준이 논리적으로 일관된 것인지 의문을 가지게 한다. 이는 사실 이미 96헌가20 결정에서 '단체협약'에 위임하는 것이 법률주의 원칙에 위배된다는 취지의 판시를 하면서도 "잠정적으로 국가가 형벌로써 개입한다 할지라도 단체협약 위반행위 중 진정 형사처벌이 불가피한 중요한 사항을 특정, 정형화하여 구성요건상 명확히 규정함으로써 죄형법정주의의 요청을 만족시키는 방법이 바람직하다."[192]고 판시하여 법률주의원칙과 명확성원칙의 범주를 명확히 하지 않는데서 비롯된 것이다.

형법학자 이상돈 교수는 죄형법정주의의 법률주의원칙에 대하여 새로운 입장을 밝히고 있다. 그는 96헌가20 등 헌법재판소의 결정이 형법텍스트와 형법규범을 동일시하는 실증주의적 경향을 보이고 있다고 비판하면서 형사입법자는 형법텍스트에 결정의 방향을 잡아주는 결정프로그램을 입력하면 되는 것이고, 구체적인 형법규범화는 수권여부라는 형식적 기준과 관계없이 다양한 법형성기구들이 대화를 통한 민주적 법형성을 하고 있는지 여부에 따라 법률유보원칙 위반여부를 결정하여야 한다고 주장한다.[193] 그러나 시민들의 대의기구인 의회에 의한 법률에 의하여만 형벌이라는 인간의 신체 등에 가해지는 가장 가혹한 형태의 침해가 허용된다는 죄형법정주의의 역사적 성립경위 및 형벌의 경고와 이를 통한 규범화 기능 등 죄형법정주의의 기능에 비추어 볼 때, 의회입법의 수권과 그 범위 내에서 이루어지는 행정입법이라는 법률주의원칙은 포기될 수 없는 것이다. 게다가 이상돈 교수의 주장에 따르면, 형사입법자의 위임조차도 필요하지 않고 시민사회의 공론이 반영되는 절차에 의하여 만들어진 것인지 여부를 판단하여야 할 것인데 이는 위임입법의 내용과 방식 제한을 통해 행정부의 자의적 형벌권 행사를 제한하려는 우리 헌법의 취지에도 부합되지 않는다. 다만 헌법재판소에서 '정관'의 경

---

192) 헌재 1998. 3. 26. 96헌가20, 판례집 10-1, 213. 225.

193) 이상돈, 헌법재판과 형법정책, 84-91면 참조 : 이상돈 교수는 구체적으로 단체협약위반죄의 경우 단체협약이 노사자치를 실현하는 제도로서 노사간의 끊임없는 대화 속에서 형성되므로 시민사회의 자율적 규율이념이 실현된다는 점에서 문제가 없다고 한다. 또한 헌법재판소에서 위임자체가 없어 위헌이라고 하였던 부실감사의 기준 사안(헌재 2004. 1. 29. 2002헌가20 등 결정)에서는 만일 회계감사기준이 시민의 이익을 반영하는 전문가들의 공론에 뒷받침을 받아 제정된다면 법률주의 위반은 인정되지 않는다고 하여 법률주의의 문제를 시민사회의 공론을 통한 기준정립여부의 문제로 전환하고 있다.

우와는 달리 '노사협약'에 대하여 위반시 형사처벌이 되는 경우를 6가지로 구체화한 경우(2006헌가9 결정) 합헌결정을 한 것을 노사협약의 특성을 통하여 설명할 수는 있다고 생각된다. 새마을금고나 농협의 '정관'의 경우에는 내부 자치규범으로서 이를 위반한 행위가 형사처벌대상이 될 경우는 일반 형법에 의해 포섭될 수 있어 이를 별도로 규율할 필요성을 상정하기 어렵고, 형사처벌을 통하여 그 구성원들이 정관을 준수하도록 하여 새마을금고나 농협의 유지를 추구하도록 할 보호법익을 인정하기도 어렵다.[194] 또한 형사처벌의 내용이 결국 정관의 내용을 위반한 행위가 될 것이므로 형사처벌의 내용이 정관에 의해 결정된다. 반면, 노사의 단체협약위반죄의 경우에는 단체협약으로 체결하고도 그 단체협약을 지키지 않은 자를 처벌함으로써 단체협약의 이행을 확보하여 산업평화를 유지하고 근로 3권의 실현에 기여하려는 것으로 단체협약의 내용이 아닌 '근로자와 사용자의 단체협약의 준수 자체'를 보호의 객체로 삼고 있는 것이므로 법률주의원칙의 적용에 있어 다른 자치규범인 '정관'과는 차이가 있고, 형벌 구성요건이 노사의 단체협약에 위임된 것이 아니라 노사의 단체협약위반이라는 절차적인 측면이 구성요건 자체라고 볼 여지가 있다.[195]

(2) 조례나 고시, 행정위원회에 위임이 가능한 것인지 여부

앞서 본 바와 같이 헌법재판소는 조례나 고시, 행정기관에 대하여도 형벌법규의 위임이 가능하다고 판시하고 있다. 그러나 그 논거는 형벌법규가 아닌 다른 기본권제한법규의 선례나 논리를 원용하고 있다. 이처럼 기본권을 제한하는 다른 기본권제한법규의 논의를 형벌법규에서 그대로 사용할 수 있을 것인지에 대한 검토가 필요하다. 행정법학계는 대법원 판례 등을 설명하는 과정에서 행정규칙이라고 하더라도 법규적 성격을 가지는 경우가 있다고 하는 이른바 '행정규칙 형식의

---

194) 실제 위헌결정이 내려진 법률규정에 대하여, 그 내용을 삭제하거나(새마을금고법), 시행규칙으로 정하도록 하는 개정(농업협동조합법)이 이루어졌다.

195) 이상돈 교수는 96헌가2 결정에 대한 평석에서 이를 단체협약위반죄의 절차주의적 성격으로 분석하면서 단체협약위반죄는 근로기준법위반죄처럼 근로자 개인에게 어떤 실질적인 내용의 이익을 보장해주기 위한 형법규범이 아니라, 근로자와 사용자가 노동관계를 자치적으로 규율하기 위한 의사소통과 상호작용의 기초조건을 유지하는 것을 목적으로 하는 형법규범이라고 설명하고 있는데(이상돈, 헌법재판과 형법정책, 146－148면 참조), 이상돈 교수의 법률주의원칙에 대한 대화론적 접근에는 동의하지 않더라도 단체협약위반죄의 보호법익을 단체협약의 준수 자체라는 절차적 측면에서 바라본 것은 설득력이 있다.

법규명령' 논의를 통하여 행정규칙이라고 하더라도 법규명령의 성격을 가질 수 있다는 논의를 하고 있고,[196] 조례의 경우에는 해당 지방자치단체 내이기는 하나 구속력이 있는 법규명령의 성격을 가지고 있다.

그러나 행정권력이나 법관의 자의적 국가형벌권 행사가 횡행하였던 중세 내지 근대 초기의 죄형전단주의에 대항하여 확립된 죄형법정주의의 연혁과 그 기능에 비추어, 형벌법규는 다른 기본권제한법규와는 차이를 두지 않을 수 없다. 행정형벌의 대폭 증가 등으로 양자 사이가 근접되고 있더라도 그 본질적 차이점이 존재하는데 이는 앞서 본 바와 같이 의회의 입법에 의하지 않고는 시민들의 신체에 대한 가장 가혹한 형태의 침해인 형벌을 가하지 못한다는 것이다. 따라서 헌법에서 위임을 허용하고 있는 법규명령인 대통령령, 총리령, 부령 이외의 행정규칙이나 행정기관에 형벌구성요건을 위임하는 것은 원칙적으로 허용될 수 없다. 국가형벌권은 자치단체 내를 넘어서는 국가단위의 것으로 자치단체 내부에 구속력을 가질 뿐인 조례 또한 형벌법규의 위임대상이 된다고 보기는 어렵다. 이처럼 헌법재판소는 위임입법에 있어 형벌법규와 다른 기본권제한법규를 구분하지 않고 동일한 차원에서 바라봄으로써 형벌법규의 특성을 반영하지 않은 문제점을 보이고 있다.

규율방식의 측면에서 보더라도, 헌법재판소의 결정례 중 조례에 의한 경우인 '사실상 노무에 종사하는 공무원'의 범위는 그 성격상 일반화하여 법규명령으로 충분히 규정할 수 있는 것이라고 생각되고, '한약처방의 종류 및 조제방법'도 고시가 아닌 법규명령으로 입법이 가능한 것이라고 보인다. 청소년유해물의 경우에는 일차적으로 행정적 조치의 대상으로 삼고, 이러한 조치를 이행하지 않는 경우 형사처벌하는 단계적 방식으로 법률주의원칙의 문제를 해결할 수 있다고 생각된다. 보다 근본적으로는 이와 같이 기술적이고 전문적인 영역으로서 신속한 대응이 필요한 사항은 원칙적으로 수범자에게 예측가능한 행위규범을 제공하여야 하는 형벌법규의 영역이 아니라고 생각된다.

(3) '엄격한 위임의 필요성 요건'의 검토

헌법재판소는 형벌법규의 하위 법령 위임에 있어 엄격한 위임의 필요성 요건을 판시하고 있다. 그러나 실제 적용된 과정을 살펴보면, 포괄위임의 문제점으로

196) 홍정선, 행정법특강(제6판), 박영사, 2007, 158-160면 참조.

위헌결정을 하는 사안에서 엄격한 기준을 적용하여 판시하고, 합헌결정을 하는 경우에는 단순한 위임의 필요성에 대한 언급을 하는 정도로 완화된 판단을 하거나, 아예 위임의 필요성 논증을 생략하는 경우가 대부분이다. 이는 위임의 필요성을 독자적 위헌심사의 요소로 보지 않고 포괄위임금지원칙 및 죄형법정주의 원칙 위반여부의 논의에 있어 부수적으로 판단하는 것임을 알 수 있다.

형벌법규에 있어 '위임의 필요성'에 대한 엄밀하고 구체적 논증이 필요한 이유는 헌법재판소가 형벌법규의 특성에 비추어 '긴급한 필요 또는 부득이한 사정'이라는 엄격한 요건을 제시하고 있기 때문이다. 이에 반하여, 헌법 제37조 제2항의 법률유보의 경우에는 이러한 위임의 사유요건을 요구하지 않고 있다. 다만 헌법재판소는 행정영역의 기본권제한법규에서 고시, 조례에 대한 위임에 있어서는 행정규제기본법 제4조 제2항 단서에서 정한 바와 같이 법령이 전문적·기술적 사항이나 경미한 사항으로서 업무의 성질상 위임이 불가피한 사항에 한정된다 할 것이라고 판시하여 고시, 조례에 대한 위임에 있어서는 일정한 요건을 구비할 것을 제시하고 있다.[197)]

그러나 정작 문제는 제2장에서 살핀 바와 같이 대부분의 행정법규에서 행정목적의 달성을 위해 형벌을 그 수단으로 사용함에 따라 형벌에 관한 사항의 위임이 예외적인 것이 아니라 일반화되었고, 헌법재판소에서도 이러한 상황을 위헌심사기준의 완화를 통해 사실상 묵인하고 있다는 점에 있다. 즉 범죄구성요건의 상당부분을 하위법령에 위임하고 있는 행정형벌법규의 경우, 특히 긴급한 필요나 미리 법률로서 자세히 정할 수 없는 부득이한 사정이 있는 경우는 찾아보기 어려움에도 이에 대하여는 별다른 논증없이[198)] 하위법령에 일정한 범위를 정하여 위임하였는지 여부만을 따져 합헌결정을 하고 있다. 위임의 필요성이 없다고 위헌결정한 사례에서 논증한 방식을 보면, '일반적으로 약국관리에 관련된 사항'(99헌가15), '위임이 된 이후 개정이 이루어지지 않은 점'(2003헌가17) 등은 긴급한 필요나 부득이한 사정이 모두 배척된다고 하였다. 이를 기준으로 하여 위임의 필요성에 대

197) 헌재 2004. 10. 28. 99헌바91, 판례집 16-2하, 104 참조.

198) 헌재 1996. 2. 29. 94헌마13, 판례집 8-1, 126, 136-138 참조(위임의 예외적 필요성 판단없이 바로 예측가능성 판단을 하고 있는데 위임의 예외적 필요성 요건 - 긴급한 필요, 부득이성 - 을 갖추었다고 보기 어렵다). 헌재 2004. 1. 29. 2001헌마894, 판례집 16-1, 114; 헌재 2005. 9. 29. 2003헌바94, 판례집 17-2, 152에서는 위임의 필요성에 대하여 판단을 하기는 하였으나, 예외적 필요성 요건이 아닌 단순한 필요성에 대하여만 논증하고 있다.

하여 판단한다면, 합헌결정된 사례의 상당수에 대하여 엄격한 위임의 필요성이 인정되기 어려울 것으로 생각된다.[199)]

3. 죄형법정주의의 명확성원칙

가. 헌법재판소의 결정례

(1) 심사기준 일반

헌법재판소는 죄형법정주의의 명확성원칙 위반여부에 관하여 "죄형법정주의에서 파생되는 명확성원칙은 누구나 법률이 처벌하고자 하는 행위가 무엇이며 그에 대한 형벌이 어떠한 것인지를 예견할 수 있고, 그에 따라 자신의 행위를 결정할 수 있도록 구성요건이 명확할 것을 의미한다. 만일 형벌법규의 내용이 애매모호하거나 추상적이어서 불명확하면, 무엇이 금지된 행위인지를 국민이 알 수 없어 법을 지키기가 어려울 뿐더러 범죄의 성립 여부가 법관의 자의적인 해석에 맡겨져 죄형법정주의에 따라 국민의 자유와 권리를 보장하려는 법치주의의 이념은 실현될 수 없기 때문이다"[200)]라고 하여 명확성원칙 위반여부의 기준을 제시하고 있다. 또한 "다소 광범위하고 어느 정도의 범위에서는 법관의 보충적인 해석을 필요로 하는 개념을 사용하여 규정하였다고 하더라도 그 적용단계에서 다의적(多義的)으로 해석될 우려가 없는 이상 그 점만으로 헌법이 요구하는 명확성의 요구에 배치된다고는 보기 어렵다 할 것이다. 그렇지 않으면 처벌법규의 구성요건이 지나치게 구체적이고 복잡하게 정형화되어 다양하게 변화하는 생활관계를 제대로 규율할 수 없게 될 것이기 때문이다."라고 하여 법관의 보충적 해석에 의해 의미가 '일의적으로 파악'될 수 있으면 명확성원칙에 위배되지 않는다고 하고 있다.[201)]

---

199) 보건복지부령으로 정하는 바에 따른 의약품등의 유통 체계 확립과 판매 질서 유지에 필요한 사항을 위반한 약국개설자 등을 형사처벌하는 구 약사법조항의 경우에도 위 위헌결정례의 기준에 비추어 보면 위헌결정이 내려져야 할 것으로 보이나(5인의 재판관이 위헌의견), 재판관 6인의 위헌의견에 이르지 않아 합헌결정이 내려졌다. 합헌의견은 긴급성, 부득이성을 언급하면서도 구체적 논증없이 위임의 필요성 정도의 논증에 그치고 있다(헌재 2013. 8. 29. 2011헌가19 등, 판례집 25-2상, 345 참조).

200) 헌재 2013. 7. 25. 2011헌가26 등, 판례집 25-2상, 1, 5(이 글의 분석대상 중 명확성원칙 위반을 이유로 위헌결정이 내려진 최종 결정이다).

201) 헌재 1989. 12. 22. 88헌가13, 판례집 1, 357, 383(죄형법정주의의 명확성원칙에 대한 판단기준을 최초로 제시한 첫 번째 결정이다); 헌재 1995. 9. 28. 93헌바50, 판례집 7-2, 297, 307

위에서 제시한 '애매모호, 추상적, 불명확' 등의 기준은 그 자체로서 명확하다고 보기 어렵다. 이런 이유로 헌법재판소의 실무에서는 형벌법규에 대한 법률해석을 통해 해당 법규가 수범자에게 예측가능하고, 법집행자의 자의적 적용을 배제할 수 있는가를 살피고 있다.202) 헌법재판소는 이처럼 법령이 죄형법정주의 원칙상 명확성원칙에 위반되는지 여부를 판단함에 있어 일반 법률해석론의 입장에 따라 '법규범의 의미내용은 그 문언뿐만 아니라 입법목적이나 입법취지, 입법연혁, 그리고 법규범의 체계적 구조 등을 종합적으로 고려하는 해석방법에 의하여 구체화하게 되므로, 결국 법규범이 명확성원칙에 위반되는지 여부는 위와 같은 해석방법에 의하여 그 의미내용을 합리적으로 파악할 수 있는 해석기준을 얻을 수 있는지 여부'에 따라야 한다고 하고 있다.203) 이와 같이 죄형법정주의의 명확성원칙은 법률해석론과 긴밀하게 연결되어 있다. 그런데 이때 보충적이라고 하더라도 법률해석을 하는 주체는 결국 '법관'이라는 점에서 수범자의 예측가능성 확보라는 명확성원칙의 의미가 퇴색될 수 있다는 점이 문제된다. 이에 대하여는 '명확성원칙 위반여부의 판단자' 부분에서 검토하도록 한다.

(2) 위헌결정 사례

(가) 법률문언 자체의 불명확성을 이유로 위헌선언된 사례(11건)

법률의 문언이 명확성원칙에 위반됨을 이유로 위헌결정이 된 사례들을 보면, 세 가지로 크게 구분할 수 있다. 첫째, 형벌법규에 여러 가지 해석이 가능한 일반·추상적 용어를 사용한 경우, 둘째, 다른 법령에 의한 명령 등에 의해 구성요건이 특정되는 경우, 셋째, 구성요건의 내용을 정관이나 단체협약 등 사적 자치의 영역에 맡기는 경우가 그것이다.

1) 일반, 추상적 용어를 사용한 경우

헌법재판소는 '잔인성'의 사전적 의미는 '인정이 없고 모짊'이라고 할 수 있는데, 이는 미성년자의 감정이나 의지, 행동 등 그 정신생활의 모든 영역을 망라하

참조.

202) 헌재 1995. 9. 28. 93헌바50, 판례집 7-2, 297; 헌재 1998. 3. 26. 96헌가20, 판례집 10-1, 213; 헌재 2002. 2. 28. 99헌가8, 판례집 14-1, 87 등 참조.

203) 헌재 2010. 7. 29. 2008헌바106, 판례집 22-2상, 288, 297 등 참조.

는 것으로서 살인이나 폭력 등 범죄행위를 이루는 것에서부터 윤리적·종교적·사상적 배경에 따라 도덕적인 판단을 달리할 수 있는 영역에 이르기까지 천차만별이어서 법집행자의 자의적인 판단을 허용할 여지가 높고, '조장' 및 '우려'까지 덧붙여지면 사회통념상 정당한 것으로 볼 여지가 많은 것까지 처벌의 대상이 될 수 있어 이와 같은 경우를 모두 처벌하게 되면 그 처벌범위가 너무 광범위해지고, 일정한 경우에만 처벌하게 된다면 어느 경우가 그에 해당하는지 명확하게 알 수 없다고 보았다. 또한, '범죄의 충동을 일으킬 수 있게'라는 표현은 그것이 과연 확정적이든 미필적이든 고의를 품도록 하는 것에만 한정되는 것인지, 인식의 유무를 가리지 않고 실제로 구성요건에 해당하는 행위로 나아가게 하는 일체의 것을 의미하는지, 더 나아가 단순히 그 행위에 착수하는 단계만으로도 충분한 것인지, 결과까지 의욕하거나 실현하도록 하여야만 하는 것인지를 전혀 알 수 없어 그 규범내용이 확정될 수 없는 것이라고 보았다. 한편 아동복지법의 '덕성'은 '어질고 너그러운 품성'을 뜻하는 것으로 도덕이나 윤리가 품성으로 인격화된 것을 의미한다 할 것인데, 도덕이나 윤리는 국민 개개인마다 역사인식이나 종교관, 가치규범에 따라 자율적인 구속력을 지닌 내면적인 당위로서, 그 행위주체 일방에 대한 관계에서는 일의적으로 확정된 의미를 가질 수 있을지 모르나, 법의 집행자와 수범자 쌍방에 대한 관계에서는 일의적으로 확정된 의미를 가진다고 보기 어렵고, 그 적용범위의 한계가 명확하다고 할 수 없어 죄형법정주의의 명확성원칙에 위배된다고 보았다.204)

그 외에도 헌법재판소는 국가보안법 재범자의 특수가중처벌규정에 대한 '법정형의 최고를 사형'으로 하는 의미가 불명확하다고 보았고,205) '공중도덕상 유해한 업무'에서 공중도덕이라는 표현이 가치개념을 포함한 규범적 개념으로서 구체적인 행위의 지침으로 사용될 경우 개인에 따라서 그리고 시간과 장소, 구체적 사정에 따라서 위반 여부가 크게 달라질 수밖에 없다고 하였으며,206) '공익을 해할 목적으로 전기통신설비에 의하여 공연히 허위의 통신을 한 자'에 대한 형사처벌조항에

---

204) 헌재 2002. 2. 28. 99헌가8, 판례집 14-1, 87, 93-95 참조.

205) 헌재 2002. 11. 28. 2002헌가5, 판례집 14-2, 600, 607-608 참조(공산주의 이념서적 등을 판매하여 국가보안법위반죄로 기소되어 유죄확정판결을 받은 뒤, 다시 같은 범죄사실로 기소되어 법원에서 위헌제청한 사안이다).

206) 헌재 2005. 3. 31. 2004헌바29, 판례집 17-1, 429, 433-435 참조(유흥주점 등에 접대부를 소개하는 업무를 한 직업소개소 운영자가 기소되자 위헌소원을 제기한 사안이다).

대하여 '공익'이라는 개념은 매우 추상적인 것이어서 어떠한 표현행위가 공익을 해하는 것인지 여부에 관한 판단은 사람마다의 가치관, 윤리관에 따라 크게 달라질 수밖에 없다고 보았다.[207] 범죄구성요건 중 '중요한 회의',[208] 다량의 토사에 의해 상수원, 하천 등이 현저히 오염된 경우를 처벌하는 규정 중 '토사, 다량, 현저히 오염'[209]에 대하여 금지되는 행위가 어떤 것인지 예측하는 것을 일반 국민에게 기대할 수 없다고 보아 죄형법정주의의 명확성원칙에 위배된다고 보았다.

2) 다른 법령에 의한 명령에 의해 구성요건이 특정되는 경우

헌법재판소는 '이 법과 이 법에 의한 명령'이라고만 규정한 경우 어떠한 구체적인 내용도 정해질 내용의 예측이 가능한 것이 아니라고 판시하였고,[210] '정부의 명령사항'이라는 개념이 모호하게 규정됨으로써, 과세관청이 조세에 관하여 내린 행정적 처분 중 무엇이 이에 해당되고 해당되지 않는지에 관하여, 통상의 판단능력을 가진 국민이 무엇이 법률에 의하여 금지되는지를 예견하기 어렵다고 판시하였다.[211]

3) 구성요건의 내용이 사적 자치에 맡겨진 경우

앞서 죄형법정주의의 법률주의에 위반되었다고 결정한 사례에서 법률주의에 위반될 뿐 아니라 명확성원칙에도 위배된다고 판시하였다.[212]

---

207) 헌재 2010. 12. 28. 2008헌바157 등, 판례집 22-2하, 684, 696 참조[미국산쇠고기 수입반대 집회 도중 경찰이 시위여성을 강간하였다고 인터넷사이트에 허위사실을 게재(2008헌바157), 외환보유고 고갈로 환전업무 중단, 정부에서 달러매수 금지 공문전송 등 인터넷사이트 다음 아고라 토론방에 허위사실을 게재(2009헌바88, 이른바 '미네르바'사건)하였다는 취지로 기소되어 위헌소원이 제기된 사안이다].

208) 헌재 2011. 10. 25. 2010헌가29, 판례집 23-2상, 744, 750(재건축주택조합장이 시공사에 과다지급된 공사비 환급에 관하여 중요한 회의인 긴급이사회를 개최하면서 속기록·녹음 또는 영상자료를 만들지 않았다는 이유로 기소되어 위헌제청된 사안이다).

209) 헌재 2013. 7. 25. 2011헌가26 등, 판례집 25-2상, 1, 5-7 참조[도로확장 및 포장공사를 하면서 발생한 성토과정에서 발생한 토사를 하천에 흘려보내 위 법을 위반하였다는 취지(2011헌가2), 지역냉난방공사 관정작업 중 부유물질 함유된 다량의 토사를 하천에 유출하였다는 취지로(2013헌가14) 각 기소되어 법원에서 위헌제청한 사안이다].

210) 헌재 2001. 1. 18. 99헌바112, 판례집 13-1, 85, 94-95 참조.

211) 헌재 2007. 5. 31. 2006헌가10, 판례집 19-1, 558, 563-564 참조(소속 직원의 지방세체납에 대하여 서울시장 명의의 급여압류통지 후 추심명령 공문을 전달하였으나 이행하지 않자 고발당하여 기소된 사안에서 법원에서 위헌제청한 사안이다).

212) 헌재 1998. 3. 26. 96헌가20, 판례집 10-1, 213, 222-223(단체협약); 헌재 2010. 7. 29. 2008헌바106, 판례집 22-2상, 288, 298-299(농협 정관); 헌재 2001. 1. 18. 99헌바112, 판

(나) 포괄위임금지 내지 위임의 불명확성을 이유로 위헌선언된 사례(14건)

1) 포괄위임금지와 죄형법정주의의 명확성원칙의 관계

헌법재판소는 처벌법규의 일부를 하위법령에 위임하는 경우 죄형법정주의와 포괄위임금지원칙과의 관계에 대하여 "처벌법규에 대한 포괄위임입법금지원칙의 심사를 통해 그 위헌성을 판단하되, 헌법상 죄형법정주의 명확성원칙을 고려하여 위임의 필요성과 예측가능성이라는 기준을 보다 엄격하게 해석·적용하여야 … 중략 … 처벌법규의 위임은 첫째, 특히 긴급한 필요가 있거나 미리 법률로써 자세히 정할 수 없는 부득이한 사정이 있는 경우에 한정되어야 하고, 둘째, 이러한 경우일지라도 법률에서 범죄의 구성요건은 처벌 대상인 행위가 어떠한 것일 거라고 이를 예측할 수 있을 정도로 구체적으로 정하고, 셋째, 형벌의 종류 및 그 상한과 폭을 명백히 규정하여야 한다."[213]고 판시하여, 죄형법정주의의 명확성 원칙과 포괄위임금지원칙이 경합하여 함께 심사되고 있음을 밝히고 있다. 그러나 앞서 본 바와 같이 하위법규 위임의 엄격한 필요성 요건은 죄형법정주의의 법률주의원칙에서 검토되는 것이 타당하다.

이하에서는 죄형법정주의의 명확성원칙과 포괄위임금지원칙에서 함께 검토되는 '예측가능성' 요건을 중심으로 검토한다. 예측가능성 요건에 대하여 헌법재판소는 "헌법에 의하여 위임입법이 용인되는 한계인 법률에서 구체적으로 범위를 정하여 위임받은 사항이라 함은 법률에 이미 대통령령으로 규정될 내용 및 범위의 기본사항이 구체적으로 규정되어 있어서 누구라도 당해 법률로부터 대통령령에 규정될 내용의 대강을 예측할 수 있어야 한다는 것을 의미한다. 위임입법의 위와 같은 구체성 내지 예측가능성의 요구정도는 문제된 그 법률이 의도하는 규제대상의 종류와 성질에 따라 달라질 것임은 물론이고, 그 예측가능성의 유무를 판단함에 있어서는 당해 특정 조항 하나만을 가지고 판단할 것이 아니고 관련 법조항 전체를 유기적·체계적으로 종합판단하여야 하며, 각 대상법률의 성질에 따라 구체적·개별적으로 검토하여야 한다."[214]고 보았고, "헌법 제75조는 행정부에 입법을 위임하는 수권법률의 명확성원칙에 관한 것으로서, 법률의 명확성원칙이 행정

례집 13-1, 85, 97(새마을금고 정관) 참조.
213) 헌재 2014. 3. 27. 2011헌바42, 판례집 26-1상, 375, 391.
214) 헌재 1997. 5. 29. 94헌바22, 판례집 9-1, 529, 535.

입법에 관하여 구체화된 특별규정”215)으로 보아 일반 죄형법정주의 명확성원칙과 위임입법에서의 예측가능성 문제를 동일한 차원에서 접근하고 있다.

2) 범죄 구성요건을 대통령령이나 부령에 위임한 경우

헌법재판소는 구 복표발행, 현상기타사행행위단속법 제9조 중 ‘제5조의 규정에 의한 각령의 규정에 위반한 행위로서 각령에서 본조의 벌칙을 적용할 것을 정한 조항에 해당한 자’라는 부분에 대하여, “단속법 제5조는 ‘제3조 제1항의 규정에 의하여 허가를 받은 자의 당해행위 실시에 관한 업무의 범위, 처리절차, 주최자와 참가자의 관계, 기타 실시상 필요한 규정과 단속상 필요한 규정은 본법에 규정한 것을 제외하고는 각령으로써 정한다.’라고 되어 있어 이 규정이 오로지 처벌대상 행위의 설정을 각령에 위임하는 규정은 아니지만 제9조와의 관계에서 볼 때 처벌대상 행위까지도 각령으로 정할 수 있도록 하는 구체적으로 범위를 정하지 아니하고 ‘기타 실시상 필요한 규정’, ‘단속상 필요한 규정’이라고 극히 추상적이고 포괄적으로 정하고 있어 이러한 규정만으로써는 각령에서 정해질 처벌대상행위(범죄구성요건)가 어떠한 것일지 전혀 예측할 수 없다.”216) 고 보았다. 그 외에도 뇌물죄가 적용되는 정부관리기업체 및 간부직원의 범위를 대통령령으로 정하도록 한 규정에 대하여 ‘정부관리기업체’는 용어가 지나치게 추상적이고 광범위하여 죄형법정주의에서 요구되는 명확성의 원칙에 위배된다고 보았고,217) ‘건축물의 용도를 변경하는 행위는 대통령령이 정하는 바에 의하여 이를 건축물의 건축으로 본다.’는 규정은 건축물의 용도제한에 관하여 그 내용을 아무런 구체적인 기준이나 범위를 정함이 없이 이를 하위법령인 대통령령이나 조례에 백지위임하고 있어 위임내용을 예측할 수 없는 경우라고 판시하였다.218) 또한 ‘관계법령’이 정하는 기준에 적합하게 유지·관리하지 아니하는 것을 구성요건으로 하는 규정은 “예측할 수 있는 어떠한 기준도 정함이 없이 범죄의 요건을 하위의 법규명령에 포괄적으로 위임하는 것이어서 위임입법의 한계를 벗어난 것일 뿐만 아니라 죄형법정주의의 명확성의 원칙에도 반하는 것”219)이라고 판시하였다. 가정의례에 관한 법률

---

215) 헌재 2003. 7. 24. 2002헌바82, 판례집 15－2상, 131, 141.
216) 헌재 1991. 7. 8. 91헌가4, 판례집 3, 336, 342.
217) 헌재 1995. 9. 28. 93헌바50, 판례집 7－2, 297, 311 참조.
218) 헌재 1997. 5. 29. 94헌바22, 판례집 9－1, 529 참조. 헌재 2000. 1. 27. 98헌가9, 판례집 12－1, 1도 같은 취지의 위헌결정이다.
219) 헌재 1997. 9. 25. 96헌가16, 판례집 9－2, 312, 327.

제4조 제1항 제7호의 '가정의례의 참뜻에 비추어 합리적인 범위안',220) '대통령령이 정하는 경우가 아닌 한 누구든지 전기통신사업자가 제공하는 전기통신역무를 이용하여 타인의 통신을 매개하거나 타인의 통신용에 제공'하는 행위를 처벌하는 규정에서 대통령령에 규정될 내용 및 범위,221) '대통령령이 정하는 바에 의하여' 증권회사에 대하여 필요한 명령을 할 수 있다는 규정,222) '대통령령이 정하는 바에 위반하여' 유가증권의 시세 고정 · 안정행위를 하지 못한다는 규정223)이 죄형법정주의의 명확성원칙에 위배된다고 판시하였다.

헌법재판소는 약국을 관리하는 약사 또는 한약사는 보건복지부령으로 정하는 약국관리에 필요한 사항을 준수하여야 한다는 규정은 '약국관리'라는 개념 하에서 상정될 수 있는 많은 유형의 관리행위 중 구체적으로 어떠한 것이 보건복지부령으로 입법될 것인지를 예측하기 어렵다고 판시하였고,224) '의료업무에 관한 광고의 범위 기타 의료광고에 필요한 사항은 보건복지부령으로 정한다.'는 규정은 "의료광고의 금지에 관련되는 규정으로 보건, 의료광고의 허용에 관한 규정으로 보건 간에, 제4항만으로는 그 범위가 '한정적'인 것인지 '예시적'인 것인지, 의료광고의 내용을 규율하는 것인지 아니면 절차를 규율하는 것인지 알 수가 없다. … 중략 … 위에서 본 바와 같이 위임되는 내용이 허용되는 의료광고의 범위인지, 금지되는 의료광고의 범위인지 모호할 뿐 아니라, 하위법령에 규정될 의료광고의 범위에 관한 내용이 한정적인 것인지, 예시적인 것인지도 불분명하다. 나아가 위 조항이 위임하고 있는 내용이 광고의 내용에 관한 것인지, 절차에 관한 것인지 그 위임의 범위를 특정하기도 쉽지 않다."225)고 판시하였다. 또한 '이 법 또는 이 법에 의한 명령의 시행을 위하여 필요한 사항으로서 노동부령이 정하는 사항을 노동부장관에게 보고하여야 한다'는 규정에 대하여 '명령'의 '시행을 위하여 필요한 사항'의 구체적 내용은 법률의 차원에서는 전혀 규율되고 있지 아니하여 그 사항의 내용이나 종류를 예측하기 어렵고, 처벌법규의 구성요건에 관한 기본사항인 '보고내용'에 관하여 그 대강이 확정되지 않은 상태에서 그 규범의 실질을 모두 하위법령

220) 헌재 1998. 10. 15. 98헌마168, 판례집 10-2, 586 참조(예식장 운영자와 예식장내 식당운영자 및 혼인을 앞둔 자가 청구인이 되어 심판대상 조문에 대하여 헌법소원을 제기한 사안이다).
221) 헌재 2002. 5. 30. 2001헌바5, 판례집 14-1, 478 참조.
222) 헌재 2004. 9. 23. 2002헌가26, 판례집 16-2상, 394 참조.
223) 헌재 2005. 5. 26. 2003헌가17, 판례집 17-1, 579 참조.
224) 헌재 2000. 7. 20. 99헌가15, 판례집 12-2, 37 참조.
225) 헌재 2007. 7. 26. 2006헌가4, 판례집 19-2, 1, 8-9.

인 노동부령에 위임한 것은 포괄적 위임입법으로서 포괄위임입법금지원칙에 위반된다고 판시하였다.226)

3) 벌칙 그 자체를 하위법령에 위임한 경우

헌법재판소는 '대통령령으로 필요한 벌칙을 둘 수 있다'는 규정은 조업구역의 제한이나 금지를 위반한 어업을 형벌로 처벌할 것인지, 처벌한다면 어느 정도로 처벌할 것인지의 문제는, 전문적이고 기술적인 판단이 필요한 사항이 아니고 급변하는 상황에 연관된 문제도 아니므로 위임의 필요성이 없다고 보았고, 대통령령에 규정될 각각의 처벌조항의 법정형을 살펴보기 전까지는 어떠한 위반 행위들이 어느 정도의 형벌로 처벌될 것인지 예측할 수 없다는 이유로 죄형법정주의의 명확성원칙에 위반된다고 판시하였다.227) 이 사례에서는 포괄위임금지원칙에 대한 언급없이 죄형법정주의 원칙만을 위헌심사기준으로 삼아 위임의 필요성, 예측가능성으로 나누어 판단하였다.

(3) 한정위헌결정 사례

죄형법정주의 명확성원칙 위반을 이유로 한정위헌결정이 내려진 사안이 1건 있다. 헌법재판소는 감독기관의 승인을 얻어야 할 사항에 대하여 승인을 얻지 아니한 행위를 처벌하는 새마을금고법 제66조 제2항 제1호에 대하여, 수범자의 입장에서는 처벌조항인 이 사건 법률조항 및 관련 법률조항의 유기적·체계적 해석을 통해서도 어떠한 사항이 처벌을 수반하는 승인사항인지를 예견하기 어렵다고 보았다. 따라서 모법의 위임이 없이 독자적으로 승인사항을 규정한 법시행령 제23조에 대하여 처벌조항인 이 사건 법률조항을 적용하는 것은, 범죄와 형벌에 대하여 수범자의 예견가능성을 보장하고자 하는 죄형법정주의의 명확성원칙에 위배된다고 판시하였다.228)

결국 감독기관의 승인을 얻어야 할 사항이 법의 위임에 따라 법시행령에서 구체화된 경우에는 포괄위임금지원칙에 위반되지 아니하나, 모법의 위임이 없이 독

---

226) 헌재 2010. 2. 25. 2008헌가6, 판례집 22-1상, 1 참조.

227) 헌재 2010. 9. 30. 2009헌바2, 판례집 22-2상, 1 참조.

228) 헌재 2003. 3. 27. 2001헌바39, 판례집 15-1, 246, 246-247 참조(새마을금고 이사장이 대출한도 3억원을 초과하여 대출하는 경우에는 연합회장의 승인을 얻어야 함에도 승인없이 5억원을 대출하여 기소되었고, 이에 대하여 위헌소원이 제기된 사안이다).

자적으로 시행령에서 승인사항을 규정한 것은 죄형법정주의에 위반된다는 것이고, 그렇게 적용하는 한도에서 위헌이라는 것이다.229)

(4) 한정합헌결정된 사례

헌법재판소는 국가보안법 제7조 제1항의 "반국가단체나 그 구성원 또는 그 지령을 받은 자의 활동을 찬양·고무 또는 이에 동조하거나 기타의 방법으로 반국가단체를 이롭게 한 자는 7년 이하의 징역에 처한다"는 규정에서 '구성원', '동조', '기타의 방법으로 반국가단체를 이롭게' 등이 '사물의 변별능력을 제대로 갖춘 일반인의 이해와 판단으로서는 행위유형을 정형화할 해석의 합리적 기준을 찾기 어려운 개념이며 구성요건의 내포와 외연이 미치는 한계를 가리기 어려운 광범성이 있어 죄형법정주의 원칙에 위배될 소지가 있고, 헌법상의 언론·출판, 학문·예술의 자유를 위축시킬 염려가 있다'는 취지로 판시하면서도 '어떤 법률의 개념이 다의적이고 그 어의의 테두리 안에서 여러 가지 해석이 가능할 때 헌법을 그 최고법규로 하는 통일적인 법질서의 형성을 위하여 헌법에 합치되는 해석 즉 합헌적인 해석을 택하여야 하며, 이에 의하여 위헌적인 결과가 될 해석을 배제하면서 합헌적이고 긍정적인 면은 살려야 한다는 것이 헌법의 일반 법리'이므로 국가보안법 제7조 제1항 소정의 찬양·고무·동조 그리고 이롭게 하는 행위 모두가 곧바로 국가의 존립·안전을 위태롭게 하거나 또는 자유민주적 기본질서에 위해를 줄 위험이 있는 것이 아니므로 그 가운데서 국가의 존립·안전이나 자유민주적 기본질서에 무해한 행위는 처벌에서 배제하고, 이에 실질적 해악을 미칠 명백한 위험성이 있는 경우로 처벌을 축소제한하는 것이 헌법 전문·제4조·제8조 제4항·제37조 제2항에 합치되는 해석일 것이라고 보아 최초로 한정합헌 결정을 하였다.230)

이후에 같은 취지로 2002년까지 총 9회에 걸쳐 국가보안법, 집회 및 시위에

---

229) 이에 대하여, 한정위헌입장을 같이 하면서도 형사처벌이 아닌 징계책임, 민사책임에 관련되는 범위에서는 위임의 범위를 일탈하였다고 보기 어렵다는 취지의 한정위헌결정의견(재판관 김영일)이 있고, 법시행령 제23조의 내용이 법 제26조 제3항의 명시적 위임범위에 포함되는 것으로 볼 수 있고, 수범자가 금고 또는 연합회의 임직원, 청산인으로 한정되는 특성에 비추어 수범자의 예견가능성을 침해한 것으로 단정하기도 어렵다는 합헌의견(재판관 한대현, 하경철, 김효종)이 있다.

230) 헌재 1990. 4. 2. 89헌가113, 판례집 2, 49, 62-63 참조.

관한 법률, 군사기밀보호법에 대하여 한정합헌결정이 있다.[231]

나. 헌법재판소의 결정례에 대한 분석

(1) 법치국가원리에서 근거한 명확성원칙 등과의 차이점[232]

(가) 심사기준상 차이점

헌법재판소는 죄형법정주의의 명확성원칙 외에도 법치국가에서 근거한 명확성원칙, 조세법률주의의 과세요건 명확주의 등을 위헌심사기준으로 사용하고 있다. 헌법상 일반적 명확성원칙은 법치국가원리와 헌법 제37조 제2항에 근거를 두고 있는 것으로 모든 기본권제한법규에 대하여 요구된다. 규범의 의미내용으로부터 무엇이 금지되는 행위이고 무엇이 허용되는 행위인지를 수범자가 알 수 없다면 법적 안정성과 예측가능성은 확보될 수 없게 될 것이고, 법집행 당국에 의한 자의적 집행을 가능하게 할 것이기 때문이다.[233] 조세법규의 경우에도 헌법 제59조에 규정된 조세법률주의에 따라 아울러 과세요건을 법률로 규정하였다고 하더라도 그 규정내용이 지나치게 추상적이고 불명확하면 과세관청의 자의적인 해석과 집행을 초래할 염려가 있으므로 그 규정내용이 명확하고 일의적이어야 한다는 과세요건 명확주의를 그 핵심적 내용으로 하고 있다.[234] 또한 헌법재판소는 언론·출판·표현의 자유를 제한하는 법률에 있어서는 민주사회에서 표현의 자유가 수행하는 역할과 기능에 비추어 볼 때, 불명확한 규범에 의한 표현의 자유의 규제는 헌법상 보호받는 표현에 대한 위축효과(chilling effect)를 수반하기 때문에 규제되는 표현의 개념을 세밀하고 명확하게 규정할 것이 헌법적으로 요구된다고 판시

---

231) 그 외 한정합헌이 결정된 사안은 헌재 1990. 8. 27. 89헌가118 결정으로 진술거부권침해를 이유로 교통사고미신고죄에 대하여 형사책임과 관련되는 사항에는 적용되지 아니하는 것으로 해석되는 한 헌법에 위반되지 아니한다고 한 사례가 유일하다.

232) 오영신, "법률의 유추적용에 대한 위헌심사", 1-30면 중 해당부분을 본 저서의 논의전개상 필요한 범위에서 발췌, 원용하였다.

233) 헌재 1990. 4. 2. 89헌가113, 판례집 2, 49; 헌재 1996. 8. 29. 94헌바15, 판례집 8-2, 74; 헌재 1996. 11. 28. 96헌가15, 판례집 8-2, 526 참조.

234) 헌재 1992. 12. 24. 90헌바21, 판례집 4, 890, 899-900; 헌재 1998. 3. 26. 96헌바57, 판례집 10-1, 255; 헌재 1998. 12. 24. 97헌바33 등, 판례집 10-2, 871, 891; 헌재 1999. 7. 22. 97헌바55, 판례집 11-2, 149, 172; 헌재 1999. 7. 22. 97헌바16, 판례집 11-2, 126, 137; 헌재 1999. 2. 25. 96헌바64, 판례집 11-1, 96, 116-118; 헌재 2000. 6. 29. 98헌바35, 판례집 12-1, 786, 794-795 참조.

하고 있다.235) 한편 헌법재판소는 죄형법정주의원칙에서 파생되는 명확성원칙은 일반적인 법률에 비하여 명확성의 정도가 강화되어 더 엄격한 기준이 적용된다고 판시하고 있어,236) 죄형법정주의와 조세법률주의, 그리고 언론·출판·표현의 자유를 제한하는 법률에 있어서 일반적 명확성원칙에 비하여 엄격한 심사기준을 적용할 것을 강조하고 있다.

앞서 본 국가보안법, 집회 및 시위에 관한 법률, 군사기밀보호법은 표현의 자유 등을 형벌규정으로 제한하는 법률들이므로 그 명확성원칙이 더욱 엄격하게 지켜져야 할 것이다. 그럼에도 위헌결정을 하지 않고 한정합헌결정에 그쳤는바, 한정합헌결정 자체의 모호성,237) 법원을 구속하지 못하는 약한 법적 기속력의 문제점이 있다. 이러한 헌법재판소의 한정합헌결정은 표현의 자유에 대한 국가의 자의적 개입에 의한 위축효과의 폐단을 충분히 인식하지 못하고 있다는 비판을 받고 있고,238) 한정합헌결정의 취지를 반영한 개정 국가보안법에 대하여도 '국가의 존립·안전이나 자유민주적 기본질서를 위태롭게 한다는 정을 알면서'라고 하여 목적요건을 추가하였으나, 인식 또는 고의가 사실상 추정되어 온 법원의 판결태도에 비추어 보면 남용위험을 방지할 실효성이 없다는 점이 지적되고 있다.239)

여기서는 죄형법정주의의 명확성원칙이 일반적 명확성원칙에 비하여 가지는 차별성을 중심으로 검토한다. 헌법재판소는 일반적 명확성원칙과 관련하여 법규범의 문언은 어느 정도 가치개념을 포함한 일반적, 규범적 개념을 사용하지 않을 수 없는 것이기 때문에 명확성의 원칙이란 기본적으로 최대한이 아닌 최소한의 명확성을 요구하는 것으로서, 법문언이 법관의 보충적인 가치판단을 통해서 그 의미내용을 확인할 수 있고, 그러한 보충적 해석이 '해석자의 개인적인 취향에 따라

---

235) 헌재 1998. 4. 30. 95헌가16, 판례집 10－1, 327, 341－342; 헌재 2002. 6. 27. 99헌마480, 판례집 14－1, 616, 628 참조.

236) 헌재 2000. 2. 24. 98헌바37, 판례집 12－1, 169, 179; 헌재 2002. 7. 18. 2000헌바57, 판례집 14－2, 1, 16 참조.

237) 국가보안법 사건의 경우 결정주문도 '국가의 존립·안전을 위태롭게 하거나 자유민주적 기본질서에 위해를 줄 경우'라고 하여 결정이유에서 제시한 '실질적 해악을 미칠 명백한 위험성'이라는 기준을 주문에 표시하지 않는 점, 자유민주적 기본질서 등 개념 자체의 모호성 등이 지적되고 있다.

238) 임영덕/김형성, "위축효과에 대한 비교법적 고찰", 성균관법학 제21권 제2호, 성균관대학교 법학연구소, 2009. 8, 24면 참조.

239) 정재황, "국가안보와 표현의 자유·'알권리'－한국의 판례경향을 중심으로", 세계헌법연구 제2호, 국제헌법학회 한국학회, 1997. 11, 380－388면 참조.

좌우될 가능성'이 없다면 명확성의 원칙에 반한다고 할 수 없다고 하였다.[240] 반면, 죄형법정주의의 명확성원칙과 관련해서는 법관의 보충적 해석에 의해 의미가 '일의적으로 파악'될 수 있으면 명확성원칙에 위배되지 않는다고 하고 있다.[241]

주류적 결정례는 일반적 명확성원칙 심사에서는 '해석자의 개인적인 취향에 따라 좌우될 가능성이 있는지 여부'라는 다소 완화된 기준을, 죄형법정주의의 명확성원칙에서는 '의미가 일의적으로 파악될 수 있는지 여부'라는 강화된 기준을 사용하고 있다.[242]

(나) 불확정개념에 대한 위헌심사에서의 차이점

죄형법정주의의 명확성원칙과 관련하여 불확정개념을 사용한 경우 위헌결정이 이루어졌는데, 유사한 경우에 일반적 명확성원칙 심사에서는 합헌결정이 이루어졌다. 이를 유형별로 나누어 그 논증과정을 살펴본다.

1) '공익, 공중도덕' 등 일반추상적 용어로 가치충전이 필요한 규범적 용어

앞서 본 바와 같이 헌법재판소는 '공익'(2008헌바157), '공중도덕상 유해한 업무'(2004헌바29)의 경우에는 수범자가 그 의미를 예측할 수 없다는 이유로 죄형법정주의의 명확성 원칙에 위배된다고 판시하였다. 그 논증과정을 살펴보면, 가치충전이 필요한 규범적 용어를 사용하였다는 자체에 대하여, 죄형법정주의의 명확성원칙에 위배된다고 평가하였다.

일반적 명확성원칙 심사의 경우에도 '공공의 안녕질서' 또는 '미풍양속'을 해하는 내용의 통신을 금하는 전기통신사업법 제53조 제1항에 대하여 명확성원칙에 위배된다고 하여 위헌결정을 한 사례가 있으나,[243] 이는 표현의 자유의 영역으로

---

240) 헌재 1998. 4. 30. 95헌가16, 판례집 10－1, 327, 342.

241) 헌재 1989. 12. 22. 88헌가13, 판례집 1, 357, 383; 헌재 1995. 9. 28. 93헌바50, 판례집 7－2, 297, 307 참조.

242) 일반적 명확성원칙에서 '의미의 일의적 파악여부' 기준을 사용하거나(헌재 2005. 2. 3. 2003헌바1, 판례집 17－1, 70, 85), 죄형법정주의 명확성원칙에서 '해석자의 개인적인 취향에 따라 좌우될 가능성'을 언급하는 경우(헌재 2001. 6. 28. 99헌바31, 판례집 13－1, 1233, 1239; 헌재 2010. 4. 29. 2009헌바46, 판례집 22－1하, 21, 27)도 있다. 그러나 전자(2003헌바1 사례)는 형사처벌과 성격이 유사한 치료감호의 종기에 관한 것이고, 후자는 정당방위의 '상당성'에 대하여 죄형법정주의 명확성원칙이 적용된다고 하면서도 실제는 완화된 심사를 한 사례(99헌바31)이고, 2009헌바46은 이를 선례로 원용한 사례이다('정당한' 사유없이 보류해소 신고가 없으면 처벌받는 향토예비군설치법 위반조항에 관한 것으로 유사한 불확정개념을 사용한 '상당성'에 대한 선례를 원용한 것으로 보인다).

서 죄형법정주의의 명확성원칙과 마찬가지로 엄격한 기준이 적용되어야 하는 경우이다. 그 외에는 자동차운송업자가 준수해야 할 사항으로서 과징금 등의 전제가 되는 경우 '공공의 복리'를 저해하는 행위금지 조항과 기타 '공공복리'를 확보하기 위하여 필요한 조치를 명할 수 있다는 조항에 대하여, 공공복리라는 개념은 헌법과 하위규범인 법률 등에서 널리 사용되고 있다는 점, 자동차운수사업법 제1조의 목적에 비추어, 공공복리를 자동차운수사업에 관한 질서확립과 자동차운수의 발달도모를 통한 운송에 있어서의 안전과 쾌적 및 편의 등에 관한 것이라고 예측할 수 있다는 점을 들어 명확성원칙에 위배되지 않는다고 판시하였다.[244] 또한 국가공무원법상 '공무 외의 일'을 위한 집단 행위금지 조항에 대한 위헌심사에서 법원에서 '공익에 반하는 목적을 위하여 직무전념의무를 해태하는 등의 영향을 가져오는 집단적 행위'라고 해석하는 것을 전제로, "국가공무원법 규정의 수범자는 일반국민이 아니라 국민전체를 위해 봉사하여야 할 지위에 있는 공무원 집단이고, 공무원의 업무는 그 자체가 공익적이어야 한다는 점에서 일반 국민을 대상으로 공익에 반하는 행위를 금지하는 경우와는 달리 '공익'이라는 개념 자체의 추상성이나 다의성만을 가지고 명확성원칙 위반 여부를 판단해서는 안 된다."[245] 고 하면서 금지되는 행위의 의미를 파악할 수 있다고 하였다.

한편 '공공의 질서 및 선량한 풍속을 문란하게 할 염려'가 있는 상표는 등록받을 수 없다고 규정한 구 상표법 조항에 대한 위헌심사,[246] 공무원임용결격사유로 인하여 임용무효된 사람에 대하여 특별히 채용의 기회를 부여하기 위한 요건으로 '공무원으로서 요구되는 도덕성을 심히 훼손하는 범죄로 인한 경우 등'을 규정한 것에 대한 위헌심사[247]에서 명확성원칙에 위배되지 아니한다고 판시하였다.

후자의 두 선례는 각기 상표의 등록요건, 특별임용요건으로서 일반추상적 기준이 마련된 것으로서 수범자의 행위의 기준이 된다기 보다는 법집행자의 자의적 해석을 방지하는 측면이 강하다고 볼 수 있고,[248] 해당 법규의 성격에 따라 일반추상적 기준을 법적 요건으로 사용할 수 있다고 보인다. 그러나 전자의 두 사례

243) 헌재 2002. 6. 27. 99헌마480, 판례집 14-1, 616 참조.
244) 헌재 2000. 2. 24. 98헌바37, 판례집 12-1, 169, 180-181 참조.
245) 헌재 2014. 8. 28. 2011헌바32 등, 판례집 26-2상, 242, 255.
246) 헌재 2014. 3. 27. 2012헌바55, 판례집 26-1상, 451, 456 참조.
247) 헌재 2004. 2. 26. 2003헌바4, 판례집 16-1, 287, 298-301 참조.
248) 상표등록신청에 있어 예측가능성, 임용특례적용대상이 될 것인지에 대한 예측가능성 정도이지, 해당 요건을 행위의 기준으로 삼을 필요성 측면은 크지 않다.

는 침익적 행정조치인 과징금이나 징계의 대상이 되는 행위의 금지의 내용에 관하여 일반추상적 개념을 사용한 것으로 죄형법정주의의 명확성원칙이 적용되지 않는다는 취지에서 해석을 달리하였으나, 각기 반대의견에서 주장되는 바와 같이 금지된 행위에 대한 예측이 쉽지 않아 수범자에 대한 행위의 기준으로서 작용하기 어려운 측면이 있다. 이처럼 명확성원칙은 두 가지 측면 즉 수범자에 대한 공정한 고지로서 예측가능성이 있는지의 문제와 사후적 평가로서 법집행자의 자의적 적용을 배제할 수 있는가로 나눌 수 있고, 형벌법규의 경우에는 수범자의 행위기준으로서 전자의 예측가능성이 보다 중요한 기준으로 중시되는 반면, 다른 기본권제한법규의 경우에는 일반적으로 후자의 사후적 평가가 중요한 판단기준이 되는 경우가 많다.

한편 형벌법규의 구성요건이 되는 학교보건법상 '미풍양속을 해하는 행위 및 시설'에 대하여 학교의 보건·위생과 학습환경에 나쁜 영향을 주는 행위 및 시설을 의미한다고 해석할 수 있고, 여기에는 영업행위 또는 시설의 존재 자체나 영업내용의 전부 또는 일부가 육체적·정신적으로 미성숙한 학생들에게 성적 호기심을 유발시키거나 폭력성이나 반윤리적 행위를 조장 또는 보편화시키는 행위 및 시설은 물론, 사리분별력과 자기절제력이 미약한 학생들로 하여금 반사회적·반윤리적 행위로 나아가기 쉽게 하거나 사행행위나 오락에 빠지게 하여 학습을 소홀하게 할 우려가 큰 행위 및 시설도 포함된다고 볼 수 있어 금지하고자 하는 대상을 충분히 예견할 수 있다고 판시한 결정례가 있다.[249] 다른 형벌법규에 관한 선례들이 전기통신을 이용한 표현, 직업소개업에 관한 것으로 공익 내지 공중도덕상 유해한 업무는 그 적용범위를 해석하기 어려운 반면, 학교 주변의 미풍양속을 해하는 행위 및 시설에 대하여는 헌법재판소의 결정내용과 같이 상당히 구체화된 해석이 가능할 수 있다는 점이 반영된 것으로 보인다. 그러나 일반추상적 용어로 가치충전이 필요한 규범적 용어이고, 수범자의 행위기준으로서 예측가능성이 문제된 사안이므로 죄형법정주의의 명확성원칙에 위배된다고 판시하여온 기존 선례들과는 부합하기 어렵다.

---

249) 헌재 2008. 4. 24. 2006헌바60 등, 판례집 20－1상, 554 : 이 결정에서 반대의견(재판관 김종대, 송두환)은 미풍양속은 규범적 의미를 파악하려 하더라도 '모든 국민이 준수하고 지킬 것이 요구되는 최소한의 도덕률'을 의미하는 것이고, 그 구체적인 내용은 사람마다의 가치관, 윤리관 및 시대적 상황에 따라 크게 달라질 수밖에 없으므로, 결국 매우 추상적이고 모호하며 또한 광범위한 개념으로 죄형법정주의의 명확성원칙에 위배된다고 보았다.

2) 일상용어로서 도덕적이거나 모호한 평가를 나타내는 용어

헌법재판소는 위에서 본 바와 같이 '잔인성을 조장할 우려, 범죄의 충동, 아동의 덕성을 심히 해할 우려'(99헌가8), 가정의례의 참뜻에 비추어 합리적인 범위 내'(98헌마168)에 대하여 죄형법정주의의 명확성원칙 위반을 이유로 위헌결정을 하였다.

반면, 의료법상 '치료효과를 보장하는 등 소비자를 현혹할 우려가 있는 내용의 광고'를 한 경우에 형사처벌하는 규정에 대하여, '현혹(眩惑)' 및 '우려(憂慮)'의 사전적 의미를 고려하면, 심판대상조항은 소비자의 정신을 혼란스럽게 하여 합리적인 사고를 어렵게 할 것으로 걱정되는 광고를 규제하려는 것으로, 대법원에서 판단기준을 마련하고 있는 점에 비춰 '광고 내용의 진실성 · 객관성을 불문하고, 오로지 의료서비스의 긍정적인 측면만을 강조하는 표현을 사용함으로써 의료소비자를 혼란스럽게 하고 합리적인 선택을 방해할 것으로 걱정되는 광고'라고 충분히 해석될 수 있다고 보아 죄형법정주의의 명확성원칙에 위배되지 아니한다고 판시하였다.[250] 최근 결정으로 경범죄처벌법상 함부로 광고물 등을 붙이거나 거는 행위에 대한 형사처벌규정 중 '함부로'에 대하여 '법적 권원이 있는 타인의 승낙이 없으면서 상당한 사유가 없는 경우'라고 해석될 수 있다고 하여 죄형법정주의 명확성원칙에 위배되지 않는다고 한 사례가 있다.[251] 그러나 '현혹, 우려, 함부로' 등은 사회윤리적 색채가 강하고 그 의미가 모호한 용어로서 비록 '치료효과를 보장하는 등'의 수식이 있다고 하더라도 그 해석의 범위를 명확히 확인할 수 없어 죄형법정주의의 명확성원칙에 부합하기 어렵다.

3) '중요한', '다량', '현저히' 등 양적, 질적인 평가를 필요로 하는 용어

앞서 본 바와 같이 '중요한 회의'(2010헌가29), '다량의 토사를 유출하거나 버려 상수원 또는 하천 · 호소를 현저히 오염되게 한 자'(2011헌가26) 등에서 헌법재판소는 '중요한'이나 '다량', '현저히'에 대하여 그 의미를 파악할 수 없어 죄형법정주의의 명확성원칙 위반으로 위헌이라고 판시하였다.

반면, 집합건물재건축의 요건으로서 건축 후 '상당한 기간'이 경과되어 건물이

250) 헌재 2014. 9. 25. 2013헌바28, 판례집 26－2상, 477 참조.
251) 헌재 2015. 5. 28. 2013헌바385, 판례집 27－1하, 262 참조.

훼손되거나 일부 멸실된 경우라는 규정은 "어떤 집합건물을 재건축의 대상으로 할 것인지는 건물의 건축 후 경과기간만으로 일률적으로 정할 수 있는 사항은 아니고, … 중략 … 각 건물의 건축 및 관리상태, 용도, 수선・복구비용이나 관리비용 등을 감안하여 개별적이고 구체적으로 정해질 수밖에 없는 것이어서 '건물건축 후 ○년'과 같이 일률적으로 그 기간을 정하기가 심히 어렵다"[252]고 보아 법치국가원리에서 유래하는 명확성원칙에 위배되지 아니한다고 보았다. 이 규정은 행위의 기준을 제시한다기 보다는 사후적 평가의 개념이라고 볼 수 있다.

회사의 이사나 이에 준하는 자 또는 지배인의 '중대한 책임'이 있는 행위로 인하여 정리절차개시의 원인이 발생한 경우에 그 행위에 '상당한 영향력'을 행사한 주주 및 그 친족 기타 대법원규칙이 정하는 특수관계에 있는 주주가 가진 주식 3분의 2 이상을 소각하도록 한 회사정리법 규정에 대한 위헌심사에서 '중대한 책임이 있는 행위'와 '상당한 영향력을 행사한 행위'에 대하여 명확성원칙 위반여부가 문제되었는데 헌법재판소는 규정내용과 강제소각요건의 변천내용을 함께 고려해 보면, 중대한 책임이 있는 행위란 일응 회사재산의 도피・은닉・유용 또는 고의적인 부실경영 행위 그리고 그와 같은 정도의 책임이 있는 행위로 해석될 수 있고, 상당한 영향력을 행사한 행위도 회사정리법 및 상법의 다른 규정, 대법원규칙인 회사정리사건처리요령의 규정 및 법원의 확립된 실무례를 함께 고려하면 법원의 자의적 해석의 여지가 없다고 보았다.[253] 이 규정 또한 행위의 기준을 제시하는 것이라기 보다는 회사정리시 주식소각여부를 정하는 법원의 판단에 관한 것으로 사후적 평가의 개념이라고 볼 수 있다. 그 외에도 토지등의 가격이 취득 당시에 비하여 '현저히' 변경되었을 때,[254] '급속을 요하는 때',[255] '명백한' 증거가 새로이 발견된 경우[256]에서는 명확성원칙에 위배되지 아니한다고 판시하였는데 이는 모두 사후적 평가의 개념으로 보인다.

한편 보험모집인의 등록취소 또는 업무정지 사유의 하나로 '모집에 관하여 현저하게 부적당한 행위'를 한 경우를 규정하고 있는 보험업법 조항에 대한 위헌심

252) 헌재 1999. 9. 19. 97헌바73 등, 판례집 11－2, 285, 301.
253) 헌재 2003. 12. 18. 2001헌바91 등, 판례집 15－2하, 406. 422－424 참조.
254) 헌재 2005. 4. 28. 2002헌가25, 판례집 17－1, 461.
255) 헌재 2012. 12. 27. 2011헌바225, 판례집 24－2하, 467(압수수색 집행의 사전통지를 생략할 수 있는 경우에 관한 형사소송법 제122조 단서 조항)
256) 헌재 2014. 7. 24. 2012헌바277, 판례집 26－2상, 45.

사에서 헌법재판소는 보험계약은 다른 상거래와는 달리 단체성, 공공성, 사회성의 특성을 가지고 있고 이러한 특성으로 말미암아 다른 어떤 금융거래보다 더욱 규제의 필요성이 높은 점, 보험업법상의 다른 규정인 바로 위와 같은 사항에 위반하는 경우 또는 이와 궤를 같이 하는 행위라는 것이 충분히 예측된다는 점을 들어 명확성 원칙에 위배되지 아니한다고 판시하였다.[257] 이에 대하여, 반대의견(재판관 한대현, 김영일, 송인준, 주선회)은 '현저하게 부적당한 행위'라는 말은 '드러나게, 두드러지게 또는 뚜렷이 잘 어울려 마땅하지 않거나 알맞지 않은 행위'라는 의미일 뿐이어서 도대체 어떤 행위가 그에 해당하는지 예측하기가 어렵고, 결국 수범자인 보험모집인으로서는 과연 어느 정도의 행위가 '모집에 관하여 현저하게 부적당한 행위'에 해당하여 등록취소 또는 업무정지명령이 내려질지를 예견하기가 매우 어렵다는 이유로 명확성원칙에 위배된다고 주장하였다. 이는 사후적 평가개념의 성격보다 사전적으로 수범자의 행위기준이 되는 요건이라는 점에서 반대의견이 다수 나온 것으로 보인다. 이처럼 일반적 명확성원칙 심사에서는 위헌이 아니라고 평가되는 용어들이 형벌법규와 관련된 죄형법정주의의 명확성원칙 심사에서는 위헌결정이 내려지는 점을 확인할 수 있다.

한편 형벌법규의 경우에도 부당해고의 요건인 '정당한 이유'(2003헌바12), 군형법상 항명죄의 요건인 '정당한 명령'(2009헌가12)의 경우와 같이 질적 평가에 관한 일반추상적 용어에 대하여 죄형법정주의의 명확성원칙에 위배되지 않는다고 판시한 사안이 있는바, 일반추상적 용어에 대한 헌법재판소의 일반적 결정례와 부합되지 않는다.

(다) 위임입법 관련 차이점

1) 양자의 차이에 대한 헌법재판소의 판시

앞서 살펴본 바와 같이 헌법재판소는 죄형법정주의의 명확성원칙과 포괄위임금지원칙을 함께 판단하고 있다. 헌법재판소는 위임입법에 있어 독일, 미국과 같이 법률에 구체적 사항이나 위임사항을 규정하거나 일본과 같이 위임의 경우 형사처벌사항으로 하지 않는 것이 바람직하다는 입법례를 소개하면서 "'약국관리에 필요한 사항'이라는 표현은, 그 부준수(不遵守)가 단순한 훈시규정 위반에 그치거

---

257) 헌재 2002. 1. 31. 2000헌가8, 판례집 14-1, 1, 8-9 참조.

나, 행정상의 과태료와 같은 제재대상에 그치지 아니하고, 벌금형에 처해지게 되어 있는 것을 감안한다면, 보다 구체적이고 명확한 것이어야만 했던 것이다."[258] 고 하여 과태료에 그치는 행정제재법규와 달리 형벌법규에 있어서는 보다 구체적이고 명확하게 위임사항을 규정할 필요가 있다고 판시하고 있다. 또한 "처벌법규나 조세법규와 같이 국민의 기본권을 직접적으로 제한하거나 침해할 소지가 있는 법규에서는 구체성·명확성의 요구가 강화되어 그 위임의 요건과 범위가 일반적인 급부행정의 경우보다 더 엄격하게 제한적으로 규정되어야 하는 반면에, 규율대상이 지극히 다양하거나 수시로 변화하는 성질의 것일 때에는 위임의 구체성·명확성의 요건이 완화되어야 할 것이다."[259]고 판시하여 형벌법규와 행정제재법규와는 차이가 있음을 명시하고 있다.

그러나 헌법재판소의 실제 결정례를 살펴보면, 행정제재법규에서 포괄위임금지원칙의 위반여부 심사는 형벌법규의 그것과 결과에 있어 거의 차이를 보이지 않고 있다. 즉 형벌법규에 대한 죄형법정주의 및 포괄위임금지원칙 심사와 마찬가지로 행정제재법규의 경우에는 포괄위임금지원칙 심사에서 '위임의 필요성'과 '예측가능성'을 판단요소로 하고 있는데, 형벌법규는 '위임의 필요성 요건'에서 '위임의 긴급한 필요성 또는 위임의 부득이한 사정'이라고 하는 엄격한 요건을 구비하여야 하는 것이 원칙이나, 위에서 본 바와 같이 대부분의 형벌법규에 대한 결정례에서는 행정제재법규와 같은 수준으로 완화된 심사에 그치고 있다.[260] 형벌법규의 위임에 있어 예측가능성의 판단은 위임의 필요성이 인정되는 이상 심사기준을 완화할 수밖에 없는 반면, 행정제재법규에 대한 포괄위임금지원칙 심사에서는 '예측가능성'에 대한 판단이 엄격하게 이루어져 위헌결정이 내려지는 경우가 상당수 있다.[261] 이처럼 헌법재판소가 위임입법에서 예측가능성에 대하여 엄격하게 판단하

258) 헌재 2000. 7. 20. 99헌가15, 판례집 12－2, 37, 50－51.

259) 헌재 1997. 9. 25. 96헌바18 등, 판례집 9－2, 357, 370－371; 헌재 2000. 1. 27. 99헌바23, 판례집 12－1, 62, 72; 헌재 2004. 7. 15. 2003헌가2, 판례집 16－2상, 1, 8 참조.

260) 한편 위헌결정을 하는 경우에는 위에서 본 바와 같이 예외적 위임의 필요성이 없다고 함께 판단하는 것이 일반적이다.

261) 행정제재 등과 관련된 기본권제한법규에 관하여 위헌결정이 내려진 사건들은 다음과 같다. 헌재 2013. 8. 29. 2011헌바390, 판례집 25－2상, 443(고용안정지원금 부당수령자에 대한 제재 규정); 헌재 2010. 7. 29. 2009헌가4, 판례집 22－2상, 95(퇴직연금수급자 재취업시 연금의 전부 또는 일부의 지급정지 요건 규정); 헌재 2005. 7. 21. 2004헌가30, 판례집 17－2, 1(운전면허받은 사람 중 교통사고 일으킨 비율을 자동차운전전문학원 등록취소나 운영정지 요건으로 하는 경우); 헌재 2004. 7. 15. 2003헌가2, 판례집 16－2상, 1(주무관청의 공익법인 이사 취임

는 이유는 원칙적으로 법률만을 심판대상으로 삼을 수 있을 뿐, 시행령 등에 대하여는 그 자체가 기본권을 직접 제한하지 않는 이상 위헌심사의 대상으로 삼을 수 없기 때문에 시행령 등의 명확성원칙 위반의 문제를 법률의 위임상 예측가능성 논의로 다룰 수밖에 없다는 점도 작용한 것으로 보인다.

2) 죄형법정주의의 명확성원칙과 위임입법에서 예측가능성 요건

이처럼 죄형법정주의의 명확성원칙과 법치국가원리에서 도출되는 일반적 명확성원칙이 실제 심사기준 및 위헌심사 결과에서 차이를 보이는 반면, 위임입법의 경우에는 예측가능성 요건과 관련된 점에서는 차이를 보이지 않고 있다.

이와 관련하여, 죄형법정주의의 명확성원칙에서의 판단기준인 '예측가능성'과 헌법 제75조에 따라 '구체적으로 범위를 정하여 위임'하는 위임의 '예측가능성'이 같은 차원에서 접근하는 것이 타당한지를 검토할 필요가 있다. 양자는 '예측가능성'이라는 표현을 같이 하고 있더라도 실제 의미와 기능에 있어 차이가 있다는 점은 이미 여러 헌법학자들에 의해 지적되고 있다.262)

완결적 법률의 명확성의 판단기준으로 예측가능성은 법률의 의미내용으로부터 무엇이 금지되는 행위이고, 무엇이 허용되는 행위인지를 국민일반이 알 수 있도록 하여야 한다는 의미인 반면, 위임입법에서 예측가능성은 '국민이 하위법령에 규정될 대강의 내용을 수권법률로부터 예측할 수 있는가'라는 중간적 의미의 예측가능성으로 그 개념 자체로 완결적인 명확성을 갖출 것을 요구하지 않는 점, 완결된 법률의 명확성원칙은 국가권력과의 관계에서 국민의 자유와 권리를 보호하기 위한 것인 반면, 위임입법의 명확성은 입법권을 위임하는 의회와 이를 위임받는 행

승인 취소규정); 헌재 2003. 12. 18. 2002헌가2, 판례집 15-2하, 367(문예진흥기금의 모금 규정); 헌재 2003. 4. 24. 2002헌가15, 판례집 15-1, 360(손해배상액 산정이 되는 법정이율 규정); 헌재 2002. 6. 27. 2000헌가10, 판례집 14-1, 565(기술자격 보유자에 대한 자격정지처분 규정); 헌재 1999. 1. 28. 97헌가8, 판례집 11-1, 1(교통안전기금의 분담금 규정); 헌재 2000. 3. 30. 98헌가8, 판례집 12-1, 286(위법건축물에 대한 이행강제금 규정); 헌재 1998. 6. 25. 95헌바35 등, 판례집 10-1, 771(개발이익환수를 위한 개발부담금의 산정기준규정); 헌재 1998. 5. 28. 96헌가1, 판례집 10-1, 509(의료보험 요양기관 지정취소규정).

262) 전종익, "포괄위임금지원칙의 심사기준", 아주법학 제7권 제3호, 아주대학교 법학연구소, 2013. 12[전종익 교수는 형벌법규의 위임에 관한 91헌가4 결정에서 (아무런 설명이 없이) 처음 죄형법정주의 명확성원칙의 '예측가능성'이 판단기준으로 등장한 이래, 조세분야나 기타 일반 규제법 분야의 위임입법으로까지 확장하여 사용되고 있음을 밝히고 있다]; 성기용, "명확성원칙에 대한 소고", 법학논집 제16권 제2호, 이화여대 법학연구소, 2012; 한수웅, "본질성이론과 입법위임의 명확성원칙", 헌법논총 제14집, 헌법재판소, 2003 참조.

정부의 관계가 주로 문제되고 행정부에 대하여 입법자의 지위와 기능을 보장하고자 하는데 있는 점에서 차이가 있다는 점이 제시되고 있다.[263] 이에 대한 해결책으로는 명확성 요구정도의 완화를 제시하거나(성기용), 입법자가 행정청에 입법권을 위임함에 있어서 위임의 내용, 목적, 범위를 스스로 정함으로써 위임된 입법권 행사의 기본적 방침을 제시하고 있는가의 기준에 의하여 판단하여야 한다거나(한수웅), 입법자의 방침제시기준에 따른 완화된 심사기준을 적용하되 그 기준은 국민일반이 아닌 수범자로서 행정청이 된다는 견해(전종익)가 있다.

이처럼 완결된 형벌법규에 대한 명확성 심사와 위임입법에 대한 '예측가능성' 심사는 그 의미와 내용을 상당부분 달리하므로 위임입법에 있어서는 1차적으로 행정청을, 2차적으로 이에 대한 판단기관인 법원을 판단자로 하여야 한다. 이는 결과적으로 명확성원칙의 완화된 심사로 귀결될 것이고, 실제 형벌법규의 위임입법에 대한 헌법재판소의 실무상 위헌심사의 판단방법과 일치한다.[264] 이때 형벌법규에 있어 위임입법에 대한 예측가능성 심사기준의 완화에 대한 우려는 '엄격한 위임의 필요성' 요건의 엄격한 적용으로 해소될 수 있다고 생각된다.

(2) 명확성의 판단자는 누구인가

죄형법정주의 명확성 원칙에서 명확성의 판단자는 누구인가? 당연히 수범자이다. 먼저 완결된 형벌법규에 대한 명확성원칙의 경우를 살펴보면, 헌법재판소에서 판시하고 있듯이 법관의 보충적인 해석을 통한 '해석기준의 정립가능성'이라는 보충적 기준을 가지고 있지만, 여전히 중점이 놓이는 부분은 '일반인의 예측가능성'이라고 할 수 있다. 헌법재판소는 이때 "건전한 상식과 통상적인 법감정을 가진 사람으로 하여금 그 적용대상자가 누구이며 구체적으로 어떠한 행위가 금지되고 있는지 충분히 알 수 있도록 규정되어 있다면"[265] 명확성의 원칙에 위배되지 않는다고 한다. 이러한 상식인으로서 국민의 법이해는 법문에 사용된 어구의 사전적

263) 성기용, "명확성원칙에 대한 소고", 11-13면 참조; 한수웅, "본질성이론과 입법위임의 명확성원칙", 617-622면 참조.

264) 전종익, "포괄위임금지원칙의 심사기준", 31면 참조; 완결된 법률에 대한 죄형법정주의의 명확성원칙에서도 실질적으로는 법관의 보충적 법률해석에 의해 명확성원칙 위반여부가 판단되고 있다는 점은 앞서 지적하였으나, 일반인의 예측가능성이라는 우선적 기준으로 인하여 추상적이거나 가치충전이 필요한 용어에 대하여 명확성원칙 위반이라는 위헌결정이 내려질 수 있다.

265) 헌재 1996. 12. 26. 93헌바65, 판례집 8-2, 785, 793.

의미와 일상적 용법을 뛰어넘지 못하고 '전문용어'에 대한 국민의 이해도 그 사전적 의미와 국민생활에서의 용해도, 그리고 당해 국민 개인이 속한 직업권의 수용도를 뛰어넘지 못한다.266) 이에 대하여, 전문지식의 입수가 용이한 현재에 있어 준법정신을 가진 평균인은 법률전문가나 당해 법령에 보다 정통한 지식을 가진 사람 등의 의견이나 조언을 직접, 간접으로 듣거나 참조하여 자신의 행동여부를 결정하는 것이 일반적일 것이므로 평균인의 입장에서 전문가의 조언이나 전문지식 등을 참고하여 자기의 책임 하에 행동을 결정할 수 있는 방향을 잡을 수 있고 그러한 결론이 보편성을 띠어 대부분 같은 결론에 도달할 수 있다면 명확성을 인정하여도 좋을 것이라는 견해가 있고,267) 실제 이러한 취지로 명확성원칙의 심사기준을 설시한 결정례도 있다.268) 이는 헌법재판소가 법관의 보충적 법해석을 통해 명확성원칙의 위반 여부를 심사하는 것과도 부합되고, 법문의 가능한 의미가 순전히 일상용어와 같아야 하는 것은 아니라는 점에서 설득력이 있다. 그러나 이러한 법관의 보충적 법해석 또한 수범자의 일상적 생활을 바탕으로 한 법이해라는 법문의 가능한 의미를 넘어서지 못하는 것이고, 입법자에게 주어진 법률의 명확성에 대한 의무를 회피하고 법률전문가가 아닌 상식인으로서의 수범자에게 책임을 부과하는 것으로 이해되어서는 아니될 것이다.269)

---

266) 임웅, "법의 흠결과 형법의 유추적용금지", 형사법연구 제21호, 한국형사법학회, 2004. 6, 81면; 김성용, "유추의 구조와 유추금지", 법철학연구 제12권 제2호, 세창, 2009. 12, 66면 참조.

267) 홍기태, "명확성의 원칙에 관한 연구", 헌법논총 제11집, 헌법재판소, 2000, 295면 참조.

268) 헌재 2005. 3. 31. 2003헌바12, 판례집 17-1, 340, 349 : "준법정신을 가진 평균인은 애매한 법문을 자신이 해석할 수 없을 때 자신만의 판단에 의할 것이 아니라 법률전문가나 당해 법령에 보다 정통한 지식을 가진 사람 등의 의견이나 조언을 직접, 간접적으로 듣거나 참조하여 자신의 행동 여부를 결정하게 된다. 특정의 금지규정 내지 처벌규정의 내용을 파악함에 있어서 평균인의 입장에서 전문가의 조언이나 전문서적 등을 참고하여 자기의 책임 하에 행동방향을 잡을 수 있고 그러한 결론이 보편성을 띠어 대부분 같은 결론에 도달할 수 있다면 명확성을 인정할 수 있고, 법률전문가 등의 조언을 구하여도 자신의 행위가 금지되는 것인지 아닌지를 도저히 정확히 예측할 수 없다면 그 규정은 불명확하여 무효가 될 수 밖에 없는 것이다. 이와 같이 법령 특히 형벌법규의 내용은 일반인에게 명확한 고지가 이루어져야 하는 것이나, 다만 당해 법령의 특성에 맞추어 그 일반인이 어떤 행위를 결정할 때 통상 어느 정도 법적 전문지식에 의한 보완을 받게 된다는 점을 감안하여 명확성 여부를 판단하여야 한다."

269) 법률전문가 등의 의견이나 조언을 참고한다는 것을 전제로 명확성원칙을 심사하여야 한다는 판시를 한 위 2003헌바12 결정은 정당한 이유없이 근로자를 해고한 사용자를 형사처벌하는 규정에 관한 것으로 '정당한 이유'에 대한 명확성원칙 심사에서 학문적 연구와 다수 행정해석과 관련 판례의 집적으로 수범자인 사용자가 법률전문가의 도움을 받아 무엇이 금지되는지 충분히 예측하는 것이 가능할 정도라고 보아 명확성원칙에 위배되지 아니한다고 보았으나, 대법원 판례는 "사회통념상 가벌성이 있는 것으로 평가되는 경우"라는 매우 추상적인 기준을 사용하고 있어 수범자로서 예측할 수 없는 개념인 '정당한 이유'는 죄형법정주의의 명확성원칙에

이처럼 헌법상 법률의 명확성원칙은 '법문의 가능한 의미'라는 해석과 '유추의 한계설정'에 있어 상식인으로서 국민의 이해와 인식가능성을 그 중심에 놓을 것을 요구하고 있다. 따라서 법문언이 다소 명확하지 않거나 다의적으로 해석될 수 있는 경우에 이루어지는 법관의 보충적 법해석도 수범자인 국민의 관점에서 언어의 일상적 의미와 그 법규범에 내재된 그 사회의 가치판단이라는 법이해를 넘어설 수 없음을 헌법적으로 명확히 한 것이다.270) 다만 수범자가 특정 직업군이나 영역에 한정되는 경우에는 그 한정된 영역의 사람들의 이해와 인식가능성을 중심으로 살펴보아야 한다.271)

다음으로 형벌법규의 위임에 관하여 살펴보면, 헌법재판소는 이 경우에도 '누구든지' 당해 법률로부터 대통령령에 규정될 내용의 대강을 예측할 수 있어야 한다고 하여 국민일반이 수범자라고 보고 있으나, 앞서 본 바와 같이 형벌법규의 경우에는 예외적으로 긴급한 필요성이나 부득이성이 없으면 위임이 허용되지 않는다는 점이 엄격하게 지켜져야 하고, 이렇듯 예외적으로 위임의 필요성이 인정되는 경우에는 위임입법의 명확성은 해당 법에 대한 전문적 식견이 있는 행정청을 수범자로 하여 예측가능성을 판단하여야 한다.

(3) 명확성 원칙의 적용범위(위법성조각사유)

헌법재판소는 형법 제21조 정당방위 규정 중 '상당한 이유' 부분에 대한 위헌소원 사건에서 "정당방위 규정은 법 각칙 전체의 구성요건 조항에 대한 소극적 한계를 정하고 있는 규정으로서, 한편으로는 위법성을 조각시켜 범죄의 성립을 부정하는 기능을 하지만, 다른 한편으로는 정당방위가 인정되지 않는 경우 위법한 행위로서 범죄의 성립을 인정하게 하는 기능을 하므로 적극적으로 범죄 성립을 정하는 구성요건 규정은 아니라 하더라도 죄형법정주의가 요구하는 명확성원칙의

위배된 것이라고 보아야 한다(이에 대하여는 위 결정의 재판관 권성, 이상경의 반대의견에서 잘 지적되어 있다). 이처럼 법률전문가를 기준으로 하게 될 경우에는 수범자에게 행위의 기준이 될 수 있도록 하여야 한다는 죄형법정주의 명확성원칙이 형해화될 가능성이 매우 높다는 점에 유의하여야 한다.

270) 김성룡, "유추의 구조와 유추금지", 66–68면 참조.

271) 헌법재판소에서도 특정 영역에서 수범자의 예측가능성을 완화하여 인정하고 있다. 헌재 2002. 1. 31. 2000헌가8(수범자는 보험업 관련자로 그들을 중심으로 예측가능성 판단), 헌재 2000. 2. 24. 98헌바37(자동차운수사업법 종사자들을 중심으로 판단) 참조.

적용이 완전히 배제된다고는 할 수 없다."고 판시하여 정당방위와 같은 위법성 조각사유 규정에도 죄형법정주의의 명확성원칙은 적용된다고 하였다. 또한 위법성조각사유의 특성을 고려하여 명확성원칙의 준수 여부를 판단하여야 한다고 하면서, 구성요건과 비교하여 두 가지로 설명하였다. 첫째, 구성요건은 범죄 행위의 일반적 유형으로서 정형화되어 있는 반면, 위법성조각사유는 '구체적이고 개별적인 행위에 대한 사후적이고 객관적인 평가'라는 특성을 가진다. 둘째, 구성요건에 기술된 폭행, 협박, 상해 등과 같은 범죄유형은 일정한 정태적 성격을 갖는데 반해, 정당방위와 같은 위법성 조각사유는 사회변동에 따른 동태적 성격을 가지고 있기 때문에 다종·다양한 모든 정당방위 상황을 일일이 구체적, 서술적으로 열거하는 명확성의 산술적 관철은 입법기술상 불가능하다고 보았다. 이런 특성에 비추어 보편적이고 가치충전적 개념인 '상당한 이유'라는 불확정개념을 사용하고 그 의미를 법관의 보충적 해석에 맡긴 것이라고 보았다. 이러한 판단하에 대법원이 상당한 이유의 의미에 관하여 '침해행위에 의하여 침해되는 법익의 종류, 정도, 침해의 방법, 침해행위의 완급과 방위행위에 의하여 침해될 법익의 종류, 정도 등 일체의 구체적 사정들을 참작하여 방위행위가 사회적으로 상당한 것이어야 한다'고 판시하여 합리적 해석기준을 마련하고 있으므로 건전한 상식과 통상적인 법 감정을 가진 일반인이라면 그 의미를 어느 정도 쉽게 파악할 수 있고, 법관의 자의적 해석으로 확대할 염려도 없다고 보았다.[272)]

또한 헌법재판소는 공직선거법 제251조 후보자비방죄의 위법성조각사유 중 '공공의 이익' 부분에 대한 위헌소원 사건에서, 위 정당방위 결정과 같은 취지로 죄형법정주의의 명확성원칙이 적용된다고 하면서 '공공의 이익'이란 사회상황의 변화에 따라 그 의미가 변화할 수 있는 것이어서, 그것이 의미하는 바를 구체적, 서술적으로 열거하여 범위를 한정하는 것이 입법 기술상 현저히 곤란하다는 점을 들어 불확정개념 사용의 불가피성을 설명하였다.[273)]

헌법재판소가 위법성조각사유에 대하여 죄형법정주의의 명확성원칙을 적용한 논증과정을 먼저 살핀 후 위법성조각사유에 대하여 죄형법정주의의 명확성원칙을

272) 헌재 2001. 6. 28. 99헌바31, 판례집 13-1, 1233 참조(상해죄로 기소된 사안에서 피고인이 정당방위를 주장하였는데 이를 받아들이지 않자 위헌소원을 제기한 사안이다).

273) 헌재 2013. 6. 27. 2011헌바75, 판례집 25-1, 447(당 서울시당 홈페이지에 비례대표 후보 출마예정자를 비난하는 글을 게시하거나 댓글을 올리는 방법으로 공연히 사실을 적시하여 비방하였다는 범죄사실로 유죄판결을 받은 피고인이 위헌소원을 제기한 사안이다).

적용하는 것이 타당한지를 검토한다.

헌법재판소의 위법성조각사유에 대한 명확성원칙 위반여부 심사를 간단히 정리하여 보면, 위법성조각사유는 그 특성상 '일일이 구체적, 서술적으로 열거하는 명확성의 산술적 관철은 입법기술상 불가능'하거나 '현저히 곤란'하므로 불확정개념의 사용이 불가피하고, 법원에서 합리적 해석기준을 마련하고 있어 죄형법정주의의 명확성원칙에 위배되지 않는다는 것이다. 그런데 이와 같은 논증방식은 죄형법정주의의 명확성원칙 위반여부 심사가 아닌 일반적 명확성원칙 심사에서 주로 사용되는 것이다. 즉 "기본권제한입법이라 하더라도 규율대상이 지극히 다양하거나 수시로 변화하는 성질의 것이어서 입법기술상 일의적으로 규정할 수 없는 경우에는 명확성의 요건이 완화"[274]한 기준과 유사한 논증과정을 거쳐 명확성원칙에 위배되지 않는다는 결론에 이르렀다. 한편 위법성조각사유는 수범자에 대한 사전적 행위기준인 범죄구성요건과는 달리 사후적 평가개념이라는 점과 범죄에 대한 위법성을 조각하는 것으로서 불법이 성립범위를 좁히는 것이므로 그 성질상 죄형법정주의의 명확성원칙을 적용하는 것이 타당한 것인가 하는 의문이 들 수 있다.

그러나 헌법재판소에서 밝히고 있듯이 위법성조각사유는 위법성을 조각시켜 범죄의 성립을 부정하는 기능을 하지만, 다른 한편으로는 정당방위가 인정되지 않는 경우 위법한 행위로서 범죄의 성립을 인정하게 하는 기능을 하므로[275] 적극적으로 범죄 성립을 정하는 구성요건 규정은 아니라 하더라도 죄형법정주의의 명확성원칙이 적용되어야 하는 영역으로서[276] 일반적 명확성원칙 심사와 범주를 함께 할 수는 없다. 또한 죄형법정주의의 명확성원칙은 수범자에 대한 사전적 행위기준이라는 점과 법적용자의 자의적 적용을 방지한다는 점이 모두 포함하고 있으므로 후자가 강조되는 위법성조각사유라고 하더라도 죄형법정주의의 명확성원칙이 적

274) 헌재 1999. 9. 16. 97헌바73 등, 판례집 11-2, 285, 300.

275) 김성돈 교수는 형법 제20조 사회상규 조항이 언제나 가벌성의 축소라는 결과를 가져오는 것이 아니라 법원에서 사회통념이나 사회윤리를 기준으로 자의적으로 적용함으로써 가벌성의 범위를 확대될 수도 있고, 대법원이 실제 사회상규의 기준을 '국민일반의 건전한 도의감, 사회통념 또는 사회윤리, 보편화된 관례'와 같은 포괄적 기준으로 환원하는 유형과 '목적과 정당성, 수단의 사회적 상당성, 균형성, 보충성, 긴급성'이라는 다섯가지 세부기준을 두는 유형으로 구분하면서 전자 유형에서는 쉽게 사회상규를 인정하면서 후자 유형을 사용할 때는 사회상규를 부정하는 것이 대부분으로 자의적으로 사회상규에 대하여 판단하고 있음을 분석하고 있다(김성돈, "한국 형법의 사회상규조항의 기능과 형법학의 과제", 257-271면 참조).

276) 지성수, "헌법상 명확성 원칙", 이화여대 석사학위논문, 2001, 62-63면 참조.

용된다고 보아야 할 것이다.

죄형법정주의의 명확성원칙이 적용되나, 위법성조각사유가 가지는 사후적 평가규범으로서의 역할이 중요한 비중을 차지하는 점 등을 고려하여, 법집행자의 자의적 해석가능성을 차단할 수 있는지에 대하여 집중하여 엄격한 심사를 하는 유형화된 심사기준의 정립이 필요하다고 생각된다. 이처럼 죄형법정주의의 명확성원칙의 심사에 있어 예측가능성을 중심으로 한 심사유형, 법집행자의 자의적 해석가능성을 차단하는 것을 중심으로 하는 심사유형으로 나뉠 수 있고, 이는 일반적 명확성원칙의 심사유형과는 다른 특성을 가지는 것으로 설정되어야 한다. 따라서 헌법재판소가 위법성조각사유의 '상당한 이유'에 대한 명확성원칙 위반여부 심사에서 일반적 명확성심사의 선례(95헌가16)을 원용하면서 같은 기준 – 법관의 보충적 해석이 해석자의 자의적 취향에 따라 좌우될 가능성 – 을 명시한 것은 죄형법정주의 명확성원칙이 일반적 명확성원칙에 대하여 가지는 차별성을 명확히 인식하지 못한 것이다.

위에서 본 정당방위의 요건으로서 '상당한 이유있는 행위'는 '자기 또는 타인의 법익에 대한 현재의 위법한 침해를 방위'라고 하여 '부정 대 정의 관계'이자 '현재의 법익침해'라는 정당방위의 다른 요건과의 관계에서 '방위행위를 함에 있어 그 수단이 여러 가지인 경우에는 침해행위자에게 상대적으로 최소의 피해를 주는 방위행위를 하여야 한다는 상대적 최소방위의 원칙'을 의미하는 것으로 해석할 수 있고, 이러한 정당방위의 상당성이 엄격하게 적용되는 유형으로 ① 책임없는 자 또는 책임이 저하된 자의 침해 ② 긴밀한 인적 관계에 있는 자의 침해 ③ 경미한 침해 ④ 도발된 침해 ⑤ 공공적 법익에 대한 침해 등을 제시함으로써[277] 법집행자의 자의적인 해석가능성을 차단할 수 있다고 생각된다. 헌법재판소가 원용한 대법원의 판례는 일반적인 고려요소를 나열한 것에 불과하여 결국은 '사회적으로 상당한 것'이라는 모호한 기준을 제시할 뿐이어서 이로써 법집행자의 자의적 해석가능성을 차단할 수 있는지는 의문이다.

다음으로 위법성조각사유로서 '공공의 이익'부분도 다른 요건인 '진실한 사실'일 것을 전제로 하고 있고, 선거와 관련된 것이라는 점에서 '후보자 등에 관련된

277) 임웅, 형법총론, 234－242면; 이재상, 형법총론, 229－233면(상당한 이유에 대하여는 방위의 필요성으로 이해하고, 정당방위의 제한에서 위 사항들을 적시하고 있으나, 결국 상당한 이유의 판단요소가 될 것이라고 보인다) 참조.

진실한 사실로서 유권자인 국민들에게 알려지는 것이 후보자의 공직자로서의 자질 등에 관하여 판단하는데 도움이 되는 것'이라고 해석될 수 있다는 점에서 명확성원칙에 위배되지는 않는다고 보인다. 그러나 헌법재판소의 결정은 이처럼 '공공의 이익'의 의미를 규범적으로 파악하려는 시도를 하지 않고 있다. '공공의 이익'이라는 개념이 다른 형벌법규에서도 위법성조각사유로 사용되고 있다는 점, '공공의 이익에 널리 국가·사회 기타 일반 다수인의 이익에 관한 것뿐만 아니라 특정한 사회집단이나 그 구성원 전체의 관심과 이익에 관한 것도 포함되는 것이며, 공공의 이익에 관한 때라 함은 반드시 공공의 이익이 사적 이익보다 우월한 동기가 된 것이 아니더라도 양자가 동시에 존재하고 거기에 상당성이 인정된다면 이에 해당한다'는 대법원 판례에 의해 해석기준이 마련되어 있다는 점을 명확성원칙에 위배되지 않는다는 근거로 삼고 있는데, 이는 역시 여러 가지 이유를 들며 결국은 '상당성'이라는 모호한 기준으로 귀결되는 대법원의 판례를 근거로 든 것으로 타당하지 않다고 생각된다.

비록 헌법재판소에 사건화가 되지는 않았지만, 이와 같은 방식으로 위법성조각사유인 긴급피난(형법 제22조 제1항) 및 자구행위(형법 제23조 제1항)에 대하여도 요건상 각기 특성에 맞도록 상당성에 대한 해석기준 마련이 가능하다. 그러나 형법 제20조의 '기타 사회상규에 위배되지 아니하는 행위'에 대하여는 정당방위나 긴급피난, 자구행위와 같이 행위의 유형을 미리 상정하기 힘들 뿐 아니라 대법원 판례 자체가 사회상규를 다시 '국민일반의 건전한 도의감, 사회통념 또는 사회윤리'등 추상적이고 모호한 내용으로 동어반복하는데 그치는 경우가 많아 법집행자의 자의적 해석을 방지할 수 있는지는 의문이다.

4. 그 밖의 파생원칙 : 유추적용금지, 소급효금지, 적정성원칙

가. 유추적용금지원칙

(1) 헌법재판소의 결정례

헌법재판소에 죄형법정주의의 유추적용금지원칙을 형벌법규의 위헌심사기준으로 사용한 사안은 2건에 불과하다.

먼저, 유추적용금지원칙에 따라 형벌법규에 대하여 한정위헌결정을 하여야 한다는 소수의견이 제시된 사례를 살핀다. 인터넷 도박사이트를 개설하여 사이트 회원들로 하여금 이른바 고스톱, 포커 등을 하게 한 다음 개별 회원이 적립한 게임코인을 신용카드 대금납부에 사용할 수 있는 사이버머니로 환전하게 하여 도박을 하게 하고, 위 회원들로부터 매회 해당 판돈의 5%, 환전금액의 10%를 수수료 명목으로 떼어가는 방법으로 영리의 목적으로 도박을 개장하였다는 범죄사실로 재판계속 중 형법 제247조에 대하여 위헌소원을 제기한 사안에서, 형법 제246조 제1항의 규정상 도박은 '재물'로써 하는 것이므로 '재산상 이익'인 게임코인을 걸고 하는 행위를 죄형법정주의 원칙상 '도박'으로 볼 수 있는가 하는 점이 쟁점이 되었다. 이 사안에서 죄형법정주의의 명확성원칙에 위배되지 않는다고 본 합헌의견(헌법재판관 4인)은 도박에 관한 죄의 보호법익 및 입법목적과 취지, 도박에 관한 죄의 본질 등을 종합하여 볼 때, 형법 제247조의 '도박'에는 '일반 재산범죄에서의 재물'로써 하는 도박 뿐만 아니라 '기타 재산상 이익'으로써 하는 도박도 당연히 포함되는 것으로서 일반 수범자로서도 충분히 예측할 수 있다고 보았다. 반면, 4인의 재판관은 게임사이트에서 사용하는 게임코인으로서 도박을 하는 행위가 구체적 현금화 과정에 대한 사실인정 과정을 거쳐 구체적 사안에 따라 해당 법률의 적용여부를 판단하여야 할 사안으로 법률조항 자체를 다투는 것이 아니므로 헌법소원의 대상이 될 수 없다고 하였다. 한편 목영준 재판관은 한정위헌의견이었는데 형법상 '재산상이익'은 그 개념과 법률규정에 의하여 '재물'과 명확하게 구별되므로 도박죄의 특수한 성격을 이유로 재산상이익이 도박죄(형법 제246조 제1항)의 재물에 포함된다고 보는 것은 형벌조항의 유추금지원칙에 위배된다는 의견을 제시하였다.[278]

다음으로 유추적용금지원칙에 따라 한정위헌결정이 내려진 사례를 살핀다.[279] 대학교수가 자치단체의 재해영향평가심의위원으로 위촉되어 심의를 하는 과정에서 금전적 이익을 취득한 사안에서 대법원 판례에 따라 형법 제129조 제1항의 뇌물수수죄가 적용되자 위헌소원을 제기하였는데 자치단체의 위촉위원을 뇌물수수죄의 공무원으로 보는 것이 죄형법정주의의 유추적용금지에 위반되는 것인지 여부가 쟁점이 되었다. 이 사안에서 헌법재판소의 법정의견은 구 형법의 공무원 개념규정을 형법 제정 당시 두지 않았고, 국가공무원법 · 지방공무원법에 의한 공무

278) 헌재 2010. 5. 27. 2007헌바100, 판례집 22-1하, 194 참조.
279) 헌재 2012. 12. 27. 2011헌바117, 판례집 24-2, 387 참조.

원이 아니라고 하더라도 국가나 지방자치단체의 사무에 관여하거나 공공성이 높은 직무를 담당하여 청렴성과 직무의 불가매수성이 요구되는 경우에, 개별 법률에 '공무원 의제' 조항을 두어 공무원과 마찬가지로 뇌물죄로 처벌하거나, 특별규정을 두어 처벌하고 있는 점에 비추어, 국가공무원법 · 지방공무원법에 따른 공무원이 아님에도 법령에 기하여 공무에 종사한다는 이유로 공무원 의제규정이 없는 사인(私人)을 이 사건 법률조항의 '공무원'에 포함된다고 해석하는 것은 처벌의 필요성만을 지나치게 강조하여 범죄와 형벌에 대한 규정이 없음에도 구성요건을 확대한 것으로서 죄형법정주의와 조화될 수 없다고 판시하여 한정위헌결정을 하였다. 이에 반하여, 반대의견은 우리 법상 공무원의 개념은 개별 법령의 취지에 따라 다양하게 사용되고 있고, 뇌물죄는 공무집행의 공정과 직무행위의 불가매수성을 보호법익으로 하는 것이므로 비록 국가공무원법 · 지방공무원법상에 따른 공무원이 아니라고 하더라도 법령에 의해 위촉되어 국가 또는 지방자치단체의 공무를 담당하는 경우에는 뇌물죄의 주체인 '공무원'으로 정당하게 해석될 수 있으므로 죄형법정주의의 명확성원칙에 위배되지 않는다고 하였다. 즉 법률조항의 가능한 문언의 의미 내에서 입법자의 입법목적이나 의도를 고려한 해석, 적용으로서 법원의 정당한 법해석 범위를 벗어난 것이 아니므로 죄형법정주의에서 금지하고 있는 유추적용에 해당하지 않는다고 보았다.

(2) 헌법재판소 결정례의 분석

(가) 법률해석과 유추적용금지원칙

도박죄 사안에서 합헌결정을 한 법정의견은 법률해석 특히 재산상이익으로써 도박을 하도록 한 행위와 재물로써 도박을 하도록 한 행위 사이에 가벌성에서 차이가 없다는 등 목적론적 해석을 통해 '형법상 재산상이익과 재물의 개념구별'에도 불구하고 이는 재산범죄에만 국한되는 것이라고 해석한 반면, 한정위헌의견은 도박죄에서 미처 상정하지 못한 재산상이익으로써 도박하는 행위는 새로운 입법으로 처벌하지 않는 한 유추적용에 해당한다고 본 것이다. 한편 각하의견을 낸 4인의 재판관은 이 문제를 법원의 법률해석 · 적용의 문제로 파악함으로써 헌법재판소의 심판영역이 될 수 없다고 보았다.[280] 한편 공무원뇌물죄 사건에서 법정의견은 공무원 개념의 법문상 가능한 의미를 문리적, 체계적, 역사적 해석을 통해 획정한 다음 위촉에 의해 일시적으로 공무를 담당하고 있다고 하여 이 사건 법률조항의 공무원에 포함시키는 것은 공무담당의 유사성을 이유로 즉 유추를 통하여 문언의 가능한 범위를 벗어난 것으로서 죄형법정주의가 금지하고 있는 유추적용 금지원칙에 위배된다고 판시한 것이다. 반면에 반대의견은 위 해석방법 등을 통하여 이 사건 청구인과 같은 경우에도 이 사건 법률조항의 공무원의 개념에 포함시킬 수 있다고 보았다.

헌법상 명확성원칙과 관련된 위헌심사과정을 살펴보면, 법률해석을 통해 해당 법령이 수범자에게 예측가능성을 부여하고, 법집행자의 자의적 적용을 배제할 수 있는가를 살피고,[281] 청구인이 문제삼고 있는 사안을 포함한 일정한 해석영역이 대상 법령의 해석범위 내에 들어가는 것이 청구인의 기본권을 침해한다며 위헌성을 다투는 경우에는 더 나아가 그 일정한 해석영역이 법령의 해석범위에 들어가는지 여부를 살피게 된다.[282][283] 이처럼 헌법상 명확성원칙은 법령의 불명확성에 대한 위헌심사기준이지만, 헌법재판 실무, 특히 한정위헌을 구하는 경우에 있어서는 법령의 해석을 통해 해당 사안이 법령의 해석범위에 들어가는지 여부를 판단하는 방식으로 명확성 원칙 위반여부 심사가 이루어지고 있다. 이후 법령 중 이와 같은 일정한 해석부분이 과잉금지원칙에 위배되는지 여부에 대하여 위헌심사가 이루어진다. 이처럼 헌법재판의 실무에서 헌법의 명확성 원칙은 법률의 해석이론과 서로 긴밀하게 연결되어 있다. 이때 해당 사안이 해석에 의해 확인된 '법문의 가능한 의미'를 벗어나는 경우에는 '유추적용'의 문제가 발생하게 된다.

---

280) 각하의견이 이 사안을 유추적용에 해당하는 사안으로 본 뒤 유추적용이 헌법재판의 대상이 되지 않는다고 본 것은 아니다. 법정의견과 같이 법률의 해석범위 내에 들어갈 수 있지만 이는 법률의 해석·적용문제이므로 헌법재판의 대상이 아니라는 취지로 이해된다.

281) 헌재 2005. 6. 30. 2005헌가1, 판례집 17-1, 796; 헌재 1995. 9. 28. 93헌바50, 판례집 7-2, 297; 헌재 1998. 3. 26. 96헌가20, 판례집 10-1, 213; 헌재 2002. 2. 28. 99헌가8, 판례집 14-1, 87 참조.

282) 헌재 2013. 12. 26. 2012헌바35 등, 판례집 25-2하, 662; 헌재 2013. 10. 24. 2011헌바79, 판례집 25-2하, 141; 헌재 2012. 12. 27. 2012헌바47, 판례집 24-2하, 507; 헌재 2001. 3. 21. 99헌바72 등, 판례집 13-1, 550 등; 한편, 위헌결정된 사례에서는 명확성원칙에도 위반되고 과잉금지원칙에도 위반됨을 설시한 사례도 있다(헌재 2002. 7. 18. 2000헌바57, 판례집 14-2, 1; 헌재 2005. 11. 24. 2004헌가28, 판례집 17-2, 378 등).

283) 해당 사안이 해당 조문의 해석범위에 포함됨이 명백하거나, 청구인이 이에 대하여 다투지 않는 경우에는 해당 사안이 대상 법령의 해석범위에 들어가는지 여부를 따로 설시하지는 않고 있다.

(나) 위헌심사기준으로서 유추적용금지원칙의 적용범위

죄형법정주의 원칙상 유추적용에 대하여 위헌심사가 인정된다고 할 때, 형벌법규가 아닌 다른 기본권제한법규의 경우에도 헌법상 일반원칙으로서 유추적용금지원칙이 적용될 것인가 하는 점이 문제된다. 헌법 제37조 제2항은 기본권 제한을 법률에 의하도록 헌법상 요구하고 있고, 이때 법률은 명확하여야 할 것이므로 형벌법규가 아닌 다른 기본권제한법규의 경우에도 원칙적으로 법관의 유추적용이 허용되지 않는다고 볼 여지가 있다.284)

헌법재판소는 법률의 흠결시 법관의 유추적용이 논란이 된 사안에서 민사법 영역에서는 명시적으로 헌법재판의 심판대상이 될 수 없다고 하였고,285) 침익적 행정법규에 대한 사안에서, 법관의 해석·적용이 법문의 한계를 넘어섰다고 하면서도 위헌의 근거를 '법률유보원칙 위반'이라고 한 반대의견이 제시되었다.286) 형벌법규에 대하여는 일반적으로는 죄형법정주의의 명확성원칙의 문제로 보아 유추적용의 의심이 드는 법원의 해석·적용을 법문상 가능한 의미 내로 포섭하여 오다가 헌재 2011헌바117 결정에 이르러 법원의 법률해석·적용이 헌법이 금지한 형벌법규의 유추적용이라는 이유로 한정위헌결정을 하기에 이른 것이다.287) 한편 대법원에서는 침익적 행정작용의 근거가 되는 행정법규에 대하여도 유추적용이 허용되지 않는다고 판시한 사례가 있다.288) 행정법 학계에서는 행정법 관계에 있어서 사법규정의 유추적용에 대하여 논의하거나 당연히 유추가 허용된다는 전제하에서 간략하게 논의를 하고 있다.289) 독일 행정법학계의 일반적 견해도 전통적으로 유추를 광범위하게 허용하되 인격형성의 자유를 제한하는 규정도 유추할 수 있다는 것이나, 죄형법정주의 원칙이 같은 차원에서 행정법상 침해행정에도 그대로 적용되어야 한다는 견해가 있다.290) 헌법학계에서는 기본권제한법규에 있어

---

284) 박철, "법률의 문언을 넘은 해석과 법률의 문언에 반하는 해석", 법철학연구 제6권 제1호, 한국법철학회, 2003, 201-204면 참조.

285) 헌재 2000. 7. 20. 98헌바74, 판례집 12-2, 68.

286) 헌재 2008. 4. 24. 2006헌바43 등, 판례집 20-1상, 522.

287) 한편 그 이전에 있었던 2009헌바123 결정은 조세법률주의와 관련하여 실질적으로 법률의 흠결상황에서 법원의 판단을 심판대상으로 삼았다는 점에서 맥락을 같이 한다고 볼 수 있다.

288) 대법원 2008. 2. 28. 선고 2007두13791 판결 등.

289) 홍정선, 행정법특강, 61-64면 참조.

290) 최지은, "경제규제영역에서 규범회피의 법적 문제", 서울대학교 석사학위논문, 2007, 98-99면 참조.

유추적용금지에 대하여는 특별한 논의가 없는 상태이다.291)

살피건대 법률을 잘못 해석·적용하였는지의 여부가 헌법에 의해서가 아니라 적용된 법률에 근거하여 판단된다면, 즉 헌법이 아니라 법률이 행정청에 의한 해석·적용의 타당성을 심사하는 준거규범이 된다면 이 경우 법률의 해석·적용에 대한 판단은 원칙적으로 법원의 관할에 속하는 것으로 보아야 한다.292) 죄형법정주의와 조세법률주의는 역사적으로 형성되어 헌법에 명시됨으로써 유추적용이 금지됨을 분명히 하였으나, 그외 다른 기본권제한법규에 대하여는 이와 같은 헌법해석이 명확히 이루어지지 않은 점, 법관에게는 헌법에서 금지하지 아니하는 한 법률의 흠결이 있는 경우에 정당한 법으로 이를 보완할 수 있는 권한이 주어지는 점, 기본권제한법규의 경우 개별 법률의 성격에 따라 기본권 제한의 성격과 범위, 강도에 있어 그 차이가 매우 클 것인바, 이를 모두 동일하게 취급할 수는 없는 점에 비추어 보면 결국 기본권제한법규 중 죄형법정주의나 조세법률주의와 마찬가지로 엄격한 해석이 필요한 영역에 대하여는 헌법상 유추적용금지원칙이 적용될 수 있다고 생각된다. 그 구체적인 경우는 학계의 논의와 대법원 판결, 그리고 헌법재판소의 결정을 통해 정립되어 갈 수 있을 것이다.

나. 소급효금지원칙

(1) 헌법재판소의 결정례

헌법재판소는 소급효금지원칙의 적용범위에 관하여, “헌법 제12조 제1항과 제13조 제1항의 근본 뜻은 형벌법규는 허용된 행위와 금지된 행위의 경계를 명확히 설정하여 어떠한 행위가 금지되어 있고, 그에 위반한 경우 어떠한 형벌이 정해져 있는가를 미리 개인에 알려 자신의 행위를 그에 맞출 수 있도록 하자는데 있다. 이로써 위 헌법조항은 실체적 형사법 영역에서의 어떠한 소급효력도 금지하고 있고, ‘범죄를 구성하지 않는 행위’라고 표현함으로써 절대적 소급효금지의 대상은 ‘범죄구성요건’과 관련되는 것임”을 명백히 하고 있다.293)

---

291) 성낙인, 헌법학(제7판), 법문사, 2007, 280–282, 375면; 한수웅, 헌법학, 256–261, 287면 참조.

292) 헌재 2003. 2. 27. 2002헌마106, 판례집 15–1, 223, 237–238면 참조.

293) 헌재 1996. 2. 16. 96헌가2 등, 판례집 8–1, 51, 82–83.

(가) 소추요건의 경우

헌법재판소는 이른바 12·12, 5·18 관련 헌정질서파괴범죄의 공소시효 진행의 정지규정이 형벌법규의 소급효원칙에 위반되는지와 관련하여 "헌법의 규정은 '행위의 가벌성'에 관한 것이기 때문에 소추가능성에만 연관될 뿐, 가벌성에는 영향을 미치지 않는 공소시효에 관한 규정은 원칙적으로 그 효력범위에 포함되지 않는다. 행위의 가벌성은 행위에 대한 소추가능성의 전제조건이지만, 소추가능성은 가벌성의 조건이 아니므로 공소시효의 정지규정을 과거에 이미 행한 범죄에 대하여 적용하도록 하는 법률이라 하더라도 그 사유만으로 헌법 제12조 제1항 및 제13조 제1항에 규정한 죄형법정주의의 파생원칙인 형벌불소급의 원칙에 언제나 위배되는 것으로 단정할 수는 없다."[294]고 판시하였다. 그 후 법치국가원리에 근거한 소급입법금지원칙의 적용은 받는다고 하면서 아직 공소시효가 완성되지 않는 경우 즉 '부진정소급효'의 경우에는 원칙적으로 허용되고 단지 소급효를 요구하는 공익상의 사유와 신뢰보호의 요청 사이의 교량과정에서 신뢰보호의 관점이 입법자의 형성권에 제한을 가할 뿐이라는 것이라고 재판관 전원이 일치하여 판시하였다.

다만 이미 공소시효가 완성되었다고 보는 경우에는 '진정소급효'의 문제가 되는 것으로서 위에서 본 바와 같이 극히 예외적인 경우에 한하여 인정될 것인데 합헌의견(4인)은 "이 사건 반란행위자들 및 내란행위자들의 군사반란죄나 내란죄의 공소시효완성으로 인한 법적 지위에 대한 신뢰이익이 보호받을 가치가 별로 크지 않음에 비하여 이 법률조항은 위 행위자들의 신뢰이익이나 법적 안정성을 물리치고도 남을 만큼 월등히 중대한 공익을 추구하고 있다고 평가할 수 있다. 그렇다면 이 법률조항이 위 행위자들의 공소시효완성에 따르는 법적 지위를 소급적으로 박탈하고, 그들에 대한 형사소추를 가능하게 하는 결과를 초래하여 그 합헌성 인정에 있어서 위에서 본 바와 같은 심히 엄격한 심사기준이 적용되어야 한다고 하더라도, 이 법률조항이 공소시효의 완성이라는 헌법상의 기본권이 아닌 단순한 법률적 이익에 대한 위와 같은 미약한 신뢰보호의 필요성에 현저히 우선하는 중대한 공익을 추구하고 있으므로 헌법적으로 정당화된다고 할 것이다. 우리

---

294) 헌재 1996. 2. 16. 96헌가2 등, 판례집 8-1, 51, 83-84.

헌정사에 공소시효에 관한 진정소급입법을 단 한번 예외적으로 허용한다면 바로 이러한 경우에 허용하여야 한다고 할 것이다."라고 판시하였다. 반면, 한정위헌의견(5인)은 "개인의 인권보장을 위한 기본 장치로서 피의자의 처지를 대변하는 신뢰보호원칙이나 법적 안정성의 측면에서 보면, 형벌을 사후적으로 가능하게 하는 새로운 범죄구성요건의 제정이나, 공소시효가 이미 완성되어 소추할 수 없는 상태에 이른 뒤에 뒤늦게 소추가 가능하도록 하는 새로운 법률을 제정하는 것은 결과적으로 형벌에 미치는 사실적 영향에서는 차이가 없어 실질에 있어서는 마찬가지이다. 일반적으로 절차법의 존속에 대한 신뢰가 실체법의 존속에 대한 신뢰보다 헌법적으로 어느 정도 적게 보호된다 하더라도, 절차법적 지위가 경우에 따라서는 그의 의미와 중요성 때문에 실체법적 지위와 동일한 보호를 요청할 수 있고, 공소시효가 완성된 뒤에 새로이 처벌될 수 있도록 하는 경우가 바로 그러한 예라 할 것이다. 따라서 비록 공소시효에 관한 것이라 하더라도 공소시효가 이미 완성된 경우에 그 뒤 다시 소추할 수 있도록 법률로써 규정하는 것은 헌법 제12조 제1항 후단의 적법절차의 원칙과 제13조 제1항의 형벌불소급의 원칙 정신에 비추어 헌법적으로 받아들일 수 없는 위헌적인 것이라 아니할 수 없다."[295]고 하여 공소시효 정지규정 시행일 이전에 공소시효가 이미 완성된 경우에 적용하는 한 헌법에 위반된다고 하였다.

그 외에도 헌법재판소는 종합보험에 가입한 경우 업무상과실로 인한 교통사고로 말미암아 피해자로 하여금 상해에 이르게 한 경우 공소를 제기할 수 없도록 한 교통사고처리특례법 제4조 제1항에 관한 헌법소원(2005헌마764)의 적법요건(권리보호이익) 판단에서 "이 사건 법률조항은 비록 형벌에 관한 것이기는 하지만 불처벌의 특례를 규정한 것이어서 위헌결정의 소급효를 인정할 경우 오히려 그 조항에 의거하여 형사처벌을 받지 않았던 자들에게 형사상의 불이익이 미치게 되므로 이와 같은 경우까지 헌법재판소법 제47조 제2항 단서의 적용범위에 포함시키는 것은 법적 안정성과 이미 면책받은 가해자의 신뢰보호의 이익을 크게 해치게 되므로 그 규정취지에 반한다. 따라서 이 사건 법률조항에 대하여 위헌선언을 하더라도 그 소급효는 인정되지 아니"한다고 판시하였다.[296]

---

295) 헌재 1996. 2. 16. 96헌가2 등, 판례집 8-1, 51, 94-95.

296) 헌재 2009. 2. 26. 2005헌마764 등, 판례집 21-1상, 156, 171; 헌법재판실무제요(제1개정증보판), 헌법재판소, 2008, 150면 참조.

(나) 보안처분법규의 경우

헌법재판소는 "상습범 등에 대한 보안처분의 하나로서 신체에 대한 자유의 박탈을 그 내용으로 하는 보호감호처분은 형벌과 같은 차원에서의 적법한 절차와 헌법 제13조 제1항에 정한 죄형법정주의의 원칙에 따라 비로소 과해질 수 있는 것이라 할 수 있고, 따라서 그 요건이 되는 범죄에 관한 한 소급입법에 의한 보호감호처분은 허용될 수 없다."[297]라고 한 반면, 전자장치부착을 통한 위치추적 감시제도가 시행될 당시 부착명령 대상에서 제외되었던 사람들에 대한 위치추적 장치 부착명령은 "전통적 의미의 형벌이 아닐 뿐 아니라, 성폭력범죄자의 성행교정과 재범방지를 도모하고 국민을 성폭력범죄로부터 보호한다고 하는 공익을 목적으로 하며, 전자장치의 부착을 통해서 피부착자의 행동 자체를 통제하는 것도 아니라는 점에서 이 사건 부칙조항이 적용되었을 때 처벌적인 효과를 나타낸다고 보기 어렵다. 그러므로 이 사건 부착명령은 범죄행위를 한 사람에 대한 응보를 주된 목적으로 그 책임을 추궁하는 사후적 처분인 형벌과 구별되는 비형벌적 보안처분으로서 소급효금지원칙이 적용되지 아니한다."고 하여 비형벌적 보안처분이라고 판시하였다.[298]

(다) 피고인에게 불리한 판례변경

헌법재판소는 총회의 의결을 거치지 아니하고 조합원에게 부담이 될 계약을 체결한 행위에 대한 형벌법규 중 '총회의 의결'은 사전의결 뿐 아니라 사후추인도 포함될 수 있음에도 사전의결로 해석된다고 한 판례(대법원 2010. 6. 24. 선고 2009도14296 판결) 이전의 행위임에도 위 판례에 따라 판단한 것이 형벌불소급원칙 위반임을 주장한 위헌소원에서 "형사처벌의 근거가 되는 것은 법률이지 판례가 아니고, 형법조항에 관한 판례의 변경은 그 법률조항의 내용을 확인하는 것에 지나지 아니하여 이로써 그 법률조항 자체가 변경된 것으로 볼 수 없으므로, 행위 당시의 판례에 의하면 처벌대상이 되지 아니하는 것으로 해석되었던 행위를 판례의 변경에 따라 확인된 내용의 형법 조항에 근거하여 처벌한다고 하여 그것이 형벌불소급원칙에 위반된다고 할 수 없다."[299]고 판시하여, 판례변경은 형벌불소급원

297) 헌재 1989. 7. 14. 88헌가5 등, 판례집 1, 69, 81.
298) 헌재 2012. 12. 27. 2010헌가82 등, 판례집 24-2하, 281, 298.

칙의 적용대상이 아님을 밝히고 있다.

(2) 헌법재판소 결정례의 분석

죄형법정주의의 형벌불소급 원칙은 어떠한 이유로도 소급이 허용되지 않는 '절대적 소급효금지'인 반면, 법치국가원리에 근거한 소급입법의 금지원칙은 공익적 필요와 개인의 신뢰 사이의 법익형량을 통하여 소급효가 인정될 수 있는 '상대적 소급효금지'에 해당한다. 따라서 형벌불소급원칙이 적용되지 않더라도 법치국가원리에 근거한 소급입법금지원칙의 심사를 거쳐야 한다. 헌법재판소는 "기존의 법에 의하여 형성되어 이미 굳어진 개인의 법적 지위를 사후입법을 통하여 박탈하는 것 등을 내용으로 하는 진정소급입법은 개인의 신뢰보호와 법적 안정성을 내용으로 하는 법치국가원리에 의하여 헌법적으로 허용되지 않는 것이 원칙이지만, 특단의 사정이 있는 경우, 즉 기존의 법을 변경하여야 할 공익적 필요는 심히 중대한 반면에 그 법적 지위에 대한 개인의 신뢰를 보호하여야 할 필요가 상대적으로 정당화될 수 없는 경우에는 예외적으로 허용될 수 있다. 그러한 진정소급입법이 허용되는 예외적인 경우로는 일반적으로, 국민이 소급입법을 예상할 수 있었거나, 법적 상태가 불확실하고 혼란스러웠거나 하여 보호할 만한 신뢰의 이익이 적은 경우와 소급입법에 의한 당사자의 손실이 없거나 아주 경미한 경우, 그리고 신뢰보호의 요청에 우선하는 심히 중대한 공익상의 사유가 소급입법을 정당화하는 경우를 들 수 있다."[300]고 하여 극히 예외적인 경우에 한하여 진정소급입법의 소급효 적용을 인정하고 있다. 따라서 형벌법규에 해당하지 않아 죄형법정주의의 소급효금지원칙이 적용되지 않더라도 진정소급입법으로 기본권이 제한되는 경우에는 매우 엄격한 요건의 위헌심사가 이루어진다. 이와 관련된 논의는 주로 보안처분법규와 관련되어 이루어지는데 이에 대한 상세한 논의는 제4장 보안처분법규에 대한 위헌심사기준에서 다루도록 한다.

피고인에게 불리한 판례변경으로 종래에 처벌받지 않던 사안에서 형사처벌을 받게 되는 경우가 실무상 자주 일어나고 있고, 이에 관하여는 학계에서 소급효를 긍정하는 견해와 부정하는 견해로 나뉘어 있으며, 소급효를 긍정하는 견해에서는

299) 헌재 2014. 5. 29. 2012헌바390 등, 판례집 26-1하, 329, 339-340.
300) 헌재 1996. 2. 16. 96헌가2 등, 판례집 8-1, 51, 87-88.

해결책으로 형법 제16조의 위법성의 착오로 변경 전의 판례에 대한 행위자의 신뢰가 보호될 수 있다고 하고 있다.[301] 위에서 본 헌법재판소 결정은 판례변경과 형벌불소급원칙에 관한 헌법재판소의 첫 결정으로서 죄형법정주의 형벌불소급원칙의 적용범위에 관한 형법학계의 오래된 논쟁에 대하여 헌법적 해명이 기대되었음에도 형벌불소급원칙의 대상은 법률이지 판례가 아니라는 대법원 판결의 논리를 그대로 원용하는데 그치고 있다. 물론 이 사안은 대법원 판결 이전에 '사후추인'도 총회의 의결에 해당한다는 확립된 판례가 있었던 것이 아니라는 점에서[302] 대법원의 확립된 판례가 변경되어 피고인의 법적 신뢰와 규범안정성을 해친 경우에 해당되지 않았고, 그런 이유로 헌법적 차원에서 본격적 논의가 이루어지지 않았다고 이해될 수는 있다. 그러나 법원의 판례변경은 피고인의 입장(심지어는 법률전문가의 입장도 마찬가지이다)에서는 행위시점에서 가벌성을 예측하지 못하는 상황이었으므로 사후입법에 의한 소급처벌과 마찬가지로 받아들여지는 것이다. 따라서 피고인에게 불리한 판례변경은 국민의 법질서에 대한 신뢰를 상실하여 법치국가가 의도하는 법적 안정성 및 법적 예측성이 크게 훼손될 것이라는 점에서, 피고인에게 파기환송심에서 형법 제16조의 금지착오의 주장을 통해 형사책임을 면하도록 하는 형사법적 해결로 해소할 수 없는 헌법적 차원의 문제이다. 헌법재판소에서 이에 대한 논의가 이루어지지 않은 점은 형벌법규의 수범자인 국민의 법질서에 대한 신뢰와 예측가능성이 가지는 헌법적 의미와 신체의 자유 등에 대한 강력한 제재인 형벌법규의 특성을 충분히 고려하지 않은 것으로 비판을 면하기 어렵다.

다. 적정성의 원칙

죄형법정주의의 적정성의 원칙은 실질적 법치주의가 형법에 구현된 것으로서 형법의 실질적 내용이 헌법의 가치체계, 특히 헌법 제10조 인간으로서의 존엄과

301) 여기서는 최근 헌법재판소의 이와 관련된 첫 결정을 소개하는 것으로 그친다. 이와 관련된 상세한 우리나라와 독일에서의 논의 및 판례는 하태영, 형사철학과 형사정책, 법문사, 281–327면 참조.

302) 위 대법원 판례의 원심판결(서울중앙지방법원 2009. 11. 27. 선고 2009노2861 판결)에서는 '사후추인'이 이루어진 경우도 '총회의 의결'을 거친 경우에 해당한다는 이유로 무죄를 선고한 1심 판결(서울중앙지방법원 2009. 8. 19. 선고 2009고정1199 판결)을 파기하고, '사전의결'로 해석되어야 한다고 판시하였다. 결국 청구인은 1심의 무죄판결을 근거로 판례변경이라고 주장한 것이다.

가치라는 근본요청에 부합하여야 한다는 것이다.303) 이러한 죄형법정주의의 적정성 원칙의 성격상 형벌법규에 대한 모든 위헌심사기준, 특히 내용과 관련된 인간의 존엄과 가치, 책임원칙, 과잉금지원칙, 평등원칙과 관련이 될 수 있다. 따라서 죄형법정주의의 적정성의 원칙이 인정되는가의 문제가 아닌 형벌법규에 대한 독자적인 위헌심사기준이 될 수 있을 것인가 하는 점이 문제된다.

헌법재판소는 양벌규정에 대한 위헌심사에서 죄형법정주의를 형벌에 관한 책임원칙의 도출근거로 함으로써 죄형법정주의의 의미를 실질적으로 파악하고 있는 판시를 한 예가 있다.304) 또한 지급거절될 것을 예견하고 수표를 발행한 사람이 그 수표의 지급제시기일에 수표금이 지급되지 아니하게 한 경우 수표의 발행인을 처벌하도록 규정한 부정수표단속법 제2조 제2항에 대한 위헌심사에서 부정수표단속법에 대한 위헌심사에서 채무불이행만으로 형사처벌이 되는 것이 실질적 죄형법정주의 내지 적법절차 위반이라는 주장에 대한 별도로 판단을 하고 있다.305) 그외 강도상해죄에 대한 위헌심사의 반대의견에서 "(강도상해죄의 법정형이) 적법절차의 원칙 내지 실질적 죄형법정주의의 한 내용인 '죄형의 균형' 요청에도 반하는 위헌법률조항"306)이라고 위헌심사기준으로서 제시되기도 하였다.

그런데 헌법재판소 결정례에서 보듯이 '형벌에 관한 책임원칙'의 도출근거로서 실질적 죄형법정주의 원칙을 포함시키는지 여부는 책임원칙의 의미와 내용에 변화를 가져올 수 없고, 부정수표단속법 사안에서도 채무불이행으로 형사처벌이 되는지 여부에 대하여는 책임원칙이나 과잉금지원칙 심사를 통해 더 명확하게 위헌심사가 이루어질 수 있으며, 강도상해죄의 경우에도 죄형의 균형 문제는 결국 책임과 형벌간의 비례원칙이나 형벌의 체계균형성 심사를 통해 보다 정밀하게 위헌심사가 이루어질 수 있다는 점에서 적정성원칙이 형벌법규에 대한 위헌심사에서 독자적인 위헌심사기준이 되기는 어렵다고 생각된다.

적정성원칙을 독자적 위헌심사기준으로 파악하게 되면, 결국 죄형법정주의 원칙이 인간의 존엄성 보장, 책임원칙, 과잉금지원칙, 평등원칙 등을 모두 포괄하게 되어 그 내용상 이들 원리와의 구별이 모호하게 될 것이고, 그렇게 되면 이들 원리의 고유한 의미가 위축될 여지가 있다는 지적에 설득력이 있다.307)

303) 임웅, 형법총론, 35–36면; 이재상, 형법총론, 29–30면 참조.
304) 헌재 2009. 7. 30. 2008헌가14, 판례집 21–2상, 77, 87 참조.
305) 헌재 2001. 4. 26. 99헌가13, 판례집 13–1, 761 참조.
306) 헌재 1997. 8. 21. 93헌바60, 판례집 9–2, 200, 220–221.

제4절 절차관련 규정의 형벌법규에 대한 위헌심사기준 여부

1. 헌법 제12조 제1항 : 적법절차원칙

가. 의의 및 쟁점

헌법 제12조 제1항 제2문 및 제3항 제1문은 신체의 자유와 관련하여, 적법절차원칙을 규정하고 있다.308) 우리 헌법에 적법절차원칙이 도입된 연혁에 관하여 헌법재판소는 "영미법계의 국가에서 국민의 인권을 보장하기 위한 기본원리의 하나로 발달되어 온 적법절차의 원칙을 도입하여 헌법에 명문화한 것이며, 이 적법절차의 원칙은 역사적으로 볼 때 영국의 마그나카르타(대헌장) 제39조, 1335년의 에드워드 3세 제정법률, 1628년 권리청원 제4조를 거쳐 1791년 미국 수정헌법 제5조 제3문과 1868년 미국 수정헌법 제14조에 명문화되어 미국헌법의 기본원리의 하나로 자리잡고 모든 국가작용을 지배하는 일반원리로 해석·적용되는 중요한 원칙으로서, 오늘날에는 독일 등 대륙법계의 국가에서도 이에 상응하여 일반적인 법치국가 원리 또는 기본권 제한의 법률유보 원리로 정립되게 되었다"309)고 하여 미국헌법상의 적법절차원칙이 도입된 것이라고 판시하고 있다.

또한 헌법재판소는 적법절차원칙의 적용범위에 관하여, "헌법에서는 제12조 제1항의 처벌, 보안처분, 강제노역 등 및 제12조 제3항의 영장주의와 관련하여 각각 적법절차의 원칙을 규정하고 있지만 이는 그 대상을 한정적으로 열거하고 있는 것이 아니라 그 적용대상을 예시한 것에 불과하다고 해석하는 것이 우리의 통설적 견해이다. 다만 현행 헌법상 규정된 적법절차의 원칙을 어떻게 해석할 것인가에 대하여 표현의 차이는 있지만 대체적으로 적법절차의 원칙이 독자적인 헌법원리의 하나로 수용되고 있으며 이는 형식적인 절차 뿐만 아니라 실체적 법률내용이 합리성과 정당성을 갖춘 것이어야 한다는 실질적 의미로 확대 해석하고 있으

307) 변종필, 형법해석과 논증, 세창, 2012, 281면 참조.

308) 적법절차 조항이 1987년 헌법에 들어오게 된 경위(야당의 '판결에 의한 보안처분' 주장과 이에 반대하는 여당의 절충으로 헌법 제12조에 적법절차 규정)와 규정의 문제점에 대하여는 김문현 외, 기본권영역별 위헌심사의 기준과 방법, 132－134면 참조.

309) 헌재 2009. 6. 25. 2007헌바25, 판례집 21－1하, 784, 798.

며, 우리 헌법재판소의 판례에서도 이 적법절차의 원칙은 법률의 위헌여부에 관한 심사기준으로서 그 적용대상을 형사소송절차에 국한하지 않고 모든 국가작용 특히 입법작용 전반에 대하여 문제된 법률의 실체적 내용이 합리성과 정당성을 갖추고 있는지 여부를 판단하는 기준으로 적용되고"310) 있다고 하여 형사절차뿐 아니라 모든 국가작용의 실체적 내용에까지 적용되는 헌법상의 원칙임을 분명히 하고 있다.

이처럼 헌법재판소의 입장에 따르면, 우리 헌법상 적법절차원칙은 법률내용의 합리성과 정당성을 의미하는 실체적 적법절차와 불이익처분 이전에 사전고지와 청문의 기회보장을 의미하는 절차적 적법절차로 나눌 수 있는데, 형사절차법규에서 절차적 적법절차원칙은 중요한 위헌심사기준으로서 작용하고 있다.

그렇다면 형벌법규의 내용상 합리성과 정당성을 심사하는 의미에서 실체적 적법절차원칙이 형벌법규의 독자적 위헌심사기준으로서 의미를 가질 수 있는지를 검토할 필요가 있다. 헌법재판소의 결정례를 먼저 살핀 뒤 이론적 측면(미국헌법상의 적법절차원칙을 도입한 것이라는 점에서 우리 헌법의 체계상 미국 헌법상의 실체적 적법절차원칙이 그대로 적용될 수 있는지 여부) 및 실제적 측면(형벌법규의 내용상 합리성, 정당성이 다른 위헌심사기준 특히 과잉금지원칙에 의해 위헌심사가 이루어져 독자적인 위헌심사기준으로 작용할 필요성이 있는지 여부)를 살핀다.

나. 실체적 적법절차원칙이 독자적 위헌심사기준으로 인정될 수 있는지 여부

(1) 헌법재판소의 결정례

헌법재판소는 적법절차원칙의 과잉금지원칙에 대한 독자적 심사기준으로서 의미에 대하여 "헌법상 적법절차의 원칙을 위와 같이 법률이 정한 절차와 그 실체적인 내용이 합리성과 정당성을 갖춘 적정한 것이어야 한다는 것으로 이해한다면, 그 법률이 기본권의 제한입법에 해당하는 한 헌법 제37조 제2항의 일반적 법률유보조항의 해석상 요구되는 기본권제한법률의 정당성 요건과 개념상 중복되는 것으로 볼 수도 있을 것이나, 현행 헌법이 명문화하고 있는 적법절차의 원칙은 단순히 입법권의 유보제한이라는 한정적인 의미에 그치는 것이 아니라 모든 국가작

310) 헌재 1992. 12. 24. 92헌가8, 판례집 4, 853, 876-877. 그 외 90헌가48), 93헌가3 등 참조.

용을 지배하는 독자적인 헌법의 기본원리로서 해석되어야 할 원칙이라는 점에서 입법권의 유보적 한계를 선언하는 과잉입법금지의 원칙과는 구별된다고 할 것이다. 따라서 적법절차의 원칙은 헌법조항에 규정된 형사절차상의 제한된 범위내에서만 적용되는 것이 아니라 국가작용으로서 기본권제한과 관련되든 관련되지 않든 모든 입법작용 및 행정작용에도 광범위하게 적용된다고 해석하여야 할 것이고, 나아가 형사소송절차와 관련시켜 적용함에 있어서는 형벌권의 실행절차인 형사소송의 전반을 규율하는 기본원리로 이해하여야 하는 것이다."311)라고 하여 적법절차원칙이 기본권제한법률의 한계에 국한된 과잉입법금지원칙 보다 적용범위가 넓다고 판시하고 있다.

형벌법규와 관련하여, 실체적 적법절차원칙이 위헌심사기준으로 사용된 예를 살펴본다. 실체적 적법절차원칙을 과잉금지원칙과 구분하여 심사한 예로는 노동조합법상 노동위원회의 구제명령위반죄에 대한 위헌결정이 있다. 이 결정에서 헌법재판소는 먼저 적법절차원칙의 위반여부에 대하여 "(행정형벌제도의 법리상) 행정형벌로서의 단기자유형과 벌금을 원칙적으로 행정질서벌로 전환하는 것이, 처벌법규는 절차면에서 만이 아니라 실체면에서도 합리성과 정당성이 있어야 한다는 적법절차의 원칙에 적합할 것이다. … 중략 … 위법·부당하여 취소될 수도 있는 이러한 확정되지 않은 구제명령과, 또 구제명령이 위법·부당하여 재심 또는 행정소송으로 취소된 경우까지 이를 신속히 이행하지 않았다 하여 그 이행확보 내지 그 제재방법으로 징역형을 택하여 그 위반자인 사용자를 교도소에 장기간 수감하는 등으로 물심양면의 고통을 가하거나 형벌인 벌금형으로 처벌함은, 위에서 본 바와 같이 정의에 반하고 행정명령의 이행확보수단으로서 최후적·보충적이어야 하는 점에 비추어도 합리성과 정당성이 없다고 할 것이다."312)고 판시한 뒤, 이러한 내용을 토대로 "뿐만 아니라 이는 이 사건 규정에 의하여 달성하려는 구제명령의 이행확보수단으로서도 적절치 못하며, 기본권제한이 필요한 최소한도에 그쳤다고도 할 수 없고, 이 사건 규정에 의하여 보호하려는 법익과 이 사건 규정에 의하여 제한되는 사용자의 이익 사이에 균형도 갖추지 못하고 있다고 할 것이다."313) 라고 하여 실체적 적법절차원칙을 중심으로 위헌심사를 전개한 뒤 그 내

311) 헌재 1992. 12. 24. 92헌가8, 판례집 4, 853, 877.
312) 헌재 1995. 3. 23. 92헌가14, 판례집 7-1, 307, 320-321.
313) 헌재 1995. 3. 23. 92헌가14, 판례집 7-1, 307, 321-322.

용을 원용하여 과잉금지심사를 행하였다. 또한 지급거절될 것을 예견하고 수표를 발행한 사람이 그 수표의 지급제시기일에 수표금이 지급되지 아니하게 한 경우 수표의 발행인을 처벌하도록 규정한 부정수표단속법 제2조 제2항에 대한 위헌심사에서 과잉금지심사와는 별도로 부정수표단속법에 대한 위헌심사에서 채무불이행만으로 형사처벌이 되는 것에 대하여 실질적 죄형법정주의 내지 적법절차위반이라는 주장에 대하여 판단을 하고 있다.[314)]

반면 과잉금지원칙과 실체적 적법절차원칙을 함께 심사한 예로는 반국가행위자의 소환불응에 대하여 전재산몰수형을 규정한 반국가행위자의 처벌에 관한 특별조치법 조항에 대한 위헌결정이 있다. 이 결정에서 헌법재판소는 "반국가행위자의 고의적인 소환불응을 범죄행위라고 규정하는 취지라 하여도 이러한 행위에 대해 전재산의 몰수라는 형벌은 그러한 행위의 가벌성에 비해 지나치게 무거워 적정하지 못하고 일반형사법체계와 조화를 이루지 못하고 있다. 결국 이는 행위책임의 법리를 넘어서 자의적이고 심정적인 처벌에의 길을 열어 둠으로써 형벌체계상의 정당성과 균형을 명백히 벗어나는 것이다. 그러므로 특조법 제7조는 헌법 제12조 제1항에 규정된 적법절차의 원칙 및 헌법 제37조 제2항의 과잉금지의 원칙에 어긋난다."[315)]고 판시하여 적법절차원칙과 과잉금지원칙을 함께 판단하고 있다. 그외 강도상해죄에 대한 위헌심사의 반대의견에서 "(강도상해죄의 법정형이) 적법절차의 원칙 내지 실질적 죄형법정주의의 한 내용인 '죄형의 균형'요청에도 반하는 위헌법률조항"[316)]이라고 판시하기도 하였다.

(2) 이론적 측면 : 미연방헌법과 우리 헌법의 실체적 적법절차원칙의 차이점 여부

미연방대법원은 미연방 수정헌법 제5조(1791년)와 수정헌법 제14조 제1항(1868년)에 근거하여, 절차적 적법절차원리와 실체적 적법절차원리를 도출하고 있다. 절차적 적법절차원리는 연방정부나 주정부가 생명이나 자유 또는 재산을 박탈하고자 하는 경우에는 반드시 법이 정한 적절하고 공정한 절차에 따라 행동하여야 한다는 것이다. 미연방대법원은 절차적 적법절차원리의 적용에 있어, 1단계로 침

314) 헌재 2001. 4. 26. 99헌가13, 판례집 13-1, 761 참조.
315) 헌재 1996. 1. 25. 95헌가5, 판례집 8-1, 1, 21.
316) 헌재 1997. 8. 21. 93헌바60, 판례집 9-2, 200, 220-221.

해된 이익이 '생명, 자유 혹은 재산'에 해당하는지를 검토하고, 2단계로 어떠한 절차가 적법절차인가 문제되는데 2단계 분석은 사법절차인 경우와 비사법절차인 경우로 구분된다. 사법절차인 경우에는 청문권, 증인소환권, 변호인의 조력을 받을 권리 등을, 비사법절차에서는 법원의 이익형량심사(balancing test)를 통해 청문권 등의 절차적 보호절차를 보장한다. 실체적 적법절차원리는 주로 미연방 수정헌법 제5조와 제14조 제1항의 '자유(liberty)'의 해석을 통해 발전해왔다. 즉 인간행동에 대한 어떤 유형의 주에 의한 규제는 인간의 중요한 권리를 너무도 불합리하게 간섭하는 것이어서 '자유'에 대한 '불합리한 부정'에 까지 이른다는 것이며, 이러한 규제가 실체적 적법절차원리에 반하여 위헌이라는 것이다. 이러한 판단은 경제와 사회복지규제와 근본적 권리들에 영향을 주는 비경제규제로 나누어 볼 수 있다. 수정헌법상의 '자유'에 계약의 자유를 포함시키면서 이를 제한하는 법률에 대하여 엄격한 위헌심사기준을 제시하여 많은 위헌판결을 내렸고 1905년의 Lochner 판결이 대표적이다. 그러나 1930년대 중반 이후 훨씬 완화된 '합리성심사'기준을 채택하는 경향을 보이는데 이는 사회적·경제적 문제에 관한 주정부나 연방정부의 규제에 대한 위헌심사에서 불개입의 원칙을 세운 것으로 볼 수 있다. 한편 '자유'의 개념속에서 프라이버시권 혹은 자기결정권을 끌어내어 피임약과 피임기구를 사용할 권리(Griswold v. Conneticut, 1965), 낙태권(Roe v. Wade, 1973), 가족관계에 관련된 사항(같이 살 권리, 결혼의 자유) 등을 근본적 권리(fundamental rights)로 인정한 뒤 위헌심사기준으로 규제의 목적이 긴절한(compelling) 것이어야 하고, 규제의 수단이 목적달성에 필요한(necessary) 것이어서 피해가 경미한 다른 수단이 있어서는 안 된다는 점을 주정부나 연방정부가 입증하여야 한다는 엄격심사를 채택해 왔다.317)

이러한 미연방대법원의 적법절차조항 해석에 따른 실체적 적법절차원리가 우리 헌법재판의 위헌심사에서 그대로 사용될 수 있는지에 대하여는 비판론이 제기되고 있다. 첫째, 미연방헌법과 우리 헌법상 적법절차 규정에는 차이가 있다는 점이 제시된다. 미연방헌법에서 적법절차 준수의 대상이 '생명, 자유, 재산'인 반면, 우리 헌법에서는 적법절차규정이 신체의 자유에 대한 제한만을 대상으로 하고 있다. 둘째, 우리 헌법에는 미연방헌법에 없는 기본권제한에 관한 일반적 법률유보

317) 임지봉, "적법절차조항의 우리 헌법에의 도입과 그 운용", 헌법학연구 제11권 제3호, 한국헌법학회, 2005, 267－277면 참조.

조항(헌법 제37조 제2항)이 있어 기본권제한입법의 실체적 내용이 정당하고 합리적인지 여부를 헌법 제37조 제2항에 따른 과잉금지심사로 판단이 가능하다. 셋째, 미국에서 말하는 실체적 적법절차이론은 미연방헌법에 열거되지 않은 권리를 도출하는데 주로 활용되고 있는데 우리 헌법에서는 인간의 존엄과 가치를 규정한 제10조나 헌법에 열거되지 아니한 자유와 권리에 대하여 규정한 헌법 제37조 제1항을 적용하여 헌법상 명문화되지 아니한 새로운 기본권을 보장할 수 있다는 점에서 미연방대법원과 같이 실체적 적법절차원리를 위헌심사기준으로 사용할 필요가 없다는 취지의 비판이다.[318]

(3) 실제적 측면 : 위헌심사기준으로서 독자성이 인정되는지 여부

실체적 적법절차원칙이 형벌법규에 대한 독자적 위헌심사기준으로서 의미를 가지기 위해서는 과잉금지원칙 등 다른 위헌심사기준에서 포섭하지 못하는 사항에 대한 심사가 이루어질 수 있어야 할 것이다.

위에서 살핀 구제명령위반죄, 반국가행위자 소환불응죄에 관한 헌법재판소 결정에서는 실체적 적법절차원칙이 과잉금지원칙과 형식적으로 구분하였을 뿐 내용이 동일하다. 구제명령위반죄는 행정형벌제도 일반의 법리에서 벗어나고, 반국가행위자 소환불응죄는 근대 이후 형벌로서 매우 이례적이고 비정상적이라는 특성이 있고, 이러한 점들이 과잉금지심사에 앞서거나 더불어 실체적 적법절차원칙을 위헌심사의 기준으로 삼은 이유로 보인다. 한편 앞서 죄형법정주의의 적정성원칙에서 살펴보았듯이, 부정수표단속법 사안에서 채무불이행만으로 형사처벌이 되는지 여부에 대하여는 '형벌에 관한 책임원칙'이나 과잉금지심사를 통해 더 명확하게 위헌심사가 이루어질 수 있으며, 강도상해죄 사안에서 죄형의 균형 문제는 결국 책임과 형벌간의 비례원칙이나 형벌 체계상의 균형성심사를 통해 보다 정밀하게 위헌심사가 이루어질 수 있다고 생각된다.

(4) 소 결

이처럼 실체적 적법절차원칙을 평등원칙과 함께 주요한 위헌심사기준으로 사

318) 임종훈, "한국헌법상의 적법절차원리에 대한 비판적 고찰", 헌법학연구 제14권 제3호, 한국헌법학회, 2008. 9, 373－376면 참조.

용하여 프라이버시권 등 근본적 권리를 도출하고 있는 미국과는 달리 우리 헌법은 개별 자유권 규정을 다수 규정하고 있고, 헌법 제37조 제1항에 의해 열거되지 않는 기본권이 인정될 수 있으며, 헌법 제37조 제2항에 의해 과잉금지원칙이 명문으로 규정되어 있다는 점에서 미국과 마찬가지로 포괄적으로 적용되는 실체적 적법절차원칙을 인정할 필요성이 인정되기 어렵다. 헌법재판소는 적법절차원칙과 과잉금지원칙의 차별성을 판시하고 있으나(위 92헌가8 결정), 적법절차원칙과 과잉금지원칙이 위헌심사기준으로서 구체적으로 어떠한 차이점이 있는지에 대하여는 분명히 밝히지 않고 있을 뿐 아니라 앞서 본 바와 같이 "(미연방헌법의 적법절차원리가) 오늘날에는 독일 등 대륙법계의 국가에서도 이에 상응하여 일반적인 법치국가 원리 또는 기본권 제한의 법률유보 원리로 정립되게 되었다."고 하여 적법절차원칙을 법치주의와 내용상 동일하거나 대체적인 관계로 보고 있다.319)

또한 죄형법정주의의 적정성원칙과 마찬가지로 실체적 적법절차원칙을 독자적인 위헌심사기준으로 파악하게 되면, 인간의 존엄성 보장, 책임원칙, 과잉금지원칙, 평등원칙 등을 모두 포괄하는 개념이 될 수 있어 그 내용상 이들 원리와의 구별이 모호하게 될 것이라는 문제점이 있다. 이런 이유로 헌법재판소에서도 초기 결정을 제외하고는 형벌법규에 대한 위헌심사에서 실체적 적법절차원칙을 위헌심사기준으로 거론하는 경우를 찾아보기 어려운 것으로 판단된다. 실제 헌법재판소에서 실체적 적법절차원칙을 위헌심사기준으로 사용한 경우를 살펴보더라도 과잉금지원칙의 심사내용과 차별성을 인정하기 어렵다.

2. 헌법 제13조 제1항 후단 : 이중처벌금지원칙

가. 의미와 쟁점

헌법재판소는 "헌법 제13조 제1항은 '모든 국민은…… 동일한 범죄에 대하여 거듭 처벌받지 아니한다'고 하여 이른바 '이중처벌금지의 원칙'을 규정하고 있는 바, 이 원칙은 한번 판결이 확정되면 동일한 사건에 대해서는 다시 심판할 수 없다는 '일사부재리의 원칙'이 국가형벌권의 기속원리로 헌법상 선언된 것으로서, 동일한 범죄행위에 대하여 국가가 형벌권을 거듭 행사할 수 없도록 함으로써 국민

319) 임종훈, "한국헌법상의 적법절차원리에 대한 비판적 고찰", 376면 참조.

의 기본권 특히 신체의 자유를 보장하기 위한 것이라고 할 수 있다. 이러한 점에서 헌법 제13조 제1항에서 말하는 '처벌'은 원칙으로 범죄에 대한 국가의 형벌권 실행으로서의 과벌을 의미하는 것이고, 국가가 행하는 일체의 제재나 불이익처분을 모두 그 '처벌'에 포함시킬 수는 없다 할 것이다."[320]고 판시하였다. 헌법재판소에서 이중처벌금지원칙이 위헌심사기준으로서 문제된 경우는 동일한 행위에 대하여 형벌과 함께 보안처분이 부과되는 경우, 형벌과 함께 과징금 등 행정제재조치가 병과된 경우, 누범·상습범이 이중처벌에 해당하는가에 대한 문제제기에 대한 판단[321] 등이다.

먼저, 한번 판결이 확정되면 동일한 사건에 대해서는 다시 심판할 수 없다는 '일사부재리의 원칙'과 헌법원칙화된 '이중처벌금지원칙'의 관계를 살핌으로써 헌법원칙화의 의미를 검토하고, 이를 토대로 이중처벌이 금지되는 '처벌'의 의미를 형식적으로 볼 것인지 아니면 실질적으로 볼 것인지에 대하여 헌법재판소 결정례를 중심으로 살핀다.

나. 일사부재리의 원칙과 이중처벌금지원칙의 관계

헌법재판소는 위에서 본 바와 같이 이중처벌금지원칙은 "한번 판결이 확정되면 동일한 사건에 대해서는 다시 심판할 수 없다는 일사부재리의 원칙이 국가형벌권의 기속원리로 헌법상 선언된 것"이라고 하여 소송법상 기판력의 외부적 효력으로서 일사부재리 원칙의 연장선에서 바라보고 있다.[322]

---

320) 헌재 1994. 6. 30. 92헌바38, 판례집 6-1, 619, 627; 헌재 2001. 5. 31. 99헌가18 등, 판례집 13-1, 1017, 1100.

321) 누범을 가중처벌하는 것은 전범에 대하여 형벌을 받았음에도 다시 범행을 하였다는 데 있는 것이지 전범에 대하여 처벌을 받았음에도 다시 범행을 하는 경우에도 전범도 후범과 일괄하여 다시 처벌하는 것은 아니므로 이중처벌금지에 위반되지 않고(헌재 1995. 2. 23. 93헌바43, 판례집 7-1, 222; 헌재 2002. 10. 31. 2001헌바68, 판례집 14-2, 500), 상습범에 대하여는 이미 처벌받은 전범이 아니고 후범이며 상습성의 위험성 때문에 일반범죄와 달리 가중처벌함에 그 목적을 두고 있어 이중처벌금지에 위반되지 않는다고 보았다(헌재 1995. 3. 23. 93헌바59, 판례집 7-1, 388).

322) 형사소송법상 일사부재리원칙이 기판력의 외부적 효과라는 견해와 영미법상의 이중위험금지와 같다는 견해로 나뉘고 있으나(노명선/이완규, 형사소송법, 성균관대 출판부, 2009, 704-705면 참조), 이는 헌법상 이중처벌금지원칙의 성격과 관계된 것이고, 민사·행정소송을 포함한 일반적 의미의 소송에서 확정판결의 효력으로서 기판력의 외부적 효력인 일사부재리 원칙이 인정된다는 점에는 이론이 없다.

이에 대하여, 헌법상 이중처벌금지원칙은 국민의 신체의 자유와 안전 등 기본권의 보호를 직접 겨냥하고 있는 것인 반면, 일사부재리 원칙은 이미 한번 판단을 내리고 그 판결이 확정된 경우에는 법적 안정성을 확보하기 위하여 당사자와 법원은 그 동일 사건에 대하여 다른 주장과 판단을 할 수 없도록 하는 것으로서 의미와 내용을 달리하는 이질적인 것이라는 견해가 있다.323)

헌법재판소에서 이중처벌금지원칙을 통해 심사를 하고 있는 대상을 살펴보면, 형사절차상 유죄판결 등이 확정된 이후 동일한 사건에 대한 형사처벌의 문제가 아니라 동일한 사안에 대하여 형벌과 보안처분 또는 행정제재가 중첩적으로 병과되는 경우에 관한 것이라는 점에서 일반 소송법상 일사부재리원칙과는 그 성격을 달리한다는 주장에 상당한 설득력이 있다. 그러나 헌법상 이중처벌금지원칙이 일사부재리 원칙이 의미하는 '확정판결 이후의 재기소금지'도 포함하는 것이므로 일사부재리 원칙과 이중처벌금지원칙이 그 이론적 연원을 같이 하는지 여부에 관한 논의는 실제 위헌심사기준에 있어 의미있는 차이를 가져오는 것은 아니라고 생각된다.

그렇다면 헌법상 원칙으로서 이중처벌금지원칙은 어떠한 의미를 가지는 것인가? 형사소송절차에서의 일반법원칙으로서 적용되는 것을 넘어서 형벌법규에 대한 위헌심사기준이 된다는 것을 의미하고, 형법이나 형사소송법상의 법원칙 해석에 옭매이지 않고 성질상 유사한 영역에서 적용될 수 있는지 헌법적으로 검토할 수 있다는 것을 의미하게 된다.

이는 이중처벌금지의 '처벌'의 범위가 형법상 정해진 형벌을 넘어 형식은 형벌이 아니더라도 실질적으로 형벌과 같은 효과를 가지는 제재의 경우 이중처벌금지원칙이 적용될 것인지의 문제로 연결된다.

다. 이중처벌금지의 '처벌'의 의미

(1) 헌법재판소의 결정례

헌법재판소는 '처벌'을 원칙적으로 형법상 정해진 '형벌'에 국한된다는 입장으로 형벌과 함께 부과되는 구 사회보호법상 보호감호,324) 보안관찰법상 보안관

323) 김승대, "이중처벌 금지원칙에 대한 헌법해석의 재검토", 공법연구 제35권 제4호, 한국공법학회, 2007. 6, 380－381면 참조.

찰,[325] 치료감호법상 치료감호,[326] 청소년성매수자의 신상공개,[327] 아동청소년 대상 성폭력 범죄자에 대한 신상공개,[328] 사회봉사명령 또는 수강명령[329]은 형벌과 본질적 차이가 있어 '처벌'이라고 보기 어려워 이중처벌금지원칙에 위배되지 아니한다고 판시하였다. 한편 부당내부거래한 사업자에 대한 과징금은 '처벌'에 해당하지 않으므로 형벌과 병과하더라도 이중처벌금지원칙 위반이 아니고,[330] 이행강제금도 행정상 간접적인 강제집행 수단의 하나일 뿐, 과거의 일정한 법률위반 행위에 대한 제재인 형벌이 아니므로 형벌과 함께 병과되더라도 이중처벌금지에 위배되지 않는다고 판시하였다.[331] 무허가 건축행위에 대한 형사처벌 외에 위법건축물에 대한 시정명령의 이행을 강제하기 위한 과태료 부과는 처벌 내지 제재대상이 되는 기본적 사실관계로서의 행위를 달리하므로 이중처벌에 해당하지 않는다고 보았다.[332]

다만 "이중처벌금지의 원칙을 적용하지 않는다 하여 어떤 하나의 법 위반행위에 대하여 국가가 아무런 제한 없이 제재를 거듭하는 것이 헌법상 용인된다는 것은 아니다. 국민에게 부담을 가하는 공권력작용은 궁극적으로 비례성원칙의 제약을 벗어날 수 없으므로, 형벌적 제재와 비형벌적 제재의 병과 또는 비형벌적 제재간의 병과를 인정하더라도 그 제재의 총합이 법 위반행위에 비하여 지나치게 과잉된 것이어서는 아니된다는 헌법적 견제원리는 여전히 유효하다."[333]고 하는 등 과잉금지원칙 위반여부에 따른 심사를 추가로 진행하고 있다.[334]

---

324) 헌재 1989. 7. 14. 88헌가5 등, 판례집 1, 69, 83－84; 헌재 1991. 4. 1. 89헌마17 등, 판례집 3, 124, 131.

325) 헌재 1997. 11. 27. 92헌바28, 판례집 9－2, 548.

326) 헌재 2012. 12. 27. 2011헌마285, 판례집 24－2하, 589.

327) 헌재 2003. 6. 26. 2002헌가14, 판례집 15－1, 624.

328) 헌재 2013. 10. 24. 2011헌바106 등, 판례집 25－2하, 156.

329) 헌재 2013. 6. 27. 2012헌바345 등, 판례집 25－1, 533.

330) 헌재 2003. 7. 24. 2001헌가25, 판례집 15－2상, 1.

331) 헌재 2014. 5. 29. 2013헌바171, 판례집 26－1하, 343.

332) 헌재 1994. 6. 30. 92헌바38, 판례집 6－1, 619(무허가 건축행위를 한 건축주 등의 행위 자체를 위법한 것으로 보아 처벌하는 것과 위법건축물의 방치를 막고자 행정청이 시정조치를 명하였음에도 건축주 등이 이를 이행하지 아니한 경우에 행정명령의 실효성을 확보하기 위하여 과태료를 부과하는 것은 보호법익과 목적에서 차이가 있다고 보았다).

333) 헌재 2003. 7. 24. 2001헌가25, 판례집 15－2상, 1, 11 : 이 결정에서는 독일 연방헌법재판소와 프랑스 헌법평의회의 판례도 같은 태도임을 밝히고 있다.

334) 헌재 2001. 5. 31. 99헌가18 등, 판례집 13－1, 1017, 1100－1101 참조. 그러나 이러한 과잉금지심사를 통해 위헌결정을 한 사례는 없다.

(2) '처벌'의 의미를 이중처벌금지의 취지에 맞게 확대할 수 있는지 여부

먼저, 구 사회보호법상 보호감호제도에 대한 결정에서 일부 재판관(재판관 변정수, 김진우)은 "헌법 제13조 제1항에 규정된 거듭처벌금지의 원칙은, 형벌이건 보안처분이건 그 명칭에 관계없이 동일범죄에 대하여 2중으로 고통을 가하는 것을 금지하는 취지이므로 비록 이름이 보안처분이라 하더라도 그 내용이 범죄인에 대하여 고통을 가하는 것이면 이는 여기에서 말하는 처벌"[335]에 해당한다는 의견을 제시하였다. 보호감호를 제외한 다른 보안처분에 대하여는 이러한 반대의견을 찾아보기 어렵다.

다만 제4장에서 살피는 것처럼 헌법재판소는 보안처분의 소급적용과 관련하여, 보안처분이라 하더라도 '형벌적 성격이 강하여 신체의 자유를 박탈하거나 박탈에 준하는 정도로 신체의 자유를 제한하는 경우'에는 소급효금지원칙을 적용하여야 한다고 판시[336]함으로써, 형벌에 관한 헌법상 원칙에서 '처벌'의 확대적용 가능성을 열어두고 있다. 살피건대, 헌법 제12조 제1항에서 '처벌'과 구별되는 '보안처분'의 존재를 명시하고 있고, 헌법 제13조 제1항에서는 '행위시의 법률에 의하여 범죄를 구성하지 아니하는 행위로 소추되지 아니하며, 동일한 범죄에 대하여 거듭 처벌받지 아니한다.'고 하여 보안처분과 구분되어 형벌의 대상이 되는 '범죄'를 명시하고 있다는 점을 고려할 때, 실질적으로 형벌과 다름이 없어 '이중처벌'에 해당하는 옛 보호감호제와 같은 경우를 제외한 다른 보안처분의 경우에는 이중처벌금지의 '처벌'에 해당한다고 볼 수 없다. 만일 그렇게 본다면 형벌에 수반하여 이루어지는 보안처분제도 자체가 성립될 수 없기 때문이다.

다음으로, 형벌과 병과되는 행정제재에 관한 규정에 대하여는, 형벌과 유사한 성격을 가지는 행정제재에 대하여 이중처벌금지원칙이 적용되어야 한다는 의견이 있다. 위에서 본 부당내부거래한 사업자에 대한 과징금에 대한 합헌결정에서 반대의견(재판관 한대현, 권성, 주선회, 김영일)은 과징금이 부당지원행위를 억제하기 위하여 그 행위를 한 사업자에게 응징을 가하고 이로써 장래의 법위반을 일반적으로 예방하려는 의미를 가지고 있으므로 그 목적이나 효과로 보아 실질적인 처벌

335) 헌재 1989. 7. 14. 88헌가5 등, 판례집 1, 69, 117.
336) 헌재 2012. 12. 27. 2010헌가82 등, 판례집 24-2하, 281, 297 참조.

의 성질을 갖는 것이라고 하여337) 이중처벌금지원칙의 '처벌'의 범위를 형벌과 유사한 성격을 가지는 제재적 행정처분에도 확대적용하고 있다.

이러한 반대의견과 같은 입장에서 응보와 억지의 목적에 봉사하는 민사적 제재는 형벌로써 이중위험금지원칙에 위반된다는 미국 연방대법원의 판결의 입장[United States v. Halper, 490 U.S 435(1989), United States v. Hudson, 522 U.S 93(1997)]을 반영하여 행위자에 대한 응징 내지 응보만을 목적으로 하는 순수제재적 성격의 과징금 등 행정제재는 헌법에서 금지하고 있는 이중처벌에 해당한다는 견해가 있다.338) 헌법상 이중처벌금지원칙에서 '처벌'을 형법상 규정된 '형벌의 종류'에 구애되지 않고 행정제재라고 하더라도 성질상 형벌과 마찬가지인 경우에는 이중처벌금지원칙을 적용하는 것은 헌법상 원칙에 부합하는 해석으로서 상당한 설득력이 있다. 이처럼 시민의 인권보장, 국가조치의 일회적 행사요청, 법적 안정성의 관점에서 바라볼 때, 이중처벌금지원칙과 마찬가지로 일사부재리 원칙을 소송법상 법원칙을 넘어서 국가작용 일반에 투영되어야 할 헌법상 원칙으로 자리매김하여야 한다는 견해까지 제기되고 있다.339)

그러나 헌법재판소가 이중처벌금지원칙의 '처벌'을 원칙적으로 형식적인 형벌의 종류에 국한하여 해석하고 있는 점은 법이론상 처벌개념의 해석을 통한 지나친 확대로 심사기준이 모호해지는 것을 방지하고, 다른 심사기준인 과잉금지원칙을 활용하여 지나친 중첩적 제재에 대한 위헌심사가 가능하다는 점에 기인한 것으로 현실적인 타당성을 가진다고 생각된다.

---

337) 헌재 2003. 7. 24. 2001헌가25, 판례집 15-2상, 1, 27, 31-36 참조 : 반대의견을 낸 재판관들이 부당내부거래한 사업자에 대한 과징금이 실질적으로 처벌과 같다는 것에는 의견을 같이 하였으나, 김영일 재판관은 더 나아가 이중처벌금지원칙에 대하여 상세하게 논의를 전개하였다.

338) 김승대, "이중처벌 금지원칙에 대한 헌법해석의 재검토", 397-398, 400-404면 참조; 또한, 헌법해석론이 아닌 일반 입법론의 관점에서 후기 산업사회에 들어서 행정제재와 형사제재의 경계가 모호하여졌고, 영미의 징벌적 손해배상제의 예에서 보듯이 형사제재와 민사배상의 경계 또한 명확하다고 보기 어려우며, 하나의 동일한 불법행위에 대한 벌금과 과태료의 부과(조세범의 형벌과 가산세 부과) 등은 이중적 고통이라고 볼 수 밖에 없다는 취지에서 양자 중 하나만을 선택하여야 한다는 견해가 있다(윤동호, "행정제재와 형사제재 병과의 이론과 현실", 형사정책연구 제17권 제1호, 한국형사정책연구원, 2006. 3, 183-210면 참조).

339) 이상천, "일사부재리원칙의 행정에서의 적극적 전개를 위한 시론", 공법학연구 제15권 제2호, 한국비교공법학회, 2014. 5. : 이 글에서는 일사부재리 원칙을 헌법원칙으로 함으로써 거부처분시 처분사유에 국한되는 기속력 이론의 변화를 모색하고자 하고 있다.

3. 헌법 제27조 제4항 : 무죄추정의 원칙

가. 의미와 쟁점

헌법 제27조 제4항의 무죄추정의 원칙은 "형사재판에 있어서 유죄의 판결이 확정될 때까지 피의자나 피고인은 원칙적으로 죄가 없는 자로 다루어져야 하고, 그 불이익은 필요최소한에 그쳐야 한다는 것을 의미한다. 이러한 무죄추정의 원칙은 증거법에 국한된 원칙이 아니라 수사절차에서 공판절차에 이르기까지 형사절차의 전과정을 지배하는 지도원리로서 인신의 구속 자체를 제한하는 원리로 작용"340)하는 것이다. 무죄추정원칙은 원칙적으로 증거법과 형사절차에 적용되는 법원칙으로 형사소송법 제275조의 2는 "피고인은 유죄의 판결이 확정될 때까지 무죄로 추정된다."고 규정하고 있다. 이처럼 무죄추정원칙은 형사소송절차에서 적용되는 것인데 우리 헌법이 제7차 개정헌법(1980. 10. 27.) 이후 헌법상의 원칙으로 규정되면서 가지게 된 의미에 대하여 헌법재판소 결정을 중심으로 살핀다.341)

한편 무죄추정원칙이 원칙적으로 증거법과 형사소송절차에 적용되는 헌법원칙이지만, 범죄의 성립요건과 그 효과로서 형벌을 다루는 형벌법규와 관련되어 위헌심사기준으로 작용하고 있는 헌법재판소 선례를 확인하고, 그 내용과 의미를 살피도록 한다.

나. 헌법원칙으로서 무죄추정원칙

무죄추정원칙이 헌법에 규정되었다는 것은 첫째로 법령에 대한 위헌심사기준이 된다는 것을 의미하고, 둘째로 형사소송절차가 아니더라도 성질상 유사한 영역에서 적용될 수 있다는 것을 의미하게 된다.

첫째 의미의 헌법원칙화는 형사소송절차에서 적용되는 무죄추정원칙의 의미를 거의 그대로 법령에 대한 위헌심사기준으로 사용한다는 것이 된다.342) 형사소송

340) 헌재 2009. 6. 25. 2007헌바25, 판례집 21-1하, 784, 798.

341) 무죄추정원칙의 법적 성격이 기본권인지, 헌법상 일반원칙인지에 대하여는 학설의 대립이 있고, 헌법재판소도 무죄추정권과 무죄추정원칙을 혼용하고 있으나, 실제로는 헌법상의 일반원칙으로 활용하고 있으므로 이하에서는 헌법상의 일반원칙으로 정리하여 검토한다.

342) 물론 헌법의 다른 일반원칙과 같이 헌법에 규정이 없음에도 헌법의 해석상 인정되는 헌법원칙

절차에서 문제되는 무죄추정원칙의 실제 예를 살펴보면, 수사기관에서 구속된 피의자의 도주, 항거 등을 억제하는데 필요한 한도 내에서 포승이나 수갑을 사용하는 것이 무죄추정의 원칙에 위배되는지 여부,[343] 공소사실의 첫머리에 피고인이 전에 받은 소년부송치처분과 직업 없음을 기재한 것이 헌법상 형사피고인의 무죄추정조항에 위반되는지 여부[344] 등이 될 것이고, 헌법재판소의 위헌법령심사에서는 수사담당경찰관의 증인자격을 인정한 형사소송법 제146조에 대한 합헌결정,[345] 국가보안법상 구속기간연장 규정에 대한 합헌결정,[346] 증인신문사항의 서면제출을 명하고 이를 이행하지 않을 경우에 증거결정을 취소할 수 있는 권한의 근거가 되는 형사소송법 제279조(재판장의 소송지휘권) 등에 대한 합헌결정,[347] 외국거주자로 진술을 할 수 없는 경우 예외적으로 전문증거의 증거능력을 인정하는 형사소송법 제314조에 대한 합헌결정,[348] 법원의 국민참여재판 배제결정권에 대한 합헌결정[349] 등으로 나타나게 된다.

둘째 의미의 헌법원칙화와 관련하여, 헌법재판소는 "무죄추정의 원칙은 비단 형사절차에만 적용되는 것이 아니라 기타 일반 법생활 영역에서의 기본권 제한과 같은 경우에도 적용되는 원칙"이라고 하여 그 적용범위를 확대하고 있다. 형사사건으로 기소되면 필요적으로 직위해제처분을 하도록 한 국가공무원법 규정에 대한 위헌결정,[350] 공소제기된 변호사의 업무정지를 명할 수 있도록 한 변호사법규정에 대한 위헌결정,[351] 이후 위헌취지를 반영하여 개정된 변호사법 규정에 대한 합헌결정,[352] 공정거래위원회의 형사고발단계에서의 법위반사실 공표명령 조항에 대한 위헌결정,[353] 공소제기되면 판결확정시까지 직위해제 처분되도록 한 규정에

으로 인정될 수 있다. 독일 연방기본법상 무죄추정의 원칙이 명문화되어 있지 않으나, 독일 연방헌법재판소는 무죄추정원칙이 법치국가원리의 구체적 표현이라고 판시하고 있고[BVerfGE 19, 342(347) 등], 미국 연방대법원의 경우에도 개정 헌법 제5조 및 제14조의 적법절차조항을 구체화하는 불문의 헌법원리라고 판시하고 있다(Coffin v. United States, 156 U.S. 432(1895) (이진국/도중진, 무죄추정원칙에 관한 연구, 형사정책연구원, 2005, 62－63, 74－75면 참조).

343) 대법원 1996. 5. 14. 선고 96도561 판결.

344) 대법원 1990. 10. 16 선고 90도1813 판결.

345) 헌재 2001. 11. 29. 2001헌바41, 판례집 13－2, 699.

346) 헌재 1997. 6. 26. 96헌가8 등, 판례집 9－1, 578.

347) 헌재 1998. 12. 24. 94헌바46, 판례집 10－2, 842.

348) 헌재 2005. 12. 22. 2004헌바45, 판례집 17－2, 712.

349) 헌재 2014. 1. 28. 2012헌바298, 판례집 26－1상, 99.

350) 헌재 1998. 5. 28. 96헌가12, 판례집 10－1, 560.

351) 헌재 1990. 11. 19. 90헌가48, 판례집 2, 393.

352) 헌재 2014. 4. 24. 2012헌바45, 판례집 26－1하, 41.

대한 위헌결정[354] 등 형사절차에 부수되는 불이익한 행정조치 규정들에 대한 위헌결정에서 무죄추정원칙 위반여부가 쟁점으로 하였다.

다. 형벌법규와 관련된 심사기준으로서 무죄추정원칙

형벌법규와 관련하여 무죄추정원칙은 미결구금일수 산정과 관련된 형법조항, 몰수 예상 물건의 국고귀속조항, 책임원칙과의 관련하여 예외적으로 형벌법규의 위헌심사기준으로 작동할 수 있다.[355]

(1) 미결구금일수와 관련된 결정

헌법재판소는 형법 제57조 제1항 중 "또는 일부" 부분이 상소제기 후 미결구금일수의 일부가 산입되지 않을 수 있도록 한 점에 대한 위헌심사에서 "구속 피고인이 고의로 재판을 지연하거나 부당한 소송행위를 하였다고 하더라도 이를 이유로 미결구금기간 중 일부를 형기에 산입하지 않는 것은 처벌되지 않는 소송상의 태도에 대하여 형벌적 요소를 도입하여 제재를 가하는 것으로서 적법절차의 원칙 및 무죄추정의 원칙에 반한다."[356]는 이유로 위헌결정을 하였다. 같은 취지에서 헌법재판소는 상소제기 후의 미결구금일수 산입을 규정하면서 상소제기 후 상소취하시까지의 구금일수 통산에 관하여는 규정하지 아니함으로써 이를 본형 산입의 대상에서 제외되도록 한 형사소송법 규정에 대하여 헌법불합치 결정을 하였다.[357]

(2) 몰수 예상 물건의 국고귀속에 관한 결정

헌법재판소는 관세법상 몰수할 것으로 인정되는 물품을 압수한 경우에 있어

---

353) 헌재 2002. 1. 31. 2001헌바43, 판례집 14-1, 49.
354) 헌재 1994. 7. 29. 93헌가3 등, 판례집 6-2, 1.
355) 미결구금일수 산입에 관한 조항은 엄밀한 의미에서는 범죄의 구성과 형벌에 관한 형벌법규라고 보기는 어려우나, 미결구금일수의 산입여부가 바로 형벌의 실제 집행내용을 구성한다는 점에서 본 저서의 논의대상으로 삼는다. 또한 몰수예상 물건의 국고귀속조항의 경우에도 형벌 그 자체에 관한 것은 아니나 몰수형의 집행과 같은 효과를 가져온다는 점에서 형벌법규에 대한 위헌심사기준으로 분류하였다.
356) 헌재 2009. 6. 25. 2007헌바25, 판례집 21-1하, 784, 801.
357) 헌재 2009. 12. 29. 2008헌가13 등, 판례집 21-2하, 710.

범인이 당해 관서에 출두하지 아니하거나 또는 범인이 도주하여 그 물품을 압수한 날로부터 4월을 경과한 때에는 당해 물품은 별도의 재판이나 처분없이 국고에 귀속한다는 규정에 대하여 "유죄판결이 확정되기도 전에 무죄의 추정을 받는 자의 소유에 속한 압수물건을 국고에 귀속하도록 규정함으로써 실질적으로는 몰수형을 집행한 것과 같은 효과를 발생케 하는 내용의 것이므로 결국 헌법 제27조 제4항에 정한 무죄추정의 원칙에 위반된다."[358]고 판시하였다.

(3) 형벌에 관한 책임원칙과의 관계

형벌에 관한 책임원칙은 실체법상의 개념으로서 고의나 과실 등 행위자에게 책임이 있을 때 형사책임을 부과할 수 있다는 헌법상의 원칙으로 무과실책임을 규정한 헌법규정에 대한 위헌결정의 근거가 되고 있음은 앞서 살펴보았다. 무죄추정원칙은 검사의 거증책임, '의심스러울 때는 피고인의 이익으로'라는 엄격한 증명 및 법률상 추정의 금지를 그 내용으로 하는데, 이는 형벌에 관한 책임원칙의 절차적 측면이라고 볼 수 있다.[359] 따라서 면책조항의 입증책임을 피고인에 부과함으로써 결국 무과실책임에 가까운 책임을 부과하는 경우에는 책임원칙과 무죄추정원칙을 모두 위헌심사의 기준으로 삼을 수 있다고 생각된다.

헌법재판소는 미신고 수입의 경우 법인을 범인으로 보고 필요적 몰수·추징을 부과하도록 규정한 구 관세법조항에서 '법인이 법인의 업무를 집행하는 사용인 등에 대하여 위반행위를 방지하는 방도가 없었음을 증명'하는 때에는 법인을 처벌하지 않도록 한 것에 대하여 책임원칙위반 여부를 검토하였다. 이 결정에서 법정의견인 합헌의견은 법인의 사용인 등에 대한 선임감독상의 주의의무위반을 근거로 법인에게 책임을 묻는 것이므로 책임원칙에 위반되지 않는다고 하였고, 반대의견(재판관 이공현, 김종대)은 검사가 아닌 피고인에게 거증책임을 전환하고, 사실상 불가능한 수준의 입증을 요구하여 결국 법인이 사용인 등의 위반행위와 관련하여 주의의무를 다하여 아무런 잘못이 없는 경우까지도 법인에게 필요적으로 몰수·추징을 부과할 수 있도록 한 것이므로 책임원칙에 위반된다는 의견을 제시하였다.

그런데 여기서 거증책임 전환에 관한 부분은 그로 인한 무과실책임이라는 실

358) 헌재 1997. 5. 29. 96헌가17, 판례집 9-1, 509, 517.
359) 이진국·도중진, 무죄추정원칙에 관한 연구, 38-43, 103-106면 참조.

체적 측면에서 형벌에 관한 책임원칙의 문제이나, 거증책임의 전환 그 자체는 무죄추정원칙 위반의 문제가 된다.

라. 다른 기본권제한법규에서의 적용가능성

형벌법규가 아닌 다른 기본권제한법규의 경우에도 헌법상 무죄추정의 원칙이 확대하여 적용될 수 있을 것인가 하는 점이 문제된다. 원칙적으로 행정처분에 대하여는 비록 하자가 있더라도 그 흠이 중대하고 명백하여 무효가 되는 경우를 제외하고는 권한있는 기관에 의해 취소되기 전까지는 상대방 및 이해관계인에 대하여 일단 유효한 것으로 통용되는 공정력이 인정되고,360) 행정소송의 제기시 집행부정지를 원칙으로 하고 있다.361)

이에 관하여, 부당 내부거래한 사업자에 대한 과징금 부과에 관한 위헌심사에서 반대의견은 과징금을 형사처벌적 성격이 있는 것으로 보아 형사절차와 마찬가지로 공정거래위원회에 집행정지를 신청할 수 있는 절차를 두는 등 무죄추정원칙이 지켜져야 한다는 의견을 제시하고 있다.362)

제5절 헌법 제37조 제2항 : 과잉금지원칙 및 본질적 내용의 침해 금지

1. 의미와 쟁점

형벌법규에 대한 위헌심사는 일정한 행위금지를 통하여 '보호하려는 법익'과 형벌법규에 의해 '제한되는 기본권'이라는 상반되는 양 측면에서 검토될 수 있다. 헌법재판이 이루어지는 논리적 과정에 따라 '보호법익'과 '기본권'이 형벌법규의 위헌심사기준으로서 과잉금지심사에서 문제되는 사항들에 대해 살핀다. 더불어 헌

360) 홍정선, 행정법특강, 255–258면 참조.

361) 행정소송법 제23조 제1항 : 취소소송의 제기는 처분 등의 효력이나 그 집행 또는 절차의 속행에 영향을 주지 아니한다.

362) 헌재 2003. 7. 24. 2001헌가25, 판례집 15–2상, 1, 35–36 참조.

법 제37조 제2항 후단에 과잉금지원칙 선언에 이어 명시된 기본권의 본질적 내용의 침해금지도 함께 검토하도록 한다.

먼저, 기본권과 관련하여 검토할 사항을 살펴보면 다음과 같다. 형벌법규에 의해 금지되는 행위가 기본권의 보호영역에 포함되는지, 기본권의 실현방법이 형벌법규의 구성요건을 구성하는 것으로 볼 수 있는지에 관한 이론적 문제점을 검토한다.[363] 형벌법규는 크게 일정한 행위를 금지하거나 요구하는 내용의 '행위규범'과 이에 대하여 형벌을 부과하는 '제재규범'으로 나눌 수 있는데 통상 헌법재판소의 위헌심사과정에서 혼인빙자간음죄와 같이 자연범의 성격을 가지는 경우에는 양자가 결합하여, 행정형벌법규와 같이 법정범의 성격을 가지는 경우에는 양자가 분리되어 위헌심사가 이루어진다. 여기에 더하여, 일정한 행위를 범죄화하여 형사처벌하는 것에 대하여는 동의하면서도 그 형사적 제재의 내용 즉 법정형의 종류 및 범위를 문제삼는 경우 이에 국한하여 위헌심사가 이루어진다. 행위규범과 제재규범이 결합 또는 분리되어 위헌심사가 이루어지는 과정에서 형벌법규의 일반적 특성이 반영되어 다른 기본권제한법규에 대한 과잉금지심사와 어떠한 차이점을 보이고 있는지, 우리 형벌법규의 역사적 특성에 대한 문제의식이 반영되어 있는지를 검토한다. 한편 법정형의 종류와 범위의 위헌성이 문제되는 경우에 헌법재판소는 일반적으로 '책임과 형벌간의 비례원칙'이라는 기준하에 위헌심사를 진행하고 있다. 책임과 형벌간의 비례원칙에 따른 심사의 실제 모습을 살펴보고, 법정형에 대한 위헌심사기준으로서 규범력을 가지기 위해서 필요한 사항이 무엇인지를 검토한다. 또한 헌법 제37조 제2항 단서 기본권의 본질적 내용의 침해금지가 형벌법규에 대한 위헌심사기준으로 사용될 수 있는지, 사용된다면 그 의미는 무엇인지에 대하여 검토하도록 한다.

---

363) 헌법재판소에서 위법성조각사유 존재여부가 문제되는 경우 기소유예취소 사건에서는 판단이 가능하나(구암침 뜸사건, 2008헌마627), 위헌소원 사건(헌바 사건)에서는 위법성조각사유에 대한 판단은 재판소원에 해당되므로 검토하기 어려운 문제점이 있다(2012헌바174, 위법성조각사유 여부에 대한 검토를 하지 않았음). 그런데 이를 위법성조각사유가 아닌 구성요건 해당성의 문제로 볼 수 있다면, 법원의 재판에 대한 헌법적 평가가 가능하게 된다는 점에서 헌법재판의 영역을 확대하는 의미가 있다.

2. 기본권의 보호영역과 형벌법규

가. 형벌법규에 의한 기본권 보호영역의 축소 인정여부

형벌법규는 개인·사회·국가적 법익을 보호하는 기능을 수행함과 동시에 (잠재적) 범죄자의 행위를 제재하게 되는데 이때 이러한 제재가 범죄자의 어떠한 기본권을 제한하는 것인지가 문제된다. 제재규범의 경우에는 그 자체로 형벌의 종류에 따라 생명권(사형), 신체의 자유(징역, 금고, 구류형, 벌금에 따른 노역장유치의 경우), 재산권(벌금, 몰수, 과료)의 제한을[364] 형벌의 속성상 당연히 수반한다.[365] 그런데 행위규범의 경우에는 형벌법규에 의하여 금지되는 것이 기본권의 보호영역[366]에 들어갈 것인지 여부가 문제된다.

개별적 법률유보방식을 취하여 어떠한 기본권이 귀속되는지에 따라 위헌심사의 기준이 달라지는 독일 헌법과 달리, 기본권 제한에 있어 일반적 법률유보방식을 취한 우리 헌법의 경우 기본권의 보호영역 설정의 실질적 의미가 크지 않은 것은 사실이나,[367] 어떤 기본권의 보호영역에 해당하는지 여부에 따라 심사의 기준과 강도가 달라질 수 있고,[368] 살인이나 강도, 방화 등의 범죄행위를 일단 기본권의 보호영역에서 포함시킨 뒤 과잉금지심사를 진행하는 것은 형식적 논리로 헌법상 기본권보장의 의미를 희화화하게 되는 것으로 기본권보호영역에서 이와 같은 행위를 배제하는 기준마련이 필요하다.

살인이나 강도, 방화 등의 범죄행위를 할 기본권(굳이 포섭한다면 '일반적 행동의

364) 이 경우 재산권은 헌법 제23조의 재산권행사의 사회적 구속의 문제가 아닌 재산권박탈의 문제이다.

365) 법정형의 위헌성을 다투는 경우, 즉 제재규범의 위헌성을 다투는 경우에 과잉금지심사를 하면서도 신체의 자유, 재산권을 제한되는 기본권으로 표시하지 않는 것이 일반적이나, 예외적으로 기본권을 표시한 예도 있다.

366) 헌법재판소는 기본권의 보호영역과 보호범위를 구분하지 않고 혼용하여 사용하고 있는데, 형벌법규에서 제한되는 기본권은 원칙적으로 자유권이라는 점에서 방어권적 성격을 잘 나타내는 '보호영역'이라는 표현을 사용하기로 한다(이에 관한 자세한 논의는 윤정인, "자유권 보호영역의 범위와 한계", 고려대 박사학위논문, 2012, 13－18면 참조).

367) 한수웅, 헌법학, 440면 참조.

368) 직업의 자유의 경우 단계이론, 표현의 자유의 경우 명백현존하는 위험의 원칙, 집회결사의 자유의 경우 허가제금지, 언론출판의 자유에서 검열금지원칙 등 헌법규정과 헌법재판소의 결정에 의해 성립된 고유한 심사기준이 있고, 심사강도에 있어서도 상업광고에 대한 완화된 심사기준 적용 등 헌법재판소 선례에 따라 기본권의 유형에 따라 심사강도를 달리하는 경우들이 있다.

자유'가 될 수 있겠다)을 헌법재판에서 실제 주장한 사례가 없다는 점에서 탁상공론으로 비춰질 수 있으나,[369] 그와 같이 기본권의 보호영역에서 배제하는 헌법적 논거를 명확히 함으로써 음란물 관련 유통행위, 낙태행위, 마약흡연행위, 성매매알선행위 등 한계선상에 있는 사안들에 대한 헌법적 판단을 가능하게 한다는 점에서 논의의 필요성이 있다.[370]

위에서 예시한 행위들은 모두 형벌법규로 금지된 것으로서[371] 앞서 제2장에서 본 바와 같이 '사회유해성 내지 법익침해'가 있는 행위가 형사처벌의 대상이 된다는 점에서 형벌법규에 의해 금지된 행위는 헌법상 기본권의 보호영역이 아니라는 입장이 있을 수 있다. 그러나 이는 형벌법규의 입법자가 기본권의 보호범위를 확정하는 결과에 이르게 되고 헌법상 기본권보장을 무의미하게 만들 수 있다는 점에서 타당하지 않다.[372]

헌법재판소는 이동전화망 이동통신서비스에 음란한 문언, 화상 또는 영상을 배포・공연히 전시하였다는 등의 범죄사실로 기소되자 이에 대하여 위헌소원이 제기된 사안에서 음란표현도 언론출판의 자유의 보호영역에 들어간다고 판시[373]하면서 음란표현이 언론출판의 자유의 보호영역 밖이라고 하였던 종전의 결정[374]을 번복하고 과잉금지심사를 진행하였다. 헌법재판소의 법정의견은 '음란한 표현'을 일단 표현의 자유의 보호영역에 포함시킨 뒤 이를 과잉금지심사를 통해 위헌성 판단을 하도록 함으로써 다양한 행위양태에 대한 위헌심사의 가능성을 열어두고

---

369) 정식으로 제기된 것은 아니나 존속상해치사죄를 가중처벌하는 것이 헌법 제17조 사생활의 자유를 침해한다는 주장에 대하여 "존속상해치사죄와 같은 범죄행위가 헌법상 보호되는 사생활의 영역에 속한다고 볼 수 없을 뿐만 아니라"(헌재 2002. 3. 28. 2000헌바53, 판례집 14－1, 159, 164－165)라고 하여 강력범죄 유형이 기본권의 보호영역에 포함될 수 없다는 인식을 보이고 있다.

370) 헌법소원 사건(헌마)으로 형벌법규의 위헌성이 제기된 경우 주장되는 행위규범이 기본권의 보호영역 외의 것이라면(극단적인 예를 들어, 살인행위를 일반적 행동의 자유로 주장하는 경우) 이는 기본권의 침해가능성이 없다고 보아 각하결정의 대상이 될 것이다. 물론 제재규정의 위헌성에 대한 주장은 생명권, 신체의 자유, 재산권 등에 대한 과잉금지심사가 이루어진다.

371) 살인은 형법 제250조~제256조에서, 음란물유포행위는 형법 제243조, 성매매알선행위는 성매매알선 등 행위의 처벌에 관한 법률에서, 인신매매행위는 형법 제289조에서 범죄로 규정하고 형사처벌규정을 두고 있다.

372) 한수웅, 헌법학, 438면 참조 : 이 논의는 형벌법규 뿐 아니라 법에 의해 금지되는 행위일반에 관한 것이나, 형벌법규의 경우에도 그대로 적용될 수 있는 비판이다.

373) 헌재 2009. 5. 28. 2006헌바109 등, 판례집 21－1하, 545, 559－560 참조.

374) 헌재 1998. 4. 30. 95헌가16, 판례집 10－1, 327, 340－341(이 사안은 음란간행물 발간하는 출판사에 대한 등록취소 규정에 대한 위헌심사 사안으로 형벌법규에 관한 사안은 아니었다).

자 한 반면, 반대의견에서는 '음란한 표현'을 미국이나 독일의 하드코어 포르노그래피와 유사하거나 그 이상의 해악을 지닌 성적 표현이라고 해석함으로써 '음란한 표현'의 개념정의에서 표현의 자유의 보호영역을 벗어난다고 보고 있다.

그 외에도 헌법재판소는 마약류관리에 관한 법률에 의해 형사처벌대상인 대마 흡연행위에 대하여 헌법 제10조의 행복추구권에서 나오는 일반적 행동자유권의 보호영역에 속하는 것으로 보고 있고,375) 형법상 범죄(형법 제269조)에 해당하는 낙태행위가 자기운명결정권의 보호영역에 포함된다고 보고 있으며,376) 허위사실의 표현이 표현의 자유의 보호영역에 포함된다고 보았고,377) 앞서 본 바와 같이 혼인빙자간음 및 간통행위가 성적자기결정권의 보호영역에 포함된다는 전제하에 과잉금지심사를 진행하여 위헌결정을 하였다.

만일 형벌법규에 의해 기본권의 보호영역이 정해진다면, 형벌법규의 행위규범에 대한 기본권침해 여부심사가 논리적으로 가능하지 않게 된다. 이처럼 형벌법규에 의해 금지되는 행위 중에도 기본권의 보호영역에는 포함될 수 있는 영역이 있다. 이는 다음 [표 5]와 같이 표현될 수 있다.

그렇다면 형법이 아닌 헌법 자체의 관점에서 기본권의 보호영역이 축소될 수 있는 기준이 마련될 수 있는지 검토가 필요하다.

표 5 기본권의 보호영역과 형벌법규에 의해 금지되는 행위

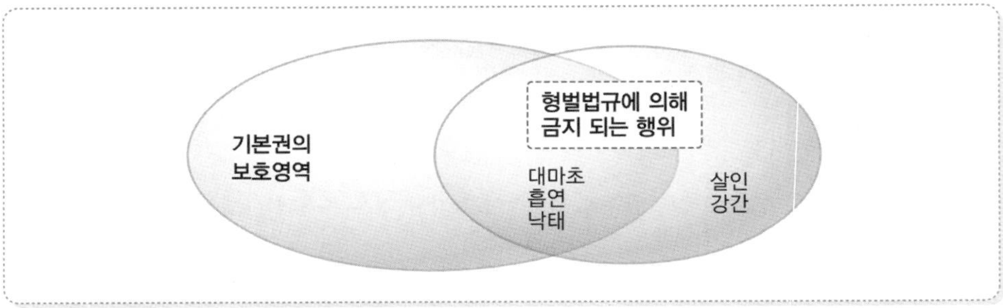

375) 헌재 2005. 11. 24. 2005헌바46, 판례집 17－2, 451, 459 참조.
376) 헌재 2012. 8. 23. 2010헌바402, 판례집 24－2상, 471, 480 참조.
377) 헌재 2010. 12. 28. 2008헌바157 등, 판례집 22－2하, 684, 699－700 참조; 이에 대하여 객관적으로 명백하게 입증된 허위사실의 주장은 의견형성에 기여할 수 없다는 점에서 표현의 자유의 보호영역에 포함될 수 없다는 견해가 있다(한수웅, 헌법학, 731면 참조).

이와 관련해서는 헌법상 평화의무, 자유권보장의 의미와 목적이 개인의 인격발현과 궁극적 인간존엄성의 실현인 점에 비추어, 자유의 폭력적 행사나 타인의 법익을 침탈하는 행위까지 보호하는 것은 아니라는 점에서 기본권의 보호범위가 축소될 수 있다는 견해가 있다.378) 이에 따르면, 폭력적 집회는 집회의 자유의 보호범위에 들지 않고,379) 종교의식에 근거한 살인행위는 종교의 자유에 의하여 보호되지 않으며, 양심적 결정을 이유로 한 살인행위나 절도행위를 보호하지 않는다고 하면서 이러한 기본권의 보호범위 축소는 기본권의 보호를 제공하지 않는 것에 대하여 헌법적으로 의문의 여지가 없는 명백한 경우, 즉 법익형량의 필요성이 없을 정도로 명백한 경우에 한정하여야 한다고 주장한다.

마찬가지로 기본권의 보호영역이 가능한 한 넓게 파악되어야 한다는 입장에서 출발하여 기본권가치성의 판단기준으로서 공익적 근거(도덕유보, 준법의무, 헌법에의 충성의무, 공동체유보, 공공복리 및 공익침해여부), 사익적 근거(타해금지원리, 타인의 권리, 인간의 존엄, 생명), 권리행사의 성질과 양태(법적 금지여부, 헌법질서 합치성, 폭력금지, 기본권남용) 등을 검토한 후 '타인의 기본권의 본질적 내용을 침해하는 행위는 어느 누구도 자신의 기본권의 보호영역에 포함된 자유행사로 주장할 수 없다'는 명제를 기본권보호영역의 판단기준으로 제시하는 견해가 있다.380)

이처럼 기본권의 보호영역을 넓게 설정하여야 한다는 점에서는 이견이 없고, 인간의 존엄성 침해, 타인의 기본권의 본질적 내용침해 등 기본권의 보호영역에서 배제되어야 함이 명백한 경우에 국한하여야 한다는 점에서도 논의에 큰 차이는 없는 것으로 보인다.

헌법재판소는 형벌법규에 의해 금지되는 행위에 대한 위헌심사에서 기본권의

378) 한수웅, 헌법학, 438－439면 참조.

379) 헌법재판소는 "헌법이 명시적으로 밝히고 있지는 않으나, 집회의 자유에 의하여 보호되는 것은 단지 '평화적'또는 '비폭력적' 집회이다. 집회의 자유는 민주국가에서 정신적 대립과 논의의 수단으로서, 평화적 수단을 이용한 의견의 표명은 헌법적으로 보호되지만, 폭력을 사용한 의견의 강요는 헌법적으로 보호되지 않는다"(헌재 2003. 10. 30. 2000헌바67 등, 판례집 15－2하, 41, 53)고 하여 폭력적 집회는 집회의 자유의 보호영역에 포함되지 않는다는 취지로 판시하고 있다.

380) 윤정인, "자유권 보호영역의 범위와 한계", 160－192면 참조 : 한수웅 교수의 논의와 윤정인의 논의는 모두 형벌법규를 전제로 한 것이 아니라 기본권제한의 일반이론으로 제시되는 것이나, 그 예를 들고 있는 사례들은 모두 형사처벌의 대상이 되는 경우이고, 형사처벌 대상이 되는 사안들이 바로 기본권보호영역의 한계선상으로 논의될 수 있을 것이므로 형벌법규의 경우를 주로 염두에 둔 것으로 보인다.

보호영역에 포함시킬 것인지에 관한 명시적으로 일반적인 기준을 제시하고 있지는 않다. 다만 관련 논의가 본격적으로 이루어진 음란표현에 관한 결정을 살펴보면, 다음과 같은 기준이 전제되어 있다는 점을 추출할 수 있다. 첫째, 헌법재판소는 기본권의 보호영역이 가능하면 넓게 인정되어야 한다는 입장이다. 음란으로 판단되는 표현은 표현의 자유의 보호영역에서 애당초 배제시킨다는 것은 그와 관련한 검열금지의 원칙 등에 입각한 합헌성 심사를 하지 못하게 될 뿐만 아니라, 기본권 제한에 대한 헌법상의 기본원칙, 예컨대 법률에 의한 제한, 본질적 내용의 침해금지원칙 등에 대한 심사를 포기하는 결과가 될 것이다. 둘째, 표현의 자유에 관한 것이라는 특성이 있기는 하나, 인간의 존엄성에 대한 일정한 침해(왜곡)도 기본권의 보호영역에서 배제되는 충분조건이 아님을 분명히 하였다. 위 결정의 반대의견이 주장하듯 음란의 개념에 '인간존엄 내지 인간성을 왜곡'이라는 표지가 들어감에도 불구하고, 법정의견은 '음란'의 내용 자체는 헌법상 표현의 자유의 보호에 관한 법리와 관련하여 그 내포와 외연을 파악할 수 있다고 하여 일단 '표현의 자유'의 보호영역에 포함시켜야 한다고 보고 있다. 즉 '인간의 존엄성 왜곡 표현'만으로 기본권의 보호영역에서 배제될 수 없다는 것이다. 더 나아가 유통목적이 없는 음란물의 단순소지 등을 금지하는 형사처벌규정이 입법화될 경우 이에 대한 위헌심사가 불가능해지는 점을 언급하고 있다. 이처럼 헌법재판소는 기본권의 보호영역이 가능하면 넓게 인정되어야 하고, 기본권의 보호를 제공하지 않는 것에 대하여 헌법적으로 의문의 여지가 없는 명백한 경우가 아닌 한 기본권의 보호영역에서 배제되어서는 아니된다는 점을 밝히고 있다.

나. 기본권 보호영역 설정의 의미 및 한계

어떠한 행위가 문제된 기본권의 보호영역에 속하지 아니하는 것이라면, 그 기본권에 대한 제한 자체가 존재하지 않는 것이므로, 더 이상 그 기본권의 침해 여부를 심사할 필요도 없다. 헌법재판소는 형법 제298조 강제추행죄에 대한 위헌심사에서 제한되는 기본권의 명시없이 바로 강제추행죄 일반에 대하여 과잉금지심사를 하고 있는데,381) 이는 기본권의 보호영역에 대한 명확한 인식이 없는 상태에서 이루어진 잘못된 판단이다. 강제추행행위는 어떠한 기본권의 보호영역에도

381) 헌재 2011. 9. 29. 2010헌바66, 판례집 23-2상, 583, 591-592 참조.

포함될 수 없는 것이므로 과잉금지심사 자체가 필요없다고 판시하였어야 할 것이다. 또한 위 사안에서 청구인은 일상생활에서 일어날 수 있는 불측의 신체적 접촉까지 상대방의 애매모호한 성적 수치심에 기대어 폭행행위 자체가 처벌받을 위험성이 있다는 점을 위헌의 사유로 삼았고 이에 대하여도 과잉금지심사를 하였는데, 이러한 행위영역(추행의 고의가 없는 일상에서의 불측의 신체접촉)은 강제추행죄의 해석상 구성요건에 해당하지 아니하므로 강제추행죄에 해당된다는 전제하에 과잉금지심사를 할 필요는 없다고 생각된다.

다만 일정한 행위의 영역이 해당되는 범죄의 구성요건에 포섭되는 것의 위헌성을 문제삼는 경우, 예를 들어 적극적 안락사 등과 같이 현재 우리나라의 법제와 판례에 따르면, 자살방조죄에 해당하더라도 이러한 행위영역을 헌법상 인격권에서 도출되는 자기결정권의 보호영역에 포함시켜 이를 도와주는 행위를 형사처벌하는 것의 위헌성에 대한 과잉금지심사가 이루어질 수 있다. 위에서 본 강제추행죄에 대한 위헌심사 사례에서도 '강제추행이 인정되는 신체접촉의 정도와 범위'의 문제라고 한다면, 마찬가지로 과잉금지심사가 가능할 것이고, 만일 위헌판단이 내려진다면 그 형식은 한정위헌결정이 될 것이다.

다. 기본권의 행사와 형법상 구성요건 해당성

(1) 헌법재판소의 결정 및 논의의 쟁점

비정규직 해고와 관련하여 조합원 등과 집회를 하며 매장점거를 시도하는 등 위력을 사용하여 매장의 업무를 방해하였다는 범죄사실로 기소되어 재판계속 중, 형법 제314조에 대하여 법원에서 위헌제청한 사안에서 헌법재판소는 "헌법 제33조 제1항은 근로자의 단체행동권을 헌법상 기본권으로 보장하고 있고, 단체행동권에 대한 어떠한 개별적 법률유보조항도 두고 있지 않으며, 단체행동권에 있어서 쟁의행위는 핵심적인 것인데, 쟁의행위는 고용주의 업무에 지장을 초래하는 것을 당연한 전제로 한다. 헌법상 기본권 행사에 본질적으로 수반되는 것으로서 정당화될 수 있는 업무의 지장 초래가 당연히 업무방해에 해당하여 원칙적으로 불법한 것이라 볼 수는 없다. 한편 노동법('노동조합 및 노동관계조정법'의 약어) 제4조는 노동조합의 쟁위행위로서 노동법의 목적 달성을 위하여 한 정당한 행위에 대하여 위법성조각사유에 관한 형법 제20조를 적용하도록 하고 있으나, 이것이 단체행동권의 행사로서 노동법상의 요건을 갖추어 헌법적으로 정당화되는 행위를 범죄행위의 구성요건에 해당하는 행위임을 인정하되 다만 위법성을 조각하도록 한 취지라고 할 수는 없다. 그러한 해석은 헌법상 기본권의 보호영역을 하위 법률을 통해 지나치게 축소시키는 것"382)이라고 판시하여 정당한 노동조합의 쟁의행위는 단체행동권의 보호영역에 들어가는 것이므로 이를 불법으로 취급하여 형벌법규의 구성요건해당성이 있다고 보는 것이 기본권의 보호영역을 지나치게 축소시키는 것이라고 판시하였다. 한편 쇠고기광우병 논란 과정에서 보수언론에 광고를 내는 광고주를 상대로 한 항의전화 등 불매운동을 이유로 업무방해죄로 기소되어 재판 계속 중 위헌소원이 제기된 사안에서 헌법재판소는 "헌법상 보호되는 소비자불매운동에는 정당하게 보호될 수 있는 영역이 존재하고 넘지 말아야 할 한계가 내재되어 있다는 것이다."383)고 하여 헌법적 허용한계를 넘어서지 않는 소비자불매운동은 쟁의행위와 마찬가지로 업무방해죄 등의 구성요건에 해당하지 않는다는 취지로 판시하였다.

이처럼 헌법재판소는 업무방해죄와 관련된 결정에서 '위력 등에 의한 업무방해'라는 포괄적 구성요건에 헌법상 기본권의 행사로서 근로 3권, 소비자보호운동 자체가 해당하는지 여부를 검토하고 있다. 특히 근로 3권 중 쟁의행위에 대하여 일단 업무방해의 구성요건에 해당함을 전제로 적법한 쟁의행위의 경우에는 '정당행위'로서 위법성이 조각된다는 기존 법원의 판결에 대하여 적법한 쟁의행위는 구성요건해당성 자체가 인정되지 않으며 그렇게 보지 않을 경우 기본권의 보호영역이 지나치게 축소된다고 판시하고 있다.

그러나 구성요건해당성이 인정된다고 보는 것이 바로 기본권의 보호영역을 축소하는 것과 연결시키는 것은 법리적으로 정확하지는 않다. 예를 들어, 음란한 표현의 반포행위를 표현의 자유의 보호영역에 포함시켰더라도 '음란물반포죄'라는 범죄의 구성요건으로 한 점에 대하여는 문제제기가 없다. 즉 기본권의 보호영역에 들어가는 행위의 유형을 형벌법규의 구성요건해당성을 인정한다고 하더라도 그 자체로 기본권의 보호영역이 축소된다는 논리적 결론에 이르지는 않는다. 이에 대한 좀 더 진전된 논의를 위해서는 형법학에서 범죄체계론 중 구성요건해당성이 가지는 의미에 대한 검토가 필요하다.

---

382) 헌재 2010. 4. 29. 2009헌바168, 판례집 22-1하, 74, 83.
383) 헌재 2011. 12. 29. 2010헌바54 등, 판례집 23-2하, 558, 577.

(2) 형법도그마틱과 기본권 핵심사항의 보장

(가) 범죄체계론과 구성요건 해당성

형법학에서 지배적 견해로 자리잡은 범죄성립 3요건설은 '범죄란 구성요건에 해당하고 위법하며 유책한 행위이다'라는 공식화된 범죄체계이론이다. 이를 통하여 범죄구성요소에 대한 체계적·과학적 분석의 틀을 제공함으로써 법해석에서 법관의 자의를 배제하고, 법적용상의 평등을 기할 수 있고, 사고의 질서와 명료성 및 포괄성을 가져다주는 장점이 있다.[384] 범죄체계론은 이론적 발전과정을 거쳐 현재 구성요건은 사실적 요소와 규범적 요소가 모두 포함된 '불법구성요건'으로 '전체 법질서에 배치된다고 평가되어 구성요건화·실정화된 위법행위유형'을 의미하고, 일정한 행위가 형사처벌의 대상이 되는지를 죄형법정주의에 따라 한계를 지어주고, 범죄유형을 개별화하며, 위법성이 추정되어 행위자에게 경고하는 기능을 가진다.[385]

이러한 불법구성요건은 위법성의 실질인 행위반가치와 결과반가치가 모두 존재할 때 위법하다는 결론에 이르게 된다. 즉 결과반가치가 존재하더라도 사회상규에 반하지 않는 경우에는 행위반가치가 부정되어 위법성이 조각되는 경우가 있고, 행위반가치가 존재하더라도 피해자의 승낙에 의한 법익포기로 말미암아 결과반가치가 부정되는 경우에는 위법성이 조각된다.[386]

이처럼 형법의 범죄체계론에서 구성요건은 전체 법질서에 배치된다고 평가되어 위법성이 추정되는 행위의 유형이다. 그렇다면 헌법재판소에서 판시하였듯이 헌법상 보장된 기본권의 본질적 행사인 '쟁의행위'가 형법상 업무방해죄의 구성요건에 해당된다고 보는 것은 이를 불법적인 것으로 추정하는 것으로 기본권의 최대한 보장이라는 헌법이념에 배치되는 법률해석이고, 형법도그마틱의 형식에 치우친 법적용으로 범죄체계론에 대하여 근본적으로 회의를 가지게 한다.

384) 임웅, 형법총론, 123-124면 참조.
385) 임웅, 형법총론, 120-122면 참조.
386) 임웅, 형법총론, 192면 참조.

(나) 기본권 보호영역의 포괄적 성격과 핵심사항의 보장

기본권의 보호영역 논의는 타인의 기본권의 본질적 내용을 침해하는 행위가 아닌 한 일단 기본권의 보호영역에 포함시켜 이를 제한하는 입법의 정당성을 심사하여야 한다는 포괄적 성격을 지닌다. 위에서 보았듯이 음란한 표현물을 표현의 자유의 보호영역에 포함시킬 것인지 여부에 관한 논의의 핵심도 결국은 이를 규제하는 입법의 헌법적 정당성 심사의 가능성에 관한 것이다.

반면, 기본권의 행사에 해당하는 사항을 형벌법규의 '불법구성요건'에 해당한다고 보아 위법성이 조각되지 않는 한 위법성이 추정된다고 보는 것에 대한 문제제기는 헌법재판소에서 본 것과 같이 기본권의 보호영역의 축소에 관한 문제라기보다는 기본권의 행사에 본질적으로 수반되는 사항을 형벌법규의 구성요건해당성이 있다고 보아 위법성이 있다고 추정하는 것에 대한 문제제기라고 보아야 한다. 이는 형법학에서 고유의 논리로 발전시켜온 범죄체계론 등 형법도그마틱이 헌법에 의해 영향을 받고 이에 반응하여야 하는 상황이라고 보인다. 그렇다면 헌법에 의해 수정 또는 개선되는 범죄체계론상 구성요건해당성의 기준은 어떻게 될 것인가?

헌법재판소는 앞서 본 바와 같이 단체행동권에 있어서 쟁의행위는 핵심적인 것이고, 고용주의 업무에 지장을 초래하는 것을 당연한 전제로 하므로 '헌법상 기본권 행사에 본질적으로 수반되는 것'을 불법구성요건으로 포함시킬 수 없다고 보았다. 그런데 구체적으로 살펴보면, '단체행동권의 행사로서 노동법상의 요건을 갖추어 헌법적으로 정당화되는 행위'라고 함으로써 노동법상의 요건을 갖추는 것을 헌법적으로 정당화되는 요건으로 제시하여 헌법상 허용요건을 헌법이 아닌 '노동법상의 요건 충족여부'로 판단하고 있다. 이는 단체행동권인 쟁의행위의 내용과 절차가 노동관계 법규에 의해 구체화될 수 밖에 없기 때문으로 보인다. 헌법재판소는 이러한 내용과 절차규정이 없는 소비자불매운동에 대하여는 헌법상 한계에 관하여 직접 설정을 하여 그 범위 내라고 하면 불법구성요건의 해당성을 인정할 수 없다는 취지로 판시하고 있다. 이처럼 헌법재판소는 헌법상 기본권 행사에 본질적으로 수반되는 것으로서 정당화될 수 있는 것이라면 불법구성요건의 해당성을 인정할 수 없다고 보고 있다. 이러한 헌법재판소의 판시는 구성요건에 해당하는 일정한 법익침해가 있으면 일단 구성요건해당성에 포섭한 뒤 정당행위나 사회상규를 통한 위법성조각으로 충분하다는 형법도그마틱에 변화를 요구하고 있다.

이러한 헌법재판소의 결정에 대응하여, 형법이론차원에서는 구성요건해당성 배제사유와 위법성조각사유를 구분하는 기준으로 관련 법규의 규범목적에 따른 해석기준을 제시하여 위와 같이 헌법상 기본권의 행사와 관련된 경우를 해결하고자 하는 견해가 제시되었는데, 이에 따르면 기본권으로 보장되는 권리라고 하더라도 헌법질서 속에서 다른 기본권과 충돌하지 않는 범위 내에서만 정당성을 지닐 수 있다고 한다.[387] 한편 헌법이론적 차원에서 쟁의행위 관련 업무방해죄 적용에 관한 헌법재판소의 결정을 노동자의 단체행동권과 영업자의 재산권간에 기본권충돌이론의 관점에서 바라보고, 법익형량의 원칙(이중기준원칙)에 비추어, 노동자의 단체행동권이 우선하므로 형사상 · 민사상 책임을 부담하지 않는 것으로 해석된다는 견해가 있다.[388] 위 의견들 모두 기본권을 중심으로 법익형량 내지 규범조화적 해석을 통해 기본권의 행사에 본질적으로 수반되는 행위의 구성요건해당성을 배척하려는 이론적 시도이다.

쟁의행위에 관한 헌법재판소의 결정 이후 대법원에서는 "쟁의행위로서 파업이 언제나 업무방해죄에 해당되는 것으로 볼 것은 아니고, 전후 사정과 경위 등에 비추어 사용자가 예측할 수 없는 시기에 전격적으로 이루어져 사용자의 사업운영에 심대한 혼란 내지 막대한 손해를 초래하는 등으로 사용자의 사업계속에 관한 자유의사가 제압 · 혼란될 수 있다고 평가될 수 있는 경우에 비로소 그 집단적 노무제공의 거부가 위력에 해당하여 업무방해죄가 성립한다."[389]고 하여 '사용자가 예측할 수 없는 쟁의행위의 전격성' 등을 구성요건해당성의 추가적 요소로 판시하고 있는데 이는 위에서 본 법익형량 내지 규범조화적 해석의 결과로 볼 수 있다. 한편 소비자불매운동에 관한 헌법재판소의 결정 이후 대법원에서는 "소비자불매운동이 헌법상 보장되는 정치적 표현의 자유나 일반적 행동의 자유 등의 점에서도 전체 법질서상 용인될 수 없을 정도로 사회적 상당성을 갖추지 못한 때에는 그 행위 자체가 위법한 세력의 행사로서 형법 제314조 제1항의 업무방해죄에서 말하는 위력의 개념에 포섭될 수 있다."[390] 고 판시하여, 통상 위법성조각사유인

387) 하민경, "구성요건해당성 배제사유와 위법성조각사유의 구별기준", 한양법학 제43집, 한양법학회, 2013. 8, 403－418면 참조.

388) 임지봉, "업무방해죄의 적용에 관한 헌법적 고찰 : 헌법재판소 결정의 규범적 이해", 노동법학 제34호, 한국노동법학회, 2010. 6, 126－127면 참조.

389) 대법원 2011. 3. 17. 선고 2007도482 전원합의체 판결.

사회상규의 판단기준으로 사용되는 '사회적 상당성'을 구성요건해당성의 배척사유로 제시하고 있다. 그러나 이는 동일한 판단기준을 위법성조각사유에서 그대로 형식적으로 구성요건해당성 배제사유로 위치를 이동시킨 것에 불과하다고 볼 수 있다.[391]

이처럼 대법원은 쟁의행위의 경우 '시기의 전격성'이라는 추가적 요건을 불법구성요건 해당성의 사유로 요구하여 단체행동권과 사용자의 영업의 자유 내지 재산권의 규범조화적 해석을 도모하고 있고, 소비자불매운동의 경우에는 위법성조각사유와 동일한 '사회적 상당성'을 구성요건해당성 판단의 요소로 삼고 있다. 그러나 헌법상 기본권의 실현에 '본질적으로 수반되는 행위'라고 한다면, 아예 구성요건해당성을 배제하여야 한다. 이 논의는 기본권의 보호영역 논의와 직접적인 연관성은 없으나, 기본권 실현에 본질적으로 수반되는 행위가 불법구성요건에 포섭되지 않는다는 의미에서 헌법상 기본권 보장의 의미를 보다 분명하게 할 수 있다고 생각된다. 노동쟁의행위의 경우 '그 자체로 고용주의 업무에 지장을 주는 행위'이고, 소비자불매운동 역시 '그 자체로 단체가 가지는 집단적인 위력을 이용하여 사업자의 정상적인 운영을 저해하는 활동'이 본질적으로 수반되는 행위로 포함되어 있다. 이처럼 기본권의 성격상 본질적으로 수반될 수 밖에 없는 행위에 대하여는 이를 업무방해죄의 구성요건인 '위력'으로 파악하여 불법구성요건으로 포섭하여서는 아니될 것이다.[392] 이렇게 보더라도 노동쟁의행위 과정에서의 법위반 행위는 노동조합 및 노동관계조정법 위반죄로 처벌될 수 있고, 개별 행위가 노동쟁의권의 행사에 본질적으로 수반되는 행위를 넘어서 폭행, 협박, 강요 등의 불법구성요건에 해당하는 경우 이에 따라 형사처벌할 수 있어 형사처벌의 공백이 발생하지 않을 것이고,[393] 소비자불매운동의 경우에도 역시 개별 행위들이 소비자불매운동에

390) 대법원 2013. 3. 14. 선고 2010도410 판결.

391) 우희숙, "소비자 불매운동의 헌법적 허용한계와 형법적 규제의 타당성에 관한 연구", 형사정책연구 제25권 제1호, 한국형사정책연구원, 2014. 3, 129면 참조 : 이 글에서는 대법원 판례가 대상 기업의 손실을 불법적인 것으로 염두에 두고 사회적 상당성이 있는 경우(즉 형법적으로 위법성이 조각되는 경우)에 헌법적으로 허용된다는 논리를 구사하고 있음을 비판하면서 구성요건해당성의 배제사유로서 '사회적 상당성'론이 필요하다고 하고 있다.

392) 따라서 기본권의 행사에 본질적인 사항이 아닌 경우에는 이를 형법상 불법구성요건에 포섭할 수 있다. 예를 들어, 집회시위의 자유는 필연적으로 교통방해의 결과를 수반하는 것이 아니므로 단체의 위력으로 도로를 점거하는 불법적 요소가 개입되어야 한다는 점에서 교통방해죄의 구성요건으로 포섭되더라도 헌법에 반하는 것이 아니다.

393) 대법원 2011. 3. 17. 선고 2007도482 전원합의체 판결 반대의견 참조.

본질적으로 수반되는 '집단적 의사표명', '경고'를 넘어서는 경우에는 개별 행위에 따라 강요죄나 공갈죄 등이 성립할 수 있기 때문이다.394)

3. 행위 · 제재규범에 대한 과잉금지심사

가. 위헌결정된 사례와 심사유형

형벌법규와 관련된 헌법재판소 결정 총 454건 중 기본권제한에 대한 과잉금지 심사와 관련되어 위헌결정된 사안은 총 36건이고 한정위헌결정은 모두 6건이다. 그 중에서도 잠재적 범죄자를 수범자로 한 행위 · 제제규범에 대한 과잉금지원칙 위반을 이유로 위헌(한정위헌, 헌법불합치 포함)결정이 내려진 것은 총 17건이고 아래에서 보는 [표 6]과 같다.

표 6 과잉금지원칙위반으로 위헌결정된 사안(행위 · 제재규범)

순번	사건번호(사건명)	결정
1	92헌가14(구제명령위반 사건)	위헌
2	96헌가5(기부금품모집금지 사건)	위헌
3	98헌가16(과외교습금지 사건)	위헌
4	2001헌가4(정당후보표방금지 사건)	위헌
5	2003헌가9(정당후보표방금지 사건)	위헌
6	2003헌가1(학교주변 극장금지 사건)	위헌/헌법불합치
7	2003헌가3(의료광고금지 사건)	위헌
8	2003헌마377(도품문화재보유금지 사건)	위헌
9	2007헌마1468(BBK 특검법 사건)	위헌
10	2008헌바58(혼인빙자간음죄 사건)	위헌
11	2010헌바70(긴급조치 사건)	위헌
12	90헌가23(정기간행물 등록요건 사건)	한정위헌
13	93헌가4 등(일반적 선거운동금지 사건)	한정위헌

394) 우희숙, "소비자불매운동의 헌법적 허용한계와 형법적 규제의 타당성에 관한 연구", 130–136면 참조.

14	2006헌마1096(공무원선거기획금지 사건)	한정위헌
15	2007헌마1001 등(인터넷이용 선거운동금지 사건)	한정위헌
16	2010헌가2(야간시위금지 사건)	한정위헌
17	2011헌가29(야간시위금지 사건)	한정위헌

위와 같은 위헌결정 중 형법에 규정된 범죄로서 위헌이 결정된 혼인빙자간음죄에 대한 위헌결정의 과잉금지심사과정을 먼저 살펴본 뒤, 이를 토대로 검토가 필요한 사항에 대한 논의를 전개해가도록 한다.

헌법재판소는 우선 혼인빙자간음의 형사처벌규정에 의해 제한되는 기본권으로 남자의 사생활의 비밀과 자유, 성적 자기결정권을 들고 있다.395) 그 뒤 과잉금지심사를 진행하게 되는데 첫 번째 단계로 '목적의 정당성'396)에 관하여 살피게 된다. 헌법재판소는 입법목적을 간통죄(형벌법규)의 보호법익(음행의 상습없는 부녀자의 성적자기결정권 보호)과 같은 것으로 보고 있다. 헌법재판소는 위와 같은 보호법익은 여성을 남성과 달리 성적자기결정권을 자기책임 아래 스스로 행사할 능력이 없는 열등한 존재로 보는 것으로서 여성의 존엄과 가치에 역행하므로 형벌법규를 통하여 추구하고자 하는 목적 자체가 헌법에 의하여 허용되지 않는 것으로서 그 정당성이 인정되지 않는다고 판시하였다.397) 다음 단계로 '수단의 적절성 및 피해최소성'을 함께 판단하면서 그 판단요소로서 ① 범죄설정에 있어 원칙적 입법자의 광범위한 형성권 및 성적 사생활 영역에서 형성권의 상대적 제한, ② 국민 일반의 법감정의 변화로 여성의 착오에 의한 혼전성관계를 국가에서 형벌법

395) 이 결정에서 재판관 이강국, 조대현, 송두환은 반대의견을 통해 "어느 남자가 어느 여자를 사랑하고 정교관계를 맺는 것은 자기결정권의 보호영역이라고 할 수 있지만, 혼인을 빙자하여 부녀를 간음하는 행위는 자신만의 영역을 벗어나 다른 인격체의 법익을 침해하는 행위이기 때문에 자기결정권의 내재적 한계를 벗어나는 것"이라고 하였는바(헌재 2009. 11. 26. 2008헌바58 등, 판례집 21–2하, 520, 538), 이에 따르면, 성적 자기결정권의 보호영역 밖으로서 기본권제한 여부에 대한 과잉금지심사 자체가 이루어질 필요가 없다. 기본권의 보호영역에 관한 논의는 앞에서 살펴보았다.

396) 목적의 정당성을 과잉금지원칙의 요소로 보는 헌법재판소의 태도에 대하여, '입법의 목적은 헌법 제37조 제2항에서 명문화하고 있으므로 목적 자체가 헌법이 추구하는 법익을 위한 것인지 아닌지를 심사하는 것은 헌법적 수권의 문제로서 목적과 수단 사이의 비례성 심사와는 다른 차원에서 이루어져야 한다'는 견해(김형성, "과잉금지의 원칙과 적용상의 문제점", 헌법실무연구 제3권, 박영사, 2002, 65~68면 참조)가 논리적이고 설득력이 있으나, 헌법재판소에서 일반적으로 과잉금지원칙에 포함시키고 있으므로 그 체계를 유지하며 논의를 진행한다.

397) 헌재 2009. 11. 26. 2008헌바58 등, 판례집 21–2하, 520, 530 참조.

규로 적극적으로 보호할 필요성의 감소, ③ 성도덕에 해당하는 사안에 대한 법률적 강제의 부적절과 세계적 입법추세, ④ 혼인빙자간음죄의 국가형벌로서 처단기능의 약화(일반예방효과 입증의 부존재) 및 여성보호필요성의 약화, ⑤ 애초 목적과는 달리 고소 후 남성협박이나 위자료수단으로 악용되는 부작용 발생 등을 언급하고 있다. 마지막으로 '법익균형성'에 관하여, 혼인빙자간음죄는 개인의 내밀한 성생활의 영역을 형사처벌의 대상으로 삼음으로써 남성의 성적 자기결정권과 사생활의 비밀과 자유를 지나치게 제한하는 반면, 보호법익인 '성행위 동기의 착오'는 그 보호의 실효성이 현격히 저하되고 침해되는 기본권보다 중대하지 않다는 이유로 법익균형성을 인정하기 어렵다고 판시하였다. 혼인빙자간음죄에 대한 위헌심사는 행위의 금지를 명하는 행위규범과 이를 위반한 경우에 부과되는 형벌이라는 제재규범이 함께 결합되어 이루어졌다.

반면, 미신고 옥외집회·시위금지와 같은 행위규범에 대하여, 집회의 자유를 제한되는 기본권으로 하여 이에 대한 금지규정에 대하여 4단계의 과잉금지심사(목적의 정당성 – 수단의 적절성 – 피해최소성 – 법익균형성)을 거쳐 집회의 자유를 침해하지 않는다고 판시한 다음, 이러한 금지를 강제할 수단으로 과태료가 아닌 행정형벌을 부과하는 것(제재규범)에 대하여 별도로 과잉금지심사를 하는 경우도 있다.398)

이처럼 형벌법규를 구성하고 있는 행위규범과 제재규범을 결합하여 과잉금지심사를 진행하는 경우(유형 I)와 행위규범과 제재규범을 구분하여 과잉금지심사가 이루어지는 경우(유형 II)가 있다. 전자(유형 I)는 통상 형법에서 정한 범죄와 같이 자연범의 성격을 지니는 경우로써 형벌 이외에 다른 제재수단을 염두에 두기 어려운 경우이고, 후자(유형 II)는 행정형벌과 같이 법조문상으로도 행위금지 또는 요구규정과 이에 대한 형사처벌규정이 분리되어 있고, 행정벌 등의 다른 제재를 염두에 둘 수 있는 경우라고 볼 수 있다.399) 후자의 경우 헌법재판소의 결정내용을 살펴보면, 형벌법규 고유의 위헌주장이 없다는 이유로 제재규범을 아예 심

398) 헌재 2014. 1. 28. 2011헌바174 등, 판례집 26-1상, 34(위헌결정을 한 경우). 그 외에 헌재 2010. 7. 29. 2009헌바53 등, 판례집 22-2상, 349, 헌재 2009. 9. 24. 2007헌바102, 판례집 21-2상, 516의 경우(각 합헌결정을 한 경우)에도 행위규범에 대한 위헌심사 이후에 별도로 행정형벌로 하는 것의 헌법적 정당성을 심사하고 있다.

399) 그러나 실제 과잉금지심사의 과정을 보면, 2011헌바174 결정과 같이 행위규범과 제재규범을 항목을 나누어 심사하기 보다는 행위규범에 대한 위헌심사 과정에서 피해최소성 내지 법익균형성에서 형벌법규라는 점을 언급하는 정도에 그치는 경우가 많다.

판대상에서 제외하거나,[400] 행위규범에 대한 과잉금지심사를 진행하면서 '피해최소성'이나 '법익균형성' 단계에서 형사적 제재라는 점을 위헌의 사유로 포함시키거나[401] 행위규범이 과잉금지원칙에 위배되므로 제재규범에 대하여는 당연히 위헌[402]이라고 하는 반면, 합헌결정을 하는 경우에는 행위규범에 대한 과잉금지심사 후에 행정제재가 아닌 형사적 제재를 하는 것의 정당성에 대하여 덧붙이는 방식을 취하고 있다.[403]

헌법재판소에서는 일반적으로 행위규범에 대한 과잉금지심사에 있어 '이 사건 법률조항에 의하여 제한되는 기본권'이라는 제목 하에 제한되는 기본권을 적시하고 있다. 형벌법규 중 행위규범에 대한 과잉금지심사에서도 마찬가지로 기본권을 적시하게 된다. 즉 행위규범에 의하여 금지되는 행위의 영역을 보호영역으로 하여 가장 밀접한 관련성이 높은 기본권을 제한되는 기본권으로 명시하게 되고, 이는 형벌법규가 아닌 다른 기본권제한법규와 차이가 없다. 형벌법규 중 행위규범과 관련하여 위헌결정된 17건에서 문제된 주된 기본권을 살펴보면, 정치적 표현의 자유가 6건(위 표 5의 순번 4, 5, 11, 13, 14, 15), 표현의 자유 2건(순번 6, 7번), 집회의 자유 2건(16, 17번), 언론출판의 자유 1건(12번)으로 민주주의의 근간을 이루는 표현의 자유와 관련된 위헌결정이 전체의 64%(11/17)에 이른다.

행위규범에 대한 과잉금지심사로 위헌결정된 첫 사례인 헌재 1995. 3. 23. 92헌가14 결정(위 표 5의 순번 1)에서 노동위원회의 구제명령을 이행하지 않은 행위에 대하여 사업자의 다른 기본권제한 여부를 살피지 않고, "이 사건 법률규정은 부당노동행위에 대한 노동조합법 제42조의 규정에 의한 구제명령을 이행하지 않은 사용자에 대하여 2년 이하의 징역 또는 3,000만원 이하의 벌금에 처할 수 있는 것을 규정한 형벌법규이므로, 사용자의 신체의 자유 또는 재산권을 제한하는 내용의 법률규정이다."[404]라고 하여 자유형과 벌금형을 규정한 법정형을 근거로 신체의 자유(자유형) 또는 재산권(벌금형)을 제한한다고 판시하고 있다. 그런데 이

400) 헌재 2004. 5. 27. 2003헌가1 등, 판례집 16－1, 670, 676 참조.
401) 헌재 2005. 10. 27. 2003헌가3, 판례집 17－2, 189; 헌재 2008. 1. 10. 2007헌마1468, 판례집 20－1상, 1 참조.
402) 헌재 1998. 5. 28. 96헌가5, 판례집 10－1, 541, 558－559; 헌재 2000. 4. 27. 98헌가16 등, 판례집 12－1, 427, 468－469 참조.
403) 헌재 2010. 4. 29. 2009헌바46, 판례집 22－1하, 21, 29; 헌재 2010. 7. 29. 2009헌바53 등, 판례집 22－2상, 349; 헌재 2009. 9. 24. 2007헌바102, 판례집 21－2상, 516 참조.
404) 헌재 1995. 3. 23. 92헌가14, 판례집 7－1, 307, 318.

는 제재규범으로서 형벌법규에서 당연히 전제되는 기본권의 제한일 뿐, 특정한 행위를 금지하는 형벌법규 중 행위규범에 대하여 제한되는 기본권의 상정이라고 보기는 어렵다.405)

이처럼 행위규범에 대한 위헌심사에서 기본권을 명시하지 않는 경우가 발견된다. 이는 형벌법규에 의하여 범죄행위로 규정된 사항에 대하여 기본권의 보호영역으로 명시하는 것이 자연스럽지 않은 점에서 비롯된 것으로 보인다. 그러나 법률에 의한 기본권제한에 대한 위헌심사기준으로서 '과잉금지심사'의 의미에 부합하지 않는 점, 기본권의 유형에 따라 과잉금지심사의 심사내용이나 강도가 달라질 수 있다는 점을 고려할 때 제한되는 기본권의 특정은 필수적이다. 이와 같이 형벌법규에 대한 과잉금지심사에서 제한되는 기본권 적시를 생략할 경우, 기본권의 보호영역에서 벗어나는 경우에도 별다른 문제의식 없이 형식적으로 과잉금지심사를 진행하게 되는 오류로 연결될 수 있다.

나. 심사의 강도 및 방법

(1) 헌법재판소는 기본권의 제한입법에 관한 위헌심사의 기준에 관하여 다음의 3가지 기준을 제시하고 있다. 첫째 과잉금지원칙, 둘째 완화된 과잉금지원칙, 셋째 합리성 심사가 그것이다. 헌법재판소는 헌법 제37조 제2항의 비례성 원칙과 과잉금지원칙을 같은 개념으로 보되 주로 과잉금지원칙이라는 표현을 사용하고 있다. 헌법재판소가 과잉금지원칙과 관련하여 완화된 심사를 하는 경우는 크게 두 가지로 나뉠 수 있다. 그 중 하나는 독일 연방헌법재판소의 판례에 따라 법률효

---

405) 이 사안에서 제한되는 기본권을 상정하여 보면, 구제명령의 내용에 따라 '계약의 자유 또는 영업활동의 자유'가 제한되는 기본권이 될 수 있겠다(헌재 2002. 12. 18. 2002헌바12, 판례집 14-2, 824 참조 : 이 사안에서 헌법재판소는 '노동조합의 대표자 또는 노동조합으로부터 위임을 받은 자와의 단체협약체결 기타의 단체교섭을 정당한 이유없이 거부하거나 해태'하지 못하도록 한 노동조합 및 노동관계조정법 제81조 제3호가 계약의 자유, 기업활동의 자유 등을 침해하는지 여부를 검토하였는데, 노동위원회의 구제명령이행을 강제하는 행위는 결국 계약의 자유, 영업의 자유를 제한한다는 점에서 유사한 경우라고 볼 수 있다. 그러나 한편 행정관청이 노동위원회의 의결을 얻어 위법한 단체협약의 시정을 명한 경우 그 시정명령에 위반한 자를 500만 원 이하의 벌금에 처하도록 한 '노동조합 및 노동관계조정법'(1998. 2. 20. 법률 제5511호로 개정된 것) 제93조 제2호 중 "제31조 제3항의 규정에 의한 명령에 위반한 자" 부분에 대한 결정(헌재 2012. 8. 23. 2011헌가22, 판례집 24-2상, 400)에서는 위 92헌가14 결정에서와 마찬가지로 행위규범에 대하여 제한되는 기본권을 따로 언급하지 않고 있을 뿐 아니라 제재규범에 대한 기본권제한도 언급하지 않고 있다.

과의 예측에 대한 통제밀도의 차이를 두는 것이고,406) 의료광고금지사건(표 6의 순번 7)407)와 같이 과잉금지원칙 중 피해최소성을 '입법목적을 달성하기 위하여 필요한 범위 내의 것인지'로 완화하는 경우가 이에 해당한다. 합리성심사는 기본권형성적 법률유보라고 평가되는 경우에 입법자가 재량의 범위를 넘어 명백히 불합리한지 여부에 대한 심사이다.408)409) 이때 완화된 과잉금지원칙에서 '완화'는

---

406) 헌법재판소는 '요양기관 강제지정제'의 위헌소원 사건(헌재 2002. 10. 31. 99헌바76 등, 의료인의 직업수행의 자유에 대한 제한이 문제됨)에서는 "헌법재판소의 규범심사과정에서 결정의 전제가 되는 중요한 사실관계가 밝혀지지 않는다든지 특히 법률의 효과가 예측되기 어렵다면, 이러한 불확실성이 공익실현을 위하여 국민의 기본권을 침해하는 입법자와 기본권을 침해당하는 국민 중에서 누구의 부담으로 돌아가야 하는가 하는 문제가 제기된다. 법률이 개인의 핵심적 자유영역(생명권, 신체의 자유, 직업선택의 자유 등)을 침해하는 경우 이러한 자유에 대한 보호는 더욱 강화되어야 하므로, 입법자는 입법의 동기가 된 구체적 위험이나 공익의 존재 및 법률에 의하여 입법목적이 달성될 수 있다는 구체적 인과관계를 헌법재판소가 납득하게끔 소명·입증해야 할 책임을 진다고 할 것이다. 반면에 개인이 기본권의 행사를 통하여 일반적으로 타인과 사회적 연관관계에 놓여지는 경제적 활동을 규제하는 사회·경제정책적 법률을 제정함에 있어서는 입법자에게 보다 광범위한 형성권이 인정되므로, 이 경우 입법자의 예측판단이나 평가가 명백히 반박될 수 있는가 또는 현저하게 잘못되었는가 하는 것만을 심사하는 것이 타당하다"고 하여 사회·경제정책적 입법사항에 관한 경우에 완화된 비례원칙에 따른 심사를 하고 있다. 한국전력공사가 전기간선시설을 지중에 설치하는 비용을 모두 부담하도록 하는 택지개발촉진법 제36조에 대한 위헌소원 사건(헌재 2005. 2. 24. 2001헌바71), 가스간선시설에 대한 사건(헌재 2009. 5. 28. 2006헌바86)에서 완화된 심사기준을 채택하였다.

407) "상업광고는 표현의 자유의 보호영역에 속하지만 사상이나 지식에 관한 정치적, 시민적 표현행위와는 차이가 있고, 한편 직업수행의 자유의 보호영역에 속하지만 인격발현과 개성신장에 미치는 효과가 중대한 것은 아니다. 그러므로 상업광고 규제에 관한 비례의 원칙 심사에 있어서 '피해의 최소성' 원칙은 같은 목적을 달성하기 위하여 달리 덜 제약적인 수단이 없을 것인지 혹은 입법목적을 달성하기 위하여 필요한 최소한의 제한인지를 심사하기 보다는 '입법목적을 달성하기 위하여 필요한 범위 내의 것인지'를 심사하는 정도로 완화되는 것이 상당하다." (헌재 2005. 10. 27. 2003헌가3, 판례집 17−2, 189, 198).

408) "헌법 제27조 제5항이 정한 법률유보는 법률에 의한 기본권의 제한을 목적으로 하는 자유권적 기본권에 대한 법률유보의 경우와는 달리 기본권으로서의 재판절차진술권을 보장하고 있는 헌법규범의 의미와 내용을 법률로써 구체화하기 위한 이른바 기본권형성적 법률유보에 해당한다. 따라서 헌법이 보장하는 형사피해자의 재판절차진술권을 어떠한 내용으로 구체화할 것인가에 관하여는 입법자에게 입법형성의 자유가 부여되고 있으며, 다만 그것이 재량의 범위를 넘어 명백히 불합리한 경우에 비로소 위헌의 문제가 생길 수 있다."고 판시하였다(헌재 2003. 9. 25. 2002헌마533, 판례집 15−2상, 479, 485−487).

409) 기본권형성적 법률유보에 대하여 이루어지는 합리성 심사의 경우 이를 과잉금지원칙에 포함시키지 않는 견해[한수웅, "형성적 법률유보를 가지는 기본권에서 과잉금지원칙의 적용여부", 헌법실무연구 제9권, 박영사, 2008, 382−388면]가 있으나, 재판청구권의 예를 보더라도, 헌법재판소는 입법재량의 여지가 많은 사례에서 헌법 제37조 제2항을 언급함이 없이 바로 합리성 심사를 하기도 하고, 과잉금지원칙에 따른 심사(헌재 1994. 4. 24. 93헌바10, 헌재 2005. 3. 31. 2003헌바92, 헌재 1998. 9. 30. 98헌가7)를 하기도 하였는데 헌법에 이미 재판청구권을 인정하고 있고, 재판청구권과 같은 청구권적 기본권의 경우 자유권을 포함한 다른 기본권을 보장하기 위한 절차적인 권리로서 이에 대한 입법이 불충분하거나 입법이 아예 없는 경우 당연히

주로 수단의 적합성 내지 피해최소성 심사에서 이루어질 것인데 구체적으로 어떤 방식으로 완화할 것인지에 대하여는 입법자의 예측판단이나 평가가 명백히 반박될 수 있는가 또는 현저하게 잘못되었는가 하는 것만을 심사한다고 하거나, 입법목적을 달성하기 위하여 필요한 범위 내의 것인지를 심사한다고 하여 실상 합리성 심사와 명확히 구별되지 않는 문제점이 있다.

이처럼 과잉금지원칙의 적용에 있어 심사강도의 차이는 입법자와의 관계에서 헌법재판의 한계와 관련된 것인데, 헌법재판소는 제한되는 기본권의 비중 내지 의미(핵심적 자유영역인지), 기본권제한의 정도(인격발현과 개성신장에 미치는 효과의 중대성), 관련 영역의 특성(사회적 연관관계에 놓이는 사회·경제정책적 영역인지), 등 실체법적 요인들에 의해 주도적으로 심사강도가 결정되고 있다고 평가된다.410)

(2) 헌법재판소는 형벌법규에 대한 위헌심사에서 "어떤 행위를 범죄로 규정하고 이를 어떻게 처벌할 것인가 하는 문제는 원칙적으로 입법자가 우리의 역사와 문화, 입법 당시의 시대적 상황과 국민 일반의 가치관 내지 법감정, 범죄의 실태와 죄질 및 보호법익 그리고 범죄예방효과 등을 종합적으로 고려하여 결정하여야 할 국가의 입법정책에 관한 사항으로서 광범위한 입법재량 내지 형성의 자유가 인정되어야 할 분야이다."411)라고 하여 어떠한 행위의 범죄화, 그리고 법정형의 종류와 범위에 대하여 입법자의 광범위한 재량 내지 형성의 자유를 인정하고 있다.

먼저 일반론으로 살펴보면, 헌법재판소가 일반적으로 입법자의 형성의 자유를 존중하는 것을 강조하면서도 그 의미를 충분히 규범적으로 정초하고 있지 않기 때문에 결국은 실체법적으로 조정되는 기본권의 효력범위의 이면에 불과한 것으로서 별다른 의미가 없다는 비판적 견해가 제기되고 있고, 과잉금지원칙이 제한되는 기본권의 비중 등 실체법적 요소에 의해 주로 영향을 받는다는 점에서 설득력이 있다.412) 그렇다면 형벌법규에 있어 '어떠한 행위의 범죄화'에 관한 입법자의 광범위한 재량 또한 별다른 의미를 가지지 못하는 수식적인 표현에 불과한 것인

기본권제한의 문제로 포섭될 수 있고, 헌법 제37조 제2항에서 '모든 자유와 권리'에서 '권리'는 자유권 이외의 기본권을 의미하므로 개념상 과잉금지원칙에 포섭될 수 있다고 생각된다.

410) 김문현 외 3인, 기본권영역별 위헌심사의 기준과 방법, 60면 참조.

411) 헌재 1995. 4. 20. 91헌바11, 판례집 7-1, 478, 487; 헌재 1995. 11. 30. 94헌가3, 판례집 7-2, 550, 556.

412) 김문현 외 3인, 기본권영역별 위헌심사의 기준과 방법, 60면 참조.

가를 구체적으로 살펴본다.

형벌법규에 있어 광범위한 입법재량의 근거로 제시되는 내용 즉 '입법자가 우리의 역사와 문화, 입법 당시의 시대적 상황과 국민 일반의 가치관 내지 법감정'은 민주적 절차에 의한 대의기구인 입법자가 판단할 사항의 성격이 매우 강한 것으로 단순히 수식적인 표현에 불과한 것으로 보기는 어렵다. 실제 내용을 살펴보더라도 행위규범과 제재규범에 대한 과잉금지심사가 결합되는 경우(유형Ⅰ)에서 과잉금지심사를 시작하기 전에 앞서서 언급하기도 하고, 수단의 적합성, 피해최소성을 앞두고 언급되기도 하는데 실제 과잉금지심사에서 어떠한 행위를 범죄화하는 입법목적으로서 사회유해성 내지 법익침해성, 일반예방효과 및 형사적 제재의 비대체성에 대한 입법자의 재량판단을 원칙적으로 존중하고 이에 대한 엄격한 입증을 요구하고 있지 않아 결국은 완화된 과잉금지심사나 심지어 합리성 심사 정도에 그치는 것이 아닌가 하는 의문을 낳는다.

유형Ⅱ의 경우에는 더욱 심각한데, 주로 행정벌인지 행정형벌인지 사이의 판단의 문제로 보고 있는 제재규범의 과잉금지심사에 앞서 "어떤 행정법규위반의 행위에 대하여 이를 단지 간접적으로 행정상의 질서에 장애를 줄 위험성이 있음에 불과한 경우로 보아 행정질서벌인 과태료를 과할 것인지 아니면 직접적으로 행정목적과 공익을 침해한 행위로 보아 행정형벌을 과할 것인지는 기본적으로 입법권자가 제반사정을 고려하여 결정할 입법재량에 속하는 문제라 할 것이다."413) 라고 하여 사실상 행정형벌 즉 범죄화하는 것에 대하여 위헌심사권의 행사를 포기하다시피 하고 있다. 즉 형사처벌이라는 중대한 기본권제한의 효과를 가져오는 형벌법규의 과잉금지심사에 있어 제재규범에 대하여 입법자에게 광범위한 범죄화 판단의 재량을 부여함으로써 행위규범에 대한 심사가 주된 심사이고, 사실상 제재규범에 대한 위헌심사는 무의미해졌다고 볼 수 있다.

이하에서는 형벌법규에 대한 과잉금지심사가 실제 이루어지는 내용을 살핀 뒤 심사기준의 강도와 문제점에 대하여 구체적으로 살피도록 한다.

(3) 형벌법규에 대한 과잉금지심사에 있어 입법목적의 정당성은 '형벌법규가 보호하려는 법익이 헌법상 허용되는 것인지 여부'를 판단하는 것이다. 행위 · 제재규

413) 헌재 1994. 4. 28. 91헌바14, 판례집 6-1, 281, 303; 헌재 1998. 5. 28. 96헌바83, 판례집 10-1, 624, 635-636; 헌재 2008. 4. 24. 2005헌마373, 판례집 20-1상, 626, 650 등 참조; 헌재 2009. 9. 24. 2007헌바102, 판례집 21-2상, 516, 529.

범에 대한 과잉금지심사를 통해 위헌결정이 내려진 사안 중 목적의 정당성이 없다고 판단된 사안은 혼인빙자간음죄 사건, 공직선거법 정당후보표방금지 사건이다.

먼저, 혼인빙자간음죄 위헌소원 사건에서 헌법재판소는 '여성을 유아시(幼兒視)함으로써 여성을 보호한다는 미명 아래 사실상 국가 스스로가 여성의 성적자기결정권을 부인'하여 양성평등의 헌법적 가치에 배치되고, '여성에 대한 고전적 정조관념에 기초한 가부장적·도덕주의적 성 이데올로기를 강요'하는 것[414]으로 도덕만을 강제할 뿐 사회유해성 내지 법익침해가 없다는 취지로 입법목적의 정당성이 인정되지 아니한다고 보았다. 또한 공직선거법 정당후보표명금지 위헌제청사건에서 헌법재판소는 "기초의회의원선거에서 정당의 영향을 배제하고 인물 본위의 투표가 이루어지도록 하겠다는 구체적 입법의도에 대하여는 그 정당성이 의심스럽다. 선거에 당하여 정당이냐 아니면 인물이냐에 대한 선택은 궁극적으로 주권자인 국민의 몫이고, 입법자가 후견인적 시각에서 입법을 통하여 그러한 국민의 선택을 대신하거나 간섭하는 것은 민주주의 이념에 비추어 바람직하지 않기 때문"[415]으로 민주주의 이념이라고 하는 헌법적 가치에 배치될 수 있다는 이유로 입법목적의 정당성에 의문을 표시하였다.

이를 제재규범에 대한 과잉금지심사의 관점에서 바라보면, 혼인빙자간음죄 위헌소원 사건의 경우 '성행위 동기의 착오'라는 보호법익이 인정되지 않거나 현저히 보호필요성이 없어졌고, 사회유해성이나 법익의 침해가 없는 단순한 도덕의 강제라고 본 것으로 전형적인 형벌법규에 관한 과잉금지심사의 특징을 보여주고 있다. 공직선거법상 정당후보표명금지 위헌제청사건의 경우에도 입법목적으로 상정된 '정당후보 표명으로 인한 사회적 유해성(유권자들이 정당의 영향을 배제하고 인물 본위의 투표를 하지 못하는 것) 방지'에 대하여 민주주의의 이념상 사회적 유해성이라고 평가될 수 없다고 본 것이다.

이처럼 범죄화 여부에 관한 입법자의 광범위한 입법재량으로 사회유해성 내지 법익침해는 추정되는 것이나, 위와 같이 헌법적 가치에 배치되는 사항을 사회유해성 내지 법익침해로 설정하는 경우 입법목적의 정당성이 배척된다.

다음으로 수단의 적합성이 인정되기 위해서는 형벌로써 일정한 행위를 금지하는 것이 입법목적의 달성에 기여할 수 있어야 한다. 이는 입법자의 미래의 현실

---

414) 헌재 2009. 11. 26. 2008헌바58 등, 판례집 21-2하, 520, 530-531 참조.
415) 헌재 2003. 1. 30. 2001헌가4, 판례집 15-1, 7, 17.

발전에 대한 예측에 기초한 경험적 판단의 문제로서 기본권을 제한하는 법률의 위헌성여부가 미래에 나타날 법률 효과에 달려 있다면, 헌법재판소가 어느 정도로 이에 관한 입법자의 예측판단을 심사할 수 있으며, 입법자의 불확실한 예측판단을 자신의 예측판단으로 대체할 수 있는가 하는 문제가 제기된다.

이미 입법목적의 정당성이 배척된 혼인빙자간음죄에 대한 위헌소원 사건에서는 입법목적이 정당하다는 가정적 전제하에 수단의 적합성과 피해최소성을 한데 묶어 설명하고 있는데 그 중에서 수단의 적합성으로 분류될 수 있는 부분은 ① 국가형벌로서의 처단기능의 약화(적발되고 기소되어 최종 판결되는 건수의 대폭 감소, 범의 입증의 어려움) ② 일반예방효과를 거두었음을 보여주는 자료가 없다는 점이다. 그 중 ①항은 실증자료를 제시하고 있고, ②항에 대하여는 실증자료의 제시없이 일반예방효과를 입증하는 자료가 없다는 점을 근거로 들고 있다. 물론 혼인빙자간음죄를 폐지한 다른 나라의 사례를 보충적으로 언급하였지만 적극적으로 일반예방효과가 있다는 자료를 입법자로 하여금 제시하도록 한 점에서 특징이 있다.[416] 그러나 일반예방효과에 관한 헌법재판소의 이러한 입장은 일관된 것이 아니다. 이에 대하여는 법정형의 위헌성에 대한 과잉금지심사와 관련하여 상세히 살피도록 한다.

한편 공직선거법 정당표방금지 위헌제청 사건에서는 "단지 후보자가 유권자들에게 정당의 지지·추천 받은 사실을 알리지 않는다고 하여 과연 정당의 영향이 효과적으로 배제될 수 있을지도 매우 불확실하다."[417]고 하여 수단의 적합성을 배척하고 있다. 나머지 사례들은 대부분 행위규범의 측면에서 수단의 적합성을 인정하고 있다. "개인의 기부금품모집을 처음부터 완전히 봉쇄하는 방법을 택한 것",[418] "고액과외교습의 가능성이 있는 개인적인 과외교습을 광범위하게 금지하는 규제수단을 택한 것"[419]에 대하여 수단의 적합성을 인정하고 있다. "정당한 사유 없이 동행명령을 거부한 참고인에게 천만 원 이하의 벌금에 처하도록 하는 것이 입법목적을 달성하기 위한 효과적이고 적절한 방법의 하나"[420]라고 판시하

416) 이는 뒤에서 보듯이 헌법재판소가 '입법자의 광범위한 입법재량도 사생활의 내밀한 영역에서는 제한되어 중대한 법익에 대한 위험이 명백한 경우에 해당하여야 한다'는 기준을 제시한 것에 따른 것으로 볼 수 있다.

417) 헌재 2003. 1. 30. 2001헌가4, 판례집 15-1, 7, 17.

418) 헌재 1998. 5. 28. 96헌가5, 541, 555.

419) 헌재 2000. 4. 27. 98헌가16 등, 판례집 12-1, 427, 462.

420) 헌재 2008. 1. 10. 2007헌마1468, 판례집 20-1상, 1, 37.

여 형사처벌하는 것 자체를 수단의 적합성 판단의 요소로 사용된 경우도 있다.

피해최소성의 판단은 첫째, 입법목적의 실현을 위하여 동등하게 적합한 또는 동일하게 효과적인 다른 수단이 존재하는지 여부 즉 대안의 존재여부를 판단하는 단계와 둘째, 개별 수단의 기본권제한 효과를 서로 비교하여, 입법자가 선택한 수단이 기본권을 최소한으로 제한하는 수단인지를 판단하는 단계로 구성되는데 역시 그 판단에 있어서는 입법자의 형성의 자유가 인정된다. 다만 일반적으로는 행정청이나 법원에 판단재량을 부여하여 개별적인 경우의 가혹함을 고려하는 임의적 규정으로도 법의 목적을 달성할 수 있는 경우에도 필요적 규정을 둔다거나, 부분적 금지를 통해서도 목적을 달성할 수 있음에도 예외를 두지 않고 전면적으로 금지하는 규정을 두는 경우,[421] 기본권 행사방법에 대한 제한으로 목적을 달성할 수 있음에도 기본권 행사여부에 관한 규정을 두는 경우[422] 등이 피해최소성의 판단에 중요한 요소가 될 수 있다.[423]

헌법재판소는 혼인빙자간음죄에 대한 위헌소원사건에서 우선 "어떠한 행위를 범죄로 규정하고 어떠한 형벌을 과할 것인가에 관하여는 원칙적으로 입법자의 광범위한 형성권이 인정되지만, 법률이 특히 사생활의 영역을 규율하는 경우에는 그렇지 아니한 직업영역, 재산권영역 등을 규율하는 경우와는 달리 인정되는 입법자의 형성권이 상대적으로 제한될 수밖에 없다. 개인의 성행위와 같은 사생활의 내밀영역에 속하는 부분에 대하여는 그 권리와 자유의 성질상 국가는 간섭과 규제를 가능하면 최대한으로 자제하여 개인의 자기결정권에 맡겨야 하며, 국가형벌권의 행사는 중대한 법익에 대한 위험이 명백한 경우에 한하여 최후수단으로서 필요한 최소한의 범위에 그쳐야"[424]한다고 하여 입법자의 광범위한 입법재량도 사생활의 내밀한 영역에서는 제한되어 중대한 법익에 대한 위험이 명백한 경우에 해당하여야 한다는 기준을 제시하였다.

또한 노동위원회의 구제명령위반죄에 대한 위헌제청 사건에서 '행정형벌제도는 원칙적으로 행정명령에 대한 의무확보수단으로서 최후적·보충적인 것이어야' 한

---

421) 학교주변 극장금지사건(헌재 2004. 5. 27. 2003헌가1 등, 판례집 16-1, 670), 과외교습금지사건(헌재 2000. 4. 27. 98헌가16 등, 판례집 12-1, 427)이 이에 해당하여 위헌결정이 내려졌다.

422) 기부금품모집금지사건(헌재 1998. 5. 28. 96헌가5, 판례집 10-1, 541)에서 이에 해당하여 위헌결정이 내려졌다.

423) 한수웅, 헌법학, 476-478면; 성낙인, 헌법학, 법문사, 2007, 289-290면 참조.

424) 헌재 2009. 11. 26. 2008헌바58 등, 판례집 21-2하, 520, 531-532.

다고 하면서 미화정의 구제명령에 대한 신속한 이행확보수단은 국민의 기본권제한에 있어 형벌보다 덜 무거운 방법으로도 가능하다고 하여 피해최소성의 원칙에 위배된다고 하였다.425) 도품문화재 보관금지에 관한 헌법소원사건에서도 "선의취득자가 도굴 등이 된 문화재인 정을 알게 된 경우 '신고' 내지 '등록'을 하도록 함으로써 국가는 문화재의 소재 파악 등 필요한 관리를 할 수 있으며, 이러한 관리의 효율성은 신고의무나 등록의무 위반에 대한 제재를 통하여도 달성 가능하다."426) 고 하여 형벌을 선택한 것이 피해최소성에 반한다고 하였다.

마지막으로 법익의 균형성의 심사단계에서는 형벌법규라는 수단으로 추구하는 공익(보호법익)과 형법법규로 인하여 기본권이 제한되는 개인의 사익 사이에 비교형량이 이루어지게 된다. 헌법재판소 실무에서는 피해최소성 부분을 원용하며 공익보다 기본권의 침해가 더 크다는 방식으로 결론내리는 것이 일반적이다.427) 예를 들어 혼인빙자간음죄에 대한 위헌소원사건에서는 "앞에서 본 바와 같이, 이 사건 법률조항은 개인의 내밀한 성생활의 영역을 형사처벌의 대상으로 삼음으로써 남성의 성적자기결정권과 사생활의 비밀과 자유라는 기본권을 지나치게 제한하는 것인 반면, 이로 인하여 추구되는 공익은 오늘날 보호의 실효성이 현격히 저하된 음행의 상습없는 부녀들만의 '성행위 동기의 착오의 보호'로서 그것이 침해되는 기본권보다 중대하다고는 볼 수 없으므로, 이 사건 법률조항은 법익의 균형성도 상실하였다고 할 것이다."428)라고 하고 있다.

정당후보표방금지 사건에서는 법익의 균형성에서 형벌법규로 추구하는 공익에 대하여 입법목적의 달성에 기여하는 효과가 매우 불확실하거나 미미한 점, 정당의 지방선거 참여의 필요성으로 정당의 분권화·민주화 촉진하는 점, 지역주의가 상대적으로 약화, 혁신정당의 제도권 정치에 진입, 1인 2표의 정당명부식 비례대표제가 시행, 국민참여경선제 등 상향식 공천제도 활용 등 정치환경이 급속도로 발전적 변화를 이룩하는 추세에 있는 점에 비추어 볼 때, 향후 정당배제를 통해 얻게 될 이익보다 그로 인한 손실에 더 무게가 실릴 것으로 예측된다고 상세히 설명하였다. 이후 형벌법규로 인하여 징역형을 포함한 형사처벌의 대상이 되고, 벌

---

425) 헌재 1995. 3. 23. 92헌가14, 판례집 7-1, 307, 321 참조.

426) 헌재 2007. 7. 26. 2003헌마377, 판례집 19-2, 90, 105.

427) 헌재 1995. 3. 23. 92헌가14, 판례집 7-1, 307, 321; 헌재 2004. 5. 27. 2003헌가1 등, 판례집 16-1, 670, 693-694의 경우에도 그러하다.

428) 헌재 2009. 11. 26. 2008헌바58 등, 판례집 21-2하, 520, 535-536.

금 100만원 이상이 선고되면 당선이 무효되며 선거의 공정성을 담보하는 다른 제도들이 다수 마련된 점 등을 들어 기본권 제한의 정도가 매우 크다는 점을 상세히 설명하고 있다.[429)]

다. 형벌법규에 대한 과잉금지원칙 심사의 문제점 검토

(1) 범죄화에 있어 입법자의 광범위한 재량 내지 형성의 자유로 인한 과잉금지심사의 완화

앞서 본 바와 같이 헌법재판소는 어떠한 행위를 범죄로 함에 있어 입법자의 광범위한 재량 내지 형성의 자유를 보장하고 있고 이는 제재규범에 대한 과잉금지심사에서 사회유해성 내지 법익침해성의 추정, 수단의 적합성 내지 피해최소성에서 입법자의 예측판단권의 존중으로 연결된다. 헌법재판소는 형벌법규에 대한 과잉금지심사의 기준을 유형화하고 있는데 혼인빙자간음죄에 대한 위헌소원사건에서 '개인의 성행위와 같은 사생활의 내밀영역에 속하는 부분에 대하여는 국가형벌권의 행사는 중대한 법익에 대한 위험이 명백한 경우에 한하여 최후수단으로서 필요한 최소한의 범위에 그쳐야' 한다고 보아 입법재량의 범위를 축소하고 있다.

반면, 양심적 병역거부사건에서는 "입법자에게 인정되는 예측판단권은 법률을 통하여 달성하고자 하는 공익의 비중 및 침해되는 법익의 의미, 규율영역의 특성, 확실한 판단을 내릴 수 있는 현실적 가능성의 정도에 따라 다르다. 달성하고자 하는 공익의 비중이 클수록, 개인이 기본권의 행사를 통하여 타인과 국가공동체에 영향을 미칠수록 즉, 기본권행사의 사회적 연관성이 클수록, 입법자에게는 보다 광범위한 형성권이 인정되므로, 이 경우 입법자의 예측판단이나 평가가 명백히 반박될 수 있는가 아니면 현저하게 잘못되었는가 하는 것만을 심사하게 된다. 이러한 한계까지는 공익을 어떠한 방법으로 실현하고자 하는가의 판단은 입법자의 형성권에 맡겨져야 한다."[430)]고 하여 양심의 자유에 대하여도 완화된 심사를 하고 있다.

이처럼 헌법재판소가 범죄화에 관한 입법자의 광범위한 입법재량으로 인하여 완화된 과잉금지심사 기준을 출발점으로 하여 사생활의 내밀한 영역에 관한 경우

---

429) 헌재 2003. 1. 30. 2001헌가4, 판례집 15-1, 7, 17-19 참조.
430) 헌재 2004. 8. 26. 2002헌가1, 판례집 16-2상, 141, 158-160.

에는 재량의 범위가 축소됨으로써 다시 기준이 강화된다고 판시하고 있다. 다른 한편, 기본권행사를 통하여 타인과 국가공동체에 영향을 크게 미치는 등 사회적 연관성이 큰 경우에는 (일반적인 범죄화에 대한 입법재량) 보다 광범위한 형성권이 인정됨으로써 더욱 완화된 심사가 되고 실제 이루어진 심사과정은 사실상 합리성 심사에 가깝게 된다.

이 세 가지의 기준에 따른 심사를 실제로 비교하여 그 차이점을 살펴본다.

먼저, 엄격한 과잉금지심사에 따른 경우를 살펴보면, 혼인빙자간음죄에 대한 위헌심사에서 위에서 본 바와 같이 헌법재판소는 "국가형벌권의 행사는 중대한 법익에 대한 위험이 명백한 경우에 한하여 최후수단으로서 필요한 최소한의 범위에 그쳐야" 한다고 하면서, 국가형벌로서의 처단기능의 약화, 일반예방효과에 관한 자료가 없다는 점을 위헌사유로 삼았다. 즉 국가형벌로서 처단기능의 필요성, 일반예방효과에 대하여는 입법자가 입증을 하여야 한다는 취지로 볼 수 있다.

다음으로, 범죄화에 대한 입법자의 광범위한 입법재량이 인정되는 경우를 살펴보면,431) 형벌법규가 가지는 일반예방효과를 이유로 수단의 적합성을 바로 인정하고 있고, 피해최소성에서는 모욕적 행위의 사회유해성 내지 법익침해를 이유로 과태료와 형사제재 사이의 선택을 입법자의 재량사항으로 보거나(모욕죄), 형사처벌로 규제하고 있음에도 불법적인 낙태행위가 성행하고 처벌이 이루어지지 않은 현실에서 형사처벌을 하지 않으면 낙태가 더 만연하게 될 것이라고 보아 형벌이 낙태를 막기 위한 효과적인 수단이라고 보아(자기낙태죄) 피해최소성을 인정하고 있다. 즉 일반 과잉금지심사에 의하는 경우와 달리 국가형벌로서 처단기능의 약화라는 현실이 오히려 형사제재를 유지하여야 하는 이유가 된다는 입법자의 재량판단을 존중하고 있다.

마지막으로 더욱 완화된 심사가 이루어진 양심적 병역거부사건을 살펴보면, "한국의 안보상황, 징병의 형평성에 대한 사회적 요구, 대체복무제를 채택하는 데 수반될 수 있는 여러 가지 제약적 요소 등을 감안할 때, 대체복무제를 도입하더라도 국가안보라는 중대한 헌법적 법익에 손상이 없으리라고 단정할 수 없는 것이 현재의 상황이라 할 것인바, 대체복무제를 도입하기 위해서는 남북한 사이에 평화공존관계가 정착되어야 하고, 군복무여건의 개선 등을 통하여 병역기피의 요

431) 모욕죄(헌재 2011. 6. 30. 2009헌바199, 판례집 23－1하, 337)와 자기낙태죄(헌재 2012. 8. 23. 2010헌바402, 판례집 24－2상, 471)에 대한 위헌심사를 중심으로 살펴본다.

인이 제거되어야 하며, 나아가 우리 사회에 양심적 병역거부자에 대한 이해와 관용이 자리잡음으로써 그들에게 대체복무를 허용하더라도 병역의무의 이행에 있어서 부담의 평등이 실현되며 사회통합이 저해되지 않는다는 사회공동체 구성원의 공감대가 형성되어야 하는데, 이러한 선행조건들이 충족되지 않은 현 단계에서 대체복무제를 도입하기는 어렵다고 본 입법자의 판단이 현저히 불합리하다거나 명백히 잘못되었다고 볼 수 없다."[432]고 하여 입법자의 판단에 일정한 합리성이 있으면 위헌이라고 할 수 없다는 사실상 합리성 심사기준을 사용하고 있다.

이처럼 기본권제한의 정도가 매우 큰 형벌법규에 대하여 오히려 범죄화에 대한 입법자의 광범위한 입법재량을 이유로 완화된 심사에서 더 나아가 사실상 합리성 심사에까지 이르는 것은 형벌법규의 이론적 특성인 최후수단성, 보충성 등에 배치된다. 이후 최근에 다시 이루어진 양심적 병역거부 위헌제청사건에서는 종전 심사기준의 변경에 대한 아무런 설명없이 다시 과잉금지원칙을 심사기준으로 하여 합헌결정을 하였다.[433]

이는 형벌법규의 범죄화에 있어 입법자의 광범위한 입법재량의 문제와 독일 연방헌법재판소의 미래의 상황발전에 대한 예측에 있어서 규율영역의 특성, 확실한 판단을 내릴 수 있는 현실적 가능성의 정도 및 침해된 법익의 의미에 따라 입법자에게 상이한 예측판단권을 인정하는 3단계 이론(명백성심사, 타당성심사, 내용적 심사)이 결합됨으로써 벌어진 일이다.[434] 이러한 입법재량의 결합이 가능한 것인지 문제가 된다. 엄밀하게 구분하자면 범죄화에 있어 입법자의 입법재량의 문제는 제재규범에 관한 것이고, 독일 연방헌법재판소의 3단계이론은 행위규범에 관한 것으로서 바로 연결되지 않는 것이라고 볼 수 있다. 그러나 앞서 본 바와 같이 어떠한 행위를 금지하고 그 방법으로서 형벌처벌 이외의 수단을 상정하기 어렵다면(유형 I), 행위규범과 제재규범이 결합하여 과잉금지심사가 이루어질 수밖에 없다. 따라서 결론적으로 우리 헌법재판소는 중대한 기본권제한을 예정하는 형벌법규에 있어서도 사실상 '합리성 심사'를 도입하는 결론에 이른 것으로 보인다.

더구나 독일 연방헌법재판소에서 명백성 심사로 심사한 형벌법규를 찾아볼 수

---

432) 헌재 2004. 8. 26. 2002헌가1, 판례집 16-2상, 141, 159.

433) 헌재 2011. 8. 30. 2008헌가22 등, 판례집 23-2상, 174, 191 참조.

434) 위 양심적 병역거부에 대한 결정해설을 보면, 독일 연방헌법재판소의 3단계 이론을 소개하면서 이 사안에 대하여는 명백성심사가 이루어진다고 설명하고 있다(한수웅, "병역법 제88조 제1항 제1호 위헌제청", 헌법재판소 결정해설집 제3집, 헌법재판소, 2004, 371-375면 참조).

없고, 첫 번째 낙태판결(BVerfGE 39, 1), 무기징역판결(BVerfGE 45, 187) 등 형벌법규에 관한 판결에서 엄격한 내용적 심사를 진행한 것을 보더라도[435] 우리 헌법재판소의 완화된 심사기준 설정은 타당하지 않다.

(2) 과잉금지심사 기준의 강화방안

또한 (덜 완화된) 과잉금지심사의 경우에서 쉽게 일반예방효과와 형벌 아닌 수단의 대안부재를 인정하고 있는데, 이처럼 범죄화에 대한 입법자의 광범위한 입법재량이라는 커다란 벽 앞에서 과잉금지원칙에 따른 위헌심사는 어떻게 의미를 찾아갈 수 있을 것인가? 이는 형벌법규의 특성을 과잉금지원칙의 심사에 반영함으로써 입법자의 입법재량을 존중하면서도 기본권제한의 한계를 찾는 과잉금지원칙의 의미를 분명히 하는 작업이 될 것이다.

김성돈 교수는 독일에서의 논의를 바탕으로 하여 형사입법의 방법론이기는 하나, 과잉금지원칙의 심사기준 강화방안에 참고가 될 수 있는 설득력있는 의견을 제시하고 있다. 즉 수단의 적합성에 있어서 일반예방효과를 당연히 인정할 것이 아니라 위험성이 적어도 개연성 정도가 된다는 근거가 제시되어야 할 것이므로 어떤 행위를 형벌로 금지하는 것이 보호법익에 대한 피해를 예방하는 가장 긴급하고 절박한 시점인가를 고려하여야 한다고 주장한다. 따라서 너무 빨리 개입하는 예비죄나 구체적 위험성이 없는 단계에서 개입하는 추상적 위험범은 엄격하게 제한되어야 한다. 또한 종래 피해최소성 요건은 대안적 수단들의 효과성이 알려져 있지 않고 알기도 어렵다는 점 때문에 강도 높은 심사가 어려웠는데, 형사제재가 행정제재보다 효과가 더 큰 것은 사실이지만 반대로 행정제재에 비해 사회윤리적 반가치판단, 전과사실의 기재, 그 이후의 사회적 낙인효과 등 기본권침해가 가져다주는 무게를 고려하여 입법자에게 형벌법규로 일정한 행위를 규제하는 방안을 포기할 수 없음을 적극적으로 입증하도록 해야 한다고 주장한다. 법익균형성 요건과 관련해서는 독일 연방헌법재판소의 근친상간죄 합헌결정(BVerfGE 120, 241)에서 제시된 형벌법규가 갖추어야 할 요구조건을 참고하여, 행위방법이 특별한 사회유해성을 가져야 하고(행위반가치), 그 행위를 사회가 용납할 수 없어야 하며(결과

---

435) 방승주, “독일 연방헌법재판소의 입법자에 대한 통제의 범위와 강도”, 헌법논총 제3집, 헌법재판소, 1992, 345-358면 참조.

반가치), 당해 규범에서 금지할 행위를 저지하는 것이 긴급하고 절박하여야 한다는 3가지 요건을 갖추어야 한다고 주장한다.436)

형벌법규의 입법자에게 주어지는 광범위한 입법재량을 헌법재판소가 존중하면서도 최후수단성, 보충성이라는 형벌법규의 특성을 살려 과잉금지원칙이 형벌법규의 제재규범에 대한 헌법적 정당화의 심사기준으로 제대로 자리매김할 수 있도록 다음과 같이 심사요건을 강화할 수 있다고 생각된다.

먼저, 입법목적의 정당성과 관련해서는 사회유해성 내지 (형사적) 법익침해 개념이 시대상황 및 법감정 등에 영향을 받을 수밖에 없다는 점에서 입법자의 광범위한 입법재량의 영역으로 사회유해성 내지 법익침해가 추정된다고 보는 것은 피할 수 없다. 따라서 제2장에서 살펴본 바와 같이 '사회유해성 내지 법익침해'는 적극적 입증대상이 아닌 소극적으로 입법목적의 정당성을 배제하는 요건으로서 기능한다. 즉 앞서 혼인빙자간음죄 위헌소원 사건에서 '성행위 동기의 착오'라는 보호법익이 인정되지 않거나 현저히 보호필요성이 없어졌고, 사회유해성이나 법익의 침해가 없는 단순한 도덕의 강제이므로 헌법상 허용되지 않는 입법목적이라고 판단하는 것과 같이 사회유해성이나 법익침해를 인정하기 어려운 점이 입증되는 경우에는 입법목적의 정당성을 배제할 수 있을 것이다. 다만 다른 기본권제한법규의 경우에는 입법목적으로서 '국가안전보장, 질서유지 또는 공공복리'라고 하는 공익을 제시하면 충분한 것이지만, 형벌법규에 있어서는 형벌법규로 금지하는 행위의 사회유해성 내지 법익침해에 대하여 입법자의 추정의 근거가 되는 사항의 검토가 있어야 할 것이다. 즉 민사와 같이 개인간의 손해분담에 그치거나, 행정질서벌에서와 같이 단순한 행정적 목적달성에 그치는 것이 아닌 사회적으로 유해한 행위 내지 (형사적) 법익의 침해가 있다는 점에 대하여 추정의 근거 사실에 대하여는 명시하여야 할 것이다. 입법자의 광범위한 입법재량은 형벌법규로 금지하는 행위가 사회유해성 내지 법익침해가 있다는 점에 대한 사실상의 추정으로 작용할 터이지만 어떠한 사회유해성 내지 법익침해가 있는지를 명시하여 주는 것이 형벌법규에 대한 위헌심사의 특성을 살리는 위헌심사가 될 것이라고 생각된다.

다음으로, 수단의 적합성과 관련해서는 일반예방효과의 실증적 입증이 쉽지 않은 점, 국가가 국민의 생명, 재산 등의 안전을 보호할 의무가 있는 점을 고려할

436) 김성돈 외, 한국형사입법의 방향과 쟁점에 관한 연구, 형사정책연구원, 2014, 187－201면 참조.

때 입법자에게 적극적인 일반예방효과의 입증을 요구할 수는 없다고 생각된다. 다만 국가형벌로서 처단기능의 약화나 형해화가 실증적으로 확인되는 경우에는 일반예방효과에 대한 사실상 추정이 깨지는 것으로 보아야 할 것이다. 즉 처단기능의 약화에도 불구하고 형사처벌조항을 두는 것이 더 큰 사회유해성 내지 법익침해를 방지할 수 있다는 점에 대한 입증이 필요하다고 생각된다. 이러한 이유에서 실제 사회적 유해성 내지 법익침해의 위험성에서 일정한 거리가 떨어져 있는 예비범죄나 추상적 위험범에 대하여는 일반예방효과에 대한 추정을 부여하기 어려우므로 형사처벌로서 행위금지하는 것의 일반예방효과에 대하여 적극적 입증이 필요할 것이다.437)

피해의 최소성과 관련해서는 혼인빙자간음죄에 대한 위헌소원 사건에서 보듯이 '사생활의 영역에 속하는 부분에 대하여는 국가형벌권의 행사는 중대한 법익에 대한 위험이 명백한 경우에 한하여 최후수단으로서 필요한 최소한의 범위에 그쳐야' 할 것이다. 그 외 형벌법규에 대하여도 행정제재나 다른 제도를 통해 해당 행위금지 등에 대한 일정한 억제효과를 가질 수 있다는 근거가 제시되면, 형사처벌을 선택하는 입법자의 입법재량의 영역이 좁아져 형사제재를 하여야 하는 이유에 대한 논증이 이루어져야 할 것이고, 이러한 논증이 어렵다면 노동위원회의 구제명령위반죄에 대한 위헌제청 사건, 도품문화재 보관금지에 관한 헌법소원사건에서 보듯이 피해최소성 원칙에 반한다고 보아야 한다. 혼인빙자간음죄나 간통죄의 예에서 보듯이 형사처벌에 관한 법감정의 변화가 있는 경우에도 이를 입증하여 피해최소성 원칙에 반한다고 볼 수 있을 것이다.

마지막으로 법익균형성에서는 김성돈 교수가 제시한 것처럼 해당 행위방법의 사회유해성이라는 행위반가치 요소 및 유해결과 내지 법익침해의 중대성이라는 결과반가치의 요소와 형사처벌로서 기본권이 제한되는 정도 사이에 엄격한 비교

---

437) 헌법재판소는 법원 인근 100미터 집회시위금지조항에 대하여 "현실적으로 위험이 발생하였는지 여부에 대한 증명을 요하지 아니하고 위와 같은 전형적 위험, 즉 추상적 위험의 발생을 근거로 범죄의 성립을 인정하고 있는 것이다. 이러한 형태의 규정은 추상적 위험범을 규정한 각종 처벌법규에서 공통적으로 발견할 수 있는 것으로서, 이러한 유형의 금지가 그것만으로 과잉금지라고 할 수는 없다."(헌재 2005. 11. 24. 2004헌가17, 판례집 17-2, 360, 371)고 하여 추상적 위험범의 범죄형태에 대하여 원칙적으로 허용되는 것으로 판단하고 있다. 위 결정의 반대의견(재판관 윤영철, 송인준, 전효숙, 이공현)에서는 보호법익에 대한 일반적 위험이 없는 휴일개최 집회, 지위 등 일반적 위험이 부인되는 경우가 있음을 이유로 예외없는 금지에 관하여 위헌의견을 피력하고 있다.

형량이 있어야 할 것이다.

4. 법정형의 종류와 범위에 대한 과잉금지심사

가. 위헌결정 유형

법정형에 관한 과잉금지심사에서 위헌결정은 총 13건으로 [표 7]과 같다.

표 7 법정형에 관한 과잉금지심사로 위헌결정된 사안

순번	사건번호	대상조문	결정	문제상황	기본권
1	90헌바24	특정범죄 가중처벌등에 관한 법률 제5조의 3 제2항 1호	위헌	하한형 10년 이상	X
2	94헌가3	음비법 제25조 2항	위헌	필요적 몰수형	재산권
3	95헌가5	반국가행위자의 처벌에 관한 특별조치법 제8조	위헌	전재산 몰수형	X
4	96헌가16	건축법 제79조 4호	위헌	법정형 불균형	X
5	2002헌가5	국가보안법 제13조	위헌	법정형에 사형 규정	X
6	2002헌바24	특정범죄 가중처벌등에 관한 법률 제11조 제1항	위헌	법정형 불균형, 하한형 10년 이상	X
7	2001헌바89	구 관세법 제198조 제2항	위헌	필요적 몰수추징	X
8	2003헌가12	폭력행위등 처벌에 관한 법률 제3조 제2항	위헌	법정형 불균형	X
9	2006헌가5	특경가법 제5조 제4항 제1호	위헌	하한형 7년 이상	X
10	2005헌가10	보건범죄단속에관한특별조치법 제6조	위헌	법정형 불균형	X
11	2006헌가13	군형법 제53조 제1항	위헌	법정형 사형	X
12	2007헌가10	특정강력범죄의 처벌에 관한 특례법 제3조	위헌	법정형 불균형	X
13	2008헌바11	관세법 제274조	위헌	필요적 몰수	X

법정형에 대한 위헌심사가 문제되는 상황은 위에서 위헌 결정이 난 사례를 정리하여 보면, (1) 법정형에 사형이 있는 경우(표 7의 순번 5, 11번) (2) 징역(또는 금

고)형 하한형이 7년 이상인 경우[438](순번 1, 6, 9번) (3) 필요적 몰수·추징[439](순번 2, 3, 7, 13번) (4) 서로 다른 행위유형을 하나의 법정형으로 의율하는 등 법정형의 심각한 불균형이 있는 경우(순번 4, 6, 8, 10, 12번)로 분류할 수 있다.

헌법재판소는 (1), (2), (4) 유형의 경우에는 '책임과 형벌간의 비례원칙'과 '형벌의 체계균형성 및 평등원칙'이라는 이름으로 위헌심사를 진행하고 있고, (3) 유형의 경우에는 일반 과잉금지원칙 및 평등원칙의 이름으로 위헌심사를 하고 있다.

앞서 어떠한 행위를 형사처벌의 대상으로 삼아 금지시키는 것 자체의 위헌성에 대하여는 금지되는 행위로 인하여 제한되는 기본권의 특정, 기본권의 내용 또는 보호영역 확인, 과잉금지원칙 위반여부를 살피는 방식으로 위헌심사가 이루어진다는 점은 이미 살핀 바와 같다. 다만, 어떠한 행위의 금지 자체는 다투지 않으면서 그 형사처벌 여부만을 다투는 경우에는 금지되는 행위로 인하여 제한되는 기본권이 아닌 형사처벌 조항을 둠으로써 어떠한 행위를 금지시키는 것 자체의 위헌성이 문제된다. 즉 처벌 자체의 정당성은 문제되지 않으나 그 법정형이 과중하다는 등의 문제가 제기되는 경우[440]에는 금지행위 자체로 제한되는 기본권은 따로 상정되지 않고 형사처벌의 내용에 의해 제한되는 기본권이 문제된다. 형벌의 성격에 따라 일반적으로 살펴보면, 징역, 금고, 구류 등은 신체의 구금을 형벌의 내용으로 하므로 신체의 자유에 대한 제한으로, 벌금, 과료, 몰수, 추징 등은 재산의 강제적 이전을 내용으로 하므로 재산권에 대한 제한으로 볼 수 있다. 헌법재판소도 형벌의 종류에 따라 징역형은 신체의 자유, 벌금형은 재산권을 제한하고,[441] 몰수형은 재산권을 제한한다고 본 결정례가 있다.[442] 또한 법정형(징역형

---

438) 형의 하한이 7년 이상인 경우에는 별도의 법정 감경사유가 없는 이상 법관의 작량감경을 통해서도 집행유예가 불가능하기 때문에 문제된다[형의 집행유예는 3년 이하의 징역 또는 금고의 형을 선고할 경우(형법 제62조 제1항)에만 가능하기 때문에 작량감경으로 법정형 하한 7년의 1/2인 3년 6월을 선고할 경우 집행유예가 불가능하다].

439) 형법 제48조에서는 임의적 몰수를 규정하고 있는데, 개별법에서 필요적 몰수·추징을 하도록 하는 경우 그 몰수의 규모가 지나치다는 등의 이유로 헌법소원심판이 제기된다.

440) 위에서 본 위헌결정사례에서 위헌소원(헌바사건)의 청구인이나, 위헌제청법원(헌가사건)도 위에서 문제된 범죄행위 자체를 형벌법규를 통하여 금지하는 것의 위헌성을 제기하지는 않았다.

441) 헌재 1995. 3. 23. 92헌가14, 판례집 7-1, 307, 318; 헌재 2011. 11. 24. 2011헌바18, 판례집 23-2하, 410, 423("이 사건 법률조항은 유기 징역형과 벌금형을 규정하여 모의총포를 소지하지 못하도록 강제함으로써 모의총포를 소지하려는 사람의 신체의 자유 또는 재산권을 제한하고 있다. 이는 입법자가 어떠한 법규위반행위에 대하여 형사적 제재를 부과하도록 규정하는 경우 범죄의 설정 및 그 법정형의 종류와 범위를 선택함에 있어 항상 수반되는 제한") 참조.

442) 헌재 1995. 11. 30. 94헌가3, 판례집 7-2, 550, 560 참조.

만 있는 경우)의 위헌성이 문제된 사안에서 신체의 자유를 제한한다고 본 결정례도 있다.443)

그러나 헌법재판소는 실무상 형사처벌여부 및 법정형을 다투는 대부분의 문제된 사안에서 제한되는 기본권에 대하여 따로 언급하지 않고 있다. 이는 법정형이 징역형의 경우에는 신체의 자유의 제한, 벌금형의 경우에는 재산권의 제한이 있다는 것이 분명하므로 어떠한 행위의 금지가 문제되는 경우와 같이 제한되는 기본권을 별도로 특정할 필요가 없다는 점에 기인한 것으로 보인다. 또한 위에서 위헌결정된 사례에서 보듯이 형벌법규가 다투어지는 사건의 대부분이 형사재판 중 법원의 위헌법률심판청구(헌가사건), 위헌법률심판청구가 기각되어 헌법소원을 제기한 사건(헌바사건)으로서 적법요건으로서 기본권침해성 여부를 따지지 않고 바로 심판대상조항이 헌법에 위반되는지 여부를 바로 판단할 수 있기 때문이기도 하다.

나. 심사기준 – 책임과 형벌간의 비례원칙

형벌법규에 대한 위헌심사기준으로서 헌법 제37조 제2항의 과잉금지원칙이 헌법 제10조에서 도출되는 헌법상 책임원칙과 결합하여 심사기준으로 나타난 것이 '책임과 형벌간의 비례원칙'이다.444) 다만 필요적 몰수의 경우에는 일반 과잉금지원칙으로 심사하고 있다.

헌법재판소는 법정형의 내용에 대한 입법권의 범위와 한계에 관하여 "어떤 행위를 범죄로 규정하고, 이에 대하여 어떠한 형벌을 과할 것인가 하는 문제는 원칙적으로 입법자가 우리의 역사와 문화, 입법당시의 시대적 상황과 국민일반의 가치관 내지 법감정, 범죄의 실태와 죄질 및 보호법익 그리고 범죄예방효과 등을 종합적으로 고려하여 결정하여야 할 국가의 입법정책에 관한 사항으로서 광범위한 입법재량 내지 형성의 자유가 인정되어야 할 분야이다. 따라서 어느 범죄에

443) 헌재 1997. 8. 21. 96헌바9, 판례집 9－2, 272, 281 참조.

444) "법정형의 종류와 범위를 정할 때는 형벌 위협으로부터 인간의 존엄과 가치를 존중하고 보호하여야 한다는 헌법 제10조의 요구에 따라야 하고, 헌법 제37조 제2항이 규정하고 있는 과잉입법금지의 정신에 따라 형벌개별화 원칙이 적용될 수 있는 범위의 법정형을 설정하여 실질적 법치국가의 원리를 구현하도록 하여야 하며, 형벌이 죄질과 책임에 상응하도록 적절한 비례성을 지켜야 한다"(헌재 2003. 11. 27. 2002헌바24, 판례집 15－ 2하, 242, 252; 헌재 2002. 11. 28. 2002헌가5, 판례집 14－2, 600, 605).

대한 법정형이 그 죄질과 이에 대한 행위자의 책임에 비하여 지나치게 가혹한 것이어서 전체 형벌체계상 현저히 균형을 잃게 되고 이로 인하여 다른 범죄자와의 관계에 있어서 헌법상 평등의 원리에 반하게 된다거나, 그러한 유형의 범죄에 대한 형벌 본래의 기능과 목적을 달성함에 있어 필요한 정도를 일탈함으로써 헌법 제37조 제2항으로부터 파생되는 비례의 원칙 혹은 과잉금지 원칙에 반하는 것으로 평가되는 등 입법재량권이 헌법규정이나 헌법상의 제원리에 반하여 자의적으로 행사된 경우가 아닌 한, 법정형의 높고 낮음은 입법정책의 당부의 문제이지 헌법위반의 문제는 아니다"445)라고 일관하여 판시하고 있다. 어떤 범죄에 대하여 몰수형을 규정할 것인지 여부와 이를 임의적으로 할 것인지 또는 필요적으로 할 것인지의 여부에 대하여도 마찬가지로 보고 있다.446)

이처럼 헌법재판소는 우선적으로 입법자에게 법정형을 정함에 있어 광범위한 입법재량을 허용하고 있다. 입법재량의 판단요소로 형사상 행위책임이라고 볼 수 있는 '범죄의 실태와 죄질 및 보호법익' 그리고 책임에 포함되는지 여부에 관하여 논란이 있지만 책임과 관련이 있는 '범죄예방효과' 외에도 우리의 역사와 문화, 입법 당시의 시대적 상황과 국민일반의 가치관 내지 법감정을 명시하고 있다. 이어서 '법정형의 높고 낮음은 입법정책의 당부의 문제이지 헌법위반의 문제는 아니다'라고 판시함으로써, 어떠한 범죄의 법정형의 높고 낮음의 수준을 정함에 있어서는 입법자의 결정 이전에 이미 존재하는 절대적 기준은 없으며 사회마다 특정 범죄행위에 대한 평가가 다를 수 있다는 분명히 하고 있다.

그러나 한편으로 헌법재판소는 이러한 입법재량의 한계를 3가지로 정리하고 있다. 첫째, 죄질에 따른 책임 즉 행위책임에 비하여 지나치게 가혹하여서는 아니된다. 둘째, 유사한 유형의 행위로서 비슷한 죄질로 평가되는 유형의 범죄에 대한 법정형과의 관계에서 현저히 균형성을 잃어서는 아니된다. 셋째, 그러한 유형의 범죄에 대한 형벌 본래의 기능과 목적을 달성함에 있어 필요한 정도를 일탈하여서는 아니된다. 입법재량의 한계 중 첫째와 둘째는 행위책임과 주로 관련된 것이고, 셋째는 행위책임 외에도 형벌의 기능·목적과 관련되어 다른 요소들이 판단요소가 될 수 있음을 표현하고 있다.447) 이때 첫째와 셋째 부분은 책임과 형벌간

445) 헌재 1995. 4. 20. 91헌바11, 판례집 7-1, 478, 487; 헌재 1995. 10. 26. 92헌바45, 판례집 7-2, 397, 404; 헌재 1999. 5. 27. 96헌바16, 판례집 11-1, 529, 538-539; 헌재 1999. 5. 27. 98헌바26, 판례집 11-1, 622-629.

446) 헌재 1995. 11. 30. 94헌가3, 판례집 7-2, 550, 556 참조.

의 비례원칙으로 포섭되는 논의가 될 것이고, 둘째 부분은 형벌체계상의 균형성 위반여부의 문제가 된다.

그렇다면 법정형의 종류 및 범위에 관한 입법재량은 실제 과잉금지심사에 있어 어떠한 의미를 가지게 되는가? 범죄화에 관한 입법자의 입법재량과 마찬가지로 범죄로 된 행위의 사회유해성 및 법익침해의 정도, 형벌부과의 종류와 범위에 대한 입법자의 재량이 존중되어야 한다. 그러나 행위책임에 비하여 지나치게 가혹하거나(① 유형), 형벌 본래의 기능과 목적을 달성할 정도의 범위를 벗어난(② 유형) 것으로 볼 수 있는 자료가 제시된 경우에는 그러한 재량은 축소되어 입법자가 법정형의 종류와 범위에 대한 논증을 하여야 할 것이다. ①유형은 '책임'에 강조점이 주어진 반면, ②유형은 '비례성'에 방점이 찍힌 논의로 양자가 결합하여 책임과 형벌간의 비례원칙을 구성하게 된다.

다. 유형별 위헌결정례 분석

(1) 법정형에 사형이 있는 경우

반국가적 범죄를 반복하여 저지른 자에 대한 법정형의 최고를 사형으로 하도록 규정한 국가보안법 제13조에 대한 위헌제청사건(위 순번 5)에서 "사형이라는 형벌은 비례의 원칙에 따라서 최소한 동등한 가치가 있는 다른 생명 또는 그에 못지 아니한 공공의 이익을 보호하기 위한 불가피성이 충족되는 예외적인 경우에만 인정되어야 할 것인데(헌재 1996. 11. 28. 95헌바1, 판례집 8－2, 537, 546), 단지 반국가적 범죄를 반복하여 저질렀다는 이유만으로 다시 범한 죄가 국가보안법 제7조 제5항, 제1항과 같이 비교적 경미한 범죄라도 사형까지 선고할 수 있도록 한 것은 그 법정형이 형벌체계상의 균형성을 현저히 상실하여 정당성을 잃은 것"448) 이라고 하여 행위책임(반국가적 범죄의 반복, 다시 범한 죄가 비교적 경미한 국가보안법상 찬양고무 등) 등에 비하여 사형이라는 지나치게 가혹한 형벌이 내려지는 점(① 유형)을 이유로 위헌결정을 하였다.

---

447) 형법학은 형법과 그에 따른 개별책임과 관련하여 책임론을 전개하여 왔고, 헌법학은 형법학의 논의에 국한되지 않고 예방목적을 포함하여 입법목적을 달성하기 위한 여러 판단요소들을 입법자의 입법재량으로 포섭하고 있는데 헌법적 판단의 특색이 있다고 생각된다.

448) 헌재 2002. 11. 28. 2002헌가5, 판례집 14－2, 600, 607.

한편 상관을 살해한 경우 사형만을 유일한 법정형으로 규정하고 있는 군형법 규정에 대한 위헌심사(위 순번 11)에서는 행위책임과 관련된 점과 형벌의 기능과 목적 관련된 점이 모두 논의되었다. 행위책임과 관련하여서는 '유사한 다른 살인죄의 법정형과의 비교를 통해 동기나 행위태양을 상관없이 사형만을 법정형으로 둔 것이 형벌체계상의 정당성 상실, 전시인지 평시인지를 구분하지 않고, 가해자와 상관사이에 명령복종관계가 있는지 여부를 불문하고, 상관을 살해하기만 하면 사형에 처하도록 규정하고 있는 것은 형벌이 죄질과 책임에 상응하는 적절한 비례성 상실'을 이유로 하고(① 유형), 형벌의 기능 · 목적과 관련해서는 '심리적 위하효과에도 불구하고 일반예방효과가 불분명한 점, 다른 입법례 없음'을 이유로 하여(② 유형) 위헌결정을 하고 있다.[449]

이를 정리하여 보면, 죄질에 따른 책임 즉 행위책임에 비하여 '사형'이라는 지나치게 가혹한 형벌이 내려지는 점에 대한 판단을 중심으로 일반예방효과가 불분명하다는 형벌의 기능과 목적에 관한 판단을 통해 위헌결정이 이루어졌다.

(2) 징역(또는 금고)형 하한형이 7년 이상인 경우

먼저, 특가법상 도주차량치사죄에 대한 위헌소원사건(위 표 7의 순번 1)에서는 행위책임과 관련하여, '기본적으로 업무상과실로 인하여 성립하는 범죄에서 사형이나 10년 이상의 형벌부과는 지나치게 가혹한 형벌, 다른 과실범, 살인죄의 법정형과 비교할 때 형벌체계상 정당성 상실, 고의로 교통사고 내어 살인한 뒤 유기한 경우보다도 형량이 높은 문제점,[450] 법관의 양형판단의 재량권(작량감경을 하여도 집행유예를 선고할 수 없는 점)의 지나친 제한 등을 이유로(① 유형), 형벌의 기능 · 목적과 관련해서는 '지나친 형벌로 인한 부작용'을 이유로(② 유형) 하여 위헌결정을 하였다.[451]

다음으로, 마약의 단순매수의 가중처벌에 대한 위헌소원사건에서, 행위책임과 관련해서 '단순매수와 영리매수, 상습 · 미수 · 예비음모 등을 가리지 않고 일률적

---

449) 헌재 2007. 11. 29. 2006헌가13, 판례집 19-2, 535, 542-543 참조.

450) 형벌체계상의 균형성 문제로 평등원칙의 문제라고 볼 여지도 있으나, 과실범을 기반으로 한 범죄임에도 고의살인범보다도 법정형이 높게 된 점에 대한 것이므로 행위책임을 중심으로 본 것이라고 보아야 하겠다.

451) 헌재 1992. 4. 28. 90헌바24, 판례집 4, 225, 233-241 참조.

인 법정형, 매수 마약의 양, 위험성 정도 등 죄질이나 비난가능성도 구별하지 않은 점, 극히 소량 매수, 소지한 경우에도 작량감경을 하더라도 집행유예 선고를 할 수 없어 법관의 양형선택과 판단권이 제한'되는 점을 이유로(① 유형) 위헌결정을 하였다.452)

마지막으로, 금융기관 임직원의 직무관련 금품수수액에 따른 가중처벌규정에 대한 위헌제청사건에서, 행위책임과 관련하여, '작량감경을 하더라도 집행유예 선고 할 수 없어 법관의 양형선택과 판단권 제한되는 점, 살인죄의 법정형과 비교 등'을 이유로(① 유형), 형벌의 기능·목적에 관하여는, '일반예방목적을 달성하지 못하는 점, 다른 나라의 입법례'를 이유로(② 유형) 하여 위헌결정을 하고 있다.453)

(3) 필요적 몰수·추징

무등록음반판매의 경우 소유, 점유하는 음반 등을 모두 필요적으로 몰수하도록 규정한 음반 및 비디오물에 관한 법률 규정에 대한 위헌제청사건에서 행위책임과 관련해서는 '심의를 받은 적법한 음반 등을 판매하는 경우(심의를 받지 않은 음반 등 판매와 죄질이나 위법성에서 큰 차이가 있음)에도 이 또한 필요적 몰수하는 것은 과잉이고, 벌금형 선고시 주형보다 부가형인 몰수의 가액이 훨씬 큰 결과, 죄질이나 책임에 비하여 과도하게 재산권을 침해하는 점'을 이유로(① 유형), 형벌의 기능·목적과 관련해서는 '임의적 몰수 규정으로도 입법목적(등록제) 달성 가능'한 점을 이유로(② 유형) 위헌결정을 하였다.454)

피고인의 소환불응에 대하여 전재산물수형을 규정한 반국가행위자의 처벌에 관한 특별조치법 규정에 대한 위헌제청사건에서 행위책임과 관련하여 '본인에게 책임을 돌릴 수 없는 경우도 있다는 점, 행위책임의 법리를 넘어 가벌성에 비해 지나치게 무겁다는 점을 이유로(① 유형), 형벌의 기능·목적과 관련하여서는 '범죄행위와 직간접으로 관련되어 있는 통상의 몰수형제도와 달리 소환불응에 대한 제재인 점, 유사 입법례 없다'는 점을 이유로(② 유형) 위헌결정을 하였다.455)

---

452) 헌재 2003. 11. 27. 2002헌바24, 판례집 15-2하, 242.
453) 헌재 2006. 4. 27. 2006헌가5, 판례집 18-1상, 491, 498-500 참조.
454) 헌재 1995. 11. 30. 94헌가3, 판례집 7-2, 550, 557-560 참조.
455) 헌재 1996. 1. 25. 95헌가5, 판례집 8-1, 1, 19-21 참조.

타소장치의 허가를 받고 물품반입신고를 하였으나, 수입신고없이 물품을 반출한 경우 당해 물품을 필요적으로 몰수·추징하는 관세법 규정에 대한 위헌소원사건에서 과잉금지원칙의 4단계 심사를 하면서 관세수입의 확보를 위한 입법목적 및 통관질서 확립, 관세범의 이익박탈, 관세범의 징벌 및 일반예방적 효과가 있어 적절한 수단임을 인정하면서도, 침해최소성에서 행위책임과 관련하여 '타소장치허가를 받고 장치한 물품을 수입신고없이 반출한 행위는 무신고수입죄에 해당하나 실질은 신고의무의 해태 또는 지연에 불과, 구체적 사안의 개별성과 특수성 고려 가능성을 배제하는 필요적 규정'을 이유로(① 유형), 형벌의 기능·목적 관련해서는 '임의적 몰수·추징으로도 입법목적 달성 가능한 점'을 이유로(② 유형) 위헌결정을 하였다. 또한 법관의 양형결정권을 별도의 판단기준으로 삼아 '다양한 행위유형을 하나의 구성요건으로 포섭, 법정형의 하한을 무겁게 책정하여 죄질이 가벼운 행위도 모두 엄벌하는 것은 책임주의 위반'이라고 판시하였는바 이는 행위책임과 관련된다.456)

관세법상 미신고 수입물품을 감정한 자도 그 물품을 몰수할 수 없을 때 물품의 범칙 당시 국내 도매가격에 상당한 금액을 필요적으로 추징하는 규정에 대한 위헌소원사건에서 과잉금지원칙의 4단계 심사를 하였는데, 미신고수입행위 근절, 관세수입의 확보를 위한 입법목적의 정당성과 적절한 수단임을 인정하면서 침해최소성에서, 행위책임과 관련하여 '감정수수료 소정의 이익을 취득할 뿐이므로 범죄행위로 인한 이익의 박탈을 달성하기 위한 것이라고 보기 어렵고 결국 징벌적 목적 달성위한 것, 미신고 수입물품의 유통에 직접 관여한 행위가 아님, 법관의 양형재량 제한'을 이유로(① 유형), 형벌기능·목적에 관하여는 '엄벌 목적은 벌금형으로 달성가능'하다는 점을 이유로(② 유형) 위헌결정을 하였다.457)

(4) 서로 다른 행위유형을 하나의 법정형으로 의율하는 등 법정형의 불균형이 있는 경우

구성요건을 세분화하지 않고 한 조문에 포섭하여 광범위하고 포괄적인 구성요건 설정, 보충적 성격을 갖고 있음에도 별개의 처벌규정이 설정되어 있는 건축법

---

456) 헌재 2004. 3. 25. 2001헌바89, 판례집 16-1, 346 참조.
457) 헌재 2008. 10. 30. 2008헌바11, 판례집 20-2상, 868 참조.

보다 법정형이 높게 되어 있는 결과 사소한 의무위반에 대하여 조차 별개의 처벌 규정이 설정되어 있는 경우 훨씬 높은 법정형이 적용되는 점, 사용승인 이전은 세분화한 반면, 사용승인 이후는 포괄적으로 규율한 결과, 온돌 안전시공의무 위반자는 200만원 이하의 벌금에 처하도록 하여 비교적 가벼운 처벌을 규정하면서도 온돌을 안전하게 유지·관리하지 아니한 건축물의 소유자 또는 관리자는 2년 이하 징역 또는 1,000만원 이하의 벌금에 처해지는 등 법정형의 불균형이 있다는 이유로 위헌결정을 하였다.458)

또한 형법상의 죄질과 행위의 태양 및 그 위험성이 다르고 다양함에도 야간, 흉기 기타 위험한 물건을 휴대하였다는 사정만으로 일률적으로 5년 이상의 유기징역으로 규정함으로써 비례원칙 위반, 산업사회에서 야간이 주간보다 일률적으로 위험하다고 볼 수 없다는 이유로 위헌결정을 하였다.459)

한편 마약매수의 영리범·상습범, 단순범, 미수범, 예비범·음모범의 경우를 가리지 않고 일률적으로 영리범·상습범의 법정형과 동일한 사형·무기 또는 10년 이상의 징역에 처하도록 하고, 매수한 마약의 양이나 위험성의 정도, 마약사용의 결과로 타인의 신체에 상해나 사망을 일으켰느냐의 여부 등 죄질이나 비난가능성의 정도를 구별하지 않은 특정범죄 가중처벌 등에 관한 법률조항 위반은 그나마 존재하던 마약류관리에 관한 법률상의 단순범과 영리범의 구별조차 소멸시켜 불법의 정도, 죄질의 차이 및 비난가능성에 있어서의 질적 차이를 무시함으로써 죄질과 책임에 따라 적절하게 형벌을 정하지 못하게 하는바, 책임과 형벌간의 비례성 원칙과 실질적 법치국가원리에 위반된다고 판시하였다.460)

그 외에도 양벌규정에 위헌결정을 하면서 4인의 재판관은 더 나아가 선임감독상의 과실범에게 고의범과 동일한 법정형인 무기 또는 2년 이상의 징역형을 부과할 수 있도록 한 것은 그 책임에 비하여 지나치게 무거운 법정형이라고 보아 책임과 형벌의 비례원칙에 위배된다고 보았다.461) 또한 강도상해죄 등에 대하여 특정범죄 가중처벌 등에 관한 법률 제5조의5와 특정강력범죄의 처벌에 관한 특례법 제3조에 의해 누범이 거듭 적용됨으로 인하여 사실상 그 형이 사형, 무기 또는 20년 이상의 징역이 되어 형법 제337조에서 정한 7년 이상의 유기징역보다 3배

---

458) 헌재 1997. 9. 25. 96헌가16, 판례집 9-2, 312 참조.
459) 헌재 2004. 12. 16. 2003헌가12, 판례집 16-2하, 446 참조.
460) 헌재 2003. 11. 27. 2002헌바24, 판례집 15-2하, 242 참조.
461) 헌재 2007. 11. 29. 2005헌가10, 판례집 19-2, 520, 529-530 참조.

가까이 가중되고 그 형의 하한이 형법상 유기징역형의 원칙적 상한인 징역 15년보다도 더 높게 되는 결과가 되어 형벌 본래의 기능과 목적을 달성함에 있어 필요한 정도를 현저히 일탈하여 책임과 형벌의 비례원칙에 위배된다고 보았다.[462)]

(5) 그 외 법정형의 종류와 범위에 관한 위헌성이 문제된 경우

합헌결정이 내려진 사안 중, 법정형에 벌금형이 선택적으로 규정되어 있지 않은 경우,[463)] 자유형을 기본 법정형으로 규정하고 이에 벌금형을 필요적으로 병과하도록 하는 규정들, 특히 그 벌금형이 범죄로 인해 얻은 이득액에 연동하는 방식으로 규정된 배수벌금형인 경우[464)]가 있다.

라. 법정형 위헌심사에 대한 비판적 검토

(1) 헌법재판소는 원칙적으로 법정형의 종류 및 범위에 대한 입법자의 광범위한 입법재량을 존중하는 입장에 서 있다. 또한 일정한 범위로 주어지는 법정형의 범위에서 선고형이 결정된다는 점에서 쉽사리 법정형 자체의 위헌성을 인정하기도 쉽지 않다. 이런 이유로 위헌결정된 사안들은 법정형에 사형이 규정되어 있거나 하한형이 7년 이상인 경우, 필요적 몰수·추징 규정이 있는 경우, 사회적 유해성 내지 법익침해의 정도가 매우 다양한 여러 가지 행위에 대하여 일률적인 가중형을 두는 경우에 대한 것에 국한되고 실제 위헌결정 건수도 총 13건에 그치고 있다.

그러나 한편으로는 형법에 규정된 범죄에 대하여 일정한 가중요건을 두어 법정형을 가중하는 것을 내용으로 하는 대표적 특별형법인 특정범죄가중처벌 등에

---

462) 헌재 2008. 12. 26. 2007헌가10 등, 판례집 20－2하, 523 참조.

463) 수뢰죄에 대해 5년 이하의 징역과 10년 이하의 자격정지만을 규정하고 있는 형법 제129조 제1항(2007헌바18), 사인위조죄에 대해 3년 이하의 징역만을 규정하고 있는 형법 제329조 제1항(2006헌가7), 공문서위조죄에 대하여 10년 이항의 징역만을 규정하고 있는 형법 제225조(2006헌마447) 등 참조.

464) 포탈세액의 2배 이상 5배 이하에 상당하는 벌금을 필요적으로 병과하는 '특정범죄 가중처벌 등에 관한 법률' 제8조(97헌바68, 2008헌바52), 무등록 음반판매업자에 해당하기만 하면 그가 소유 또는 점유하는 음반 등을 그것이 적법하게 제작된 것인지 여부를 불문하고 필요적으로 이를 몰수하거나 그 가액을 추징하도록 한 '음반 및 비디오물에 관한 법률' 제25조 제2항(94헌가3).

관한 법률, 폭력행위등 처벌에 관한 법률, 특정경제범죄 가중처벌 등에 관한 법률에 대하여 각기 종전에 합헌결정하였던 선례를 변경하여 위헌결정을 한 사례가 3건 있고,465) 형벌체계상의 균형 및 평등원칙 위반여부의 문제로 다루어졌지만 형법의 법정형을 특별형법으로 단순 가산하는 경우에 대하여 바로 위헌결정을 한 사례가 최근 2건 있다. 이처럼 헌법재판소는 법정형의 종류 및 범위에 대하여 위헌심사의 강도를 강화하는 경향이 있다는 점을 알 수 있다. 또한 합헌결정이 되는 경우에도 위헌의견을 가진 반대의견이 등장하고 이에 동참하는 재판관의 수가 계속 늘고 있는 점을 보더라도, 특별형법을 중심으로 한 가혹한 법정형에 대하여 위헌심사가 갈수록 강화되고 있음을 알 수 있다.466)

(2) 선례변경과 심사기준 내지 법적 평가의 강화

기존의 선례를 변경하여 위헌결정을 하였던 대표적 특별형법에서 심사기준의 변화추세를 살피도록 한다. 기존의 합헌 선례를 변경함에 있어 동일한 법규범에 대하여 다른 기준을 적용하거나 법적 평가를 달리한 것이므로 그 의미를 명확히 할 필요가 있다. 이 3건의 선례변경은 법정형에 대한 위헌심사의 기준과 법적 평가를 대폭 강화하였다는 점에서 그 의미가 있다. 다음으로 이러한 기준이나 법적 평가가 법정형 위헌심사의 판단요소들에 일관되게 적용되고 있는지를 살피도록 한다. 일관된 기준과 법적 평가의 적용은 헌법재판소의 결정에 예측가능성을 부여하는 것으로 법적 안정성에 크게 기여한다. 물론 구체적 타당성을 구현하기 위한 기준이나 평가의 신축적인 적용이 당연히 허용될 것이나, 이 또한 그 타당성에 대한 논증이 이루어져야 할 것이다. 선례가 변경된 사안에서 위헌심사의 주요한 판단요소와 판단내용의 변화내용은 [표 8], [표 9], [표 10]과 같다.

---

465) 특정범죄 가중처벌 등에 관한 법률에 관해서는, 헌재 1995. 4. 20. 91헌바11(합헌)에서 헌재 2003. 11. 27. 2002헌바24(위헌)으로, 폭력행위등 처벌에 관한 법률에 대하여는 헌재 1995. 3. 23. 94헌가4(합헌)에서 헌재 2004. 12. 16. 2003헌가12(위헌)으로, 특정경제범죄 가중처벌등에 관한 법률에 대하여는 헌재 2005. 6. 30. 2004헌바4(합헌)에서 헌재 2006. 4. 27. 2006헌가5(위헌)으로 변경되었다.

466) 2010년 이후 특별형법의 법정형에 대한 위헌심사에서 반대의견(위헌의견)을 낸 재판관의 수는 특정범죄 가중처벌 등에 관한 법률 조항[2008헌바170(4인), 2008헌바88(3인), 2009헌바354(4인), 2011헌바397(4인)], 특정경제범죄 가중처벌등에 관한 법률 조항[2011헌바217(5인)], 성폭력범죄의 처벌 등에 관한 특례법조항[2012헌바320(5인)] 등 위헌정족수(6인)에 임박하고 있다.

표 8 특정범죄 가중처벌 등에 관한 법률 관련 선례변경 사안

판단요소	91헌바11	2002헌바24
기본법의 법정형 차이 고려	마약매수자금 제공으로 마약의 공급원 창출, 마약확산 촉진 구분이유 없음	마약의 영리매수와 소비매수는 마약확산의 기여도 행위구조, 위험성 및 비난가능성에 큰 차이(기본법인 마약류관리법의 법정형 차이)
살인죄의 법정형과 비교	보호법익과 죄질 달라 동등비교 어려움	
집행유예 불가능으로 법관의 양형판단의 재량 지나치게 제한	입법자의 재량사항	단순매수의 경우에도 법률상 감경사유가 없는 한 집행유예 선고가 불가능하여 법관의 양형선택과 판단권 극도로 제한(살인죄도 작량감경하면 집행유예 가능한 점과 비교하면 부당)
중벌로 인한 억제효과 및 부작용	언급없음	중벌주의의 문제점 적시 단순매수자에 대한 엄벌은 형사정책적으로 많은 부작용 유발

표 9 폭력행위 등 처벌에 관한 법률 관련 선례변경 사안

판단요소	94헌가4	2003헌가12
기본법의 법정형 고려	형법상의 각 죄가 비록 행위태양, 죄질, 위험성의 정도가 각기 다르더라도 두 가지의 특수한 구성요건 즉 "야간에, 단체 또는 다중의 위력을 보이거나 단체 또는 집단을 가장하여 위력을 보이거나 흉기 기타 위험한 물건을 휴대하여"을 구비할 경우에는 동일한 정도의 위험성이 있게 됨을 고려 하나의 범죄형태로 규정하게 된 것임	형법상 범죄는 죄질과 행위태양, 위험성이 다르고, 법정형도 폭행죄와 같이 구류, 과료 가능한 것부터 상해, 공갈과 같이 10년 이하 징역까지 다양함에도 야간, 흉기 기타 위험한 물건을 휴대하였다는 사정만으로 일률적 5년 이상의 유기징역 처하는 것은 비례원칙 위반
법관의 양형판단 제한	언급만 있음	
기타	합헌을 하면서도 법령개선 요망 별개의견(4인)	중벌주의의 문제점 여론으로 설시

표 10 특정경제범죄 가중처벌 등에 관한 법률 관련 선례변경 사안

판단요소	2004헌바4	2006헌가5
살인죄의 법정형과 비교	보호법익이 다르고 살인죄와 달리 사형이 규정되어 있지 않음	
수수액만을 기준 법정형 차이	수수액이 증가하면 비난가능성도 높아진다는 것이 합리적	수수액만을 기준으로 중한 하한형 규정하는 것의 문제점 지적
일반예방효과		특별형법에 의한 중벌주의는 범죄억지력이 크지 않고, 작량감경의 일상화로 엄벌의 실효성 없음
집행유예 불가능으로 법관의 양형판단의 재량 지나치게 제한		범인의 성행, 전과 유무, 범행의 동기, 범행 후의 정황 등 죄질과 상관없이 법률상 감경사유 없으면 집행유예 불가능

헌법재판소는 선례변경의 정당화 사유로 특별형법에 의한 중벌주의의 문제점을 들어 실제에 있어 기존 선례가 작동할 수 없다는 점을 논증하였고, 법원리의 측면에서도 범죄행위별로 기본법의 형량에 현저한 차이가 있음에도 특별형법에서 이를 일률적으로 보는 문제점을 논증하고 있다.

그리고 이러한 선례변경은 특별형법에 의한 중벌주의의 문제가 있는 경우에 기존 형벌법규에 대한 입법자의 광범위한 입법재량을 인정하던 심사기준에서 세가지 방향으로 심사기준을 강화하는 경향성을 보이고 있다고 평가된다. 첫째, 기본법의 법정형 차이를 행위책임의 정도로 보아 이를 적극적으로 고려하는 방향, 둘째, 집행유예가 불가능한 하한형의 문제점을 적극적으로 지적하는 방향, 셋째, 특별형법의 중벌로 인한 일반예방효과가 인정되지 않고, 실무상 작량감경의 일상화 등 엄벌의 실효성이 없다는 논증을 적극적으로 제시하는 방향이 이에 해당한다.

(3) 선례변경 사안에서 판단요소에 대한 심사기준 내지 법적 평가의 일관성 여부

(가) 일반예방효과 관련

위 2006헌가5 결정 이후 금융기관 임직원이 5,000만원 이상 직무관련 금품을 수수하는 경우 7년 이상의 징역으로 처벌하도록 규정한 특정경제범죄 가중처벌

등에 관한 법률 제5조 제4항 제2호에 대한 위헌소원 사건(2011헌바217)에서 법정의견(4인의 재판관)은 일반예방효과와 관련하여 특별한 언급없이 입법자의 광범위한 재량의 영역임을 강조하며 합헌결정의 입장이고, 반대의견(5인의 재판관)은 "강한 엄벌주의를 통하여 달성하려고 했던 일반예방의 목적도 제대로 달성하지 못하고 있다고 판단된다. 또한 이 사건 법률 제5조 제4항에 대한 양형실무상 작량감경이 일상화되어 있어 감경없이 선고되는 사례는 극히 이례적인 실정이다. 실효성 없는 형벌은 법의 권위를 실추시키고 법질서의 영속성과 안정을 저해하는 요인이 될 뿐 아니라, 형벌의 일반예방적 기능까지 해치게 되는 것이다."467)고 하여 2006헌가5 결정의 강화된 심사기준을 따르고 있으나, 2006헌가5를 선례로서 원용하지는 않았다.

이처럼 공무원의 뇌물죄 가중처벌규정인 특정범죄 가중처벌등에 관한 법률의 법정형과 일치시키는 법률개정을 하였을 뿐 형량의 정도 등에 있어 2006헌가5 결정의 대상조문과 기본적으로 차이가 없음에도 선례를 따르지 않았고, 이를 명시적으로 변경하지도 않았다. 이는 기본적으로 2006헌가5 결정을 할 당시 종전 선례(2004헌바4)를 변경함에 있어 당시 공무원의 뇌물죄 가중처벌규정 보다 법정형이 중한 경우가 있다는 점이 주된 위헌사유(형벌의 체계균형성 위반으로 평등원칙위반의 문제임)였음에도 향후 지속적으로 선례로서 적용할 수 있는지를 충분히 검토하지 않고, 뇌물죄에 있어 수수액만을 기준으로 하는 법정형의 차이, 하한형이 높아 작량감경을 하여도 집행유예를 선고할 수 없는 점, 작량감경의 일상화로 실효성이 없고 일반예방효과도 크지 않다는 점을 위헌결정의 이유로 삼았기 때문에 발생한 문제점이다.

선례를 변경한 첫째, 둘째 사안은 죄질과 유형이 다른 여러 범죄행위를 일정한 표지를 기준으로 하여 일률적으로 높은 법정형을 부과한 사안이고, 문제된 사안이 상대적으로 경미한 범죄행위 유형이었던 반면, 셋째 사안은 뇌물죄라고 하는 단일한 행위를 수수액에 따라 가중한 사례이므로 앞선 두 사례와 마찬가지의 논의를 전개하기 위해서는 뇌물죄의 특성에 따른 추가적 논증이 필요했던 것으로 보인다.

헌법재판소는 성폭력범죄에 대한 가중처벌 규정에 대하여 "입법자가 행위자를 단순한 특수강도죄와 강제추행죄의 경합범으로 처벌하여서는 그와 같은 범죄를

467) 헌재 2012. 12. 27. 2011헌바217, 판례집 24-2하, 443, 464.

예방하고 척결하기에 미흡하다는 형사정책적 고려에서 특별법을 제정하여 특수강도강제추행죄의 구성요건을 신설한 것은 필요하고도 바람직하다고 할 것”468)이라고 하거나 도주차량 유기치사죄에 대한 가중처벌규정에 대하여는 “업무상과실로 인하여 성립되는 범죄에 대하여 일반예방적 효과를 기대하고 사형이나 10년 이상의 형벌을 법정한다는 것은 형벌의 목적이나 형사처벌의 정책적인 효과에도 부합하지 않으며 더구나 그 가중의 정도가 지나치고 비현실적인 가혹한 형벌의 법정형이어서 교통사고의 예방이나 피해자 구호를 용이하게 하는 일반예방적인 목적을 달성하는 것보다 오히려 그 역작용으로 피해자를 유기치사 내지 유기살인을 유발하는 결과를 자초할 우려가 없지 않다”469)고 판시하여 개별 범죄행위의 성격(특수강도+강제추행, 업무상과실치상+유기치사)에 따라 일반예방효과에 대한 법적 평가를 달리하고 있다.

이처럼 헌법재판소는 2006헌가5 결정과 같이 논증이 철저하지 못한 선례가 있으나, 이를 제외하면, 형벌법규에 있어 입법자의 광범위한 입법재량을 인정하여 일반적으로 일반예방효과에 대한 입증을 요구하지 않는 반면, 선례의 변경사례에서 보듯이 상대적으로 경미한 개별 범죄행위가 지나치게 과중한 법정형으로 처벌되는 경우, 이러한 중벌주의의 효과에 의문을 제기하고, 실제 형사재판에 있어 작량감경의 일상화 등에 대한 논증을 통하여 위헌결정을 이끌어내고 있다.

(나) 작량감경을 하여도 집행유예가 불가능한 점이 과잉형벌인지 여부

형법 제62조 제1항은 “3년 이하의 징역 또는 금고의 형을 선고할 경우에 제51조의 사항을 참작하여 그 정상에 참작할 만한 사유가 있는 때에는 1년 이상 5년 이하의 기간 형의 집행을 유예할 수 있다.”고 규정하여 3년 이하의 징역을 선고하는 경우에만 집행유예의 선고가 가능하다. 한편, 형법 제53조는 “범죄의 정상에 참작할 만한 사유가 있는 때에는 작량하여 그 형을 감경할 수 있다.”고 규정하고 있고, 형법 제55조 제1항 제3호는 “유기징역 또는 유기금고를 감경할 때에는 그 형기의 2분의 1로 한다.”고 규정하고 있다. 따라서 법정형의 하한이 일정형 이상인 경우에는 작량감경을 하더라도 집행유예를 선고할 수 없다. 예를 들어, 법정형의 하한이 7년 이상인 경우에는 작량감경을 하더라도 다른 법정감경사유가 없는

468) 헌재 2001. 11. 29. 2001헌가16, 판례집 13-2, 570, 579.
469) 헌재 1992. 4. 28. 90헌바24, 판례집 4, 225, 235.

이상 선고가능한 형이 징역 3년 6월이 되어 집행유예의 선고가 불가능하다.

이처럼 정상에 참작할 사유가 있더라도 집행유예를 선고할 수 없도록 한 입법자의 결단이 헌법적으로 정당화될 수 있을 것인가 하는 점이 책임과 형벌간의 비례원칙에서 중요한 판단요소로 검토된다.

동일한 구성요건에 해당하더라도 범인의 성행, 전과 유무, 범행의 동기, 범행 후의 정황 등이 달라 정상참작할 만한 사항이 큰 경우가 있고, 교도소 수감 여부라는 실제 기본권제한의 정도상 차이점 및 실형과 구분하여 집행유예를 바라보는 일반인의 현저한 인식차이가 있다는 점에 주목한다. 즉 범죄자로 하여금 실제 교도소에 수형생활을 하지 않도록 하는 것이 적정한 양형이 될 수 있음에도 이러한 양형판단의 여지를 없게 하는 법정형은 법관으로 하여금 구체적 타당성을 기할 수 없도록 하여 결국 책임에 비해 형벌이 과중해지는 결과에 이르는 위헌성이 있다는 주장이 제기된다.

헌법재판소의 초기 선례는 '법관의 양형판단권'을 '헌법이 보장하는 사법권의 행사'로서 파악하여, 판시사항에서도 별도로 표시하는 등 이를 독자적인 위헌심사의 기준으로 삼기도 하였다.[470] 그러나 법관의 양형판단은 형사재판에서 법관에게 주어진 재량으로 입법자에 의해 주어진 법정형의 범위에서 행사될 수 있을 뿐이다. 이러한 입법자의 입법작용과 그 입법에 의해 주어진 범위에서 이루어지는 법관의 양형판단 사이의 관계에 비추어 볼 때, 법관의 양형판단권 침해는 그 자체로 성립할 수 없다. 이러한 개념이 성립하기 위해서는 법관에게 어떠한 범죄의 경우에도 정상참작의 여지가 크다고 생각하는 경우에는 집행유예를 선고할 수 있는 재량권이 입법자의 법제정행위에 앞서 논리적으로 이미 존재하여야 할 것인데 이러한 성격의 재량권은 성립할 수 없다. 헌법재판소는 점차적으로 법관의 양형판단권이라는 항목으로 별도로 판단하지 않고, 책임과 형벌간의 비례원칙의 판단과정에 포섭시키게 되었고,[471] 최근에는 기존 선례를 그대로 원용하는 경우 외에는 양형판단권이라는 표현도 법관의 양형재량(의 범위)[472] 또는 양형선택의 범위[473]

470) 헌재 1992. 4. 28. 90헌바24, 판례집 4, 225, 237–239 참조; 헌재 1997. 8. 21. 93헌바60, 판례집 9–2, 200 참조; 헌재 2001. 11. 29. 2001헌가16, 판례집 13–2, 570, 581 참조.

471) 헌재 2003. 11. 27. 2002헌바24, 판례집 15–2하, 242, 255 참조; 헌재 2006. 4. 27. 2006헌가5, 판례집 18–1상, 491, 500 참조.

472) 헌재 2012. 12. 27. 2011헌바217, 판례집 24–2하, 443, 460 참조; 헌재 2012. 5. 31. 2010헌가97, 판례집 24–1하, 269, 279 참조; 헌재 2007. 7. 26. 2006헌바12, 판례집 19–2, 70, 79 참조.

등으로 대체하여 사용하고 있다. 법관의 양형판단권 명시에 대한 위와 같은 비판적 견해를 고려한 것으로 보인다.

위에서 본 바와 같이 2002헌바24 결정에서는 상대적으로 경미한 범죄행위 유형(단순마약매수)이 다른 중대한 범죄행위(영리매수)와 마찬가지로 일률적으로 높은 법정형을 부과한 사안으로서 상대적으로 경미한 범죄행위(한차례의 소량의 마약매수, 소지)의 경우에도 법률상 감경사유가 없는 한 집행유예를 선고할 수 없도록 한 것은 법관의 양형재량의 범위를 지나치게 제한하여 책임에 따른 양형이 이루어질 수 없도록 한 것에 대해 위헌결정이 이루어졌다. 또한 금융기관 임직원의 수재등 행위에 대한 가중처벌규정 위헌결정에서는 "법관으로 하여금 작량감경을 하더라도 별도의 법률상 감경사유가 없는 한 집행유예를 선고할 수 없도록 함으로써 법관의 양형선택과 판단권을 극도로 제한하고 있는 바, 이는 살인죄(사형, 무기 또는 5년 이상의 징역)의 경우에도 작량감경의 사유가 있는 경우에는 집행유예가 가능한 것과 비교할 때 매우 부당하다."[474]고 판시하였다.

한편 헌법재판소는 위험한 물건 휴대에 의한 강간치상죄에 대한 가중처벌규정에 대하여 "입법자가 위험한 물건 휴대에 의한 특수강간치상죄의 죄질과 비난가능성의 정도 등을 높이 평가하여 법관이 작량감경만으로는 집행유예를 선고하지 못하도록 입법적 결단을 내린 것이고, 이러한 입법자의 결단은 합리적 이유가 있다."[475] 라고 판시하였고, 1억 이상 수뢰죄를 가중처벌하는 규정에 대하여 "입법자가 법정형의 책정에 관한 여러 가지 요소를 종합적으로 고려해 법률 그 자체로 법관에 의한 양형재량의 범위를 좁혀 놓았다고 하더라도, 그것이 당해 범죄의 보호법익과 죄질에 비추어 범죄와 형벌 간의 비례의 원칙상 수긍할 수 있는 정도의 합리성이 있다면 이러한 법률을 헌법에 위반된다고 할 수 없다."[476] 고 판시하였다.

여기서 문제가 되는 것은 위에서 본 바와 같이 2006헌가5 위헌결정이 이후에 동일 유형의 뇌물죄 가중처벌 규정에 대한 합헌결정에서는 선례로서 원용되지 않는 등 전혀 영향을 미치지 못하고 있다는 점이다. 반면, 위 2009헌바354 등 결정

---

473) 헌재 2013. 8. 29. 2011헌바364, 공보 제203호, 1149, 1153 참조; 헌재 2014. 7. 24. 2012헌바188, 판례집 26-2상, 32, 42 참조(이정미 재판관 반대의견 중).
474) 헌재 2006. 4. 27. 2006헌가5, 판례집 18-1상, 491, 500.
475) 헌재 2012. 5. 31. 2011헌바10, 판례집 24-1하, 427, 432. (특수)강도가 강제추행한 것에 대한 가중처벌규정에 대하여는 2007헌바25에서 같은 취지로 결정하였다.
476) 헌재 2011. 6. 30. 2009헌바354 등, 판례집 23-1하, 353, 361.

의 반대의견(재판관 이동흡, 목영준, 송두환, 이정미)은 "법관이 구체적 사건에서 헌법과 법률에 의하여 양심에 따라 합리적이고 적정한 형을 선고할 수 있도록 법정형을 정하여야 하는데, 이 사건 법률조항에 의하면 만일 수뢰액이 1억 원 이상이고 법률상 감경사유가 없는 한, 범행의 동기, 범인의 성행, 전과 유무, 증뢰자에 대한 관계, 부정처사 유무 등을 고려할 여지도 없이 집행유예조차 선고될 수 없게 됨으로써 법관의 양형선택권을 과도하게 제한"[477]하고 있다는 의견을 피력하며 위 2006헌가5 결정을 선례로 제시하면서 그 결정과 같은 태도를 유지하고 있다.

2006헌가5 결정은 금융기관 임직원의 직무관련 수재행위에 관한 규정(특정경제범죄 가중처벌 등에 관한 법률)에 대한 것이었고, 2009헌바354 등 결정은 공무원의 뇌물죄 가중처벌 규정(특정범죄 가중처벌 등에 관한 법률)에 대한 것으로 법률은 달리하나, 금융기관 임직원의 직무관련 수재행위를 공무원의 뇌물죄와 같은 수준으로 처벌하는 이유는 금융기관 임직원도 공무원에 버금가는 정도의 청렴성과 업무의 불가매수성이 요구된다는 이유로 가중처벌하는 것이므로[478] 2006헌가5 결정은 금융기관 임직원보다도 엄격한 청렴성이 요구되는 공무원 뇌물죄의 가중처벌 규정에 대한 선례로서 구속력이 인정될 수 있었다고 보이나, 헌법재판소는 선례구속이 인정되는 범위를 원칙적으로 동일 법조항에 한정하고 있다는 점은 제1장에서 확인하였다. 오히려 동일한 조문에 대한 2011헌바217 결정에서는 2006헌가5 위헌결정 사유를 "헌법재판소는 2005. 6. 30. 이 사건 법률 제5조 제4항과 같은 내용으로 개정되기 이전 조항에 대하여 합헌결정을 한 바 있었는데(헌재 2005. 6. 30. 2004헌바4등, 판례집 17-1, 907), 그 후 2006. 4. 27. 같은 조항 제1호, 제2호에 대하여 위헌결정을 하였다(헌재 2006. 4. 27. 2006헌가5, 판례집 18-1상, 491). 이처럼 동일한 내용의 조항에 대하여 헌법재판소가 합헌결정을 하였다가 이를 번복하여 위헌결정을 하게 된 주요한 이유는 2005. 12. 29. 뇌물죄에 대한 가중처벌 규정인 '특정범죄 가중처벌 등에 관한 법률' 제2조 제1항이 개정되면서 금융기관 임·직원의 직무관련 수재 행위가 공무원의 수뢰행위보다 중하게 처벌받는 상황이 발생하였기 때문이다."[479] 라고 하고, 형벌체계의 균형성에 반하여 평등원칙 위반인지 여부의 판단에서 "법률의 개정으로 선례에서 위헌결정을 하였던 중요한

477) 헌재 2011. 6. 30. 2009헌바354 등, 판례집 23-1하, 353, 365.
478) 헌재 2006. 4. 27. 2006헌가5, 판례집 18-1상, 491, 498-499 참조.
479) 헌재 2012. 12. 27. 2011헌바217, 판례집 24-2하, 443, 458.

사유가 해소되었다”[480]고 판시하여 2006헌가5 결정의 위헌결정은 실질적으로 형벌체계상의 균형성에 반하여 평등원칙에 위반되었다는 점에 집중된 것임에도 책임과 형벌간의 비례원칙에 관한 판단부분을 선례변경의 논증과정 없이 변경하였음을 인정하고 있다. 한편 이 결정(2011헌바217 결정)의 반대의견은 기존 2006헌가5 결정의 위헌결정의 논리에 더하여, 사경제 영역의 직무관련 수재죄는 공적 영역의 공무원 뇌물죄에 비하여 ‘부정한 청탁’이라는 추가요건을 요구하거나 가볍게 처벌하는 것이 일반적인 점, 금융기관의 임직원에 대하여 공무원의 뇌물죄와 같이 가중처벌할 필요성에 대한 의문점이 있는 점 등을 새로이 위헌의견의 근거로 제시하였고, 5명의 재판관이 의견을 같이 하였으나, 위헌결정에 필요한 6인의 재판관에 이르지 못하였다.[481]

(다) 수수액만을 기준으로 한 법정형 가중의 합리성 관련 사례

위 2006헌가5 결정에서는 “수수액에 따라 가중처벌하는 것을 내용으로 하는 입법례는 우리 나라 이외에는 없는 것으로 보인다. … 중략 … 이 사건 법률조항 중 제1호 부분은 수수액이 5,000만 원 이상인 경우에는 범인의 성행, 전과 유무, 범행의 동기, 범행 후의 정황 등 죄질과 상관없이 무기 또는 10년 이상의 징역에 처하도록 규정”하고 있는 점을 위헌의 사유로 들고 있다. 그러나 이후 1억 이상 수뢰죄를 가중처벌하는 합헌결정에서는 2006헌가5 결정 이전의 결정례(헌재 2004. 4. 29. 2003헌바118, 판례집 16-1, 528; 헌재 2006. 12. 28. 2005헌바35, 판례집 18-2, 589)에 따라 “뇌물죄가 국가와 사회에 미치는 병폐는 수뢰액이 많으면 많을수록 가중된다는 점에서 볼 때, 수뢰액을 기준으로 한 단계적 가중처벌은 비록 수뢰액의 다과만이 그 죄의 경중을 가늠하는 유일한 기준은 아니라 할지라도 그 가장 중요한 기준임에 비추어 이를 수긍할 만한 합리적 이유가 있다”[482]라고 판시하였다. 반면, 반대의견(재판관 이동흡, 목영준, 송두환, 이정미)에서는 “다른 나라의 입법례를 보면, 수뢰액을 단일한 기준으로 하여 가중 처벌하는 외국의 입법례

---

480) 헌재 2012. 12. 27. 2011헌바217, 판례집 24-2하, 443, 461.

481) 선례구속의 측면에서 바라보면, 즉 2006헌가5 결정이 선례로서 구속력을 가진다면(헌법재판소는 위헌결정에 따라 조문이 개정되었다는 점에서 동일 조문에 대한 결정이 아니라고 보았다), 위헌결정에 이르렀던 ‘엄격한 심사기준’을 변경하기 위해 역시 6인의 재판관이 의견을 같이 하였어야 할 것이나, 선례구속에 관한 이러한 논의는 이루어지지 않았다.

482) 헌재 2011. 6. 30. 2009헌바354 등, 판례집 23-1하, 353, 361.

는 없는 것으로 보이고, 이 사건 법률조항의 법정형도 다른 입법례에 비추어 현저히 과중하다."483)고 보았다. 한편 뇌물죄의 가중처벌에 관한 선례(2003헌바118)에서 이와 관련된 반대의견(재판관 전효숙, 이상경)으로 "법익침해의 정도는 연속적 개념인데 비하여 법정형의 차이는 불연속적인 개념이어서 사소한 법익침해의 차이가 현저한 선고형의 차이를 초래하는 것이 문제이다. 예를 들어 수뢰액이 4,999만 원인 경우와 5,000만 원인 경우를 비교하여 보면 전자는 작량감경을 통해 집행유예를 선고할 여지가 있으나 후자는 특별한 경우가 아니면 작량감경을 하더라도 5년의 징역형을 선고받을 수밖에 없는데, 불과 1만 원의 차이가 이러한 엄청난 차이를 초래하여야 할 합리적인 이유를 찾을 수 없다."484)라는 의견이 제시되기도 하였다.

이처럼 2006헌가5 결정에서만 유일하게 수수액을 기준으로 한 법정형 가중의 위헌성에 대하여 입장변화에 대한 별다른 언급없이 종래 선례와 배치되는 내용으로 판시하였을 뿐이다.

(4) 일관되고 강화된 심사의 필요성

이처럼 법정형의 종류와 범위에 대한 위헌심사기준인 '책임과 형벌간의 비례원칙'은 법정형의 설정에 관한 입법자의 광범위한 입법재량을 전제로 하고 있어 헌법재판소는 법정형에 사형만을 규정한 경우, 자유형의 하한이 7년 이상인 경우, 필요적 몰수·추징을 규정한 경우, 경미한 범죄에 대하여 중한 범죄와 마찬가지로 일률적으로 법정형을 가중한 경우에 국한하여 위헌결정을 하고 있다. 대부분 법정형을 가중하고 있는 특별형법에 관련된 것으로 판단요소가 되는 사항들 – 일반예방효과의 입증을 요하는지 여부, 작량감경을 하여도 집행유예가 불가능한 점이 과잉형벌인지 여부, 수수액만을 기준으로 한 법정형 가중이 위헌인지 여부 – 에 대한 일관되고 엄격한 심사기준을 정립할 필요가 있다. 그리고 구체적인 논증과정은 객관적 자료의 제시와 이에 대한 설득력 있는 평가를 통해 이루어져야 한다.485)

483) 헌재 2011. 6. 30. 2009헌바354 등, 판례집 23–1하, 353, 365.
484) 헌재 2004. 4. 29. 2003헌바118, 판례집 16–1, 528, 538.
485) 예를 들어, 특정경제범죄 가중처벌 등에 관한 법률 제5조 4항의 금융기관 임직원의 직무관련 수재죄에 대한 재판실무를 보면, 제1호 수수액이 1억원 이상인 경우 법정형이 무기 또는 10년

5. 기본권의 본질적 내용의 침해금지

가. 의미 및 쟁점

헌법 제37조 제2항 후단은 '(기본권을) 제한하는 경우에도 자유와 권리의 본질적인 내용을 침해할 수 없다'고 규정하여 기본권의 본질적 내용에 대한 침해금지를 규정하고 있다. 본질적 내용의 의미에 관하여는 상대설과 절대설로 나뉜다. 상대설에 따르면, 기본권의 본질적 내용은 각 기본권마다 확정된 객관적인 실체로 존재하는 것이 아니라 구체적인 경우에 관계된 공익과 기본권을 서로 비교형량함으로써 본질적 내용이 침해되었는지 여부를 판단할 수 있을 뿐이다. 반면, 절대설에 따르면, 기본권의 본질적 내용은 개별 사건의 구체적인 경우와 관계없이 기본권의 제한 후에도 남아있어야 하는 기본권의 본질적인 핵에 해당한다고 본다.486)

헌법재판의 실무상 과잉금지원칙 위반여부 심사를 통해 위헌결정이 내려진 경우에는 더 나아가 본질적 내용의 침해여부를 살필 필요가 없고, 역시 과잉금지심사를 통과하여 합헌이라는 판단이 있는 경우에 본질적 내용의 침해에 대하여는 판단할 필요성이 없다. 실제 형벌법규에 대한 위헌심사에서 과잉금지심사가 주도적이므로 독자적으로 본질적 침해금지원칙에 의한 위헌심사를 한 결정례가 드물고, 본질적 침해금지를 언급하더라도 과잉금지심사에 부가하여 덧붙이는 표현에 불과한 것이 일반적이다. 따라서 상대설과 절대설의 논란은 실제 헌법재판의 실무에서는 별다른 의미를 가질 수 없다고 볼 수도 있다.

그러나 생명권의 경우에는 기본권의 보호영역과 본질적 내용이 일치하는 경우라고 볼 수 있으므로 이에 대하여는 본질적 내용의 의미에 대한 논의가 필요하고, 정기간행물등록제 위헌제청사건 등 일부 결정에서는 본질적 내용에 대한 침해여부가 독자적 심사기준으로 사용되고 있어 그 의미를 검토하도록 한다.

이상의 징역인데 수수액이 5억 이상인 경우나 1억 1,000만원인 경우 등 대부분의 사안에서 작량감경이 이루어진 징역 5년이 선고되고 있고, 제2호 수수액이 5천만원에서 1억원 미만인 경우 법정형이 7년 이상의 유기징역인데 대부분의 사안에서 작량감경이 이루어진 징역 3년 6월이 선고되어 작량감경이 일상화되어 있다는 점이 확인된다.

486) 한수웅, 헌법학, 494면 참조.

나. 사형제 사건에서 헌법재판소 결정 및 검토

헌법재판소는 사형제에 대한 위헌제청사건에서 우리 헌법은 절대적 기본권을 명문으로 인정하지 않고 있어 헌법 제37조 제2항에 따라 "어느 개인의 생명권에 대한 보호가 곧바로 다른 개인의 생명권에 대한 제한이 될 수밖에 없거나, 특정한 인간에 대한 생명권의 제한이 일반국민의 생명 보호나 이에 준하는 매우 중대한 공익을 지키기 위하여 불가피한 경우에는 비록 생명이 이념적으로 절대적 가치를 지닌 것이라 하더라도 생명에 대한 법적 평가가 예외적으로 허용될 수 있다. … 중략 … 생명권의 경우, 다른 일반적인 기본권 제한의 구조와는 달리, 생명의 일부 박탈이라는 것은 상정할 수 없기 때문에 생명권에 대한 제한은 필연적으로 생명권의 완전한 박탈을 의미하게 되는바, 이를 이유로 생명권의 제한은 어떠한 상황에서든 곧바로 개인의 생명권의 본질적인 내용을 침해하는 것으로서 기본권 제한의 한계를 넘는 것으로 본다면, 이는 생명권을 제한이 불가능한 절대적 기본권으로 인정하는 것과 동일한 결과를 가져오게 된다. 그러나 앞서 본 바와 같이 생명권 역시 그 제한을 정당화할 수 있는 예외적 상황 하에서는 헌법상 그 제한이 허용되는 기본권인 점 및 생명권 제한구조의 특수성을 고려한다면, 생명권 제한이 정당화될 수 있는 예외적인 경우에는 생명권의 박탈이 초래된다 하더라도 곧바로 기본권의 본질적인 내용을 침해하는 것이라 볼 수는 없다."487)고 판시하여 기본권의 보호영역과 본질적 내용이 일치하는 생명권에 대하여 절대적 기본권성을 부인하였다. 이에 따르면 헌법재판소는 기본권의 본질적 내용에 관하여 상대설을 취한 것으로 보인다.

한편 이 결정에서 반대의견(재판관 김희옥)은 "생명권에 대한 제한은 곧 생명의 박탈을 의미하며, 그것이 생명권의 본질적 내용을 침해하는지 여부는 생명권과 생명권 또는 이에 준하는 중대한 공익이 현재적으로 충돌하여 부득이하게 생명에 대한 법적인 평가가 허용될 수밖에 없는 긴급성과 불가피성이 인정되는 예외적인 상황에 따른 것인지 여부로 판단하여야 할 것이다. 그런데 앞에서 살펴본 바와 같이 사형제도는 이미 중대 범죄가 종료되어 상당 기간이 지난 후 체포되어 수감중인, 한 인간의 생명을 일정한 절차에 따라 빼앗는 것을 전제로 하므로, 이는 그

---

487) 헌재 2010. 2. 25. 2008헌가23, 판례집 22-1상, 36, 56-57.

가 저지른 중대 범죄로 인하여 침해된 타인의 생명이나 이에 준하는 공익에 대한 급박한 위협이 있어 생명에 대한 법적 평가가 필요한 예외적인 경우라고 볼 수 없다. 따라서 이러한 경우 국가가 인간의 생명의 가치에 대한 법적인 평가를 통하여 그 생명을 박탈하는 사형제도는 생명권의 본질적 내용을 침해하는 것"488)이라고 보아 사형제가 생명권의 본질적 내용에 대한 제한을 허용할 수 밖에 없는 예외적 요건을 충족하지 못한다고 보았다.

이처럼 헌법재판소는 기본권의 보호영역과 본질적 내용이 일치하는 생명권의 경우에 '매우 중요한 공익의 보호를 위하여 생명권 제한이 정당화될 수 있는 예외적인 경우'라는 요건에 해당하면 본질적 내용의 침해에 해당하지 않는다는 논리를 전개하고 있다.

이처럼 정당화될 수 있는 예외적 경우에 관하여, 법정의견은 ① 생명에 대한 현재의 급박하고 불법적인 침해 위협으로부터 벗어나기 위한 정당방위로서 그 침해자의 생명에 제한을 가하여야 하는 경우, ② 모체의 생명이 상실될 우려가 있어 태아의 생명권을 제한하여야 하는 경우, ③ 국민 전체의 생명에 대하여 위협이 되는 현재적이고 급박한 외적의 침입에 대한 방어를 위하여 부득이하게 국가가 전쟁을 수행하는 경우, ④ 정당한 이유 없이 타인의 생명을 부정하거나 그에 못지 아니한 중대한 공공이익을 침해하는 극악한 범죄의 발생을 예방하기 위하여 범죄자에 대한 극형의 부과가 불가피한 경우를 들고 있으나, 반대의견에서는 ④의 경우는 긴급성과 불가피성이 인정되지 않는다는 입장이다.

살피건대 ①②항의 사유는 인간존엄의 근본인 생명을 지키기 위해 불가피한 긴급성이 당연히 검토될 수 있고, ③항의 사유는 국가공동체의 존립과 구성원의 생명을 위태롭게 하는 외적의 침입에 대한 방어행위로서 ①②항의 사유가 마찬가지로 일반 법리상 정당방위, 긴급피난, 정당행위로서 (형사상, 민사상) 정당화될 수 있는 것인 반면, ④항은 법익형량의 문제로 사형제를 정당화할 수 있는 예외적인 경우로 인정할 것인가의 판단은 별론으로 하더라도 ①②③항과 같은 차원에서 긴급성이 필요한 사유는 아니라고 판단된다.

그런데 헌법재판소가 들고 있는 예외요건은 과잉금지심사의 4단계인 법익균형성의 검토와 그 내용이 겹치는 것으로서 본질적 내용의 침해에 해당하지 않는다

---

488) 헌재 2010. 2. 25. 2008헌가23, 판례집 22-1상, 36, 84.

고 할 때 이미 과잉금지심사까지 이루어진 것으로 보인다.489)

다. 본질적 침해금지가 독자적 심사기준으로 활용된 사례

정기간행물을 발행하는 자에게 정기간행물발행에 필요한 일정한 물적 시설을 갖추어 등록하도록 하는 정기간행물의 등록 등에 관한 법률 제7조 제1항에 대한 위헌제청사건에서 헌법재판소는 "정기간행물 발행인에게 법률로써 언론의 건전한 발전과 그 기능의 보장을 위하여 일정한 시설을 갖추어 등록하게 하는 것은 언론자유의 본질적 내용의 간섭과는 엄연히 구분하여 이해하고 검토하여야 하는 것이다. 때문에 이 사건에서 문제된 등록사항은 의사형성발표・정보수집전달・여론형성 등을 내용으로 하는 실질적인 언론・출판의 자유가 아닌 보도의 수단으로 수반되는 기업이나 그에 따른 정기간행물의 발행에 필요한 외형적인 일정시설기준에 관한 것으로서 이를 등록하게 하는 것은 결코 언론・출판의 자유에 관한 본질적인 내용의 침해에 해당하는 것이라고 볼 수 없다."490)고 판시하였다. 다만, 해당시설을 자기소유이어야 하는 것으로 해석하여 필요이상의 등록사항을 요구하는 것은 과잉금지원칙에 위배된다고 보아 한정위헌결정을 하였다.

헌법상 언론출판에 대한 사전허가제는 금지되어 있고, 등록제가 사실상 허가제와 같이 운영된다면 이는 언론출판의 자유를 유명무실하게 하는 것으로 언론출판의 자유의 본질적 내용에 대한 침해가 될 수 있다는 점에서 본질적 내용에 대한 침해금지를 과잉금지원칙과 구별되는 독자적 위헌심사기준으로 사용한 것으로 보인다. 이러한 헌법재판소의 입장은 위에서 본 절대설의 입장에 서 있는 것으로 보이고, 이는 다른 일반 기본권제한법규에 대한 기본권의 본질적 내용침해에 관한 판시491)에서도 마찬가지의 입장을 보이고 있다.

---

489) 사형제에 대한 위 결정에서 합헌의견이나 위헌의견 모두 과잉금지원칙의 법익균형성 부분과 본질적 내용금지 부분이 겹치고 있다.

490) 헌재 1992. 6. 26. 90헌가23, 판례집 4, 300, 307; 음반제작자에 대하여 일정한 시설을 갖추어 등록할 것을 요구하는 음반에 관한 법률 제3조 제1항에 대하여 같은 취지의 한정위헌결정이 내려졌다(헌재 1993. 5. 13. 91헌바17, 판례집 5-1, 275).

491) 토지재산권의 본질적인 내용은 "토지재산권의 핵이 되는 실질적 요소 내지 근본요소를 뜻하며, 따라서 재산권의 본질적인 내용을 침해하는 경우라고 하는 것은 그 침해로 사유재산권이 유명무실해지고 사유재산제도가 형해화(形骸化)되어 헌법이 재산권을 보장하는 궁극적인 목적을 달성할 수 없게 되는 지경에 이르는 경우"(헌재 1989. 12. 22. 88헌가13, 판례집 1, 357, 373) 라고 보거나, 재판청구권의 본질적 내용은 "법관에 의한 사실확정과 법률의 해석적용의 기회"

라. 형벌법규 위헌심사기준으로서 본질적 내용 침해금지의 의미

헌법실무상 과잉금지원칙에 위배되는 경우 비로소 본질적 내용이 침해되었는지를 판단해야 할 필요성이 있으므로 굳이 본질적 내용의 침해여부를 밝힐 실익이 없고, 단지 관념상의 심사기준으로서 아무런 역할을 하지 못한다고 하는 견해[492]가 있다. 앞서 본 바와 같이 헌법재판의 실무에서 일반적으로 검토되는 것은 과잉금지원칙 위배 여부이지, 기본권의 본질적 내용의 침해금지 여부가 아닌 것은 사실이다. 그러나 기본권의 본질적 내용의 침해금지가 논의되는 영역은 위에서 본 바와 같이 그 침해로 해당 기본권이 유명무실해지거나 형해화 되는 경우로서 과잉금지원칙에 의한 위헌심사는 적합하지 않다.

즉 입법목적의 정당성에서 바로 탈락하게 될 것인데, 이는 과잉금지심사가 이러한 경우에 적정한 심사기준이 아니라는 점을 보여준다. 위에서 본 정기간행물의 등록제에 관한 위헌심사에서 등록제가 언론출판의 자유에 대한 과잉제한인지 여부를 판단하는 과잉금지심사와 등록제가 언론출판의 자유의 핵에 해당하는 사전허가금지에 준하는 정도인지에 관한 심사는 심사의 차원을 달리하는 것이다. 또한 예외적인 경우이겠지만 해당 기본권이 유명무실해지거나 형해화되었다고 주장되는 경우 기본권의 본질적 내용 침해금지라는 헌법상 심사기준이 규범적으로 활용될 수 있고, 개별 기본권에서 핵심이 되는 것에 대한 논의에 충실하게 됨으로써 입법자의 공공복리 등을 이유로 한 기본권의 과도한 제한에 대한 제어장치 역할을 할 수 있다고 생각된다.

형벌법규의 위헌심사기준으로서 '기본권의 본질적 내용의 침해금지'는 다른 기본권제한법규에 관한 본질적 내용침해금지의 내용과 별다른 차별성을 찾아보기 어렵다. 다만 형벌법규의 경우에는 기본권의 보호영역과 본질적 내용이 분리되기

(헌재 1995. 9. 28. 92헌가11 등, 판례집 7-2, 264, 278)라고 보거나, "질권자나 저당권자에 우선하는 변제수령권을 인정함으로써 결과적으로 질권자나 저당권자가 그 권리의 목적물로부터 거의 또는 전혀 변제를 받지 못하게 되는 경우에는, 그 질권이나 저당권의 본질적 내용을 이루는 우선 변제수령권이 형해화하게 되므로 질권이나 저당권의 본질적 내용을 침해할 소지가 생기게 된다"(헌재 1997. 8. 21. 94헌바19 등, 판례집 9-2, 243, 258-261)고 하는 등 기본권의 본질적 내용에 대하여 해당 기본권이 유명무실해지고 형해화되는 기본권의 핵, 근본요소라고 판시하고 있다.

492) 한수웅, 헌법학, 497면; 성낙인, 헌법학, 292-293면 참조.

어려운 특성을 가진 생명권을 박탈하는 사형제에 대한 위헌심사를 통해 위헌심사기준으로서 기본권의 본질적 내용의 침해금지의 의미를 더 깊이 살펴볼 기회를 가지게 되었으나, 앞서 본 바와 같이 생명권의 본질적 내용에 대한 치밀한 논증이 이루어지지는 않았다.

제6절 피해자의 기본권을 중심으로 한 형벌법규의 위헌심사기준

1. 의미와 쟁점

일반적으로 형벌법규에 대한 위헌심사는 수범자를 잠재적 범죄인으로 하여 이루어진다. 따라서 형벌법규에 대한 위헌심사는 '형벌법규에 의해 보호되는 법익'이라는 공익과 '형벌법규에 의해 제한되는 기본권' 사이에서 균형을 잡아 국가형벌권의 법치국가적 한계를 확인하는 것이다. 그런데 형사처벌의 범위에서 제외되는 사항을 규정한 법률조항에 대하여, 피해자가 자신의 기본권 침해를 이유로 문제삼는 경우에는 일반 형벌법규와는 다른 차원에서 접근할 필요가 있다.

형사처벌의 범위에서 제외하는 조항은 정당방위 등 위법성조각사유, 형사미성년자, 심신상실 등 책임조각사유, 반의사불벌죄의 처벌불원의사, 친고죄의 고소, 친족상도례의 친족관계, 공소시효미도과 등 소추요건 등이 있다. 이에 대하여, 피해자들은 헌법재판소의 문을 두드려 형벌법규에 의해 법익보호가 제대로 이루어질 것을 요청하여 왔다. 검사의 혐의없음 결정이나 위와 같은 형사처벌 배제사유에 해당된다는 불기소결정에 대하여 고소인이 '재판절차진술권 및 평등권 침해'를 이유로 제기한 헌법소원[493]은 검찰에서 이루어지는 형벌법규의 적용에 대한 헌법

---

493) 헌법재판소에서는 검사의 불기소처분에 대하여 고소인이 재판절차진술권 및 평등권 침해를 이유로 한 헌법소원을 허용하여 오다가 2008년 형사소송법의 개정으로 모든 고소사건에 대하여 재정신청이 허용되면서 보충성의 원칙상 더 이상 헌법재판의 대상으로 하고 있지 않다. 물론 법원에서의 형벌법규 배제사유에 대한 심사에 대하여는 검사가 피해자의 의사를 반영하게 될 것이고, 법원의 판단은 재판소원이 금지되어 있는 우리 헌법재판제도상 헌법재판소에서 위헌심사의 대상이 될 수 없다.

적 정당화의 요청이었다. 반면, 형벌법규 자체에 관한 헌법적 정당화 요청은 드물게 제기되었다. 만 14세 미만자를 형사미성년자로 규정한 형법 제9조에 대한 헌법소원,494) 교통사고 피해자가 중상해를 입은 경우 보험가입시에는 면책되도록 한 교통사고처리특례법 제4조 제1항에 대한 헌법소원495)이 있을 뿐이다.496) 두 사건 모두 제한되는 기본권으로 피해자의 '재판절차진술권'을 상정하였다.

결국 형벌법규에 의한 처벌범위 축소가 피해자의 기본권보호 측면에서 헌법적으로 정당화될 수 있는지 여부에 관한 문제이다. 그런데 이는 역으로 해당 형벌법규의 수범자의 입장에서는 처벌범위가 확대되는 결과를 초래하게 되는데 피해자를 중심으로 한 위헌심사에서 이를 어떻게 고려할 것인지 검토가 필요하다.

구체적인 심사기준으로는 과잉금지원칙, 평등원칙, 과소보호금지원칙 등이 제시될 수 있다. 이하에서는 실제 헌법재판소의 결정내용을 중심으로 이러한 심사기준이 어떻게 작동하였는지를 살펴보고, 잠재적 범죄인을 수범자로 하는 위헌심사기준과의 차이점에 대하여 검토한다.

2. 위헌심사기준

가. 과잉금지원칙

헌법재판소는 만 14세 미만을 형사미성년자로 형법 제9조에 대한 헌법소원에서 "헌법 제27조 제5항이 정한 법률유보는 법률에 의한 기본권의 제한을 목적으로 하는 자유권적 기본권에 대한 법률유보의 경우와는 달리 기본권으로서의 재판절차진술권을 보장하고 있는 헌법규범의 의미와 내용을 법률로써 구체화하기 위한 이른바 기본권형성적 법률유보에 해당한다(헌재 1993. 3. 11. 92헌마48 판례집 5-1, 121, 130). 따라서 헌법이 보장하는 형사피해자의 재판절차진술권을 어떠한 내용으로 구체화할 것인가에 관하여는 입법자에게 입법형성의 자유가 부여되고

---

494) 헌재 2003. 9. 25. 2002헌마533, 판례집 15-2상, 479.

495) 헌재 2009. 2. 26. 2005헌마764 등, 판례집 21-1상, 156; 헌재 1997. 1. 16. 90헌마110, 판례집 9-1, 90.

496) 형사절차는 피의자, 피고인을 상대로 이루어지므로 일반 형벌법규의 위헌심사는 대부분이 형사재판 중 제기되는 것이어서 사건명이 '헌가, 헌바'인 반면, 피해자는 형사절차의 대상이 아니어서 재판과정에서 제기할 수 없으므로 헌법재판소법 제68조 제1항의 헌법소원을 제기하게 되므로 사건명이 '헌마'이다.

있으며, 다만 그것이 재량의 범위를 넘어 명백히 불합리한 경우에 비로소 위헌의 문제가 생길 수 있다."497)고 판시하여 재판절차진술권에 대한 법률유보는 '기본권 형성적 법률유보'로서 입법자에게 광범위한 입법형성의 자유가 부여되고, 입법자가 재량의 범위를 넘어 명백히 불합리한 경우에만 위헌이라고 하는 '합리성심사기준'을 적용하여 합헌결정을 하였다.

반면, 교통사고 중상해 면책사건(2005헌마764)에서는 제한되는 기본권을 형사피해자의 재판절차진술권으로 하면서도 엄격한 과잉금지원칙을 심사기준으로 하여 위헌결정을 하였다.498)

이처럼 재판절차진술권에 대한 기본권제한의 정당화심사에서 '기본권형성적 법률유보'라고 보아 '합리성 심사'를 하기도 하고, 엄격한 과잉금지심사를 하기도 하는 등 일관된 심사기준이 마련되어 있지 않다.

나. 평등원칙

위 2002헌마533, 90헌마110에서는 자의금지심사를 한 반면, 2차 교통사고 중상해 면책사건에서는 "국민의 생명·신체의 안전은 다른 모든 기본권의 전제가 되며, 인간의 존엄성에 직결되는 것이므로, 단서조항에 해당하지 않는 교통사고로 중상해를 입은 피해자와 단서조항에 해당하는 교통사고의 중상해 피해자 및 사망사고 피해자 사이의 차별 문제는 단지 자의성이 있었느냐의 점을 넘어서 입법목적과 차별 간에 비례성을 갖추었는지 여부를 더 엄격하게 심사하는 것이 바람직하고, 교통사고 운전자의 기소 여부에 따라 피해자의 헌법상 보장된 재판절차진술권이 행사될 수 있는지 여부가 결정되어 이는 기본권 행사에 있어서 중대한 제한을 구성하기 때문에, 이 사건에 대하여는 종전 선례인 헌법재판소 1997. 1. 16. 90헌마110 등 사건의 결정 이후에 변화된 판례에 따라 엄격한 심사기준에 의하여 판단하기로 한다."499)고 하여 평등원칙에 있어 비례성심사를 하여 위헌결정을 하였다.

그러나 90헌마110 결정 등 사건 이후 변화된 판례는 평등원칙에서 비례성심사

497) 헌재 2003. 9. 25. 2002헌마533, 판례집 15-2상, 479, 485.
498) 이전에 합헌결정을 하였던 사안에서는 평등원칙 위반여부의 심사내용을 토대로 과잉금지원칙에 위반되지 않는다고 판시하였다(헌재 1997. 1. 16. 90헌마110, 판례집 9-1, 90).
499) 헌재 2009. 2. 26. 2005헌마764 등, 판례집 21-1상, 156, 175.

가 맨 처음 도입된 헌재 1999. 12. 23. 98헌마363 결정을 의미할 것인데 그 이후에 이루어진 재판절차진술권에 대한 결정[500]에서도 자의금지심사기준을 적용하였다는 점에서 역시 헌법재판소의 입장이 일관되지 않다.

2차 교통사고 중상해 면책사건에서 이루어진 평등원칙에 있어 비례성심사를 정리하면, 헌법재판소는 재판절차진술권의 침해여부에 관하여 과잉금지원칙 위반 여부의 심사를 진행한 뒤 이를 전제로 하여 평등권 침해여부의 심사를 진행하고 있다. 구체적 심사과정을 살펴보면, 차별목적의 정당성 요건은 과잉금지원칙 위반 여부 심사에서 목적의 정당성 판단 부분 – 자동차 수의 증가 및 자가운전 확대에 즈음하여 운전자들의 종합보험 가입을 유도하여 교통사고 피해자의 손해를 신속하고 적절하게 구제하고, 교통사고로 인한 전과자 양산을 방지하기 위하여 추진 – 으로 대체되었다.[501] 이어 차별대우의 적합성 및 필요성 요건을 포괄하여 단서조항 해당 사고의 피해자에 대하여는 '우연하게도 단서조항에 해당하는 교통사고를 당한 중상해 피해자가 재판절차진술권을 행사하게 되는 것과 비교할 때 합리적인 이유 없이 차별취급'을 당하는 것이고, 사망사고 피해자에 대하여는 '중상해 결과의 불법성이 사망사고보다 결코 적다고 단정할 수 없어 역시 합리적인 이유가 없는 차별취급'이라고 판시하여, 별도로 항목을 부여하지는 않았으나, 차별대우의 적합성, 필요성이 인정되지 않는다고 보았다. 마지막으로 차별대우의 비례성과 관련하여서는 "중상해 피해자간 및 사망사고 피해자와의 차별취급은 중상해 피해자의 재판절차진술권 행사를 사고관련자들의 주의의무의 위반 정도 및 결과의 불법성의 크기 등에 관계없이, 사고유형이 단서조항에 해당하는지의 여부만으로 달리 취급하는 것이므로 신속한 피해회복이라는 이 사건 법률조항의 입법목적이라는 측면에서 보아도 그 차별의 정도에 적정한 균형관계를 이루고 있다고 보기 어렵다."고 하여 차별의 목적과 차별대우의 정도 사이에 비례성을 인정할 수

500) 헌재 2003. 9. 25. 2002헌마533, 판례집 15-2상, 479.

501) 과잉금지원칙의 입법목적의 정당성은 기본권제한 목적의 정당성인 반면, 평등원칙에서 차별목적의 정당성은 비교집단에 비해 달리 취급하는 목적의 정당성을 의미하는 것이므로, 이 사안에서 단서조항 해당여부에 불구하고 재판절차진술권이 보장되는 사망사고 피해자에 대하여, 차별하는 목적(피해자가 사망에 이르지 않았다는 점에서 차별성이 있고, 중대한 과실을 적시한 단서 조항에 해당되지 않으면 면책함으로써 전과자 양산 방지, 종합보험가입 유도로 피해구제 신속)이 검토될 수 있고, 단서조항에 해당하는 사고로 중상해를 입은 피해자에 대하여 차별하는 목적(중대한 과실을 적시한 단서 조항에 해당되지 않았다는 점에서 차별성이 있고, 면책함으로써 가능한 한 전과자 양산 방지, 종합보험가입 유도로 피해구제 신속)을 구분하여 적시할 수도 있으나, 실제 내용상 차이가 없다는 점에서 생략된 것으로 보인다.

없다고 판시하였다.

다. 과소보호금지원칙

(1) 헌법의 규정과 위헌심사기준으로서 역할

헌법 제10조 후단은 "국가는 개인이 가지는 불가침의 기본적 인권을 확인하고 이를 보장할 의무를 진다."고 하여 국가의 기본권보호의무를 명시하고 있다. 이 규정은 인간의 존엄성 규정과 함께 1962. 12. 26. 헌법 제6호 제8조에서 처음으로 도입되었는데, 1948년 세계인권선언 전문, 독일 기본법 제1조 제1항에서 그 연혁을 찾아볼 수 있다.[502] 국가의 기본권보호의무에 위배되었는지 여부가 형벌법규의 위헌심사기준이 되는 것은 행위규범의 수범자가 아닌 피해자 등이 형사처벌의 범위 축소를 통하여, 기본권 보호가 제대로 이루어지지 않는 경우이다.[503] 그리고 심사기준은 '과소보호금지원칙'이 된다.

(2) 헌법재판소 결정례

(가) 교통사고 중상해 면책사건

헌법재판소가 형벌법규에 관하여 기본권보호의무를 근거로 하여 과소보호금지원칙을 위헌심사기준으로 활용하여 본격적으로 위헌여부를 심사한 사안이다. 1차 교통사고 중상해 면책사건(90헌마110 등)에서는 합헌의견을 낸 4인의 재판관이 과소보호금지원칙에 위반되지 않았다는 의견을, 위헌의견을 낸 5인의 재판관 중 3인의 재판관이 과소보호금지원칙에 위반되었다는 의견을 제시하였다. 과소보호금지원칙에 위반되지 않았다는 의견은 '교통과실범으로 발생한 침해에 대한 보호조치로서 형벌은 국가가 취할 수 있는 유효적절한 수많은 수단 중의 하나일 뿐이지,

502) 헌법주석서 Ⅰ, 법제처, 343면 참조.

503) 앞서 본 바와 같이 교통사고 후 도주로 인한 유기치사의 가중처벌규정에 대한 위헌심사에서 헌법 제37조 제2항 과잉금지원칙 및 헌법 제11조 평등원칙 위반여부 판단과 함께 '지나치게 과중하고 가혹한 법정형이 헌법 제10조의 인간으로서의 존엄과 가치를 보장할 국가의 의무에 위배된다'고 판시한 결정예(헌재 1992. 4. 28. 90헌바24, 판례집 4, 225, 240－241 참조)가 있으나, 국민의 기본권보호의무를 독자적 심사기준으로 삼았다기 보다는 인간의 존엄과 가치의 침해라는 취지로 이해된다.

결코 형벌까지 동원해야만 보호법익을 유효적절하게 보호할 수 있다는 의미의 유일한 수단이 될 수 없다'는 취지인 반면, 과소보호금지원칙에 위반되었다는 의견은 '형벌권을 국가가 독점하는 법제도 아래에서 생명 · 신체라는 기본권적 법익에 대한 침해의 사전예방과 그 침해행위에 대한 사후제재를 위해 형벌이라는 최종적 수단을 대체할 만한 다른 효과적 대안이 없는 한 형벌을 포기할 수 없고, 중과실로 인한 교통사고로 중상해를 입은 경우에 보험가입사정만으로 공소제기조차 하지 못하도록 한 것은 과소보호금지원칙에 위배된다'는 취지이다.[504)]

한편, 2차 교통사고 중상해 면책사건(2005헌마764 등)에서는 위헌결정을 하면서도 기본권보호의무에 대한 과소보호금지원칙에 대하여는 위반되지 않는다는 의견에 전원이 일치하였고, 그 내용은 1차 교통사고 중상해 면책사건에서 과소보호금지원칙에 위반되지 않았다는 4인의 재판관 의견과 같다.

(나) 형사미성년자 사건

이 사건에서 재판관 전효숙은 보충의견을 통해 '국민의 생명 · 신체에 대한 사인의 침해로부터 보호할 국가의 기본권보호의무 및 그 기준으로서 과소보호금지원칙이 준수되어야 하는데 범죄행위자가 12세 미만의 소년이라고 하더라도 소년법원에서 범죄소년 또는 촉법소년에 대한 보호사건의 피해자 등이 피해에 관한 심정, 기타 사건에 관한 의견의 진술을 신청한 때에는 스스로 그 의견을 듣거나, 조사관에게 명하여 그 의견을 듣도록 소년보호사건에서 피해자의 진술권을 인정하는 등, 육체적 · 정신적으로 미성숙한 소년의 보호를 추구함과 아울러 피해자의 보호에도 만전을 기하는 조치를 취할 필요가 있다'는 취지로 주장하였다.[505)]

3. 헌법재판소의 결정례에 대한 검토

가. 심사기준의 비일관성 및 적정성 검토

(1) 과잉금지원칙

앞서 살핀 것처럼 형사피해자의 재판절차진술권이라는 동일한 기본권의 제한

504) 헌재 1997. 1. 16. 90헌마110 등, 판례집 9-1, 90 참조.
505) 헌재 2003. 9. 25. 2002헌마533, 판례집 15-2상, 479, 489-490 참조.

에 관한 과잉금지심사에서 형사미성년자 사건에서는 기본권형성적 법률유보로 보아 합리성심사를 한 반면, 2차 교통사고 중상해 면책사건에서는 엄격한 과잉금지심사를 하였다. 이와 같이 심사기준을 달리 한 취지를 이해하여 보자면, 형벌제도의 기본적 법적 설계사항에 해당하는 형사미성년자 규정과 달리 교통사고 중상해 면책규정은 차량운전과정에서의 업무상과실치상이라는 구체적 범죄유형에서 면책이 되는 사항을 규정한 것이라는 점에서 기본권형성적 의미보다는 형사처벌의 구체적 영역에서 일부를 배제하는 의미로 파악될 수 있고, 이런 취지에서 합리성심사기준을 채택하지 않은 것으로 볼 여지가 있다. 그러나 심사기준을 달리하는 것에 대한 논증절차없이 동일한 기본권제한에 관한 심사기준을 달리한 것으로 위헌심사기준에 관한 헌법재판소의 결정에 일관성이 결여되었다고 판단된다.

한편 이처럼 형사피해자의 재판절차진술권의 제한에 관한 위헌심사의 결과로 잠재적 범죄자의 형사처벌범위가 확대된다는 점에서 엄격한 과잉금지심사를 하는 것이 적절한 것인지는 의문이다. 형사피해자의 재판절차진술권은 국가의 범죄피해자 보호의무의 구체적 발현으로 볼 수 있는 점, 잠재적 범죄자에 대한 형사처벌범위 확대는 그의 신체의 자유 제한으로 이어지므로 형벌의 최소보충성을 고려하여야 한다는 점, 뒤에서 보듯이 소급효가 인정되지 않는다는 점에 비추어, 피해최소성의 요건을 완화하여 필요한 범위로 완화된 과잉금지심사를 하는 것이 타당하다.

(2) 평등원칙

평등원칙의 적용에 관하여 자의금지심사와 비례성심사로 심사기준을 달리하여 일관성이 없다는 점은 앞서 살펴보았다. 형사미성년자 사건의 경우에도 2차 교통사고 중상해 면책사건의 기준을 대입하여 보면, '성폭력범죄 피해자의 재판절차진술권에 관한 것으로서 국민의 신체의 안전 및 인간의 존엄성에 직결되고, 가해자의 기소여부에 따라 피해자의 헌법상 보장된 재판절차진술권이 행사될 수 있는지 여부가 결정되어 이는 기본권행사의 중대한 제한에 해당'하는 것으로 볼 수 있어 비례성심사를 하여야 하는 요건을 갖추었다고 볼 수 있다.

나. 피해자의 기본권 중심 위헌심사의 특성

(1) 위헌결정의 소급효 불인정

형벌법규에 대하여 원칙적으로 소급효가 인정되지만, 형사피해자를 기본권제한 대상자로 보는 위헌심사의 특성상 위헌결정의 결과는 형사처벌 범위의 확대로 이어지므로 형벌의 불소급원칙상 형벌법규라고 하더라도 소급효가 인정될 수는 없다.

헌법재판소는 교통사고 중상해 면책사건의 적법요건 판단에서 "불처벌의 특례를 규정한 것이어서 위 법률조항에 대한 위헌결정의 소급효를 인정할 경우 오히려 그 조항에 의거하여 형사처벌을 받지 않았던 자들에게 형사상의 불이익이 미치게 되므로 이와 같은 경우까지 헌법재판소법 제47조 제2항 단서의 적용범위에 포함시키는 것은 그 규정취지에 반한다"506)고 보아 소급효를 인정하지 않고 있다.507)

(2) 과잉금지원칙과 과소보호금지원칙의 관계

일반적으로 형벌법규에 대한 과잉금지심사는 잠재적 범죄자를 수범자를 대상으로 한 행위금지에 대하여 이루어지고, 과소보호금지는 형사피해자의 법익보호를 중심으로 이루어진다. 양자의 관계에 대하여, 과잉금지원칙에 따른 제한의 최고한도와 기본권보호를 위한 입법의 최저한도 사이에 틈새가 존재하지 않는다는 과소보호금지원칙의 독자성 부정설이 있고, 과잉금지원칙의 '필요성'은 입법자가 설정한 목적을 기준으로 삼는 반면, 과소보호금지원칙의 '필요한 보호수준'은 헌법에 제시된 목표를 기준으로 하는 것이어서 서로 일치하지 않고 과소보호금지원칙의 독자성을 인정하여야 한다는 독자성 긍정설이 있다.508) 과잉금지원칙은 국가가 기본권의 침해자의 지위에서 수범자의 기본권 제한의 측면에서 필요최소한을 확인하는 심사기준인 반면, 과소보호금지원칙은 국가가 기본권에 대한 보호의무자의

506) 헌재 1997. 1. 16. 90헌마110 등, 판례집 9-1, 90, 108; 헌재 2009. 2. 26. 2005헌마764 등, 판례집 21-1상, 156, 171 참조.

507) 소급효가 없으면 헌법소원 심판청구의 주관적 권리보호이익도 없으나, 위헌적인 법률조항에 의한 불기소처분이 반복될 우려가 있다는 이유로 예외적으로 심판의 이익을 인정하고 있다.

508) 김문현 외, 기본권 영역별 위헌심사의 기준과 방법, 163-164면 참조.

지위에서 기본권보호를 위한 적절하고 효율적인 최소한의 보호조치를 취했는가 여부를 확인하는 심사기준이라는 점에서 양자는 차이가 있고,509) 실제 헌법재판에서도 성격이 다른 수범자에 대하여 양 기준이 함께 심사가 이루어지는 경우는 상정하기 어렵다는 점에 비추어, 독자적으로 위헌심사가 이루어질 수 있다고 생각된다.

교통사고 중상해 면책사건에서 과잉금지원칙에 의한 심사와 과소보호금지원칙에 의한 심사가 모두 이루어졌는데 양자는 위에서 살핀 과잉금지원칙과 과소보호금지원칙의 관계와는 국면을 달리한다. 즉 동일한 법조항이 동일한 대상자(형사피해자)에 대하여 헌법상 보장된 재판절차진술권의 제한이라는 측면과 가해자를 형사처벌하지 않음으로써 피해자에 대한 국가의 기본권보호의무를 위반하였다는 측면에 대한 위헌심사이다. 사실 국가의 기본권보호의무에 따라 가해자를 형사처벌하게 되면 이에 따라 재판절차진술권이 보장되는 것이므로 재판절차진술권은 기본권보호의무의 발현형태라고 볼 수 있다. 2차 교통사고 중상해 면책사건을 살펴보면, 과소보호금지원칙 심사에서는 '교통과실범의 경우에 대한 국가의 신체와 생명에 대한 보호의무는 사후 형사처벌 외에도 교통관련 법규의 정비, 운전자 등에 대한 교육, 교통안전시설의 유지 및 확충, 교통사고 피해자에 대한 보상제도 등 여러 가지 사전·사후적 조치를 함께 취함으로써 이행되고, 형벌은 국가가 취할 수 있는 여러 유효적절한 수단 중 하나일 뿐 유일한 수단이 될 수 없다'는 취지로 판시하였다. 반면, 과잉금지원칙의 심사에서는 보험금 지급 등 피해자에 대한 보상조치만으로 재판절차진술권을 보장할 수 없다면서 형사처벌의 대상으로 하여야만 재판절차진술권이 보장될 수 있다고 보고 있다. 재판절차진술권이 기본권보호의무의 발현형태라고 본다면, 과소보호금지원칙 심사에서도 형사처벌 대상으로 하는 것만이 유일한 수단이라고 판단되는 것이 자연스러운 결론이라고 보인다.

이처럼 동일한 법조항의 동일한 형사피해자에 대한 과잉금지원칙과 과소보호금지원칙 심사는 사실상 같은 내용에 관하여 심사하는 것임에도 다른 심사기준을 적용하게 되는 문제점이 있다. 이런 이유로 1차 교통사고 중상해 면책사건에서는 위헌의견을 낸 3명의 재판관은 평등원칙과 과소보호금지원칙을, 역시 위헌의견을 낸 2명의 재판관은 평등원칙과 과잉금지원칙을 심사기준으로 삼았고, 양자를 함

509) 헌재 1997. 1. 16. 90헌마110 등, 판례집 9-1, 90, 120-122 참조.

께 심사기준으로 삼지는 않았던 것으로 보인다.

(3) 수범자의 차이로 인한 심사기준의 변화

동일 형벌법규에 관하여 잠재적 범죄자가 제기한 경우와 형사피해자가 제기한 경우 심사기준이 어떠한 차이를 가져올 것인지 검토가 필요하다.510)

예를 들어, 신호위반 등 11개 법정 과실에 해당하지 않는 과실로 운전 중 오토바이와 부딪쳐 피해자(가령 80세의 고령노인)에게 척추골절 등 중상해를 가한 가해자가 중대한 과실이 아님에도 단지 피해자의 나이, 건강상태를 이유로 중상해를 입은 것에 대하여 일반 상해피해를 입어 면책이 되는 것과 달리 취급하여 형사처벌하는 것은 과잉금지원칙, 평등원칙에 위배된다고 주장할 경우, 이에 대한 위헌심사는 교통사고 중상해 피해자가 제기하였던 사안과는 국면을 달리하여 전개된다. 즉 수범자가 좌우할 수 없는 결과의 중대성만을 가지고, 형사처벌 여부를 결정하는 것으로 행위책임을 범위를 초과하여 과잉금지원칙에 위배되거나, 일반 상해를 입은 경우와 관련하여 형벌체계상의 균형성에 맞지 않다는 판단이 가능하였다고 생각된다. 2차 교통사고 중상해 면책사건에서 반대의견(재판관 조대현, 민형기)은 이러한 문제점을 잘 지적하고 있다. 교통사고와 관련하여 모든 국민이 잠재적 가해자이자 피해자로서 피해회복 못지않게 형사처벌의 위험에서 벗어나도록 하는 것이 중요한 점, 종합보험에 가입되어 객관적 손해의 담보가 예정되어 있는데도 피해자가 처벌을 빌미로 더 많은 배상을 받기 위해 가해 운전자를 압박하는 폐해를 초래할 가능성, 형사책임과 민사책임을 분리하여 후자를 강조하는 시대적인 조류를 거스르는 조치인 점, 중상해 개념의 불명확성, 교통사고로 인한 상해의 정도가 운전자의 과실정도에 비례하는 것이 아니라 피해자의 나이, 성별, 부상부위, 신체적 특이성 등 우연한 사정에 의해 달라질 수 있는 점을 위헌결정의 문제점으로 제시하고 있다.511)

---

510) 실제 본안심사가 이루어지지 않았지만, 교통사고 중상해 사건의 피의자가 제기한 위헌소원 사건이 있었다(헌재 2012. 12. 27. 2012헌바60, 판례집 24-2하, 529. 이 사안은 승용차 운전 중 급하게 진로변경한 과실로 오토바이를 충격하여 약 16주간의 치료를 요하는 우측요골두 골절상 등의 중상해를 입었다는 공소사실로 기소된 청구인이 제기한 것으로 위헌결정에 대한 불복이거나 위헌결정된 규범의 유효를 주장하는 것이어서 위헌결정의 법규적 효력에 반하여 허용될 수 없다고 보아 각하결정되었다).

511) 헌재 2009. 2. 26. 2005헌마764 등, 판례집 21-1상, 156, 179-181 참조.

이에 더하여, 청구인들은 신호위반 등 법정과실에 준하는 중과실로 중상해를 입었을 경우에 대하여 헌법소원을 제기하였음에도 헌법재판부에서 업무상과실과 중대한 과실을 구별할 수 없다는 이유로 업무상과실 전체를 심판의 대상으로 하는 바람에[512] 운전상의 경미한 과실(이 경우에도 '업무상과실'이 된다)로 사고가 났음에도 피해자의 우연한 사정으로 중상해를 입은 경우에도 형사처벌의 대상이 되는 결과를 초래하였다는 점도 지적될 수 있다.

이처럼 형사피해자의 재판절차진술권을 제한되는 기본권으로 한 위헌심사는 위헌결정시 가해자의 형사처벌 범위가 직접적으로 확대되는 효과를 가져온다는 점에서 특성이 있다. 2차 교통사고 중상해 면책사건과 같이 엄격한 심사기준으로 심사할 경우, 국민의 생명·신체의 안전을 지키기 위한 수단으로서 형사처벌을 하지 않는 경우 쉽사리 위헌결정에 이르게 되는 치명적 문제점을 가지고 있다.

512) 헌재 2009. 2. 26. 2005헌마764 등, 판례집 21–1상, 156, 165 참조.

제 4 장

보안처분법규에 대한 위헌심사기준

제1절 의미 및 헌법재판소 결정례

1. 보안처분법규의 의미 및 위헌심사

헌법 제12조 제1항은 "법률과 적법한 절차에 의하지 아니하고는 처벌·보안처분 또는 강제노역을 받지 아니한다."고 하여 처벌(형벌)과 구분되는 보안처분의 헌법적 근거를 명시함과 동시에 보안처분의 법률주의를 규정하고 있다.1)

보안처분은 일반적으로 '행위 속에 나타난 행위자의 장래의 범죄적 위험성 때문에 행위자를 개선 내지 재사회화하고, 위험한 행위자로부터 사회를 방위하기 위하여 부과되는 형벌 이외의 형사제재수단'을 의미한다. 사회의 급격한 공업화·도시화에 따라 범죄현상의 질과 양에 있어 현저한 변화가 발생하였고, 종래의 행위책임에 기반한 책임형벌로는 이에 효과적으로 대처할 수 없게 되어 행위자의 사회적 위험성에 주목하여 그 위험성을 교정하거나 그 위험성으로부터 사회를 방위하기 위한 과학적·합목적적·효과적 수단을 강구하게 되었는데, 이렇게 하여 형벌과는 별도로 탄생하게 된 일련의 제재수단이 바로 보안처분이다.2)

우리 법상 보안처분의 유형으로는 치료감호법상의 치료감호·보호관찰, 소년법상의 보호처분 등, 보호관찰 등에 관한 법률의 보호관찰, 보안관찰법의 보안관찰, 마약류관리에 관한 법률의 마약류중독자 치료보호, 특정범죄자에 대한 위치추적 전자장치 부착 등에 관한 법률의 전자장치부착제도, 성폭력범죄자의 성충동약물치료에 관한 법률의 성충동약물치료·신상공개, 성폭력범죄의 처벌 등에 관한 특례법 및 아동·청소년의 성보호에 관한 법률상 신상등록 및 공개제도 등이 있다. 구 사회보호법상 '보호감호' 제도가 있었으나, 위헌의 소지와 운영상 인권침해 논란으로 2005. 8. 4.자로 폐지되었다.3)

---

1) 우리 헌법에 처음 보안처분이 명시된 것은 1972. 12. 27. 전부개정 헌법 제8호 제10조 제1항("모든 국민은 신체의 자유를 가진다. 누구든지 법률에 의하지 아니하고는 체포·구금·압수·수색·심문·처벌·강제노역과 보안처분을 받지 아니한다.")이고, 이후 제11조 제1항(헌법 제9호, 1980. 10. 27.)으로 조문이 이동되었다가, 현행 헌법에서 제12조 제1항으로 자리를 옮기고, '적법한 절차' 요건이 부가되었다.

2) 임웅, 형법총론, 688면.

3) 법제처 국가법령정보센터(http://www.law.go.kr)의 사회보호법(법률 제7656호) 폐지이유 및 주요내용란에 "현행 사회보호법상의 보호감호처분 등은 피감호자의 입장에서는 이중처벌적인 기능을 하고 있을 뿐만 아니라 그 집행실태도 구금위주의 형벌과 다름없이 시행되고 있어 국민의

형벌[4] 이외의 형사적 제재수단으로서 보안처분은 신체의 자유 등에 대한 상당한 제한이 수반되므로 대상자의 기본권을 확보하여야 한다는 기본권보장 측면과 재범의 위험성이 높은 자들을 관리하여 사회 전반의 안전(잠재적 피해자)에 관한 법익보호 측면이 상호 충돌하는 영역의 문제이다. 특히 재범율이 높은 성폭력범죄자 등에 대한 사회적 안전보장 요구는 매우 커 전자장치부착제도, 성충동약물치료 등의 제도가 도입되었고,[5] 재범의 위험성이 높은 살인, 성폭력범죄 등 강력범죄로부터 사회의 안전을 보호하자는 취지에서 보호수용제가 2015. 4. 9. 정부입법안으로 국회에 제출되어 있는 상태이며,[6] 전자장치부착제도의 소급적용에 관한 헌법재판소의 합헌결정을 둘러싼 논쟁이 벌어지고 있다.

이처럼 신체의 자유 등에 대한 기본권을 제한하는 보안처분법규의 헌법적 한계, 형벌법규와의 관계에서 죄형법정주의 특히 소급효금지원칙 등 형벌법규에 대한 위헌심사기준이 적용되는지 여부가 헌법적 쟁점사항으로 떠오르고 있다.

본 저서에서는 보안처분 일반에 대한 논의는 생략하되, 형벌법규에 있어서 위헌심사기준이 보안처분 법규에도 그대로 적용될 것인가, 만일 적용되지 않는다면 어떠한 위헌심사기준이 작용되는가의 문제가 될 것이다. 이를 통해서 형벌법규에 대한 위헌심사기준이 가지는 다른 기본권제한법규의 위헌심사기준과의 차이점 또는 특성을 보다 분명히 할 수 있다고 생각된다.

2. 헌법재판소의 결정례 및 쟁점

헌법재판소는 1989. 7. 14. 보호감호처분을 규정한 사회보호법 제5조 제1항, 제2항에 대한 위헌제청사건[7]에서 "형벌의 본질이나 목적 또는 기능을 둘러싸고

기본권을 침해하고 있고, 사회보호법 자체도 지난 권위주의시대에 사회방위라는 목적으로 제정한 것으로 위험한 전과자를 사회로부터 격리하는 것을 위주로 하는 보안처분에 치중하고 있어 위헌적인 소지가 있기 때문에 이를 폐지하여 국민의 기본권을 보장하려는 것임"이라고 기재되어 있다.

4) 보안처분이 위험한 행위자로부터 사회를 방위하게 위한 것이라는 점에서, 이때 '형벌'은 일반적으로 '자유형'을 의미하는 것으로 보아야 할 것이나, 성폭력범죄자 신상공개의 경우에는 자유형과 관련된 것이라고 보기 어려운 새로운 형식의 제재라고 볼 수 있다.

5) 김상겸, "보호수용제도의 정당성과 필요성", 보호수용도입 공청회 자료집, 법무부, 2014, 7-14면 참조.

6) 국회 의안정보 시스템의 검색사이트 참조(ttp://likms.assembly.go.kr/bill/jsp/BillDetail.jsp?bill id=ARC_D1I5Y0J4X0Z9W0R9Q5N4O0B6B4I4J0)

7) 헌재 1989. 7. 14. 88헌가5 등, 판례집 1, 69, 83.

아직도 학설상의 다툼이 있기는 하나, 형법은 본질적으로 과거의 범죄행위에 대한 윤리적 · 도의적 · 규범적 비난의 체현이므로 반대의 책임을 전제로 하며, 책임의 양을 넘을 수 없는 제약을 받게 된다. 보안처분 특히 보호감호처분은 형벌의 이러한 책임종속성으로 인하여 책임능력이 없어서 형벌을 과함이 불가능하거나, 책임의 비례에 따른 제약 때문에 형벌만으로는 행위자의 장래의 재범에 대한 위험성을 제거하기에 충분하지 못한 경우에 사회방위와 행위자의 사회복귀의 목적을 달성하기 위하여 특별히 고안된 것으로써 20세기 전반부터 구라파대륙의 여러 나라에서 채택하고 있는 제도"라고 하여 형벌과 보안처분을 원칙적으로 형벌과 보안처분의 관계에 대한 여러 논의에도 불구하고, 보안처분은 형벌과는 그 본질과 추구하는 목적 및 기능이 다른 별개의 독자적 의의를 가진 형사적 제재로서 헌법 제13조 제1항의 이중처벌금지에 해당하지 않는다고 판시하였고,[8] 이후 보안관찰법상 보안관찰제도(92헌바28), 치료감호법상 치료감호제도(2011헌마276, 2011헌마285), 성폭력범죄 등 특정강력범죄자에 대한 전자감시제도(2010헌가82 등, 2010헌바187)와 관련된 결정 등에서도 일관된 태도를 보이고 있다.

특히, 성폭력범죄 등 특정강력범죄자에 대한 위치추적 전자장치부착제도에 대한 결정에서는 '형벌과 보안처분'이라는 제목하에 "형사제재에 관한 종래의 일반론에 따르면, 형벌은 본질적으로 행위자가 저지른 과거의 불법에 대한 책임을 전제로 부과되는 제재를 뜻함에 반하여, 보안처분은 행위자의 장래 위험성에 근거하여 범죄자의 개선을 통해 범죄를 예방하고 장래의 위험을 방지하여 사회를 보호하기 위해서 형벌에 대신하여 또는 형벌을 보충하여 부과되는 자유의 박탈과 제한 등의 처분을 뜻하는 것으로서 양자는 그 근거와 목적을 달리하는 형사제재이다. 연혁적으로도 보안처분은 형벌이 적용될 수 없거나 형벌의 효과를 기대할 수 없는 행위자를 개선 · 치료하고, 이러한 행위자의 위험성으로부터 사회를 보호하기 위한 형사정책적인 필요성에 따라 만든 제재이므로 형벌과 본질적인 차이가 있다. 즉, 형벌과 보안처분은 다 같이 형사제재에 해당하지만, 형벌은 책임의 한

8) 반대의견(변정수, 김진우 재판관)은 '상습범죄자나 특별히 위험성이 있는 범죄자에 대한 보호감호제도는 응보형제도의 결함을 보충하기 위한 것인데 오늘날 형벌사상은 응보가 아니라 범인의 개선교육 및 그를 통한 사회방위를 목적으로 하여야 한다는 것이므로 형벌과 보호감호는 본질에 있어 같은 교육형으로 보호감호제도를 더 이상 둘 필요가 없다.'는 취지로 주장하며 형벌과 보호감호의 구분을 인정하지 않고 보호감호 제도 자체의 위헌성을 주장하고 있다(헌재 1989. 7. 14. 88헌가5 등, 판례집 1, 69, 116 참조).

계 안에서 과거 불법에 대한 응보를 주된 목적으로 하는 제재이고, 보안처분은 장래 재범 위험성을 전제로 범죄를 예방하기 위한 제재이다. 그런데 오늘날에는 형벌과 보안처분의 형태가 다양해지고 형벌 집행에 있어서 범죄자에 대한 특별예방적·형사정책적 관심과 배려를 강조하는 새로운 형사제재수단들, 예를 들어 보호관찰, 사회봉사명령이나 수강명령 등이 등장하면서 형벌과 보안처분의 경계가 모호해지고 있다. 따라서 새로운 형사제재의 법적 성격을 논함에 있어서 종전과 같은 '과거 행위에 대한 응보－재범의 위험성에 따른 사회 예방'이라는 이분법적 논리를 단순히 적용하기에는 타당하지 않은 면이 있다. 그러나 형벌과 보안처분이 본질적으로 다른 점이 있음은 부인할 수 없다. 외국의 입법례나 판례를 보아도 독일의 경우 보안처분은 재판시법에 따른다는 규정(형법 제2조 제6항)을 두고 있고, 미국의 경우 강력한 가석방 조건의 부과가 소급입법금지원칙에 위배되지 않는다고 보는 등 형벌과 보안처분을 구분하고 있다."[9]고 판시하여 형벌과 보안처분의 구분 논의를 정리하고, 더 나아가 보안처분인 전자감시제도에 대하여는 형벌에 적용되는 헌법 제13조 제1항의 소급효금지원칙이 적용되지 않는다고 판시하였다. 다만 예외적으로 보안처분이라 하더라도 형벌적 성격이 강하여 신체의 자유를 박탈하거나 박탈에 준하는 정도로 신체의 자유를 제한하는 경우에는 헌법 제13조 제1항의 소급효금지원칙을 적용하는 것이 법치주의 및 죄형법정주의에 부합한다고 하였다.

제2절 형벌법규에 대한 위헌심사기준의 적용여부

헌법재판소는 이처럼 형벌과 보안처분의 구분을 근거로 하여 원칙적으로 보안처분에 대하여 형벌법규에 대한 위헌심사기준인 이중처벌금지원칙, 죄형법정주의 중 소급효금지원칙의 적용이 없다는 입장을 분명히 하였다. 학계의 논의는 소급효금지원칙의 적용여부 특히 전자감시제도에 대한 헌법재판소의 결정에 대하여 논의가 집중되고 있는데, 대부분 형벌과 보안처분의 구별 자체를 부인하는 견해보다는 신체의 자유 등을 제한하는 보안처분의 형벌적 성격에 비추어, 죄형법정주의의

9) 헌재 2012. 12. 27. 2010헌가82 등, 판례집 24－2하, 281, 295.

소급효금지원칙이 적용되어야 한다는 것으로 파악된다.[10)]

반면, 이중처벌금지원칙의 적용여부에 대하여는 소급효금지원칙과는 달리 별다른 논의가 없다. 그 이유는 보안처분 제도 자체를 위헌이라고 보지 않는 한 이중처벌금지 위배라고 하기는 쉽지 않기 때문일 것이다. 이중처벌금지와 형벌소급효금지를 별개로 취급할 경우 생기는 법리적 모순점에 대하여는 뒤에서 다시 살피도록 한다.

이하에서는 먼저, 헌법과 형사법학계의 논의가 집중되고 있는 보안처분에 대하여 죄형법정주의의 소급효금지원칙이 적용될 것인지에 관한 논의를 통해 쟁점을 분명히 한 후 형벌과 보안처분의 구분기준 및 형벌법규에 대한 위헌심사기준이 적용될 수 있는지 여부에 관하여 전체적으로 검토하기로 한다.

1. 보안처분법규와 소급효금지원칙의 적용여부

가. 헌법재판소가 제시한 기준 - 원칙적 소급효 인정, 예외적 불인정

보안처분법규에 있어 소급효금지원칙이 적용될 것인가 하는 점은 전자장치 부착을 통한 위치추적 감시제도가 처음 시행될 때 부착명령 대상에서 제외되었던 2008. 9. 1. 이전에 제1심판결을 선고받은 사람들 중 구 '특정 범죄자에 대한 위치추적 전자장치 부착 등에 관한 법률'(2010. 4. 15. 법률 제10257호로 개정되고, 2012. 12. 18. 법률 제11558호로 개정되기 전의 것) 시행 당시 징역형 등의 집행 중이거나 집행이 종료, 가종료 · 가출소 · 가석방 또는 면제된 후 3년이 경과하지 아니한 자에 대하여도 위치추적 전자장치를 부착할 수 있도록 규정하고 있는 '특정범죄자에 대한 위치추적 전자장치 부착 등에 관한 법률'(2008. 6. 13. 법률 제9112호) 부칙 제2조 제1항(2010. 4. 15. 법률 제10257호로 개정된 것, 다음부터 '이 사건 부칙조항'이라 한다)이 형벌불소급의 원칙에 위배되는지 여부가 쟁점이었던 헌재 2010헌가82 등 사건에서 본격적으로 논의되었다.

법정의견은 "보안처분은 형벌과는 달리 행위자의 장래 재범위험성에 근거하는 것으로서, 행위시가 아닌 재판시의 재범위험성 여부에 대한 판단에 따라 보안처분

10) 보안처분 전체에 대하여 죄형법정주의의 소급효금지원칙이 인정되어야 하는 견해와 보안처분의 성격에 따라 개별적으로 적용된다는 견해로 나뉜다. 이에 대하여는 뒤에서 상세히 살핀다.

선고를 결정하므로 원칙적으로 재판 당시 현행법을 소급적용할 수 있다고 보는 것이 타당하고 합리적이다. 그러나 보안처분의 범주가 넓고 그 모습이 다양한 이상, 보안처분에 속한다는 이유만으로 일률적으로 소급효금지원칙이 적용된다거나 그렇지 않다고 단정해서는 안 되고, 보안처분이라는 우회적인 방법으로 형벌불소급의 원칙을 유명무실하게 하는 것을 허용해서도 안 된다. 따라서 보안처분이라 하더라도 형벌적 성격이 강하여 신체의 자유를 박탈하거나 박탈에 준하는 정도로 신체의 자유를 제한하는 경우에는 소급효금지원칙을 적용하는 것이 법치주의 및 죄형법정주의에 부합한다."11)고 판시하여, 보안처분 중 '형벌적 성격이 강하여 신체의 자유를 박탈하거나 박탈에 준하는 정도로 신체의 자유를 제한하는 경우'에는 소급효금지원칙이 적용될 수 있고, 그 이외의 경우에는 죄형법정주의의 소급효금지원칙이 적용되지 않으며 오히려 원칙적으로 재판 당시 현행법을 소급적용할 수 있다고 보는 것이 타당하다고 하였다. 이러한 기준에 따라 전자장치 부착명령이 형벌적 성격이 강한 것인지에 대하여는 "전통적 의미의 형벌이 아닐 뿐 아니라, 성폭력범죄자의 성행교정과 재범방지를 도모하고 국민을 성폭력범죄로부터 보호한다고 하는 공익을 목적으로 하며, 전자장치의 부착을 통해서 피부착자의 행동 자체를 통제하는 것도 아니라는 점에서 이 사건 부칙조항이 적용되었을 때 처벌적인 효과를 나타낸다고 보기 어렵다. 그러므로 이 사건 부착명령은 범죄행위를 한 사람에 대한 응보를 주된 목적으로 그 책임을 추궁하는 사후적 처분인 형벌과 구별되는 비형벌적 보안처분으로서 소급효금지원칙이 적용되지 아니한다."12)고 하여 비형벌적 보안처분이라고 판시하였다.

이에 반하여, 전부위헌의견을 낸 송두환 재판관은 법정의견과 마찬가지로 '형벌적 성격'을 가지는 형사적 제재의 경우에는 소급효금지원칙이 적용된다고 전제하면서 전자장치 부착이 그 목적과 의도(단순히 재범의 방지뿐만 아니라, 중대한 범죄를 저지른 자에 대하여 그 책임에 상응하는 강력한 처벌을 가하고 일반 국민에 대하여 일반예방적 효과를 위한 강력한 경고를 하려는 것), 그 대상자에 미치는 실제적 효과(신체에 대해 직접적으로 가해지는 물리적 침해로서 신체의 자유에 대한 중대한 침해, 벌금·구류·과료보다 법익 침해정도가 훨씬 크고 심각함)에 비추어, 형벌적 성격을 가진 형사적 제재로서 소급효금지원칙이 적용된다고 보았다.

---

11) 헌재 2012. 12. 27. 2010헌가82 등, 판례집 24-2하, 281, 297.
12) 헌재 2012. 12. 27. 2010헌가82 등, 판례집 24-2하, 281, 298.

나. 헌법재판소 결정의 검토

(1) 헌법재판소 결정에 대한 비판적 견해와 검토

보안처분법규의 원칙적 소급적용이라는 헌법재판소의 결정에 대하여, 보안처분은 형벌적 성격이 있으므로 모두 형벌불소급의 원칙이 적용되어야 한다는 비판적 견해가 있다.[13] 그 논거로는 ① 형벌도 예방목적을 추구한다는 점에서 형벌과 보안처분이 본질적으로 다른 형사제재가 아닌 점, ② 상습범 등 행위책임을 넘어서는 예방목적 형벌에 대하여도 죄형법정주의가 적용되듯이 책임원칙과 죄형법정주의의 적용은 논리필연적이지 않은 점, ③ 헌법 제13조 제1항의 '범죄' 및 '소추'를 국가의 강제수단의 자의적 행사로부터 시민의 자유를 보호한다는 헌법의 근본정신에 비추어 해석하면, 죄형법정주의원칙은 형벌에 대해서만이 아니라 국가의 시민에 대한 형사적 제재 전부에 대하여 적용되어야 하는 점 등을 들고 있다.

대법원에서는 가정폭력범죄의 처벌 등에 관한 특례법상 보호처분 중 하나인 사회봉사명령에 대하여 '형벌 그 자체가 아니라 보안처분의 성격을 가지는 것은 사실이나, 이는 형사처벌 대신 부과되는 것으로서 가정폭력범죄를 범한 자에게 의무적 노동을 부과하고 여가시간을 박탈하여 실질적으로 신체의 자유를 제한하므로 원칙적으로 형벌불소급의 원칙에 따라 행위시법을 적용함이 상당하다'고 하여 보안처분임에도 소급효금지원칙이 적용된다고 판시한 사례가 있다(대법원 2008. 7. 24. 자 2008어4 결정).[14] 그러나 대법원은 사회안전법상 보안처분(대법원 1997. 6. 13. 선고 95다56115 판결), 형법상 보호관찰(대법원 1997. 6. 13. 선고 97도703 판결), 전자감시제도(대법원 2010. 12. 23. 선고 2010도11996 판결), 아동·청소년의 성보호

---

13) 김성돈, "보안처분과 소급금지 원칙", 형사법연구 제25권 제4호, 한국형사법학회, 2013. 12, 11-24면; 김진한, "새로운 형태의 형사제재와 소급처벌 금지원칙의 역할", 2014년 공동학술대회(사법정책연구원, 한국공법학회, 한국형사법학회, 고려대 법학연구원) 자료집, 9-42면(자료는 사법정책연구원 홈페이지 게재); 윤상민, "형사제재와 소급효금지의 원칙", 법학연구 제38집, 한국법학회, 2010. 5(이 글은 위 헌재 결정 이전에 작성된 글이나, 보안처분 일반에 대하여 소급효금지원칙의 적용을 주장하고 있다) 참조. 그 외 보안처분에 대한 소급효금지원칙의 적용과 관련된 여러 논의가 있는데 뒤에서 보는 바와 같이 형벌불소급이 아닌 법치국가의 원칙에 근거한 법률불소급(신뢰보호원칙)을 소급효제한의 근거로 삼는다는 결론과는 논리필연성이 떨어져 따로 검토하지 아니한다.

14) 사회봉사명령의 부과시간의 상한이 100시간에서 200시간으로 개정되었는데 행위시법이 아닌 개정된 법을 적용하여 100시간을 초과하는 사회봉사명령을 부과한 결정에 대한 재항고사건이다.

에 관한 법률상 신상공개명령제도(대법원 2011. 3. 24. 선고 2010도14393 판결)에서 보안처분의 소급적용을 일관되게 인정하고 있어 위 사회봉사명령 사례는 일회적인 것에 그쳤다.[15)]

헌법재판소의 결정에 비판적 견해들이 제시하는 위 논거(①, ②항)는 그 자체로 쉽게 반박하기 힘든 상당한 설득력을 가지고 있다. 헌법재판소의 법정의견 또한 보안처분이라도 '형벌적 성격이 강하여 신체의 자유를 박탈하거나 박탈에 준하는 정도로 신체의 자유를 제한하는 경우'에는 형벌불소급원칙이 적용된다고 판시하여 형벌과 보안처분의 구분이 상대적임을 인정하고 있다.

그러나 헌법 제12조 제1항과 제13조 제1항의 해석과 관련하여, 헌법 제12조 제1항에서 '처벌'과 구별되는 '보안처분'의 존재를 명시하고 있고, 헌법 제13조 제1항에서는 '행위시의 법률에 의하여 범죄를 구성하지 아니하는 행위로 소추되지 아니하며, 동일한 범죄에 대하여 거듭 처벌받지 아니한다.'고 하여 보안처분과 구분되어 형벌의 대상이 되는 '범죄'를 명시하고 있고,[16)] 이중처벌금지에 대하여 언급하고 있다. 따라서 만일 비판적 견해가 제시하는 논거 ③항에 의하면, 보안처분에 대하여 형벌불소급원칙 뿐 아니라 이중처벌금지원칙의 적용도 피할 수 없어 형벌을 대용하는 보안처분 이외에는 이중처벌에 해당하는 것으로 해석될 수밖에 없고, 이는 결국 형벌에 부가하는 형태의 보안처분의 존재는 허용되지 않는다는 결론에 이르게 되는 문제점이 있다.

(2) 헌법재판소 결정이 가지는 문제점

(가) 형벌불소급원칙이 적용되는 예외적 기준의 모호함

헌법재판소가 형벌불소급원칙이 적용되는 예외적 기준으로 '형벌적 성격이 강하여 신체의 자유를 박탈하거나 박탈에 준하는 정도로 신체의 자유를 제한하는 경우'를 제시하고 있다. 그런데 여기서 '형벌적 성격'이 의미하는 것이 '범죄행위에

15) 김진한, "새로운 형태의 형사제재와 소급처벌 금지원칙의 역할", 21면 각주20) 참조.
16) "헌법 제12조 제1항과 제13조 제1항의 근본 뜻은 형벌법규는 허용된 행위와 금지된 행위의 경계를 명확히 설정하여 어떠한 행위가 금지되어 있고, 그에 위반한 경우 어떠한 형벌이 정해져 있는가를 미리 개인에 알려 자신의 행위를 그에 맞출 수 있도록 하자는데 있다. 이로써 위 헌법조항은 실체적 형사법 영역에서의 어떠한 소급효력도 금지하고 있고, "범죄를 구성하지 않는 행위"라고 표현함으로써 절대적 소급효금지의 대상은 "범죄구성요건"과 관련되는 것임을 밝히고 있다."(헌재 1996. 2. 16. 96헌가2 등, 판례집 8-1, 51, 83).

대한 윤리적, 규범적 비난'을 의미하는 것인지 아니면 형벌의 하나인 '자유형'과 같이 신체의 자유를 박탈하는 측면을 보는 것인지 명확하지 않다. 전자의 의미라면 신체의 자유를 박탈하는 정도가 아니라도 행위에 대한 윤리적·규범적 비난의 측면에서 형벌성을 판단하여야 할 것인데 사실상 모든 보안처분이 처분대상자의 입장에서는 윤리적, 규범적 비난으로 받아들여진다는 점에서 보안처분에 대한 불소급원칙 적용의 근거로 삼기 어렵다. 한편 후자의 의미라고 하면 구 사회보호법상의 보호감호와 치료감호법상 치료감호가 이에 해당하게 될 것이다. 자유형과 유사하거나 더 가혹한 조건에서 신체의 자유가 박탈되었던 구 사회보호법상의 보호감호는 별론으로 한다면, 치료감호법상 치료감호에 대해서도 형벌불소급의 원칙이 적용된다고 할 것인데 치료감호는 윤리적, 규범적 비난보다는 사회방위적 차원에서 치료를 위해 부과되는 전형적인 보안처분으로서 논리적인 설득력을 가지기 어렵다.17)

(나) 선례와의 불일치

또한 헌법재판소는 일관하여 구 사회보호법상 보호감호에 대하여 이중처벌금지원칙에 위배되지 않는다고 판시하였지만, 헌법재판소의 결정과 같이 형벌적 성격이 강한 것이라면 '이중처벌'에 해당한다고 보아야 하는 것이 논리적인 결론이다. 이러한 문제가 생기는 이유는 형벌불소급원칙이 적용되지 않을 경우 기본권침해가 정도가 상대적으로 중한 보안처분 유형에 대하여 소급효가 모두 인정될 것을 우려한 것으로 보이나, 이와 같은 법리적 모순 – 형벌적 성격을 가지지만 이중처벌은 아니라는 – 에 직면하게 된다.

(다) 법치국가원리에 따른 법률불소급원칙의 형해화

헌법재판소는 이미 형벌불소급원칙이 적용되지 않는다고 하더라도 법치국가의 원칙상 진정소급효는 원칙적으로 허용되지 않는다는 입장을 취하여 왔다. 일찍이 "입법권자의 입법형성권보다도 당사자가 구법질서에 기대했던 신뢰보호와 법적안

---

17) 한편 위 헌법재판소 결정에서 반대의견은 위치추적 전자장치부착제도에 대하여 신체에 대하여 직접적으로 가해지는 물리적 침해로서 '신체의 자유에 대한 중대한 침해'인 점과 다른 종류의 형벌인 벌금 등과 법익침해 정도를 비교하여 형벌적 성격을 가지는 형사적 제재라고 하였는데 위험한 행위자로부터 사회를 방위하기 위해 고안된 보안처분의 특성상 형벌 중 성격을 달리하는 벌금형과의 비교를 통해 형벌적 성격을 논증하는 것은 적절하지 않다고 보인다.

정성을 위하여 특단의 사정이 없는 한 구법에 의하여 이미 얻은 자격 또는 권리를 그대로 존중할 의무가 있고 그것이 입법의 한계"18)라고 판시하여 진정소급입법에 의한 공무원의 신분박탈이 신뢰보호원칙에 위배되어 위헌적인 것이라고 판시하였다.

그리고 5·18민주화운동 등에 관한 특별법에서 헌정질서파괴범에 대한 공소시효의 연장 규정 관련 사례에서 "기존의 법에 의하여 형성되어 이미 굳어진 개인의 법적 지위를 사후입법을 통하여 박탈하는 것 등을 내용으로 하는 진정소급입법은 개인의 신뢰보호와 법적 안정성을 내용으로 하는 법치국가원리에 의하여 헌법적으로 허용되지 않는 것이 원칙이지만, 특단의 사정이 있는 경우, 즉 기존의 법을 변경하여야 할 공익적 필요는 심히 중대한 반면에 그 법적 지위에 대한 개인의 신뢰를 보호하여야 할 필요가 상대적으로 정당화될 수 없는 경우에는 예외적으로 허용될 수 있다(헌재 1989. 3. 17. 88헌마1 결정; 헌재 1989. 12. 18. 89헌마32·33 결정 등 참조). 그러한 진정소급입법이 허용되는 예외적인 경우로는 일반적으로, 국민이 소급입법을 예상할 수 있었거나, 법적 상태가 불확실하고 혼란스러웠거나 하여 보호할 만한 신뢰의 이익이 적은 경우와 소급입법에 의한 당사자의 손실이 없거나 아주 경미한 경우, 그리고 신뢰보호의 요청에 우선하는 심히 중대한 공익상의 사유가 소급입법을 정당화하는 경우를 들 수 있다. 이를 대별하면 진정소급입법이 허용되는 경우는 구법에 의하여 보장된 국민의 법적 지위에 대한 신뢰가 보호할 만한 가치가 없거나 지극히 적은 경우와 소급입법을 통하여 달성하려는 공익이 매우 중대하여 예외적으로 구법에 의한 법적 상태의 존속을 요구하는 국민의 신뢰보호이익에 비하여 현저히 우선하는 경우로 크게 나누어 볼 수 있다."19)고 하여 극히 예외적인 경우에 한하여 진정소급입법의 소급적용을 인정하고 있다.

그렇다면 보안처분이 형벌이 아니라고 하더라도 기본권제한의 성격을 가지는 것은 명백하므로 헌법재판소는 당연히 법치국가원리에 근거한 소급입법의 원칙적 금지원칙(신뢰보호원칙)에 의하여 판단하였어야 할 것임에도 법률불소급원칙을 적용하지 않는 채, 형벌적 성격이 강하지 않다는 이유로 죄형법정주의의 소급효금지원칙을 적용하지 않는다는 결론을 내린 후 바로 소급적용을 인정한 것은 법치국

---

18) 헌재 1989. 12. 18. 89헌마32 등, 판례집 1, 343, 355.
19) 헌재 1996. 2. 16. 96헌가2 등, 판례집 8-1, 51, 87-88.

가원리에서 기인하는 법률불소급원칙을 형해화시킨 것이라고 생각된다.

또한 헌법재판소는 소급효적용의 근거로 독일 형법상 보안처분의 재판시설을 언급하고 있으나, 재범의 위험성의 판단시점이 재판시라는 점과 재판시를 기준으로 하여 행위시에 소급하여 적용할 수 있다는 결론이 당연히 도출되는 것은 아니다.

다. 소결 – 보안처분의 제한정도에 따른 엄격한 신뢰보호원칙 적용

(1) 형벌과 보안처분 구분의 불가피성

헌법재판소의 보안처분에 대한 형벌불소급원칙 적용에 관한 결정은 위에서 본 바와 같이 '기준의 모호성, 선례와의 모순, 법치국가원칙에 기인하는 신뢰보호원칙의 형해화'라는 문제점을 가지고 있다. 위 결정을 비판하는 견해들 역시 역사적으로 형성되어온 형벌유형(사형, 자유형, 벌금형 등)과 다른 방식의 형사적 제재수단인 보안처분의 법치국가적 한계를 형벌법규에 대한 헌법적 통제를 통해 해결하려고 시도하는 바람에 우리 헌법의 문언과 체계에 부합되지 않는 논리를 전개하게 되었다고 판단된다. 사회방위를 위한 보안처분의 필요성이 인정한다면, 이원주의를 전제로 형식적으로나 내용적으로 옛 모습을 일소하고 새롭게 재구성된 보안처분제도를 도입하여 이를 예방형법의 최후의 보루로 삼는 태도를 수용하는 것이 현실적 방안이라고 할 것이다.[20]

(2) 보안처분의 소급적용과 관련해서는 법치국가원리에서 기인하는 신뢰보호원칙 적용

독일 연방헌법재판소는 유럽인권재판소의 유럽인권규약 위반결정(ECHR, M. v. GERMANY, 17 Dec 2009)에 따라 보호감호의 소급적용에 해당하는 보호감호기간 상한 10년의 사후적 연장에 대하여 내린 위헌결정(BVerFGE 128, 326)에서, 유럽인권재판소가 보호감호를 유럽인권규약 제7조 제1항에서 규정된 형벌불소급원칙의 '형벌'에 해당한다고 보아 제7조 제1항 위반이라고 판시하였지만, 독일 기본법

20) 김성돈, "책임형법의 위기와 예방형법의 한계", 형사법연구 제22권 제3호, 한국 형사법학회, 2010. 9, 30면 참조.

제103조 제2항의 해석상 '형벌'과 '보호감호'는 구분되는 것으로 '신뢰보호원칙'에 따른 심사 후 신뢰보호원칙에 위배되어 위헌이라고 판시하였다.[21]

신뢰보호원칙에 따른 소급입법에 대한 통제는 독일 연방헌법재판소의 위헌결정에서 보듯이 무력한 것이 아니다. 보안처분에 의해 무분별하게 소급적용이 허용됨으로써 기본권 보호에 관한 헌법적 가치가 훼손될 것이라는 우려는 법치국가원리에서 기인하는 신뢰보호원칙의 엄격한 적용을 통해 해소할 수 있다고 생각한다.

위 헌법재판소 결정의 합헌의견과 일부위헌의견(이강국, 박한철, 김이수, 이진성 재판관)은 과잉금지심사를 통해 징역형 등의 집행 중인 경우와 집행이 종료, 가종료·가출소·가석방 또는 면제된 후 3년이 경과하지 아니한 경우를 구분하여 후자의 경우에는 형사제재가 종료되었다는 신뢰이익의 침해가 과도하여 과잉금지원칙에 위배되어 위헌이라고 보았으나, 이는 뒤에서 보는 바와 같이 기본권제한의 시간적 한계에 관한 문제로 내용적 한계에 관한 과잉금지원칙의 문제는 아니다.

2. 형벌법규에 대한 위헌심사기준의 적용가능성 검토

위에서 본 바와 같이 형벌과 보안처분의 이원주의를 전제로 하면서 보안처분이 법치국가적 한계를 벗어나지 않도록 하여야 한다는 점에 주목하였고, 보안처분에 대하여는 형벌법규의 소급효금지원칙이 바로 적용되는 것이 아니라 법치국가원리에서 기인하는 진정소급효의 원칙적 금지라는 신뢰보호원칙이 적용된다. 이처럼 이원주의를 전제로 할 경우 형벌법규의 위헌심사기준이 보안처분법규에 그대로 적용된다는 결론에 도달하기는 어렵다. 그러나 헌법재판소는 보안처분에 대하여 형벌불소급원칙이 적용되지 않는다고 하면서도 일정한 형태의 보안처분에 대하여는 형벌법규의 위헌심사기준이 적용될 수 있다는 판시를 하고 있다.

이하에서는 형벌법규의 위헌심사기준으로 특별히 인정되는 죄형법정주의, 이중

---

21) 독일의 보호감호제도와 유럽인권재판소의 판결 및 연방헌법재판소의 위헌결정 등을 소개한 김성규의 글을 참고하였다(김성규, "독일의 보호감호에 관한 규정의 변화와 과제", 법과 정책연구 제12권 제1호, 한국법정책학회, 2012. 3. 참고). 독일 연방헌법재판소는 유럽인권재판소의 판결 이전에 형법 제66조의 보호감호에 대하여 독일기본법 제103조 제2항의 소급효금지원칙이 적용될 것인가 논란이 된 사안에서 기본법 제103조 제2항은 책임있는 불법에 대응하는 국가의 형법적 조치들에 대한 고도의 법치국가적 보호에 그 목적이 있는 것이라고 하면서 소급효금지원칙이 적용되지 않고 다만 신뢰보호원칙위반여부가 문제된다고 하여 심사를 진행한 후 합헌결정을 하였다(BVerfGE 109, 133).

처벌금지원칙, 책임원칙 등이 보안처분법규에 대한 위헌심사기준으로도 적용될 수 있는지 여부를 헌법재판소의 결정례를 중심으로 비판적으로 검토한다. 논의의 편의상 이중처벌금지원칙을 먼저 검토한 후 죄형법정주의원칙, 책임원칙의 순으로 적용여부를 차례로 살피고 마지막으로 보안처분법규에 대한 위헌결정시 형벌법규와 마찬가지로 소급효가 인정될 것인가 하는 점을 부가적으로 검토하기로 한다.

가. 이중처벌금지원칙의 적용여부

(1) 헌법재판소의 결정례

헌법재판소는 위에서 본 바와 같이 구 사회보호법상 보호감호제에 대한 위헌제청사건(88헌가5 등)에서 "보호감호와 형벌은 비록 다같이 신체의 자유를 박탈하는 수용처분이라는 점에서 집행상 뚜렷한 구분이 되지 않는다고 하더라도 그 본질, 추구하는 목적과 기능이 전혀 다른 별개의 제도이므로 형벌과 보호감호를 서로 병과하여 선고한다 하여 헌법 제13조 제1항에 정한 이중처벌금지의 원칙에 위반되는 것은 아니라 할 것이다."[22]라고 하여 보호감호에 대하여 이중처벌금지원칙이 적용되지 않는다고 한 이래, 보호감호제도(89헌마17 등[23]), 95헌바20), 보안관찰법상 보안관찰제도(92헌바28), 치료감호법상 치료감호제도(2011헌마285)에 대하여도 이중처벌금지원칙에 위배되지 아니한다고 판시하였다.

(2) 비판적 검토

헌법재판소는 구 사회보호법상 보호감호에 관한 결정에서 "상습범등에 대한

22) 헌재 1989. 7. 14. 88헌가5 등, 판례집 1, 69, 83-84.
23) 구 사회보호법상 보호감호의 집행에 있어 행형법을 준용하여 형벌과 동일하게 집행함으로써 이중처벌금지원칙에 위배된 것인지 여부에 대하여 "위 규정의 취지는 보호감호처분이나 형법(자유형)은 다같이 신체의 자유를 박탈하는 수용처분이고, 사회로부터 일정기간 격리하여 사회에 복귀할 수 있도록 교정교화하는 것을 목적으로 하는 점에서 차이가 없으므로 그러한 한도에서 성질에 반하지 않는 한 그 집행절차에서 형사소송법과 행형법의 규정을 보호감호처분에 준용한다는 것이지, 보호감호처분을 형벌과 똑같이 집행한다는 취지가 아니고, 피보호감호자분류처우규칙(1986. 12. 31. 법무부령 제179호)에 의하면 집행의 장소, 처우(의복, 노동과 그 보수, 접견, 서신, 두발, 교육, 근로, 직업훈련) 등에 있어 자유형의 집행과는 달리 취급하고 있음을 알 수 있으므로 사회보호법 제42조의 규정을 들어 보호감호의 집행이 형벌과 차이가 없이 때문에 헌법상의 거듭처벌금지에 위배된다는 주장은 이유없다."고 판시하였다(헌재 1991. 4. 1. 89헌마 17 등, 판례집 3, 124, 131).

보안처분의 하나로서 신체에 대한 자유의 박탈을 그 내용으로 하는 보호감호처분은 형벌과 같은 차원에서의 적법한 절차와 헌법 제13조 제1항에 정한 죄형법정주의의 원칙에 따라 비로소 과해질 수 있는 것이라 할 수 있고, 따라서 그 요건이 되는 범죄에 관한 한 소급입법에 의한 보호감호처분은 허용될 수 없다고 할 것이다."[24]라고 하거나, "보안처분이라 하더라도 형벌적 성격이 강하여 신체의 자유를 박탈하거나 박탈에 준하는 정도로 신체의 자유를 제한하는 경우에는 소급효금지원칙을 적용하는 것이 법치주의 및 죄형법정주의에 부합한다."[25]고 하여 신체의 자유를 박탈하는 보안처분에 있어서는 죄형법정주의원칙에 따른 소급효금지원칙이 적용된다는 취지로 판시하고 있다. 대체주의를 채택하여 치료감호기간이 자유형의 형기에 산입되는 치료감호의 경우에는 신체의 자유를 박탈하는 것이라도 이중처벌이 아니라는 설명이 가능하다.

한편 헌법재판소는 1988. 12. 17. 실시한 청송보호감호소에 대한 검증결과를 근거로 "청구인들이 수용되어 있는 청송보호감호소나 청송교도소의 보호감호대용시설에 있어서 보호감호집행의 실정이 청구인들 주장과 같이 2.607평의 협소한 방에 5 내지 8명씩을 수용하고 있는 등 그 시설이나 처우방법 등이 열악하여 이로써 인간의 존엄과 가치가 충분히 보장되어 있다고는 할 수 없고, 국가 재정형편이 허용하는 한, 이러한 점들은 마땅히 개선되어야 할 것임은 이론의 여지가 없다 할 것"[26]이라고 판시하였다. 구 사회보호법상 보호감호와 같이 형벌의 집행과 차별성을 전혀 가지지 못하는 경우에는 우리 헌법이 '형벌'과 '보안처분'을 구분하고 있다고 하더라도 이중처벌금지원칙에 위배된다고 보아야 할 것이다. 물론 이처럼 형벌과 구분되지 않는 보안처분은 형벌에 대한 차별성·독자성을 확보하지 못한 점에서 '과잉금지원칙'에 따른 위헌심사의 대상도 될 수 있다.

헌법재판소가 형벌과 마찬가지인 보호감호에 대하여 소급적용이 인정되지 않는다(88헌가5 등)고 판시하면서, 동시에 '목적과 기능이 다른 전혀 별개의 제도'라는 이유로 이중처벌에는 해당하지 않는다고 본 것(89헌마17 등)은 법리상 일관되지 않는다.

---

24) 헌재 1989. 7. 14. 88헌가5 등, 판례집 1, 69, 81.
25) 헌재 2012. 12. 27. 2010헌가82 등, 판례집 24－2하, 281, 297.
26) 헌재 1991. 4. 1. 89헌마17 등, 판례집 3, 124, 132.

나. 죄형법정주의의 적용여부

(1) 형벌법규에 대한 죄형법정주의는 헌법 제12조 제1항과 제13조 제1항에 근거하는데 헌법 제12조 제1항은 법률과 적법한 절차에 의하지 아니하는 보안처분의 금지를 규정하고 있다. 이와 같은 '보안처분 법정주의'에 형벌법규와 마찬가지로 엄격한 요건의 명확성원칙, 유추적용금지원칙, 소급효금지원칙을 인정할 수 있을 것인가의 문제이다.

(2) 죄형법정주의의 명확성원칙의 적용여부

헌법재판소는 사회보호법상 보호감호의 요건 중 '재범의 위험성'에 관하여, "보호처분의 본질적 요소인 행위자의 재범의 위험성은 그가 장래에 다시 범죄를 범할 개연성을 의미하는 것으로서 장래의 예측에 따른 불확실성을 가지고 있음은 부정할 수 없으나, 재범의 위험성 유무에 대한 판단은 법관의 재량에 일임되어 있고, 재범의 위험성이 있는지 여부는 법관이 개개의 구체적 사건을 대상으로 사후에 예측 판단하는 것이어서 그 구체적 기준을 미리 망라하여 규정하는 것은 입법 기술상 불가능할 뿐 아니라 이를 미리 규정하지 않는다고 하더라도 그 의미가 사회적으로 인식되어 있어서 법관에 의한 법의 해석과 적용이 일반에게 예측될 수 있다 할 것이며, 또한 위에서 살펴본 사회보호법의 각 법률조항에 의하면, 같은 법 제5조 제1호 소정의 보호감호는 재범의 위험성이 있다고 인정되는 때에만 선고되도록 규정되어 있을 뿐만 아니라, 그 요건에 해당하는 경우 법원으로 하여금 반드시 보호감호를 선고하여야 하는 강제적 규정도 있지 아니하고, 그 집행기간의 상한도 규정되어 있으며, 재범의 위험성이 소멸하였을 경우에 대비하여 가출소심사를 통한 보호감호의 부정기성도 구현되어 있다 할 것이므로, "재범의 위험성" 부분을 포함한 사회보호법 제5조 제1호가 헌법 제12조 제1항 후문의 적법절차의 원칙에 위반된다거나 헌법 제13조 제1항의 죄형법정주의에 위배된다고는 할 수 없다."[27]고 하여 죄형법정주의 명확성원칙에 위배되지 않는다고 판시하였다.

우선 죄형법정주의가 적용될 것인가, 적용된다면 그 기준에 부합하는가 하는

27) 헌재 2001. 3. 21. 99헌바7, 판례집 13-1, 525, 541; 같은 취지 헌재 1996. 11. 28. 95헌바20, 판례집 8-2, 573, 583 참조.

점이 문제될 것이다.

헌법재판소가 구 사회보호법상 보호감호에 대하여 죄형법정주의의 명확성 원칙을 적용한 것은 구 사회보호법상 보호감호가 사실상 형벌과 마찬가지로 집행이 이뤄지고 있는 현실에 비추어, 신체자유의 박탈이라는 형벌적 성격에 주목한 것으로 보인다. 그러나 '재범의 위험성'은 헌법재판소가 밝히고 있듯이 '법관의 재량에 일임'되어 있고, 개개의 구체적 사건을 대상으로 '사후에 예측 판단'하는 것으로서 죄형법정주의의 명확성 원칙이라는 엄격한 기준을 적용한다면 위헌성을 벗어나기 어렵다고 생각된다. 즉 헌법재판소는 '공익'(2008헌바157), '공중도덕상 유해한 업무'(2004헌바29)와 같이 일반추상적 용어로 가치충전이 필요한 규범적 용어의 경우, '중요한'(2010헌가29), '다량, 현저한'(2011헌가26 등) 등 양적, 질적인 평가를 필요로 하는 용어에 대하여 수범자가 사전에 그 의미를 예측할 수 없다는 이유로 죄형법정주의의 명확성 원칙에 위배된다고 판시하였다. 물론, 위법성조각사유에 해당하는 정당방위의 '상당성'(99헌바31), 후보자비방죄의 위법성조각사유 중 '공공의 이익'(2011헌바75)의 경우 가치충전규범임에도 불구하고, 죄형법정주의의 명확성원칙을 적용하여 합헌결정을 하였으나, 실제 논증과정은 일반적인 죄형법정주의의 명확성원칙 보다 완화된 심사를 진행하였다는 점은 제3장 제3절에서 이미 밝혔다.

'재범의 위험성'은 사전적 행위의 기준으로 삼을 수 없어 전적으로 사후적 판단개념으로서 '사전적 예측가능성'을 보장하여 수범자로 하여금 행위의 기준으로 삼도록 하고 이를 어기는 경우 형사적 행위책임을 부과한다는 죄형법정주의의 명확성원칙의 기획과 어울리지 않는다. 따라서 보호감호 외에 다른 보호처분의 경우에도 마찬가지로 죄형법정주의의 명확성원칙이 적용되지 않는다고 보아야 할 것이다. 오히려 법치국가원리에서 비롯하는 명확성원칙의 문제로 파악하고, 기본권 제한의 정도가 큰 경우 명확성의 요구 정도도 더 크다고 하는 일반원칙의 문제로 해결하는 것이 적절하다고 생각된다.28)

보안처분의 경우에는 특별히 헌법에 '법정주의'를 명시하고 있어 엄격한 명확성원칙 및 유추적용금지가 지켜져야 할 것이다.29) 따라서 재범의 위험성에 대하여 법관의 자의적인 판단에 전적으로 맡기지 않고 예측가능한 절차적 기준과 심

28) 헌법재판소는 형사소송법상 구속사유 중 '재범의 위험성'에 대한 위헌심사에서, 법치국가원리에서 유래하는 명확성원칙에 따른 심사를 하여 명확성원칙에 위배되지 아니한다고 판시하였다(헌재 2010. 11. 25. 2009헌바8, 판례집 22-2하, 358).

29) 오영신, "법률의 유추적용에 대한 위헌심사", 23-24면 참조.

사방법[30]을 구체적으로 정립함으로써 판단자(법관 등)의 자의적 집행가능성을 배제하여야 할 것이다.[31]

(3) 소급효금지원칙의 적용여부

헌법 제13조 제1항의 형벌불소급 원칙은 소급효를 절대적으로 금지하는 것이다. 그런데 보안처분에 대하여는 원칙적으로 형벌불소급의 원칙이 아닌 법치국가에서 기인하는 법률불소급원칙 즉 신뢰보호원칙이 적용되어야 한다는 점은 앞서 이미 언급하였다. 다만 형벌의 집행과 거의 차이가 없고, 오히려 가혹한 방식으로 대상자를 수용하였던 구 사회보호법상 보호감호는 형벌과 다를 바가 없으므로 형벌불소급원칙이 적용되어야 할 것이다.

그런데 위치추적 전자장치부착제도의 소급적용에 대한 헌법소원에서 헌법재판소는 과도한 소급적용이 위헌인지 여부를 과잉금지원칙 위반여부로 심사하였다. 즉 제한되는 기본권을 피부착자의 '사생활의 비밀과 자유, 개인정보자기결정권 및 인격권'으로 한 다음 소급적용의 입법목적(재범방지 및 성폭력범죄로부터 국민보호), 수단의 적절성(전자감시장치 부착의 효과성)을 언급한 뒤 피해최소성과 법익균형성 항목에서 피부착자의 신뢰이익의 침해보다 성폭력범죄로부터 국민 특히 여성과 아동을 보호한다는 공익이 더 크다는 점을 이유로 과잉금지원칙에 위배되지 아니한다고 하고 있다.[32] 한편 일부위헌의견에서는 역시 과잉금지심사를 통해 이미 형의 집행을 마친 사람들의 경우에는 형사제재가 종료되었다는 신뢰가 형성되었고, 이를 보호하기 위하여 제재적 성격의 부착명령 외에 다른 수단, 즉 적극적인 치료프로그램, 보호관찰제도 및 준수사항의 대체 활용 등을 통하여 보다 덜 침해적인 수단을 선택할 수 있었다는 점에서 피해의 최소성원칙에 반하고, 이 사건 부칙조항은 그러한 신뢰를 보호하기 위한 어떠한 절차도 마련하지 아니한 채 부

---

30) 재범위험성에 대한 신뢰할 만한 과학적이고 객관적인 평가도구를 개발하려는 노력의 일환으로 2010년 한국판 위험성평가도구인 'KORAS－G'가 개발되었고, 만족할 만한 수준의 재범예측률을 지니고 있다는 평가를 소개하며 이와 함께 대상자에 대한 양형조사의 실질화가 필요하다는 의견이 있다(김혜정, "보호수용법 제정시안에 대한 소고", 법조 제63권 제10호, 법조협회, 2014. 10, 56－57면 참조).

31) 2014. 7. 법무부 주관 보호수용도입 공청회에서 발표자와 토론자 대부분이 '재범위험성' 판단의 실질화, 객관화 필요성에 대하여 의견을 피력한 것을 보더라도, '재범위험성' 개념이 가지는 예측가능성, 자의적 집행배제 기능에 문제점이 있다는 것은 분명하다.

32) 헌재 2012. 12. 27. 2010헌가82 등, 판례집 24－2하, 281, 298－301 참조.

착명령 절차를 그대로 적용하고 있다는 점에서 피해의 최소성 원칙에 반하고, 재범위험성 방지 및 국민의 보호라는 공익보다도 형 집행 종료자의 신뢰를 비교할 때 법익균형성에 반하여 위헌이라고 하였다.

그러나 신뢰보호원칙이 '법의 시간적 차원'에 관한 것으로 법률적용범위의 시간적 한계를 제시하는 원칙이고, 과잉금지원칙은 '법의 내용적 차원'에 관한 것으로 법률에 의한 기본권제한에 대하여 실체적·내용적 한계를 제시하는 원칙이라는 점에서 독자성을 가지는 위헌심사기준이다.[33] 따라서 '과도한 소급적용이 위헌인지'라는 문제의식 하에 과잉금지심사를 한 것은 과잉금지원칙과 신뢰보호원칙이 가지는 헌법에서의 독자적 의미와 기능을 분명히 하지 못하는 것이라고 생각된다. 이러한 문제점은 과잉금지심사 과정에서 그대로 나타나게 된다. 위치추적 전자장치부착제도 자체의 위헌성 판단이 소급적용의 위헌성 판단을 대체함으로써 법률의 진정소급적용이 가지는 법치국가적 한계에 대한 논의를 제대로 진행하지 못하게 되는 것이다. 위 헌법재판소의 일부 위헌의견에서도 그 논증과정에서 신뢰이익과 공익 사이의 법익형량을 넘어서 위치추적 전자장치부착제도 자체의 위헌성 심사(피해최소성)에서 검토되어야 할 적극적인 치료프로그램, 보호관찰제도 및 준수사항의 대체 활용가능성을 위헌의 논거로 제시하는 문제점을 보이고 있다.[34]

위에서 본 바와 같이 진정소급입법이 허용되는 경우는 ① 구법에 의하여 보장된 국민의 법적 지위에 대한 신뢰가 보호할 만한 가치가 없거나 지극히 적은 경우와 ② 소급입법을 통하여 달성하려는 공익이 매우 중대하여 예외적으로 구법에 의한 법적 상태의 존속을 요구하는 국민의 신뢰보호이익에 비하여 현저히 우선하는 경우가 될 것이다. 그렇다면 전자감시제도의 소급적용에 대한 위헌심사는 그 전제가 되는 위치추적 전자장치부착제도의 과잉금지심사를 거친 후 신뢰보호원칙에 따라 이미 형벌이 확정되어 법적 지위가 정해진 사람의 신뢰이익의 보호가치에 비하여 전자감시제도의 소급적용을 통하여 달성하려는 공익의 중대성이 현저히 우선하는 것인지를 기준으로 하여 살펴보았어야 할 것이다. 이 경우 논증이 필요한 것은 이미 형벌이 확정된 사람의 신뢰이익이 가지는 경험적이고 구체적인 의미와 위험한 범죄자로부터 사회의 안전을 지킨다는 공익이 가지는 급박성과 현

33) 한수웅, 헌법학, 270면 참조.
34) 위 결정에서 소급적용을 정한 부칙규정을 문제삼았지만, 전자감시제도 자체의 위헌성도 검토하여야 하고, 양자의 중복적 판단의 문제로 이와 같이 과잉금지심사 방식을 채택하였다고 볼 여지가 있으나, 과잉금지심사와 신뢰보호원칙 위반심사는 그 논의국면과 기능이 다르다.

저성이다.

다. 책임원칙의 적용여부

형벌과 보안처분의 성격이 상이하다는 점을 인정하는 학계의 일반론과 헌법재판소의 입장에 따르면, 행위책임을 근간으로 하는 형벌법규에 적용되는 책임원칙은 그 성질상 적용될 수 없다고 할 것이다. 그러나 실제 보안처분의 대부분은 유죄의 형사처벌에 수반하여 그 범죄행위의 유형과 죄질에 따라 그 기간 등이 결정되고 있어 실제로는 책임원칙에서 자유롭지 못한 것으로 평가될 여지가 있다. 이는 형사상 책임 개념에 예방이 포함되는지에 관한 논쟁과도 깊게 연관되어 있다. 본 저서에서는 헌법재판소의 입장에 따라 양자를 구분하고 있고, 그렇다면 보안처분의 기간이나 부과정도 등에 관한 것은 '책임원칙'의 문제가 아닌 보안처분의 '개선교화를 통한 사회복귀의 특별예방 · 사회방위' 목적을 달성하려고 하는데 필요한 정도인가의 문제 즉 '비례성원칙'의 문제로 보아야 할 것이다. 보안처분은 형사적 제재의 일종으로 신체의 자유를 제한하는 것이므로 가능하면 형벌의 집행으로 끝내야 한다는 점에서 보충성의 원칙으로 따라서 '의심스러울 때는 피고인의 이익으로'라는 법원칙이 적용되어야 한다.35)

라. 보안처분법규 위헌결정의 소급효 인정여부

형벌법규에 대한 위헌결정의 소급효가 보안처분법규에도 적용될 수 있는지를 검토한다. 위 헌재 88헌가5 등 결정에서 헌법재판소는 법관에 의한 재범의 위험성 판단없이 바로 보호감호를 선고하도록 한 사회보호법 제5조 제1항에 대하여 위헌결정을 하였는데 이 위헌결정이 개정 전 헌법재판소법 제47조 제2항 단서(현행 헌법재판소법 제47조 제3항)에 의하여 형벌법규와 마찬가지로 소급효를 가지는가 하는 점이 문제되었다.

법정의견에서는 혼란을 막기 위해 소급효를 제한하여야 한다는 법무부장관의 주장에 대하여 소급효가 인정되어야 한다고 판시하였고, 헌법재판관 이시윤은 보충의견을 통해 사회보호법을 널리 '형벌에 관한 법률'로 보는 한 위헌판단을 재심

35) 김상겸, "보호수용제도의 정당성과 필요성", 13-14, 16-17면 ; 김혜정, "보안처분에서 무죄추정원칙의 인정여부", 형사법연구 제19호, 한국형사법학회, 2003. 6, 362면 참조.

사유로 삼아 재심청구를 할 수 있다는 취지로 보충설명을 하고 있다. 그리고 실제 위 위헌결정 이후에 재심이 이루어져 사회보호법 제5조 제2항으로 공소장변경된 후 재범의 위험성에 대한 판단을 거쳐 보호감호가 다시 결정되었다.36) 헌법재판소가 보호감호와 형벌을 명확히 구분하고 있는 점, 당시 헌법재판소법 제47조 제3항(현행 헌법재판소법 제47조 제4항)에서 재심청구의 대상을 '유죄의 확정판결'이라고 하고 있는 점에 비추어 보면, 개정 전 헌법재판소법 제47조 제2항 단서의 '형벌에 관한 법률'에 '보호감호에 관한 법률'이 포함하는 것은 법문해석이나 보호감호와 형벌의 구분 법리에 비추어 타당하지 않다. 다만 이에 대하여는 헌법재판소가 보호감호는 그 효과 및 실제 운영에 있어 형벌과 마찬가지이고, 형벌의 부과시 함께 선고되는 점에서 '유죄의 확정판결'로 보아 재심을 허용하도록 한 것이며 법원에서도 같은 입장에서 재심을 허용한 것으로 보인다.

이때 보호감호 외에 다른 보안처분법규에 대한 위헌결정도 형벌에 관한 법률로 보아 모두 소급효를 가지는 것인가 하는 점이 형벌법규 위헌심사기준의 적용범위와 관련하여 문제된다.

앞서 본 바와 같이 형벌과 보안처분의 구별이라는 법리, 형벌에 관한 법률조항, 유죄의 확정판결이라는 문리해석에 비추어 보안처분법규의 위헌결정시 소급효가 인정된다고 보기는 어렵다. 그러나 보안처분은 유죄판결의 선고시에 유죄판결과 함께 이루어지는 점, 형벌 이외에 형사적 제재수단으로서 형벌처럼 신체의 자유에 대한 상당한 제한을 수반한다는 점에서 위헌결정의 소급효가 인정되지 않을 경우, 위헌결정의 적용을 받지 못하는 자들과의 사이에 형평성의 문제가 심각하게 제기되는 점 등을 고려할 때, 보안처분에 대한 위헌결정시 헌법재판소법 제47조의 적용범위를 기본권보장을 확대하는 차원에서 넓게 유추적용하여 소급효가 인정된다고 보아야 할 것이다.

---

36) 대법원 1991. 7. 26. 선고 91재감도58 결정 등; 이와 같은 대법원 판결이 나오기 전까지 보안처분법규의 위헌결정에 소급효가 있는지에 대한 논란이 있었던 것으로 보인다. 이에 관하여는 위 대법원 판결 이전에 있었던 헌재 89헌마17 등 사건의 반대의견(변정수 재판관) 중 "위헌법률에 의하여 필요적 보호감호처분을 받은 사람들이 헌법재판소법 제47조 제3항에 의하여 당연히 재심청구권을 취득한 것으로 볼 것인지의 여부에 대하여는 견해가 엇갈릴 수 있고(당 재판소의 위헌결정에도 불구하고 신법 부칙의 간주규정 때문에 오히려 재심청구를 할 수 없다는 하급법원의 판례, 1989. 12. 9.자 광주지방법원 89재고합6 재심청구사건) 또 당 재판소의 위헌결정의 효력은 현행 헌법 시행일인 1988. 2. 25.까지만 소급하고 따라서 현행헌법 시행일 이후에 필요적 보호감호 선고를 받은 자들에 한하여 재심청구를 할 수 있다는 견해(법무부의 의견)가 있는 등"(헌재 1991. 4. 1. 89헌마17 등, 판례집 3, 124, 142) 부분 참조.

제 5 장

형벌법규의 특성에 부합하는 위헌심사기준의 정립

제1절 형벌법규에 대한 위헌심사기준과 그 특성

1. 형벌법규의 일반적 특성과 위헌심사기준

형벌법규의 일반적 특성이 위헌심사기준에 어떻게 반영되는가를 살펴보는 것은 결국 다른 기본권제한법규에 대한 위헌심사기준과의 차별성을 확인하는 작업이다. 형벌법규는 자체 법원칙을 발전시키며 인도화·과학화 과정을 거쳤고, 민사·행정법규 영역에서도 각자의 법원칙이 만들어지고 발전되어 왔다. 이처럼 각기 발전하여 온 법원리는 결국 인간사회를 바탕으로 하는 것이다. 따라서 현대 헌법국가에서 인간의 존엄성 보장을 중심으로 인간사회의 기본적 질서를 정립한 헌법질서라는 용광로에 들어가 '헌법의 일반원칙'으로 탈바꿈하게 된다. 특히 연혁적으로 가혹한 신체형 등의 제한을 위해 발전하여온 형법의 일반 원칙들이 헌법규정으로 명문화되고, 그러한 원칙들이 다른 기본권제한법규에 대한 법치국가적 한계 논의에 영향을 미침으로써 더욱 강화된 기본권보장이 가능하게 되었다.

한편 잔혹한 형벌의 인도화를 통한 형벌제도의 획기적 개선, 현대국가의 복잡성, 위험증대, 보편적 법익보호 필요성 등으로 형벌법규의 엄격한 기준들은 완화되고 있어 형벌법규와 다른 기본권제한법규는 상호 수렴되어 가고 있는 추세에 있다. 그러나 형벌법규는 신체의 자유 박탈 등 기본권에 대한 강력한 제한을 내용으로 하는 것으로서, 사회적 비난가능성을 요건으로 한다는 특성이 위헌심사기준에 반영되어야 한다. 이는 형벌법규가 다른 기본권제한법규에 비하여 '특별한 헌법적 정당화'가 필요하다는 것을 의미한다.

가. 범죄와 형벌의 정당화

먼저 범죄의 정당화와 관련하여, 어떠한 행위를 범죄로 규정하는 헌법적 정당화 사유로서 '사회유해성 내지 법익침해성'은 그 자체로 독자적 위헌심사기준은 아니지만, 그 명백성과 심각성의 정도에 따라 과잉금지심사를 통해 형벌법규의 위헌심사기준으로 작동한다. 이를 통하여 타인에게 해악을 끼치지 않는 행위 즉 단순한 도덕규범 위반행위와 사회일반에 해악을 끼치지 않는 사인간의 손해배분의 문제는 형사처벌의 대상이 될 수 없고, 사회의 공존·공영조건을 확보하기 위하여 필수적으로 법적 보호가 필요한 것만이 형사적인 보호법익이 될 수 있다는 국가형벌권의 이념적 한계가 설정된다. 이처럼 형벌법규는 다른 기본권제한법규와 달리 '사회유해성 내지 법익침해성'에 대한 논증이 필요하다.

다음으로 형벌의 정당화와 관련하여, 형벌의 정당화사유 즉 형벌의 목적인 응보, 일반예방, 특별예방이 형벌법규에 대한 위헌심사의 중요한 판단요소가 된다는 것은 형벌법규에 대한 위헌심사의 중요한 특징 중 하나이다. 형벌의 응보목적은 '사회적 비난'이 주된 요소라는 점에 특성이 있고, 일반예방목적을 위한 수단으로서 통상적으로 논의되는 자유형을 상정할 때, 신체의 자유를 빼앗아 일정한 장소에 구금함으로써 가족 등과의 일상적 접촉이 불가능하고, 개인의 내밀한 영역이 사실상 허용되지 않으며, 교도소 관리자의 감시와 감독 하에서 타의에 의한 생활 및 노동을 요구받는 그 기본권제한의 정도는 다른 기본권제한법규의 제재수단과 비교하기 어렵다. 형벌의 특별예방목적은 형벌 그 자체의 집행으로 형사처벌을 통한 교정·교화라는 특성이 있다. 형벌법규가 이러한 형벌의 목적을 달성하는데 필요최소한의 효과적인 수단인지에 대하여 과잉금지심사가 이루어진다.

시대와 문화에 따라 형법의 영역에서 정의로운 질서에 관한 규범적 판단은 달라지게 되고, 이는 '법감정'이 다른 기본권제한법규에서 보다 형벌법규의 위헌심사에서 더 큰 의미를 갖는 이유이다. 국민의 법감정은 죄형법정주의의 명확성원칙에서 판단자의 자격, 범죄화와 법정형 설정의 판단요소로서 작용하고 있고, 성도덕에 관한 범죄인 혼인빙자간음죄와 간통죄에 대한 위헌심사에서 법감정의 변화를 주요한 이유 중의 하나로 하여 위헌결정이 내려졌다.

나. 인간의 존엄과 가치

헌법재판소가 인간의 존엄과 가치를 여러 기본권문제에 결부시킨 경향이 강한 것은 헌법소원심판을 한 청구인들이 헌법 제10조를 청구이유의 논거로 내세웠기 때문이고, 인간의 존엄성보장이 기본권보장의 이념적 기초가 되고 있기 때문이다. 그러나 헌법재판소는 초기 일부 결정례를 제외하면, 형벌법규에 대한 위헌심사에 있어 죄형법정주의원칙, 기본권제한에 관한 과잉금지원칙, 평등원칙 등 구체화된 위헌심사기준으로 판단하고 있다.[1] 이는 인간의 존엄과 가치가 가지는 이상적, 절대적 성격에서 비롯된 것이고, 다른 기본권제한법규에 대한 위헌심사의 경우에도 마찬가지이다. 이처럼 형벌법규에 대한 위헌심사에 있어 인간의 존엄과 가치는 구체적 위헌심사기준으로 사용되는 형벌에 관한 책임원칙의 헌법상 도출근거, 무죄추정원칙의 이념상 근거, 평등원칙의 심사잣대로서 이념적인 차원에서 간접적으로 심사기준이 되는 것이 일반적이다.

인간의 존엄과 가치를 기반으로 한 '헌법상 인간상'논의는 행위에 대하여 형벌로써 책임을 묻는 형벌법규의 경우에, 행정제재나 손해배상에 그치는 다른 기본권제한법규에 비하여 더 큰 의미를 지니게 된다. 이성적 의사결정 능력의 결여가 의심되는 잠재적 범죄인에 대한 형사처벌 여부 및 정도의 문제, 범죄피해자를 자신의 책임하에 스스로 결정하고 형성하는 성숙성을 지닌 인간으로 상정함으로써 국가의 지나친 후견적 개입을 제한하는 문제 등이 형벌법규에 대한 위헌심사에 있어 다른 기본권제한법규와 구분되는 특색이다. 또한 인간생존의 핵심영역에 해당하는 것으로 볼 수 있는 사형제, 잔혹한 형벌, 비인간적이고 굴욕적 형벌 등과 관련하여, 인간의 존엄과 가치가 직접적인 위헌심사기준으로 작용할 수 있다.

다. 형벌에 관한 책임원칙

재판소원을 인정하지 않고 있는 우리 헌법재판제도 하에서 형벌법규에 대한 위헌심사기준으로서 '형벌에 관한 책임원칙'은 '형벌법규 자체의 형벌정당화 여부', '법정형의 비례성 여부'의 문제를 다루게 된다. 책임없으면 형벌없다는 원칙은 다른 기본권제한법규에 적용되는 '자기책임의 원리'와 헌법적 근거와 기본원리를 같이 하고 있다.

헌법상 원칙으로서 형벌에 관한 책임원칙이 다른 기본권제한법규의 자기책임의 원리와의 비교될 수 있는 지점은 '위험책임'의 인정여부와 긴밀히 관련되어 있다. 자기책임의 원리에서는 명시적 논의는 없으나, 선거회계책임자에 대한 지휘·감독책임, 후보자와 배우자의 불가분의 선거공동운명체, 피상속인과의 근접성 및 정당한 사유가 있는 경우 가산세의 배제가능성을 논거로 실제 지휘·감독상의 주의의무 위반 등에서 위험원을 지배하는 자(후보자, 상속인)로 하여금 그 위험이 현

---

1) 정재황, "한국에서의 인간존엄성의 보장", 139면 참조.

실화된 경우의 법적 부담을 지게 하는 것으로 선거부정방지 내지 세금부과의 편의라는 행정목적 달성을 위한 일종의 위험책임을 인정한 것으로 볼 수 있다. 반면 형벌에 관한 책임원칙은 '자기가 결정하지 않은 것이나 결정할 수 없는 것에 대하여는 책임을 지지 않고 책임부담의 범위도 스스로 결정한 결과 내지 그와 상관관계에 있는 부분에 국한한다'는 자기책임의 원리에 더하여, '법질서에 의해 부정적으로 평가된 행위에 대한 비난가능성'이 있어야 하고, 행위자 개인에게 '직접적으로 귀속'될 것이 요구된다. 따라서 형벌에 관한 책임원칙의 적용에 있어 위험책임은 허용되지 않고, 행위자에게 직접 (형사적) 책임이 귀속되지 않는 경우에는 형벌법규는 정당화될 수 없다는 점에서 무과실책임의 성격이거나 비난가능성이 없는 민사적 책임의 성격인 경우, 책임귀속이 간접적인 경우 등에는 형벌에 관한 책임원칙에 위배된다.

헌법재판소는 행정목적 달성을 위해 무차별적으로 도입되어 무과실책임을 규정한 양벌규정에 대하여 '형벌에 관한 책임원칙'을 헌법상 일반원칙으로 선언하면서 위헌결정을 함으로써 형사적 책임이 없는 행정형벌의 광범위한 도입이라는 우리 형벌법규의 부정적 특성에 대하여 분명히 인식하고 있음을 보여주었다.

그러나 한편으로는 형벌에 관한 책임원칙과 관련하여, 양벌규정을 제외하고는 위헌결정을 한 사례를 찾아볼 수 없고, 건설업 등록을 하지 않은 건설공사 하수급인이 근로자에게 임금을 지급하지 못한 경우에, 하수급인의 직상 수급인에 대하여 하수급인과 연대하여 임금을 지급할 의무를 부과하고 직상 수급인이 그 의무를 이행하지 않으면 처벌하도록 한 근로기준법 규정이나, 채무불이행자가 그 대출금융기관의 부실에 책임이 있거나 그와 관련이 있다고 보기 어려운 경우에도 부실과의 관련성을 추정하여 조사에 불응하는 경우에 대한 형사처벌규정과 같이 행위자 개인에게 직접 귀속시킬 수 없는 위험책임의 성격을 가지는 경우에도 자기책임의 원리에 관한 결정례를 선례로 원용하는 등 다른 기본권제한법규에 대한 자기책임의 원리와 명확히 구별되는 논증을 통한 위헌심사가 이루어지지 않고 있다.

표 11 자기책임원리의 영역별 구분

	민사영역	행정영역	형사영역
명칭	사적자치, 과실책임	자기책임의 원리	책임없으면 형벌없다는 원칙
헌법적 근거	헌법 제10조, 법치국가, 헌법 제119조 제1항	헌법 제10조, 법치국가	헌법 제10조, 법치국가
책임의 내용	– 무과실책임(위험책임) 예외적 허용 – 입증책임전환 허용	– 고의·과실책임 – 예외적 위험책임	– 고의·과실책임 – 위험책임 불허
헌법재판에서 문제된 영역	– 자동차운행자 무과실책임 – 상법상 임원의 무과실 연대책임	– 공직선거법상 비례대표승계 – 후보자의 선거회계책임자·배우자의 선거범죄로 인한 당선무효 – 자동차운전학원 행정제재 – 수급인의 하수급인의 행위 관련 과징금	– 양벌규정 – 선거기간 중 국민운동단체 모임주최자 처벌 – 금융기관 부실시 채무자 조사불응자 처벌 – 하수급인의 임금미지급시 직상수급인의 임금연대지급의무 및 미지급시 처벌

라. 평등원칙

형벌법규의 행위·제재규범에 대한 평등원칙 심사는 다른 기본권제한법규와 마찬가지로 원칙적으로 자의금지심사에 의하고 있다. 그러나 형벌법규의 경우에 자의금지심사를 하는 사유를 살펴보면, 범죄화에 관하여 입법자에게 넓은 입법재량을 부여하고 있고, 자유권의 제한이 주요 내용이므로 원칙적으로 과잉금지심사를 중심으로 위헌심사가 이루어져 평등원칙 심사는 가볍게 처리되는 경향이 있으며, 동일성 있는 비교집단의 경우 대부분 형사처벌의 대상이 되고 있어 평등원칙의 심사대상인 비교집단의 동일성이 상대적으로 미약하기 때문이라는 점에서 다른 기본권제한법규의 평등원칙 심사와 차이를 보인다.

헌법상 체계정당성 원리가 다른 기본권제한법규에 대하여 독자적 위헌심사기준으로서 제대로 위상을 찾지 못한 반면, 형벌법규의 법정형에 대한 위헌심사에서는 평등원칙과 결합함으로써 '형벌의 체계균형성'이라는 형벌법규 특유의 위헌심사기준으로 자리잡았다는 점에서 특색이 있다. 헌법재판소는 법정형이 가중된 경우로서 첫째, 형법에서는 법정형에 차이가 있으나, 가중처벌규정에서 일률적으로 동일한 법정형을 규정한 법정형 사이의 비교, 둘째, 법정형 가중에 있어 죄질과 보호법익이 유사한 범죄와의 비교, 셋째, 가중적 구성요건의 표지가 있는 다른 특가법상 처벌규정과의 비교(형법 등의 법정형을 가중적 구성요건의 표지 없이 가중한 사례)에서 형벌의 체계균형성 위반을 이유로 위헌결정을 하고 있다.

마. 죄형법정주의 원칙

(1) 헌법 제12조의 죄형법정주의의 법률주의원칙과 헌법 제37조 제2항의 기본권제한적 법률의 법률유보원칙이 구별되는 차이점

헌법재판소는 "형벌에 관한 위임입법이 허용된다 하더라도, 우리 헌법이 반드시 법률을 통해서만 기본권에 대한 제한이 가능하도록 한 제37조 제2항에 그치지 않고 죄형법정주의를 명시적으로 선언하고 있는 취지에 비추어 볼 때, 형벌법규를 하위법령에 위임하는 것은 원칙적으로 바람직하지 못한 것으로, 그 요건과 범위는 엄격하게 제한적으로 적용되어야 한다. 따라서 형벌법규의 위임은 특히 긴급한 필요가 있거나 미리 법률로써 자세히 정할 수 없는 부득이한 사정이 있는 경우에 한정되어야 하고 이러한 경우일지라도 법률에서 범죄의 구성요건은 처벌대상인 행위가 어떠한 것이 될 것임을 예측할 수 있을 정도로 구체적으로 정하고 형벌의 종류 및 그 상한과 폭을 명백히 규정하여야 한다."[2]고 하여 죄형법정주의의 법률주의 원칙이 헌법 제37조 제2항의 기본권제한에 있어 법률유보원칙 보다 엄격하게 제한적으로 적용되어야 한다고 판시하고 있다. 그러나 형벌법규의 위헌성이 문제된 사안에서 형벌법규임을 명시하면서도 헌법 제37조 제2항의 법률유보원칙을 언급하기도 하고(2002헌가20 등), 형벌 구성요건의 일부를 고시에 위임한 사례에서 행정입법에 관한 선례를 원용하여 위임이 가능하다고 판시하는 등(2007헌마106) 양자를 엄밀하게 구분하지 못한 결정례도 있다. 죄형법정주의의 법률주의원칙은 위임의 형식적 대상과 관련하여 집중적으로 논의되고, 엄격한 위임의 필요성 논증이 부분적이나마 이루어지고 있는 반면, 헌법 제37조 제2항의 법률유보원칙

---

2) 헌재 1991. 7. 8. 91헌가4, 판례집 3, 336, 341; 헌재 1995. 10. 26. 93헌바62, 판례집 7-2, 419, 429; 헌재 2004. 9. 23. 2002헌가26, 판례집 16-2상, 394, 399-400; 헌재 2010. 9. 30. 2009헌바2, 판례집 22-2상, 1, 18-19.

은 본질성론을 중심으로 검토가 이루어지는 실제적 차이를 보이고 있다.

살피건대, 역사적으로 죄형법정주의가 헌법상 기본권의 법률유보법리와는 독자적으로 발전하여 온 것은 사실이나, 양자가 모두 현행 헌법하에 규정된 이상 죄형법정주의의 법률주의 원칙은 형법의 영역에서 법률유보원칙이 구체화된 특수한 형태라고 볼 수 있다.[3] 앞서 제2장에서 살핀 바와 같이 형법 고유의 독자적 발전의 법리를 강조하든, 헌법상 법률유보의 특수한 형태라고 보든, 죄형법정주의의 법률주의 원칙이 헌법 제37조 제1항의 법률유보와는 다른 특성이 있다는 점에 대하여는 다른 의견이 있을 수 없다. 형벌법규라는 특성의 반영은 다른 기본권제한법규의 경우 보다 엄격한 기준이라고만 할 것이 아니라 형벌법규의 내용에 부합하는 특성을 반영하는 방식이 되어야 한다. 이처럼 죄형법정주의의 법률주의 원칙과 다른 기본권제한법규의 법률유보 원칙은 헌법상 원리를 같이 하는 것이나, 죄형법정주의의 역사적 연혁과 형벌법규가 가지는 기본권 제한의 중대성에 비추어, 다른 기본권제한법규와는 달리 엄격한 요건을 부과하고 있다. 이를 정리하여 보면 [표 12]와 같다.

표 12 죄형법정주의 법률주의원칙과 헌법 제37조 제2항 법률유보원칙의 차이

구 분	죄형법정주의의 법률주의원칙	헌법 제37조 제2항의 법률유보원칙
내용요건	실질적 내용	본질적 내용
위임의 필요성	특히 긴급한 필요 또는 미리 법률로 정할 수 없는 부득이한 사정이라는 엄격한 기준	단순한 위임필요성이라는 완화된 기준
위임의 대상	원칙은 헌법에서 정한 법규명령 (실제로는 고시, 조례, 행정기관에도 위임허용)	제한없음(고시, 조례의 경우 전문적, 기술적 필요성 요구)

[표 12]에서 보는 바와 같이 다른 기본권제한법규의 헌법 제37조 제2항에 기한 법률유보원칙이 죄형법정주의 법률주의 원칙과 가장 두드러진 차이점을 보이는 경우는 엄격한 위임의 필요성 요건과 위임의 대상 요건이다.

먼저 엄격한 위임의 필요성 요건은 우리 형벌법규의 역사적 특성을 고려할 때,

3) 한수웅, 헌법학, 285면 참조.

더더욱 엄격하게 심사가 이루어져야 한다. 제2장에서 살펴보았듯이 우리 형벌법규는 행정목적 달성을 위한 효율적 수단으로서 광범위한 행정형벌법규와 포괄적이고 추상적인 용어사용, 그리고 하위 법령 등에 포괄적 위임이라는 문제점을 가지고 있기 때문이다. 이처럼 엄격한 위임의 필요성이 없는 사항에 대한 하위법령 위임이 일반화되어 있고, 헌법재판소가 이러한 법규현실에 명확한 헌법적 판단을 하지 못함으로써 형벌법규의 입법과정에서 엄격한 위임의 필요성에 대한 논의자체가 이루어지지 않는 악순환구조가 만들어지고 있다. 물론 근본적으로는 행정적 제재로 다루어야 할 사항들이 광범위하게 행정형벌사항으로 규율되고 있어 발생하는 문제이기도 하다.

다음으로, 엄격한 위임의 필요성이 인정되는 경우라도 고시, 조례, 행정위원회에 대한 범죄구성요건의 위임은 행정편의적인 발상으로 수범자인 국민에게 예측가능성을 부여하지 못함으로써 행위규범으로서 제대로 작동할 수 없어 형벌법규로서 근본적인 결함을 가지게 된다.

(2) 죄형법정주의의 명확성원칙과 법치국가에서 유래하는 명확성원칙의 비교

헌법재판소의 주류적 결정례는 법규범의 문언은 어느 정도 가치개념을 포함한 일반적, 규범적 개념을 사용하지 않을 수 없다는 전제하에 죄형법정주의의 명확성원칙은 법관의 보충적인 해석에 의해 '의미가 일의적으로 파악될 수 있는지 여부'라고 하는 강화된 기준을 사용하고 있는 반면, 일반적 명확성원칙은 그러한 보충적 해석이 '해석자의 개인적인 취향에 따라 좌우될 가능성이 있는지 여부'라는 다소 완화된 기준을 채택하고 있다. 구체적으로는 '공익, 공중도덕' 등 일반추상적 용어로 가치충전이 필요한 규범적 용어와 '중요한, 다량, 현저히' 등 양적・질적인 평가를 필요로 하는 용어에 대하여 죄형법정주의의 명확성원칙 심사에서는 위헌결정이 내려진 반면, 같은 유형의 용어인 '공공의 복리, 공무 외의 일, 공공의 질서, 선량한 풍속, 상당한, 중대한, 현저히, 명백한, 부적당한' 등에 대하여, 일반적 명확성원칙에 위배되지 않는다고 판시하여 차이를 보이고 있다. 다만 앞서 살핀 바와 같이 형벌법규에 사용된 '정당한, 상당한, 미풍양속, 함부로' 등 불확정개념이나, 위법성조각사유에 사용된 '상당한 이유, 공공의 이익'이라는 용어에 대하여 합헌결정을 한 선례들도 발견된다. 또한 위임입법의 예측가능성에 관하여는 죄형법정주의의 명확성원칙과 법치국가에서 유래하는 명확성원칙은 차이점을 보이지 않고 있다. 이를 정리하여 보면, [표 13]과 같다.

표 13 죄형법정주의 명확성원칙과 일반적 명확성원칙의 차이

구 분	죄형법정주의 명확성원칙	일반적 명확성원칙
심사기준	강화된 심사 – "의미가 일의적으로 파악될 수 있는지 여부"	완화된 심사 – "해석자의 개인적인 취향에 따라 좌우될 가능성"
일반추상적 용어	"공익, 공중도덕" 등 위헌	"공공복리, 공익, 선량한 풍속" 등 합헌
양적 질적인 평가를 필요로 하는 용어	"중요한, 다량, 현저히" 등 위헌	"상당한, 중대한, 현저히, 명백한" 등 합헌
위임입법의 예측가능성	차이없음	

(3) 헌법재판의 실무에서 법규의 명확성원칙의 문제는 명확성원칙위반을 이유로 위헌결정을 하지 않는 이상 해당 법령의 해석에 의해 해당 사안이 포섭될 수 있는가의 문제로 파악되고 있고, 해당 사안이 해석에 의해 확인된 '법문의 가능한 의미'를 벗어나는 경우에는 '유추적용'의 문제가 발생하게 된다. 헌법재판소는 형벌법규에 대한 일정한 해석이 유추적용에 해당하는 경우에는 유추적용금지원칙에 위반된다고 판시하여 위헌심사기준으로 사용하고 있다. 헌법재판소는 민사법 영역에서는 법관의 유추적용이 위헌심사의 대상이 될 수 없다고 하였고, 침익적 행정법규에 대하여는 아직 판단이 없다. 유추적용이 명확성원칙과 가지는 밀접한 관련성을 고려할 때, 죄형법정주의와 마찬가지로 엄격한 해석이 필요한 영역에 대하여 헌법상 유추적용금지원칙이 적용될 수 있다고 생각된다.

범죄구성요건에 적용되는 죄형법정주의의 형벌불소급 원칙은 어떠한 이유로도 소급이 허용되지 않는 '절대적 소급효금지'인 반면, 형벌법규가 아닌 다른 기본권제한법규에 적용되는 법치국가원리에 근거한 소급입법의 금지원칙은 공익적 필요와 개인의 신뢰 사이의 법익형량을 통하여 소급효가 인정될 수 있는 '상대적 소급효금지'에 해당한다. 이처럼 형벌불소급원칙이 적용되지 않더라도 법치국가원리에 근거한 소급입법금지원칙의 심사를 거쳐야 하는데, 헌법재판소는 일반적으로 국민

이 소급입법을 예상할 수 있었거나, 법적 상태가 불확실하고 혼란스러웠거나 하여 보호할 만한 신뢰의 이익이 적은 경우와 소급입법에 의한 당사자의 손실이 없거나 아주 경미한 경우 등 신뢰보호의 요청에 우선하는 심히 중대한 공익상의 사유가 진정소급입법을 정당화하는 예외적인 경우에 한하여 진정소급입법의 소급효적용을 인정하고 있다.

바. 이중처벌금지원칙, 무죄추정의 원칙

이중처벌금지의 원칙은 원칙적으로 '형사처벌'에만 적용되고, 보안처분이나 과징금 등에는 적용되지 않는다. 무죄추정원칙도 원칙적으로 형벌법규에만 적용된다는 것이 헌법재판소의 입장이다. 이에 대하여 실질적으로 형벌의 성격을 가지는 경우에는 행정제재라고 하더라도 이중처벌금지원칙이나 무죄추정원칙이 적용되어야 한다는 견해가 제기되고 있다.

사. 과잉금지원칙 및 본질적 내용의 침해금지

범죄행위에 관한 처벌규정의 성격상 형벌법규로 처벌되는 행위가 기본권의 보호영역에 들어가는지의 논의가 다른 기본권제한법규와는 달리 심각하게 논의된다. 헌법재판소는 음란표현, 대마초흡연, 낙태행위 등 형벌법규에 의해 처벌되는 행위에 대하여도 기본권의 보호영역에 일단 포함시킨 뒤, 기본권 제한의 헌법적 정당성을 검토하는 방식으로 과잉금지심사를 하여 기본권의 보호영역을 넓게 인정하는 입장이다. 또한 노동쟁의와 같이 기본권 행사에 본질적으로 수반되는 행위를 업무방해죄의 구성요건에 포섭될 수 없다고 판시함으로써 헌법적 관점에서 일단 구성요건해당성에 포섭한 뒤 정당행위 등을 통한 위법성조각으로 충분하다는 형법의 도그마틱에 변화를 가져왔다.

행위 · 제재규범에 대한 과잉금지심사와 관련하여, 헌법재판소는 범죄화에 관한 입법자의 광범위한 입법재량을 존중하는 입장을 보여 완화된 심사기준을 제시하고 있고, 개인의 성행위와 같은 사생활의 내밀한 영역에 속하는 사항에 관하여는 보다 엄격한 과잉금지심사를, 양심적 병역거부와 같이 기본권행사의 사회적 연관성이 매우 큰 경우에는 명백성 통제에 그치는 더욱 완화된 심사기준을 적용하고 있다. 다른 기본권제한법규와 달리 형벌법규 특유의 사회유해성 내지 법익침해성, 일반예방효과 및 형사적 제재의 비대체성 등이 과잉금지심사의 내용에 포함되지만, 입법자의 광범위한 입법재량이 존중됨으로써 형벌법규의 위헌심사기준은 다른 기본권제한법규와 별다른 차이를 보이지 않고 있다. 특히 행정법규 위반행위를 범죄화하는 것에 대하여 헌법재판소는 사실상 입법재량에 속하는 사항으로 보고 있다. 형벌법규의 특성에 맞도록 심사기준을 특성화하고 강화할 필요가 있다.

법정형의 종류와 범위에 관한 위헌심사기준으로 책임원칙과 과잉금지원칙이 결합된 '책임과 형벌간의 비례원칙'이 형벌법규에 특화된 위헌심사기준으로 제시하고 있다. 책임과 형벌간의 비례원칙에 관하여는 법정형에 사형이 있는 경우, 징역(또는 금고)형 하한형이 7년 이상인 경우, 필요적 몰수・추징규정, 서로 다른 행위유형을 하나의 법정형으로 의율하는 등 법정형의 불균형이 있는 경우라는 4가지 유형에서 책임에 비하여 형벌이 지나치다고 판단되는 경우에 위헌결정이 내려졌다. 중벌주의를 규정한 특별형법에 대한 위헌심사에서는 일반예방효과가 있는지 여부, 작량감경을 하여도 집행유예가 불가능한 점이 과잉형벌인지 여부, 수수액만을 기준으로 한 법정형 가중이 합리적인지 여부 등이 중요한 판단요소가 되고 있다. 이는 다른 기본권제한법규에서는 찾기 어려운 형벌법규 특유의 사항들이다.

생명권을 박탈하는 사형제에 대한 위헌심사를 통하여 형벌법규에 대한 위헌심사기준으로서 기본권의 본질적 내용침해 금지의 의미를 더 깊이 살펴볼 기회가 있었으나, 헌법재판소는 매우 중요한 공익의 보호를 위하여 생명권 제한이 정당화될 수 있는 예외적인 경우라는 요건으로 사형제를 정당화하고 넘어갔을 뿐 본질적 내용침해 금지의 본격적 논의를 진행하지 않았고, 다른 기본권제한법규에 대한 심사와 별다른 차별성을 보이지 않고 있다.

2. 역사적으로 형성된 우리 형벌법규의 부정적 특성과 위헌심사기준

앞서 본 바와 같이 우리 형벌법규의 부정적 특성을 세 가지로 분류할 수 있다. 첫째, 일제와 개발독재의 잔재로서 특별형법에 압도된 형벌법규, 둘째, 사회윤리적 색채가 강한 형벌법규, 셋째, 광범위한 행정형벌과 포괄위임 그리고 모호한 용어 사용이 그것이다. 이러한 우리 형벌법규의 부정적 특성에 대하여 헌법재판소는 이러한 문제점을 분명히 인식하고 위헌심사기준을 강화하여 위헌결정을 통하여 문제점을 시정하여 왔다.

가. 특별형법에 압도된 형벌법규에 대한 헌법재판소의 인식과 해소노력

헌법재판소는 긴급조치에 대한 위헌결정, 반국가행위자의 처벌에 관한 특별조치법에 대한 위헌결정, 폭력행위등 처벌에 관한 법률 중 야간흉기휴대협박죄의 일률적 법정형 가중규정에 대한 위헌결정, 특정범죄 가중처벌 등에 관한 법률 중 도주차량 유기치사죄의 법정형에 대한 위헌결정, 마약의 단순매수를 영리매수와 마찬가지로 법정형을 가중한 규정에 대한 위헌결정, 반국가범죄를 반복적으로 저지른 자에 대한 법정형의 최고를 사형으로 한 국가보안법 규정에 대한 위헌결정을 통하여 특별형법이 만들어진 경위(비상입법기구에 의한 것이거나 유신체제하에서 권위적 통치수단으로 만들어진 점 등), 지나치게 과도한 형벌 등의 문제점을 지적하였다.

한편 형법에 규정된 범죄에 대하여 일정한 가중요건을 두어 법정형을 가중하는 것을 내용으로 하는 대표적 특별형법인 특정범죄가중처벌 등에 관한 법률, 폭력행위등 처벌에 관한 법률, 특정경제범죄 가중처벌 등에 관한 법률에 대하여, 엄격한 심사기준을 적용하며 초기의 합헌결정을 변경하여 위헌결정을 하는 등 헌법재판소가 특별형법의 중벌주의에 대한 문제점을 분명히 인식하고 있음을 보여준다. 최근에는 형법의 불법구성요건을 그대로 특별법에 두고 법정형만 가중한 경우에 그 자체로 형벌의 체계균형성 위반을 이유로 잇따라 위헌결정을 하는 등 위헌성이 분명하게 나타나는 특별형법의 개별조항에 대하여 위헌심사를 강화하고 있다. 그러나 여전히 국민들의 강력범죄 등에 대한 불안감 해소차원에서 법정형을 대폭 상향한 대부분의 특별형법조항들에 대하여는 입법자의 광범위한 입법재량을 존중하는 차원의 합헌결정이 내려지고 있다.

나. 사회윤리적 색채가 강한 형벌법규의 해소노력

헌법재판소는 성도덕에 관한 형벌법규인 간통죄, 혼인빙자간음죄에 대하여 여러 차례 합헌결정을 하다가 모두 선례를 변경하면서 위헌결정을 하여 성도덕의 형벌적 제재에 의한 강제의 위헌성을 명백히 하였다. 그 과정에서 사생활의 내밀한 영역에 해당하는 영역에 대하여는 '명백히 사회에 해악을 끼칠 때'(혼인빙자간음죄 사건), '사회에 끼치는 해악이 크거나 구체적 법익에 대한 명백한 침해가 있는 때'(간통죄 사건)에 형벌법규가 개입할 수 있다고 하였고, 국가형벌로서 처단기능의 필요성, 일반예방효과의 존재에 대하여 국가(입법자)가 입증을 하여야 한다는 엄격한 심사기준을 제시하였다. 반면, 존속살인죄 등에서는 여전히 보편적 사회질서나 도덕원리, 인륜에 반하는 행위임을 이유로 한 형벌의 가중을 인정함으로써 유교적 사상을 기반으로 한 전통적 문화를 형사적 제재를 통하여 유지할 수 있다는 입장을 보이고 있다.

또한 사회윤리적 색채가 강한 '잔인성을 조장할 우려, 범죄의 충동, 아동의 덕성을 심히 해할 우려, 가정의례의 참뜻에 비추어 합리적인 범위내' 등 용어에 대하여 죄형법정주의 명확성원칙 위반을 이유로 위헌결정을 하는 등 형벌법규의 사회윤리적 성격으로 인하여 모호하고 확대해석가능성이 큰 형벌법규 용어의 위헌성을 분명히 하고 있다. 그러나 여전히 '미풍양속을 해하는 행위 및 시설', '소비자를 현혹할 우려', '함부로' 등의 사회윤리적 색채가 강한 용어에 대하여는 명확성원칙에 위배되지 않는다는 판단을 하고 있다.

한편 죄형법정주의의 유추적용금지원칙을 위헌심사기준으로 한 헌법재판소의 결정(2011헌바117 결정)의 의미를 형벌법규에 대한 후견적 확대해석을 차단한 것으로서 의미를 부여할 수 있다. 위 결정의 법정의견은 뇌물죄에서 '공무원'의 법문상 가능한 의미를 문리해석에서 시작하여 체계적 해석, 역사적 해석을 통해 확인하면서 사인이 자치단체 위촉위원이 되어 공무에 관여하는 경우에도 그 사인을 공무원이라고 보는 것은 유추적용이라고 본 반면, 반대의견은 체계적 · 객관적 해석을 통해 '공무원'의 법문상 가능한 의미를 검토하여 공무원의 해석범위에 포섭될 수 있다고 주장하였다. 여기서도 알 수 있듯이 입법의 목적을 강조하는 객관적 확대해석은 유추적용에 해당하는 경우가 많을 것이다. 실제 대법원이 유추적용이 금지되는 형벌법규에 있어서도 법문언의 가능한 의미라는 기준을 '법의 목적'으로 재해석함으로써 허용되는 해석의 범위를 지속적으로 확장해 나가고 있다는 지적하면서 그 예로 형법상 폭행이 최광의, 광의, 협의, 최협의로 나뉘어 해석되는데 협의의 폭행을 제외한 폭행 개념은 일상적인 이해에 잘 부합되지 않고, 업무의 개념에 있어서도 대법원은 "사회생활상 지위에 의하여 계속 반복해서 행하는 업무"라고 하고 있으나, 자동차 운전을 업무상 과실로 보는 것은 직장 또는 직업과 관련된 우리의 일상적인 언어감각과 부합되지 않는다는 점, 자동차를 운전하여 사람을 충격한 사안에서 폭력행위등 처벌에 관한 법률에 있어서의 위험한 물건의 '휴대'라고 해석한 것(대법원 1997. 5. 30. 선고 97도597 판결)도 손에 들고 다니거나 몸에 지니고 다니는 것이라는 일상용어의 의미와 부합되지 않는다는 점,[4] 공중화장실을 주거침입강간죄에 있어 일상용어의 의미와 달리 주거의 개념에 포섭시킨 점(대법원 2003. 5. 30. 선고 2003도1256 판결)을 들고 있는 주장도 있다.[5] 여성음부 모양의 남성용 자위기구 판매를 형법상 음란물판매죄에 해당한다고 본 것도 같은 차원의 확대해석이라고 보인다.[6] 우리 형벌법규의 역사적 측면에서 볼 때, 조선시대에 법률의 적용에 있어 정당한 조문이 없을 경우에는 왕의 재가를 받아 다른 율문 중 가장 가까운 것을 끌어와 적용할 수 있었고(인율비부, 引律比附), 율령에 없더라도 해서는 안 될 행위를 한 자는 태 40에 처한다(불응위, 不應爲)고 하였다. 이는 유추적용과 포괄적 처벌규정을 둔 것으로 오늘날의 죄형법정주의 원칙에 전면적으로 배치된다. 이는 국가의 국민에 대한 도덕적 후견자로서의 역할을 강조한 유교적 법치주의의 성격을 가지는 것이다. 일제하의 경찰범처벌규칙과 광범위한 행정형벌법규는 모호하고 포괄적인 용어사용으로 식민지배의 수단으로 사용되었고, 해방 이후 권위적 정부도 마찬가지로 광범위한 행정형벌법규와 포괄적이고 추상적인 용어사용, 포괄적 위임 등을 통해 유교적 사회윤리를 강조하여 국민에 대한 후견자적 지위를 유지하고 있다. 위에서 본 법원의 객관적 해석을 통한 해석범위의 확대는 이러한 국가의 후견자 지위에 대한 강한 인식하에서 나오는 것으로 판단된다. 헌법재판소는 죄형법정주의의 유추적용금지원칙을 위헌심사기준으로 직접 적용함으로써 형벌법규에 있어 확대해석의 헌법적 한계를 명확히 하였다.

---

4) 헌재 2006. 4. 27. 2005헌바14 결정에서 이와 관련하여, 유추적용금지위반이라고 주장되었으나, 명확성원칙에 위반되지 않는다는 취지로 판시하였다.

5) 양천수, "의미창조적 확장해석 : 법이론의 관점에서", 안암법학 통권 제37호, 무지개문화사, 2012, 1, 제374면 이하를 참고하였다. 같은 맥락의 사안에서 독일 연방헌법재판소에서 유추적용금지로 위헌결정된 사례(BVerfGe 92, 1, 연좌시위로 군기지 통행을 심리적으로 막은 행위를 '폭력(Gewalt)'으로 적용하는 것은 유추적용에 해당한다는 결정)가 있다.

6) 헌재 2013. 8. 29. 2011헌바176, 판례집 25－2상, 413 참조.

다. 행정목적의 실현을 최우선시하는 광범위한 행정형벌과 포괄위임 그리고 모호한 용어 사용

헌법재판소는 '공익, 공중도덕상 유해한 업무, 중요한, 다량, 현저히' 등 모호한 행정형벌법규의 용어에 대하여 죄형법정주의의 명확성원칙 위반을 이유로 위헌결정을 하였고, 모호하고 포괄적인 위임, 형벌의 구성요건을 농협정관 등에 위임한 경우 등에서 다수의 위헌결정을 하여 행정목적의 실현을 최우선시하는 광범위한 행정형벌에 대한 문제의식을 분명히 하고 있다. 그러나 '정당한 이유', '정당한 명령'이라는 일반추상적 용어에 대하여는 명확성원칙에 위배되지 않는다는 판단을 하고 있다.

반면, 형벌법규의 위임입법의 엄격한 필요성 요건을 선언하고서도 실제 심사에서는 예외적 요건에 대한 엄격한 논증없이 다른 기본권제한법규와 마찬가지로 위임의 필요성에 대한 기본적 언급에 그치는 사례가 많다. 이는 행정형벌법규에서 범죄구성요건의 하위법령 위임이 일반화되어 있고, 헌법재판소가 이러한 법규현실에 명확한 헌법적 판단을 하지 못함으로써 형벌법규의 입법과정에서 위임의 예외적 필요성에 대한 논의자체가 제대로 이루어지지 않는 악순환구조로 귀결되고 있다.

한편 헌법재판소는 행정목적 달성을 위해 무차별적으로 도입되어 무과실책임을 규정한 양벌규정에 대하여 '형벌에 관한 책임원칙'을 헌법상 일반원칙으로 선언하면서 위헌결정을 함으로써 형사적 책임이 없는 행정형벌의 문제점을 분명히 인식하고 있음을 보여주었다.

3. 일관성과 설득력이 있는 논증과 위헌심사기준

가. 선례변경과 논증

헌법재판소에서 형벌법규에 관하여 선례를 변경한 대표적 사례는 죄형법정주의의 명확성 및 포괄위임금지원칙과 관련된 사안[7]과 범죄화와 관련하여 혼인빙자

7) 헌재 2010. 9. 30. 2009헌바2, 판례집 22-2상, 1.

간음죄 사안,[8] 간통죄 사안[9]이 있으며, 법정형의 가중과 관련하여 마약매수에 대한 가중형을 규정한 특정범죄 가중처벌 등에 관한 법률사안,[10] 야간 폭력행위를 가중처벌하는 폭력행위 등 처벌에 관한 법률사안,[11] 금융기관 종사자의 직무관련 금품수수행위를 금액에 따라 가중처벌하는 특정경제범죄 가중처벌 등에 관한 법률사안[12]이 있다.

헌법재판소는 선례변경시 기존 선례가 유지될 수 없는 법원리적 문제점과 실제적 문제점을 지적하는 방식으로 논증을 하고 있다. 형사처벌여부 및 정도를 하위법령에 위임한 구 수산업법 조항에 대한 종래의 합헌결정[13]을 변경하여 위헌결정을 한 사안(위 2009헌바2 결정)을 살펴본다. 헌법재판소는 먼저 선례가 가진 법원리상의 문제점을 지적하고 있다. 합헌선례에서는 위임의 대상은 '어구의 제한 또는 금지'라는 전문적인 사항이고, 일정액 이하의 벌금형을 두도록 한 것이 위임입법의 한계를 벗어난 것이 아니라고 보았다. 그러나 위헌결정에서는 이러한 규정방식이 결국은 하위법령을 통하여 형사처벌여부 및 그 정도가 정해지는 상황임을 확인하고, "이 사건 법률조항이 하위법령인 대통령령에 위임하고 있는 것은 구 수산업법 제53조 제1항에 따라 대통령령에 규정될 '어업조정에 관한 각종 제한이나 금지' 그 자체가 아니라, 그러한 금지나 제한 중 '어떠한 금지나 제한을 위반한 경우에 형사처벌할 것인가' 그리고 형사처벌한다면 '어느 정도의 형벌로 처벌할 것인가'이다. … 중략 … 그러나 가벌성과 처벌의 정도에 대한 판단은, 사회공동체의 가치관 또는 법감정을 고려하여 입법자가 정책적으로 결정하여야 할 문제로서, 그 판단이 사회적 상황에 따라 수시로 급변하는 것이라고 할 수 없을 뿐 아니라 미리 법률로써 자세히 정하기 어려울 정도로 전문적이고 기술적인 사항이라고 볼 수도 없다."[14] 고 판시하여, 형사처벌여부 및 그 정도는 하위법령에 위임될 수 없는 성질의 것이라고 보아 종래의 형벌법규의 위임입법에 관한 기준이 보다 엄격해졌음을 분명히 하고 있다. 또한 헌법재판소는 수산업법의 개정을 통해 다른 조항의 경우에는 위반행위의 구체적 사항에 대하여는 위임하면서도 형사처벌에

8) 헌재 2009. 11. 26. 2008헌바58 등, 판례집 21-2하, 520.
9) 헌재 2015. 2. 26. 2009헌바17 등, 판례집 27-1상, 20.
10) 헌재 2003. 11. 27. 2002헌바24, 판례집 15-2하, 242.
11) 헌재 2004. 12. 16. 2003헌가12, 판례집 16-2하, 446.
12) 헌재 2006. 4. 27. 2006헌가5, 판례집 18-1상, 491.
13) 헌재 1994. 6. 30. 93헌가15 등, 판례집 6-1, 576.
14) 헌재 2010. 9. 30. 2009헌바2, 판례집 22-2상, 1, 19.

대하여는 하위법령에 위임하지 않고 직접 법률에 규정하였음에도, 유독 문제된 법률조항의 경우에만 법률에서 벌칙의 상한을 정한 뒤 구체적 형벌의 정도에 대하여는 하위법령에 위임하고 있는 점 등이 더 이상 종래의 선례를 유지할 수 없는 실제상의 문제점을 지적하였다.

그 외에 간통죄와 혼인빙자간음죄에 대하여는 내밀한 사생활의 영역에 대한 엄격한 위헌심사기준 적용, 형벌법규로서의 실효성 상실 등 선례변경의 이유에 대한 논증이 이루어졌다. 그러나 형벌법규로서의 실효성 상실과 관련하여 종전 선례의 합헌논거를 변경하기 위해서는 실효성 약화, 법감정 등의 변화에 대한 치밀한 논증이 필요함에도 헌법재판관들의 선언적 판단으로 이를 대체하고 있는 문제점이 있다. 특별형법의 법정형 가중조항에 대하여도 마찬가지로 중벌주의에 대한 엄격한 심사기준의 정립, 법정형 가중의 실효성 의문 등 선례변경의 이유에 대한 논증이 이루어졌다. 다만 금융기관 임직원의 직무관련 금품수수행위를 공무원의 뇌물죄와 마찬가지로 처벌하는 특정경제범죄 가중처벌 등에 관한 법률 제5조 제4항에 관한 선례변경(2006헌가5)은 이전 선례(2004헌바4)의 합헌논거를 번복하는 이유를 들지 않은 채 만연히 종래의 반대의견(위헌의견)의 논거를 그대로 법정의견으로 함으로써 이후에 위 논거들을 선례로서 원용하지 못하는 심각한 문제점을 보였다는 점은 이미 살펴보았다(제3장 제5절 4항의 라). 그리고 양자 모두(내밀한 사생활의 영역, 법정형의 가중을 내용으로 하는 특별형법)에 있어 선례를 변경하여 엄격한 심사기준을 정립한다는 점을 명백히 하였음에도 이러한 기준을 이후 사안들에서 엄밀하게 적용하고 있지는 않다. 사생활의 내밀한 영역에 관한 성기구 음란물판매죄 사안에 대한 결정(2011헌바176 결정)에서 혼인빙자간음죄 사안이나 간통죄 사안에서와 같은 엄격한 심사기준을 적용하지 않고 있고,[15] 법정형 가중을 내용으로 하는 특별형법의 경우에도 이와 같이 정립한 엄격심사기준을 적용한 예를 찾아보기 어렵다.

나. 논증이 제대로 이루어지지 않은 경우

(1) 범죄의 정당화 요건인 사회유해성 내지 법익침해성에 대하여 형벌법규의 위헌심사에서 기본적인 논증이 이루어져야 하나, 헌법재판소는 대부분의 행정형벌

15) 헌재 2013. 8. 29. 2011헌바176, 판례집 25-2상, 413, 419-421.

법규에서는 '반사회성에 대한 제재인지, 의무이행의 확보수단인지'라고 하는 모호한 기준만을 제시하고, 전자에 해당한다고 선언하거나, 이마저도 없이 행정조치만으로 의무이행의 확보가 불충분하면 입법자의 광범위한 입법재량으로 형사처벌의 방법을 선택할 수 있다고 판시한 사례가 다수 있다. 형벌법규의 위헌심사의 중요한 요소인 '법감정'과 관련하여, 어떠한 행위를 형사처벌할 것인가에 관한 국민들의 법의식의 변화를 구체적인 논거의 제시없이 헌법재판관들의 직관으로 선언한 것은 검증가능하고 합리적인 논증을 통한 법치의 구현과는 배치되는 것이다.

(2) 위에서 본 바와 같이 형벌법규의 위임입법에 있어 '긴급한 필요나 부득이한 사정'이라고 하는 엄격한 위임의 필요성 요건에 대한 논증이 제대로 이루어지지 않아 위임입법에 대한 죄형법정주의 명확성원칙 및 포괄위임금지원칙 심사에 있어 다른 기본권제한법규의 경우와 거의 차이를 보이지 않고 있다.

(3) 형벌에 관한 책임원칙과 관련하여, 행위자 개인에게 직접 귀속시킬 수 없는 위험책임의 성격을 가지는 경우에도 다른 기본권제한법규의 자기책임의 원리와 구별되는 논증을 통한 심사가 이루어지지 않고 있다.

다. 논증이나 위헌심사기준 설정의 일관성에 문제가 있는 경우

(1) 죄형법정주의의 법률주의원칙과 관련하여, 형벌법규의 구성요건의 일부를 고시에 위임하는 것을 합헌이라고 판시하면서 그 선례를 형벌법규가 아닌 다른 기본권제한법규에 관한 것을 들거나, 조례에 위임할 필요성 등에 대한 논증이 제대로 이루어지지 않고 있다. 노사협약, 정관 등 자치법규에 구성요건의 일부를 위임한 것 자체가 법률주의 원칙 위반으로 위헌이라고 한 결정과 이후 노사협약위반 중 형사처벌이 되는 사항을 구체화한 것을 이유로 합헌 결정을 하면서도 종전 결정들의 입장과 달리하는 이유를 설시하지 않고 있다.

(2) 헌법재판소는 죄형법정주의의 명확성원칙을 위법성조각사유에 적용한다고 하면서도 선례는 다른 기본권제한법규의 심사기준을 원용하고, 그와 같이 완화된 심사를 진행하여 위법성조각사유가 가지는 특성을 제대로 반영할 수 있는 유형화된 심사기준을 마련하지 못하고 있다.

(3) 법정형의 종류와 범위에 관한 책임과 형벌간의 비례원칙에서 특별형법의 중벌주의가 문제되는 경우에 일반예방효과의 존부, 작량감경을 하여도 집행유예가

불가능한 점이 과잉형벌인지 여부, 수수액만을 기준으로 한 법정형가중의 합리성 등에서 엄격한 심사기준을 적용하고 있으나, 동일하거나 유사한 유형의 특별형법에 대하여 아무런 설명없이 완화된 심사기준을 적용하기도 하는 등 논증의 일관성에 문제가 있다.

제2절 형벌법규에 대한 위헌심사기준의 새로운 정립과제

1. 형벌법규의 특성에 맞는 위헌심사기준의 정립

헌법재판소는 민주화 역량의 결집으로 탄생한 1987년 헌법의 산물로서 헌법적 논증을 통하여 후견적, 권위적인 질서강조의 낡은 형벌법규를 바로잡고, 평화공존을 위한 최소한의 질서로서 형벌법규를 인간의 존엄과 가치라는 헌법적 가치하에 자리잡도록 할책무를 지니고 있다. 형벌법규의 특성을 반영한 위헌심사기준의 정립, 법적 안정성과 설득력 제고를 위한 논증의 강화 등이 향후 이루어져야 할 과제이다. 특히 우리 형벌법규의 문제점인 일제와 개발독재의 잔재로서 특별형법에 압도된 형법, 전통윤리적 색채가 강한 형벌법규, 광범위한 행정형벌과 모호한 용어 사용에 대하여 적극적으로 개선하기 위해 위헌심사기준을 강화할 필요가 있다. 형벌법규에 대한 위헌심사기준은 우리 형벌법규의 이론적·역사적 특성을 반영하여 정립되어야 할 것인데, 형법학에서 발전시켜온 법리 등이 헌법의 해석과 만나 제대로 자리매김할 때 충실한 논증이 이루어질 수 있다.

가. 형벌에 관한 책임원칙 - 위험책임의 불허

형벌에 관한 책임원칙의 위반여부 심사기준은 민사상 과실책임원리, 다른 기본권제한법규의 자기책임의 원리와의 비교하에서 찾아질 수 있는데 ‘자기가 결정하지 않은 것이나 결정할 수 없는 것에 대하여는 책임을 지지 않고 책임부담의 범위도 스스로 결정한 결과 내지 그와 상관관계에 있는 부분에 국한한다’는 자기책임의 원리에 더하여, ‘법질서에 의해 부정적으로 평가된 행위에 대한 비난가능성’

이 있어야 하고, 행위자 개인에게 '직접적으로 귀속'될 것이 요구된다. 따라서 형벌에 관한 책임원칙의 적용에 있어 위험책임은 허용되지 않고, 행위자에게 직접(형사적) 책임이 귀속되지 않는 경우에는 형벌법규는 정당화될 수 없다는 점에서 무과실책임의 성격이거나 비난가능성이 없는 민사적 책임의 성격인 경우, 책임귀속이 간접적인 경우 등에는 형벌에 관한 책임원칙에 위배된다. 헌법재판소는 양벌규정을 제외하고는 형벌에 관한 책임원칙을 근거로 위헌결정을 한 사례가 없으나, 위험책임으로 보이는 경우에는 형벌에 관한 책임원칙이 엄격하게 적용되어야 한다.16)

나. 평등원칙심사 – 비례성심사의 적용

평등원칙의 심사기준을 설정함에 있어 형벌법규의 차별대우는 형사처벌을 의미하여 그 실질적 비중이 현저하고, 이러한 차별대우가 당사자의 기본권(신체의 자유, 재산권)에 미치는 영향이 매우 크므로 원칙적으로 비례성심사가 이루어져야 할 것이다. 평등원칙의 특징을 살려서 과잉금지심사의 내용과 다소 중복되더라도 비례성심사로 명확히 판단해줄 필요가 있고, 비교집단의 설정범위를 축소하여 의미있는 비교집단에 대하여 집중적인 비례성심사가 이루어질 필요가 있다.

법정형의 체계균형성이 문제가 되는 상황은 실제 재판에서 법관의 양형 등에 의해 불합리한 상황의 시정을 기대하기에는 법정형 체계 자체에서 의미있는 차별이 발생한 경우이므로 이에 대하여는 비례성심사를 진행하는 것이 타당하다. 법정형 체계 자체에서 발생하는 의미있는 차별로는 ① 형법에서는 법정형에 차이가 있음에도 가중처벌규정에서 일률적으로 동일한 법정형을 규정하였으나, 가중된 구성요건 표지와 결합한 전체의 불법 크기가 본질적 차이가 있는지 문제되는 경우, ② 법정형 가중에 있어 죄질과 보호법익이 유사한 범죄와의 비교가 문제되는 경우, ③ 형법 등의 법정형을 가중적 구성요건의 표지 없이 가중한 경우, ④ 범죄행위의 유형 차이에도 불구하고 법정형이 동일한 경우, ⑤ 유사 범죄에서 벌금형의 유무 차이가 있는 경우 및 자격과 관련되어 벌금형의 하한형에 차이가 있는

---

16) 위험사회에 대한 형법적 대응차원에서 논의될 수 있는 '추상적 위험범'과 형벌법규로 허용될 수 없는 '위험책임' 사이의 관계와 헌법적 경계에 대하여는 환경형법 등 구체적 영역에서의 논의를 토대로 심도있는 검토가 필요하다. 이에 대한 상세한 검토는 향후의 연구과제로 넘기기로 한다.

경우 등이 이에 해당할 것이다. 법정형 체계 내에서 의미있는 차별이 있는 경우에는 비례성심사를 통하여 적극적으로 위헌결정이 이루어져야 한다. 실제 개별사안에서 수범자가 납득하기 어려운 불합리한 차별이라고 볼 수밖에 없는 형벌체계상의 문제점에 대하여, 그 근거를 설명하기 어려운 입법자의 광범위한 입법재량의 영역이라고 볼 수는 없다. 이런 점에서 지난 권위적 정부 하에서 만들어진 과도한 법정형가중이나 극단적 법정형에 대한 위헌결정이 마무리된 이후에는 형벌의 체계균형성이 형벌법규의 법정형에 대한 주요한 위헌심사기준이 될 수 있다고 생각된다.

다. 죄형법정주의 – 엄격한 위임의 필요성 요건 적용, 수범자 중심의 명확성원칙 판단

죄형법정주의 법률주의원칙과 관련하여, 위임대상은 헌법에 규정된 법규명령에 국한시켜야 한다. 수범자가 형사처벌대상이 되는지 여부에 관하여 판단하기 위하여 법률, 시행령, 시행규칙을 넘어 수시로 변경될 수 있는 고시나 행정기관의 결정, 자치단체 내부에 구속력을 가질 뿐인 조례를 확인하도록 요구할 수는 없다. 법규명령에 규정될 수 없도록 수시로 변경되는 영역이라면 수범자에게 예측가능한 행위규범을 제공하여야 하는 형벌법규의 영역에 해당되지 않는다. 위임을 하는 경우에도 헌법재판소가 판시한 바와 같이 '긴급한 필요나 부득이한 사정이 있는 경우'라고 하는 엄격한 위임의 필요성 요건에 대한 논증이 이루어져야 한다. 대부분의 행정법규에서 행정목적의 달성을 위해 형벌을 그 수단으로 사용함에 따라 형벌에 관한 사항의 위임이 예외적인 것이 아니라 일반화된 것이고, 헌법재판소에서도 이러한 상황을 위임의 필요성 요건에 대한 완화된 심사를 통해 사실상 묵인하고 있으나, 헌법재판소가 스스로 밝힌 심사기준을 적용함으로써 과도한 행정형벌과 포괄적 위임이라는 우리 형벌법규의 부정적 특성이 해소될 수 있다.

죄형법정주의 명확성원칙과 관련해서는 명확성의 판단자는 형벌법규를 행위의 기준으로 삼는 '수범자'라는 점에서 '일반인의 예측가능성'에 중심을 두어야 한다. 헌법재판소는 법관의 보충적인 해석을 통한 '객관적 해석기준의 정립가능성'이라는 보충적 기준을 통하여, 사실상 명확성여부의 판단자를 '법률전문가인 법관'으로 보고 있는 심각한 문제점이 있다. 이러한 이유로 형벌법규의 범죄구성요건이 되는

학교보건법상 '미풍양속을 해하는 행위 및 시설', 경범죄처벌법상 '함부로', 근로기준법상 부당해고죄의 요건인 '정당한 이유', 군형법상 항명죄의 요건인 '정당한 명령' 등 일반추상적 용어로서 가치충전이 필요한 개념에 대하여 죄형법정주의의 명확성원칙에 위배되지 않는다는 판단을 한 것은 명확성원칙의 판단자를 법관으로 보았기 때문으로 보인다. 이처럼 법문언이 다소 명확하지 않거나 다의적으로 해석될 수 있는 경우에 이루어지는 법관의 보충적 법해석도 수범자인 국민의 관점에서 언어의 일상적 의미와 그 법규범에 내재된 그 사회의 가치판단이라는 법이해를 넘어설 수 없도록 명확성원칙을 엄격하게 해석하여야 한다.

라. 무죄추정의 원칙 – 형벌에 관한 책임원칙의 절차적 측면

무죄추정의 원칙은 검사의 거증책임, '의심스러울 때는 피고인의 이익으로'라는 엄격한 증명 및 법률상 추정의 금지를 그 내용으로 하는데, 이는 형벌에 관한 책임원칙의 절차적 측면이라고 볼 수 있다. 따라서 면책조항의 입증책임을 피고인에 부과한 경우에는 무죄추정원칙에 위반된 것인지 여부가 주된 위헌심사기준이 될 수 있다. 헌법재판소의 양벌규정에 대한 잇따른 위헌결정 후 새로 도입되는 면책조항 방식의 개정법률에 대하여도 무죄추정원칙에 따른 위헌심사가 문제될 것으로 보인다.

마. 형벌법규의 특성을 반영한 과잉금지심사

(1) 행위 · 제재규범에 대한 심사 – 범죄의 정당화, 형벌의 정당화 논증의 반영

형벌법규에 대한 과잉금지심사에 있어 입법목적의 정당성과 관련해서는 '사회유해성 내지 법익침해'는 적극적 입증대상이 아닌 소극적으로 입법목적의 정당성을 배제하는 요건으로서 기능한다. 입법자의 광범위한 입법재량은 형벌법규로 금지하는 행위가 사회유해성 내지 법익침해가 있다는 점에 대한 사실상의 추정으로 작용할 터이지만 어떠한 사회유해성 내지 법익침해가 있는지를 명시하여 주는 것이 형벌법규에 대한 위헌심사의 특성을 살리는 위헌심사가 될 것이다. 이는 사회유해성 내지 법익침해성이 없거나 미약한 행정법규에 형벌이 도입되는 것에 대한 엄격심사의 시작점이기도 하다.

수단의 적합성과 관련해서는 국가형벌로서 처단기능의 약화나 형해화가 실증적으로 확인되는 경우에는 일반예방효과에 대한 사실상 추정이 깨지는 것으로 보아 처단기능의 약화에도 불구하고 형사처벌조항을 두는 것이 더 큰 사회유해성 내지 법익침해를 낳을 수 있다는 점에 대한 입증이 필요하다.

피해의 최소성과 관련해서는 혼인빙자간음죄에 대한 위헌소원 사건에서 보듯이 '사생활의 영역에 속하는 부분에 대하여는 국가형벌권의 행사는 중대한 법익에 대한 위험이 명백한 경우에 한하여 최후수단으로서 필요한 최소한의 범위에 그쳐야' 할 것이고, 그 외 형벌법규에 대하여도 비형벌적 대안인 행정제재나 다른 제도를 통해 해당 행위금지 등에 대한 일정한 억제효과를 가질 수 있다는 근거가 제시되면, 형사처벌을 선택하는 입법자의 입법재량의 영역이 좁아져 형사제재를 하여야 하는 이유에 대한 논증이 이루어져야 한다.

법익균형성판단에서는 해당 행위방법의 사회유해성이라는 행위반가치 요소 및 유해결과 내지 법익침해의 중대성이라는 결과반가치의 요소와 형사처벌로써 기본권이 제한되는 정도 사이에 실질적이고 엄격한 비교형량이 있어야 할 것이다.

(2) 책임과 형벌간의 비례원칙 – 특별형법에 대한 엄격한 심사기준의 적용

헌법재판소가 특별형법의 중벌주의에 대하여 엄격한 위헌심사의 잣대를 들이대고 있지만, 이는 객관적으로 행위책임이 상대적으로 경미한 경우에 지나치게 법정형을 가중한 경우이거나 법정형이 사형, 전재산몰수형인 경우 등 극단적인 유형에 국한되고 있다. 법정형을 가중하고 있는 특별형법에 관련된 것으로 판단요소가 되는 사항들 – 일반예방효과의 입증을 요하는지 여부, 작량감경을 하여도 집행유예가 불가능한 점이 과잉형벌인지 여부, 수수액만을 기준으로 한 법정형 가중이 위헌인지 여부 – 에 대한 일관되고 엄격한 심사기준을 정립할 필요가 있다.

바. 보안처분법규에 대한 위헌심사기준 – 형벌법규와 구분되나 엄격한 심사 필요

헌법 제12조 제1항은 형벌과 보안처분을 명확히 구분하고 있고, 헌법재판소도 양자의 경계가 모호해지고 있지만 원칙적으로 상호 근거와 목적을 달리한다고 보고 있다. 다만 보안처분법규에 대하여도 죄형법정주의의 명확성원칙을 위헌심사기준으로 사용하고 있고, '형벌적 성격이 강하여 신체의 자유를 박탈하거나 박탈에 준하는 정도로 신체의 자유를 제한하는 경우'에는 소급효금지원칙이 적용될 수 있다고 하는 등 형벌법규의 위헌심사기준을 보안처분법규의 성질에 비추어 적용할 수 있다는 태도를 취하고 있다.

그러나 이러한 헌법재판소의 태도는 '기준의 모호성, 선례와의 모순, 법치국가원칙에 기인하는 신뢰보호원칙의 형해화'라는 문제점을 가지고 있다. 보안처분에 대하여 소급효금지원칙의 적용을 주장하는 견해들 역시 역사적으로 형성되어온 형벌유형과 다른 방식의 형사적 제재수단인 보안처분의 법치국가적 한계를 형벌법규에 대한 헌법적 통제를 통해 해결하려고 시도하는 바람에 우리 헌법의 문언과 체계에 부합되지 않는 논리를 전개하게 되었다고 판단된다. 헌법의 문언을 토대로 원칙적으로 형벌과 보안처분을 구분하되, 보안처분법규의 강한 기본권제한의 정도를 고려하여, 엄격한 심사기준을 적용하는 것이 보안처분법규에 대한 법치국가적 한계를 보다 명확히 하는 것이라고 생각된다.

죄형법정주의의 명확성원칙이 아닌 법치국가에서 유래하는 명확성원칙을 적용하되, 헌법 제12조 보안처분 법정주의의 취지에 따라 형벌법규나 조세법규에 준하는 정도의 엄격한 명확성원칙이 심사기준으로 정립되어야 할 것이고, 유추적용은 금지되어야 한다. 이를 위해서 '재범의 위험성'에 대한 예측가능한 절차적 기준과 심사방법을 법률에 규정하는 등 구체적으로 정립함으로써 법관의 자의적 집행가능성을 배제시켜야 할 것이다. 소급효금지와 관련하여 신뢰보호원칙을 적용하되, 이미 형벌이 확정된 사람의 신뢰이익이 가지는 경험적이고 구체적인 의미와 위험한 범죄자로부터 사회의 안전을 지킨다는 공익이 가지는 급박성과 현저성에 대한 엄격한 법익형량을 통하여 진정소급효에 대한 엄격한 심사가 이루어져야 한다.

2. 위헌심사기준의 일관성 유지와 분야별 유형화

가. 다른 기본권제한법규에 대한 위헌심사기준과의 명확한 구분

본 저서에서 중점을 가지고 살핀 주된 관점은 형벌법규의 특성에 비추어, 형벌법규의 위헌심사기준이 다른 기본권제한법규의 위헌심사기준과의 관계에서 가지는 차별성을 명확히 하는 것이다. 이러한 위헌심사기준의 차별화와 강화를 통하여 우리 형벌법규의 부정적 특성 또한 해소가 가능하다.

헌법재판소는 형벌법규에 대한 위헌심사임에도 참고가 되는 선례로 다른 기본권제한법규에 대한 결정례를 원용(고시·조례 등에 대한 형벌법규 위임, 위법성조각사유에 대한 죄형법정주의 명확성원칙심사, 형벌에 관한 책임원칙)하거나 다른 기본권제한법규에 대한 위헌심사기준보다 엄격한 요건을 제시하고서도 실제로는 엄격한 요건에 대한 논증을 하지 않음으로써 차이를 두지 않는 경우(위임입법의 예외적 요건)가 다수 발견된다.

이는 자유박탈 등 강한 기본권제한성, 사회적 비난 및 일종의 낙인이라는 형벌법규의 특성을 분명히 인식하지 못하고 법리의 유사성을 이유로 다른 기본권제한법규의 위헌심사기준에 관한 법리를 그대로 사용한데서 비롯된 것이다. 형벌법규와 다른 기본권제한법규의 위헌심사기준을 명확히 구분하되, 형벌법규 중에서도 위법성조각사유와 같이 수범자의 행위기준으로서 성격보다는 사후적 평가개념의 성격이 강한 경우, 다른 기본권제한법규라고 하더라도 기본권제한의 정도가 커서 강화된 심사가 필요한 경우 등 하위 단계에서 구체적 타당성을 가진 유형화된 심사기준이 마련될 수 있다.

나. 위헌심사기준의 하위 단계에서 유형화

(1) 위법성조각사유에 대한 죄형법정주의 명확성원칙 심사

위법성조각사유에 대한 명확성원칙 심사는 죄형법정주의의 명확성원칙이 적용되는 영역이기는 하나, 수범자의 사전적 행위기준이라기 보다는 구체적이고 개별적인 행위에 대한 사후적이고 객관적인 평가라는 점, 다양한 모든 정당방위 상황을 일일이 구체적, 서술적으로 열거하기 어려운 점에서 특색을 가지고 있으므로 법집행자의 자의적 해석가능성을 차단할 수 있는지에 집중하여 엄격한 심사를 하는 유형화된 심사기준의 정립이 필요하다. 그러므로 헌법재판소에서 문제된 정당방위의 요건으로서 '상당한 이유'가 명확성원칙에 위반되는지 여부는 정당방위의 다른 요건과의 관계에서 상당한 이유의 의미와 내용이 법집행자의 자의적 해석가능성을 차단할 수 있을 것인지의 문제가 된다. 헌법재판소는 다른 기본권제한법규의 명확성원칙 심사기준에 관한 선례를 원용하여 죄형법정주의 명확성원칙에 위배되지 않는다고 판시하였으나, 이는 사실상 다른 기본권제한법규의 심사기준에 따른 것으로서 형사처벌의 범위가 결정되는 위법성조각사유의 특성을 도외시한 것이다. 앞서 제3장에서 본 바와 같이 '상당한 이유'의 해석을 다른 정당방위 요건과의 관계에서 '상대적 최소방위의 원칙'으로 보고, 정당방위의 상당성이 엄격하게 적용되는 유형들을 제시함으로써 상당한 이유가 죄형법정주의의 명확성원칙에 위배되지 않는다는 논증이 가능하다고 보인다. 즉 위법성조각사유에 대한 죄형법정주의 명확성원칙은 사전적 행위기준으로서 작용하는 불법구성요건에 대한 명확성원칙 위반의 심사기준과 다른 특색을 가진 하위 단계의 심사기준으로 볼 수 있다.

헌법재판소는 정당한 이유없이 보류해소 신고가 없으면 처벌받는 향토예비군설치법 조항의 '정당한'에 대한 명확성원칙심사에서 정당방위의 '상당한 이유'에 관한 결정례를 선례로 원용하였는데 전자는 불법구성요건을 구성하는 것으로 수범자의 행위기준규범이, 후자는 위법성조각사유의 요건으로 사후적 평가규범이라는 점에 중점이 놓여 있다는 점에서 불확정개념의 사용이라는 유사성을 가지고 선례로서 원용하는 것은 타당하지 않다.

(2) 위임입법에 있어 예측가능성에 관한 죄형법정주의 명확성원칙의 심사기준

완결된 형벌법규에 대한 죄형법정주의 명확성원칙심사와 위임입법에 대한 '예측가능성' 심사는 그 의미와 내용을 상당부분 달리하므로 위임입법에 있어서는 1차적으로 행정청을, 2차적으로 이에 대한 판단기관인 법원을 판단자로 하여야 한다. 이는 결과적으로 죄형법정주의 명확성원칙의 완화된 심사로 귀결될 것이고, 실제 형벌법규의 위임입법에 대한 헌법재판소의 실무상 법관의 보충적 해석을 중심으로 한 위헌심사의 판단방법과 일치한다. 이는 역시 불법구성요건에 대한 명확성원칙 위반심사기준과 다른 특색을 가진 하위 단계의 심사기준이 될 수 있다. 형벌법규에 있어 위임입법에 대한 예측가능성 심사기준의 완화에 대한 우려는 '엄격한 위임필요성' 요건의 적용으로 해소될 수 있다.

(3) 행정형벌법규에서 형사처벌을 하는 것에 대한 과잉금지심사

행정형벌법규는 법률의 규정을 통하여 비로소 범죄로 인식이 되는 법정범의 성격을 가지게 되므로, 법률의 규정을 기다릴 필요없이 행위 그 자체가 반사회적 성격을 띠어 당연히 범죄가 되는 자연범의 경우와는 달리 볼 필요가 있다. 헌법재판소는 행정형벌법규의 현실적 불가피성을 이유로 사실상 이와 관련된 위헌심사권의 행사를 포기하다시피 하고 있다. 이처럼 행정형벌법규에 대한 범죄화에 대한 위헌심사를 방기할 것이 아니라 과태료 등 행정질서벌의 실효성에 대한 논증, 적극적인 행위금지규정이 아닌 협조의무나 행정적 신고의무 등 경미한 요구규범 위반행위에 대해 형사처벌로 그 요구된 행위를 강제할 필요성이 있는지 등을 중심으로 한 위헌심사기준을 정립할 수 있을 것이다.

(4) 형벌의 체계균형성 심사 중 법정형의 가중의 불균형 심사

형법에서는 법정형에 차이가 있으나, 가중처벌규정에서 일률적으로 동일한 법정형을 규정한 법정형 사이의 형벌의 체계균형성 심사에서 헌법재판소는 '가중된 구성요건 표지와 결합한 전체의 불법 크기가 본질적 차이를 가져오는지 여부'에 따라 위헌여부의 판단을 하고 있는데 이는 형벌의 체계균형성 심사 중 하위단계에서 유형화된 위헌심사기준이 정립된 것이라고 볼 수 있다.

제 6 장
결 론

헌법재판소는 우리 사회의 민주적 역량의 성숙과 결집으로 탄생한 1987년 헌법체제의 산물로서 인간의 존엄과 가치를 중심으로 한 헌법의 가치를 규범적으로 실현하여야 할 책무를 지니고 있다. 본 저서의 문제의식은 헌법재판소 설립 이후 2014년까지 총 27년간의 형벌법규에 관한 헌법재판소 결정례의 분석과 관련 쟁점의 정리를 통하여 형벌법규에 대한 위헌심사기준을 살펴 헌법에 부합하는 형벌법규의 모습을 모색하고자 하는 것이다. 그 방법으로 '위헌심사기준에 형벌법규의 일반적 특성이 제대로 반영되어 있는지', '역사적으로 형성된 우리 형벌법규의 부정적 특성을 헌법재판소가 제대로 인식하고 이를 바로잡고 있는지', '위헌심사기준의 정립과 적용에 있어 일관성을 유지하고 설득력있는 논증이 이루어지고 있는지'라고 하는 3가지 관점 하에서 살펴보았다.

헌법재판소 판례집에 실린 형벌법규에 대한 결정례 454건을 분석한 결과, 현대 헌법국가에서 형벌법규와 다른 기본권제한법규는 상호 수렴되는 추세이지만, 강한 기본권제한성, 사회적 비난가능성이라는 형벌법규의 특성이 위헌심사기준에 반영되고 사회윤리적 색채가 강한 형벌법규·특별형법에 압도된 형법 등 우리 형벌법규의 부정적 특성에 대한 시정이 상당부분 이루어지고 있음을 확인하였다. 형벌법규는 다른 기본권제한법규와 달리 위임입법을 엄격한 요건하에 예외적으로 허용하고 있고, 사회윤리적 색채가 강한 용어나 가치충전이 필요한 추상적 용어가 죄형법정주의 명확성원칙상 허용되지 않으며, 소급효는 절대적으로 금지된다. 형벌에 관한 책임원칙은 다른 기본권제한법규에 적용되는 '자기책임의 원리'와 달리 '위험책임'이 허용되지 않는다. 도덕적 범죄의 색채를 가진 혼인빙자간음죄, 간통죄에 대하여 위헌결정을 하고, 권위적 정부의 잔재로서 지나치게 과도한 법정형을 규정한 특별형법에 대하여 중벌주의의 문제점을 지적하며 위헌결정을 하는 등 위헌심사를 엄격하게 하는 추세에 있다. 한편 법정형의 종류와 범위에 관한 위헌심사기준으로 책임원칙과 과잉금지원칙이 결합된 '책임과 형벌간의 비례원칙'을, 체계정당성 원칙이 평등원칙과 결합된 '형벌의 체계균형성'을 각기 형벌법규에 특화된 위헌심사기준으로 제시하고 있다. 이처럼 헌법재판소는 형벌법규의 이론적, 역사적 특성을 위헌심사기준에 상당부분 반영하고 있다. 또한 헌법재판소는 초기의 벌칙을 하위법령에 위임하였던 구 수산업법 조항에 대한 합헌결정, 간통죄, 혼인빙자간음죄와 같이 성도덕과 관련된 범죄에서의 합헌결정, 법정형의 가중과 관련된 특별형법의 합헌결정 등을 2000년대에 들어서면서 차례로 번복하여 위헌결정을 하면서 기존 선례가 유지될 수 없는 법원리적 문제점과 실제적 문제점을 지적하면서 위헌심사기준을 강화하여 왔다.

그러나 여전히 형벌법규에 대한 위헌심사에서 행정제재에 관한 위헌심사기준을 선례로 원용하는 등 위헌심사기준 적용 및 논증방식에서 비일관성의 문제가 현출되고 있고, 범죄화와 법정형의 결정에 있어 입법자에게 광범위한 입법재량을 인정하여 위헌성 논증이 제대로 이루어지지 않고 있으며, 전체 범죄발생건수의 절반에 이르는 행정형벌에 대하여도 형벌법규의 특성에 맞는 엄격한 위헌심사가 이루어지지 않고 있다는 점도 확인된다.

따라서 여전히 형벌법규의 특성을 반영한 위헌심사기준의 정립, 법적 안정성과 설득력 제고를 위한 논증의 강화 등이 해결되어야 할 과제이다. 이를 위해 형벌에 관한 책임원칙에 따른 위험책임의 불허, 평등원칙 심사에 있어 엄격심사기준인 비례성심사의 실질적 적용, 죄형법정주의에서 예외적 위임요건의 엄격한 적용 및 수범자 중심의 명확성원칙 판단, 과잉금지심사에 있어 사회유해성 내지 법익침해의 논증, 일반예방효과의 입증, 비형벌적 대안에 대한 적극적 검토, 범죄의 중대성과 기본권이 제한되는 정도 사이에 실질적이고 엄격한 비교형량 등 위헌심사기준을 강화할 필요가 있다는 점을 제시하였다. 또한 형벌법규와 다른 기본권제한법규의 위헌심사기준을 명확히 구분하되, 하위 단계에서 구체적 타당성을 가진 유형화된 위헌심사기준을 정립할 필요성이 있다는 점도 확인하였다.

헌법재판소에서 형벌법규에 관하여 연도별로 본안결정을 한 사건(헌법재판소 판례집 기준)는 1989년 2건에서 점차 증가하여 1995년 이후에는 평균 10건대로 접어들었고, 2004년 이후에는 평균 20건대, 2009년 이후에는 평균 30건대로 접어들고 있다. 위헌결정(한정위헌, 헌법불합치 포함) 건수도 1991년 최초로 위헌결정이 나온 이후 2000년에는 전체의 약 36%(4/11)에서 위헌결정이 되기도 하는 등 총 454건 중 80건의 위헌결정이 선고되어 약 17% 상당의 위헌결정비율을 보이고 있다.[1] 이처럼 국민들이 형벌법규의 위헌성에 대하여 헌법재판소의 문을 두드리는 사례가 대폭 증가하고 있는데 이는 헌법재판이 생활규범화되고 있는 상황을 보여준다. 또한 약 17%에 달하는 위헌결정비율과 그 내용에서 알 수 있듯이 헌법재판소가 역사적으로 형성된 우리 형벌법규의 부정적 특성을 분명히 인식하고, 위헌심

1) 이에 관하여는 이 책에 부록으로 첨부된 '형벌법규에 관한 헌법재판소 결정례(1988 – 2014)' 참조.

사기준의 강화를 통하여 바로잡아오고 있음을 확인할 수 있다.

헌법재판소는 형벌법규에 대한 위헌심사를 통해 형법의 도그마틱, 형사법 실무 및 형사입법에 상당한 영향을 미쳤다. 노동쟁의와 같이 기본권 행사에 본질적으로 수반되는 행위를 업무방해죄의 구성요건에 포섭될 수 없다고 하여 형법의 지배적 도그마틱인 범죄체계론과 법원의 업무방해죄 관련 판례에 변화를 가져왔다. 간통죄에 대한 위헌결정, 공무원 의제규정이 없음에도 공무담당 사인을 뇌물죄의 공무원으로 유추적용하는 것에 대한 한정위헌결정, 추상적 불확정개념을 사용한 형벌법규에 대한 위헌결정을 통하여, 간통죄 증거수집과정에서 과도한 인권침해 논란 등이 해소되었고, 죄형법정주의 유추적용금지원칙의 천명으로 법원의 보호법익을 중시한 구성요건의 확대해석을 제한하였으며, 형사기소단계와 법원의 판결단계에서 형벌구성요건에 대한 엄격한 해석의 지침이 되고 있다. 또한 사실상 무과실책임으로 인정되던 양벌규정에 대하여 형벌에 관한 책임원칙을 분명히 한 위헌결정, 구성요건을 하위법령에 포괄적으로 위임한 형벌법규에 대한 위헌결정, 최근에는 형법 등 기본 형벌법규의 구성요건을 변경하지 않고 법정형만을 가중하는 특별형법조항 그 자체에 대하여 '형벌의 체계균형성'심사를 통해 위헌결정을 함으로써, 양벌규정 전반, 포괄위임규정 및 지나치게 과중한 특별형법의 법정형 가중규정에 대한 개정이 이루어지고 있다.

이처럼 헌법재판소의 위헌심사는 형벌법규를 인간의 존엄성 존중과 기본권보장이라는 헌법적 관점에서 새롭게 바라보는 중요한 의미를 지닌다.

향후 헌법재판소가 지금까지의 성과를 토대로 하여 앞서 살핀 바와 같은 위헌심사기준의 문제점에 대하여 분명히 인식하고, 형벌법규의 특성에 맞는 위헌심사기준의 새로운 정립, 우리 형벌법규의 부정적 특성의 철저한 해소, 일관성과 설득력이 있는 논증의 과제를 충실히 수행함으로써, 평화로운 공존을 위한 최소한의 질서로서 형벌법규가 자리를 잡아가는데 필요한 의미있는 결정들이 계속되기를 기대한다.

참고문헌

1. 단행본

김문현 외 3인, 기본권 영역별 위헌심사의 기준과 방법(헌법재판연구 제19권), 헌법재판소, 2008.

김성돈 외, 한국형사입법의 방향과 쟁점에 관한 연구, 형사정책연구원, 2014.

김수용, 건국과 헌법 – 헌법논의를 통해 본 대한민국건국사 –, 서울대학교 법학연구소 연구총서 18, 경인문화사, 2008.

김영환, 법철학의 근본문제, 홍문사, 2006.

김일수 · 서보학, 새로쓴 형법총론(제9판), 박영사, 2002.

노명선, 회사범죄(I), 성민, 2001.

노명선 · 이완규, 형사소송법, 성균관대 출판부, 2009.

도면회, 한국 근대 형사재판제도사, 푸른역사, 2014.

박병호, 한국법제사, 민속원, 2012.

박상기 외 5인, 형사특별법론, 한국형사정책연구원, 2009.

배종대, 형사정책, 홍문사, 2011.

변종필, 형법해석과 논증, 세창, 2012.

성낙인, 헌법학, 법문사, 2007.

심희기, 한국법제사 강의, 삼영사, 1997.

연성진, 처벌의 범죄억제 효과에 관한 연구, 형사정책연구원, 2003.

이상돈, 헌법재판과 형법정책, 고려대학교출판부, 2005.

______, 형법학, 법문사, 1999.

이재상, 형법총론(제5판), 박영사, 2003.

이종인, 범죄와 형벌의 법경제학, 한울, 2013.

이진국, 형사입법자의 형벌법규 제정권한의 한계에 관한 연구, 한국형사정책연구원, 2003.

이진국, 도중진, 무죄추정원칙에 관한 연구, 형사정책연구원, 2005.

임 웅, 형법총론(제5정판), 법문사, 2013.

정재황, 신헌법입문(제2판), 박영사, 2012.

정종섭, 헌법소송법(제4판), 박영사, 2006.

지원림, 민법강의(제9판), 홍문사, 2010.

최봉철, 현대법철학, 법문사, 2007.
한수웅, 헌법학(제2판), 법문사, 2012.
한인섭, 한국형사법과 법의 지배, 한울, 1998.
홍정선, 행정법특강(제6판), 박영사, 2007.

범죄백서(2014), 법무연수원, 2015.
헌법재판실무제요(제1개정증보판), 헌법재판소, 2008.
헌법재판소 판례집 제1권(1988) ~ 제26권(2014)
헌법주석서Ⅰ, 법제처, 2007.

독일기본법 주해서 제1권(Ⅰ), 김주환 역, 헌법재판소, 2004.
로렌스 M 프리드만, 미국법의 역사, 안경환 역, 청림출판, 2006.
빈프리트 하세머, 범죄와 형벌, 배종대 · 윤재왕 역, 나남, 2011.
존 스튜어트 밀, 자유론(on liberty), 박홍규 역, 문예출판사, 2009.
책임형법론, 심재우 편역, 홍문사, 1995.
체사레 벡카리아, 범죄와 형벌, 한인섭 신역, 박영사, 2006.
콘라드헷세, 통일 독일헌법원론(20판), 계희열 역, 박영사, 2001.
하트, 법, 자유, 도덕, 이영란 역, 나남, 1996.
Erwin Chemerinsky, Constitutional Law(3ed), ASPEN PUBLISHERS, 2006.
H.L.A. HART, Punishment and Responsibility, OUP, 2008.
Jonathan Herring, Criminal Law(3ed), OUP, 2008.
Joshua Dressler, Understanding Criminal Law(5th), Lexisnexis, 2006.
R. White and F. Haines, Crime and Criminology(2ed), OUP, 2000.

2. 논문 등

강태수, "성범죄자의 신상공개제도에 관한 헌법적 고찰", 공법학연구 제7권 제2호, 한국비교공법학회, 2006. 6.
김두식, "무엇이 범죄인가 : 범죄개념에 대한 비판적 검토", 법조 제57권 제3호, 법조협회, 2008.
김상겸, "보호수용제도의 정당성과 필요성", 보호수용도입 공청회 자료집, 법무부, 2014.
김성규, "독일의 보호감호에 관한 규정의 변화와 과제", 법과 정책연구 제12권 제1호, 한국법정책학회, 2012. 3.

김성돈, “보안처분과 소급금지 원칙”, 형사법연구 제25권 제4호, 한국형사법학회, 2013. 12.
_____, “한국 형법의 사회상규조항의 기능과 형법학의 과제”, 성균관법학 제24권 제4호, 성균관대학교 법학연구소, 2012. 12.
_____, “책임형법의 위기와 예방형법의 한계”, 형사법연구 제22권 제3호, 한국 형사법학회, 2010. 9.
김성용, “유추의 구조와 유추금지”, 법철학연구 제12권 제2호, 세창, 2009. 12.
김승대, “이중처벌 금지원칙에 대한 헌법해석의 재검토”, 공법연구 제35권 제4호, 한국공법학회, 2007. 6.
김시철, “헌법해석에 관한 결정이유와 선례구속의 원칙”, 헌법논총 제17집, 헌법재판소, 2006.
김영환, “개념법학적인 사유형태와 일반조항에로의 도피”, 응용법철학, 아카넷, 2002.
김일환, “헌법사를 통해 본 한국 헌법학의 과제”, 국회도서관보 제45권 제6호, 국회도서관, 2008. 7.
김주영, “한국헌법상의 인간개념의 검토”, 세계헌법연구 제17권 제1호, 국제헌법학회 한국학회, 2011. 4.
김주환, “일반적 평등원칙의 심사기준과 방법의 합리화 방안”, 공법학연구 제9권 제3호, 한국비교공법학회, 2008. 3.(자료는 대법원 사법정책연구원 홈페이지 게재)
김진한, “새로운 형태의 형사제재와 소급처벌 금지원칙의 역할”, 2014년 공동학술대회(사법정책연구원, 한국공법학회, 한국형사법학회, 고려대 법학연구원) 자료집.
김창군, “사회유해성의 체계이론적인 분석”, 안암법학 8, 세창, 1998. 12.
김형성, “과잉금지의 원칙과 적용상의 문제점”, 헌법실무연구 제3권, 박영사, 2002.
_____, “한국 헌법학 50년의 성과와 21세기적 과제 지정토론문”, 서울대 법학 제36권 제2호, 서울대학교 법학연구소, 1995. 8.
김혜정, “보안처분에서 무죄추정원칙의 인정여부”, 형사법연구 제19호, 한국형사법학회, 2003. 6.
_____, “보호수용법 제정시안에 대한 소고”, 법조 제63권 제10호, 법조협회, 2014. 10.
박강우, “영미형법상 엄격책임의 이해”, 형사정책연구 제18권 제3호, 한국형사정책연구원, 2007. 8.
박광현, “위험사회에서의 법익침해에 관한 형법적 고찰”, 전남대 박사학위논문, 2011.
_____, “형사법의 독자성과 민사법과의 법질서 통일성 관점에서 바라 본 학제간 고찰”, 서울법학 제20권 제1호, 서울시립대학교 법학연구소, 2012. 5.
_____, “사회유해성에 기초한 형법의 정당성 판단”, 법학논총 제18권 제3호, 조선대학

교 법학연구원, 2011. 12.
박종연, "점유취득시효 판례의 문제점 고찰 : 판결과 법감정의 일치 여부", 법조 507, 법조협회, 1998. 12.
박 철, "법률의 문언을 넘은 해석과 법률의 문언에 반하는 해석", 법철학연구 제6권 제1호, 한국법철학회, 2003.
방승주, "독일 연방헌법재판소의 입법자에 대한 통제의 범위와 강도", 헌법논총 제3집, 헌법재판소, 1992.
변종필, "법감정의 일반화를 위한 제언", 법철학연구 제3권 제1호, 한국법철학회, 2000. 5.
성기용, "명확성원칙에 대한 소고", 법학논집 제16권 제2호, 이화여대 법학연구소, 2012.
______, "평등권의 보장과 발전", 헌법논총 제19집, 헌법재판소, 2008
송문호, "상습범 및 누범의 대책에 대한 문제점", 형사법연구 제16호, 한국형사법학회, 2001. 12.
신동운, "행정형법과 과실범의 처벌 : 2010. 2. 11. 2009도9807 판례를 계기로", 서울대 법학 제52권 제1호, 서울대학교 법학연구소, 2011. 3.
신치재, "상습범 가중처벌의 타당성 및 죄수판단에 대한 고찰", 중앙법학 제10집 제4호, 중앙법학회, 2008. 12.
양천수, "의미창조적 확장해석 : 법이론의 관점에서", 안암법학 통권 제37호, 무지개문화사, 2012. 1.
오세혁, "형벌의 철학적 기초 : 영미 형벌 정당화이론의 동향", 중앙법학 제14집 제3호, 중앙법학회, 2012. 9.
오영신, "구 특정범죄 가중처벌 등에 관한 법률 제2조 제1항 위헌소원 등", 헌법재판소 결정해설집 제11집, 헌법재판소, 2013.
______, "법률의 유추적용에 대한 위헌심사", 성균관법학(제26권 제1호), 성균관대학교 법학연구소, 2014. 3.
우희숙, "소비자 불매운동의 헌법적 허용한계와 형법적 규제의 타당성에 관한 연구", 형사정책연구 제25권 제1호, 한국형사정책연구원, 2014. 3.
유지현, "양벌규정에 관한 헌법적 고찰", 성균관대학교 석사학위논문, 2010.
윤동호, "행정제재와 형사제재 병과의 이론과 현실", 형사정책연구 제17권 제1호, 한국형사정책연구원, 2006. 3.
윤상민, "형사제재와 소급효금지의 원칙", 법학연구 제38집, 한국법학회, 2010. 5.
윤정인, "자유권 보호영역의 범위와 한계", 고려대 박사학위논문, 2012.
이경재, "영미형법상 죄형법정주의", 법학연구 제21권 제3호, 충북대 법학연구소,

2010. 12.
이기헌, "미국 형법상의 책임원칙", 사회과학논집 제13집 제2권, 명지대, 1997.
이덕인, "사형제도에 관한 법감정의 비판적 고찰", 동아대학원 논문집 29, 2005. 5.
이동민, "영미법상 판례변경의 법리", 서울대학교 박사학위논문, 2013.
이상천, "일사부재리원칙의 행정에서의 적극적 전개를 위한 시론", 공법학연구 제15권 제2호, 한국비교공법학회, 2014. 5.
이용식, "비례성원칙을 통해 본 형법과 헌법의 관계", 형사법연구 제25호, 한국형사법학회, 2006. 6.
이정훈, "한국 법체계에서 '근대성', '근대화' 논의의 의의", 한국사법의 근대성와 근대화를 생각한다, 세창, 2012.
이종수, "현대 법치국가에 있어서 법률의 과잉과 국민의 법감정", 연세대 석사학위논문, 1988.
임석원, "법익의 보호범위의 확대와 해석의 한계 : 형사법익과 민사법익의 비교를 중심으로", 법학연구 제41집, 한국법학회, 2011. 2.
임영덕 · 김형성, "위축효과에 대한 비교법적 고찰", 성균관법학 제21권 제2호, 성균관대학교 법학연구소, 2009. 8.
임 웅, "법감정에 관한 연구", 법철학연구 제1권, 한국법철학회, 1998.
______, "법의 흠결과 형법의 유추적용금지", 형사법연구 제21호, 한국형사법학회, 2004. 6.
임종훈, "한국헌법상의 적법절차원리에 대한 비판적 고찰", 헌법학연구 제14권 제3호, 한국헌법학회, 2008. 9.
임지봉, "유신헌법과 한국 민주주의", 공법학연구 제13권 제1호, 한국비교공법학회, 2012. 2.
______, "업무방해죄의 적용에 관한 헌법적 고찰 : 헌법재판소 결정의 규범적 이해", 노동법학 제34호, 한국노동법학회, 2010. 6.
______, "적법절차조항의 우리 헌법에의 도입과 그 운용", 헌법학연구 제11권 제3호, 한국헌법학회, 2005.
장영철, "헌법과 형법의 관계에 대한 서설", 공법연구 제30집 제2호, 한국공법학회, 2001. 12.
전종익, "포괄위임금지원칙의 심사기준", 아주법학 제7권 제3호, 아주대학교 법학연구소, 2013. 12.
전지연, "형법형성에서의 법치국가적 원리", 연세법학연구 제3집, 연세법학연구회, 1995. 11.
전해정, "법감정의 인식론적 가능성 연구", 법학논총 제26권 제2호, 국민대학교, 2013.

10.
정재황, “국가안보와 표현의 자유 · ‘알권리’ – 한국의 판례경향을 중심으로”, 세계헌법연구 제2호, 국제헌법학회 한국학회, 1997. 11.
______, “한국에서의 인간존엄성의 보장”, 세계헌법연구 제7호, 국제헌법학회 한국학회, 2002. 8.
조병선, “기업형사책임과 책임원칙 : 양벌규정에 대한 위헌결정의 파장과 책임원칙의 재조명”, 형사법연구 제22집 제1권, 한국형사법학회, 2010. 3.
지성수, “헌법상 명확성 원칙”, 이화여대 석사학위논문, 2001. 8.
최대권, “헌법학 방법론의 문제 : 그 합리적 모색을 위한 담론”, 서울대 법학 제43권 제1호, 서울대학교 법학연구소, 2002. 3.
최병각, “상습범의 법제와 개선방향”, 비교형사법연구 제3권 제2호, 한국비교형사법학회, 2001. 12.
최석윤, “상징형법에 대한 비판적 고찰”, 비교형사법연구 제5권 제2호, 한국비교형사법학회, 2013. 12.
최지은, “경제규제영역에서 규범회피의 법적 문제”, 서울대학교 석사학위논문, 2007.
하민경, “구성요건해당성 배제사유와 위법성조각사유의 구별기준”, 한양법학 제43집, 한양법학회, 2013. 8.
한상운 · 이창훈, “현행 헌법상 평등심사기준에 관한 연구”, 성균관법학 제20권 제1호, 성균관대학교 법학연구소, 2008. 4.
한상훈, “형법 및 형사특별법상 재산범죄 가중처벌규정의 문제점 및 개선방안 : 상습범, 누범 및 가중적 구성요건을 중심으로”, 형사법연구 제26호, 한국형사법학회, 2006. 12.
한수웅, “병역법 제88조 제1항 제1호 위헌제청”, 헌법재판소 결정해설집 제3집, 헌법재판소, 2004.
______, “본질성이론과 입법위임의 명확성원칙”, 헌법논총 제14집, 헌법재판소, 2003.
______, “형성적 법률유보를 가지는 기본권에서 과잉금지원칙의 적용여부”, 헌법실무연구 제9권, 박영사, 2008.
홍기원, “사형제도의 범죄억지력에 관한 최근 미국 법경제학의 연구성과에 대한 검토”, 고려법학 제57호, 고려대학교 법학연구원, 2010. 6.
홍기태, “명확성의 원칙에 관한 연구”, 헌법논총 제11집, 헌법재판소, 2000.
황도수, “헌법재판의 심사기준으로서의 평등”, 서울대 박사학위논문, 1996.
허일태, “죄형법정주의의 연혁과 그 사상적 배경에 관한 연구”, 법학논고 제35집, 경북대 법학연구원, 2011. 2.

루치우스 빌트하버, 유럽인권재판소의 선례구속원칙, 오기두 번역, 저스티스 통권 77호, 2004.
Cass R. Sunstein, On analogical reasoning, 106 Harv. L. Rev, 1992－1993
Hamish Stewart, The Limits of the Harm Principle, Criminal law and Philosophy(vol 4), Springer, 2010. 1.
Kai Ambos, The Overall Function of International Criminal Law : Striking the Right Balance Between the Rechtgut and Harm Principles, Criminal Law and Philosophy(vol 9), Springer, 2015. 6.
Mario Bachmann und Ferdinand Goeck, Ein Blick in den Abgrund?－ Strafrecht auf dem Prüfstand von Verfassung und Kriminologie, Strafrecht und Verfassung(Symposium Junger Strafrechtlerinnen und strafrechtler), Nomos, 2013.

3. 기타 인터넷 자료

국회 의안정보 사이트(http://likms.assembly.go.kr/bill)
대법원 종합법률정보 사이트(http://glaw.scourt.go.kr)
법무부 홈페이지(http://www.moj.go.kr)
법제처 국가법령정보 사이트(http://www.law.go.kr)
헌법재판소 발간문헌정보(http://www.ccourt.go.kr/cckhome/kor/info/publication)
헌법재판소 판례검색 사이트(http://search.ccourt.go.kr)

부 록

■ 형벌법규에 관한 헌법재판소 결정례(1988-2014)

년도	사건번호	대상법률	결론	반대의견	쟁점 등
1989	89헌마53	폭처법 제2조 제1항	합헌		형벌법규 최초 합헌
1989	88헌가13	국토이용관리법 제31조의 2	합헌	위헌(5)	토지거래허가제의 위헌성
1990	89헌가103	노동쟁의조정법 제13조의 2	합헌	한정합헌(3), 위헌(1)	제3자 개입금지의 위헌성
1990	89헌가113	국가보안법 제7조	한정 합헌	위헌(1)	최초 한정합헌
1990	90헌가11	국가보안법 제7조 5항	한정 합헌	위헌(1)	찬양고무죄의 위헌성
1990	89헌가118	도로교통법 제50조 제2항	한정 합헌	위헌(1)	교통사고미신고처벌의 위헌성
1990	89헌마82	형법 제241조	합헌	위헌(3)	간통죄의 위헌성
1991	91헌가4	사행행위단속법 제9조 등	위헌	합헌(1)	행정형벌 최초 위헌
1992	89헌가8	국가보안법 제7조, 집시법	한정 합헌	위헌(2)	집시법 한정합헌
1992	89헌가104	군사기밀보호법 제6조	한정 합헌	위헌(1), 합헌(3)	군사기밀탐지수집처벌의 위헌성
1992	90헌바23	국가보안법 제9조 제2항	한정 합헌	위헌(1)	80년 국가보위입법회의 제정 바로 위헌X
1992	90헌바24	특가법 제5조의 3 제2항 1호	위헌	합헌(2)	형벌체계상의 정당성-살인죄와 비교
1992	90헌바27등	국가공무원법 제66조	합헌		공무원 노동3권, 명확성 기준
1992	90헌가23	정기간행물등록법 제7조 1항 9호	한정 위헌	위헌(1)	미등록신문발행처벌의 위헌성
1993	90헌가70	형법 제241조	합헌	위헌(3)	89헌마82 원용
1993	92헌바33	노동조합법 제45조의 2	합헌	한정합헌(3), 위헌(1)	제3자개입금지의 위헌성
1994	91헌바14	집시법 제10조	합헌	한정합헌(1), 위헌(1)	행정형벌의 판단 기준(법익직접침해)
1994	93헌가15등	수산업법 제52조 제2항	합헌		형벌자체의 위임임에도 합헌
1994	93헌가4등	대통령선거법 제36조 제1항 등	한정 위헌	합헌(2)	초원복집사건

년도	사건번호	대상법률	결론	반대의견	쟁점 등
1994	93헌가12	도시계획법 제92조 1호	합헌		위임의 한계, 헌법 제75조 언급
1995	93헌바43	형법 제35조 누범규정	합헌		누범의 위헌성, 책임원칙 부합
1995	92헌가14	노동조합법 제46조	위헌		미확정구제명령위반죄의 위헌성
1995	94헌가4	폭처법 제3조 제2항	합헌		야간 상습가중처벌의 위헌성
1995	93헌바59	특가법 제5조의 4 제1항	합헌		상습절도 등 가중, 죄형간의 균형 표현
1995	91헌바11	특가법 제11조 마약법 60조	합헌	위헌(4)	마약매수자에 대하여 10년이상 형의 위헌성
1995	92헌바29	지방의회의원선거법 제181조 2호	합헌		탈법문서배포 처벌의 위헌성
1995	93헌바40	특가법 제2조 제1항 제1호	합헌		뇌물가중처벌조항 형벌체계상 균형성
1995	91헌바20	군형법 제47조	합헌	한정합헌(1), 위헌(4)	정당한 명령위반죄의 위헌성
1995	93헌바23	대통령선거법 제162조 1항 1호	합헌		정주영 현대이용선거 사건
1995	95헌마105	공직선거법 제87조	합헌		환경운동연합 단체 선거운동 금지의 위헌성
1995	93헌바50	특가법 제4조	위헌	합헌(2)	정부관리기업체 대통령령 위임의 위헌성
1995	92헌바45	군형법 제75조 제1항 1호	합헌		군용물절도의 법정형 과중의 위헌성
1995	93헌바62	주택건설촉진법 제52조 1항 2호	합헌		위임의 한계
1995	94헌가3	음비법 제25조 2항	위헌		필요적 몰수의 위헌성
1995	94헌마97	공직선거법 제59조	합헌		사전선거운동, 기부금지의 위헌성
1996	95헌가5	반국가행위자의 처벌에 관한 특별조치법 제8조	위헌		유신 김형욱 사건, 전재산몰수죄의 위헌성
1996	96헌가2 등	5·18민주화운동등에 관한 특별법	합헌	한정위헌(5)	전두환등에대한공소시효 정지의 위헌성
1996	94헌마13	풍속영업의규제에관한 법률 제3조 5호	합헌		18세미만 노래방출입제한 위임의 한계
1996	94헌마213	풍속영업의규제에관한 법률 제2조 6호	합헌		18세미만 노래방출입제한 재위임의 한계
1996	96헌마9등	공직선거법 제150조 제3항	합헌	위헌(4)	사전선거운동처벌의 위헌성
1996	94헌바15	영화법 제4조 제1항	합헌		무등록영화제작 파업전야사건
1996	95헌가2	국가보안법 제7조 제1항	합헌	위헌(1)	개정 후 합헌

년도	사건번호	대상법률	결론	반대의견	쟁점 등
1996	94헌가6	음반및비디오물에관한 법률 제16조 1항	위헌		검열금지로 인한 위헌결정
1996	94헌가7	의료법 제25조 제1항	합헌		무면허의료행위의일률적 금지의 위헌성
1996	93헌바14	직업안정및고용촉진법 제19조 1항	합헌	위헌(4)	포괄위임 관련이나, 명확성 언급 없음
1996	95헌바1	형법 제250조	합헌	위헌(2)	사형제도에 대한 합헌결정
1996	90헌바19등	노동쟁의조정법 제47조	합헌	위헌(5)	강제중재제도의 위헌성
1996	93헌바65	보건범죄단속에관한특별조치법 제5조	합헌		한방의료행위의 명확성
1997	92헌바6등	국가보안법	한정 합헌	위헌(1)	국가보안법 찬양고무죄의 위헌성
1997	89헌마240	국가보안법 제5조 등	한정 합헌		국가보안법 찬양고무죄의 위헌성
1997	90헌마110등	교통사고처리특례법 제4조	합헌	위헌(5)	중상해 교통사고 사건 면책의 위헌성
1997	95헌가17	공직선거법 제230조 2항 3호	합헌	위헌(4)	매수및이해유도 구성요건의 모호성
1997	96헌가11	도로교통법 제41조 2항	합헌		음주측정불응죄의 위헌성
1997	97헌가1	음반및비디오물에관한 법률 제16조 2항	위헌		94헌가6과 동일
1997	94헌바24	증거거래법 부칙 1조	합헌		내부자거래 처벌 관련 부칙의 해석
1997	95헌바50	폭처법 제4조 2호	합헌		범죄단체 구성원 가중처벌의 위헌성
1997	96헌가3등	도시재개발법 제69조	합헌		뇌물죄의제규정의 위헌성
1997	94헌바22	건축법 제78조 1항	위헌		위임의 한계와 관련된 리딩케이스
1997	95헌바2등	특가법 제5조의 3 1항 2호	합헌		도주차량치사죄의 위헌성
1997	93헌바51	정기간행물등록법 제7조 1항 등	합헌	위헌(2)	행정질서벌과 형벌의 구분에 관한 사례
1997	93헌바60	형법 제337조 등	합헌	위헌(2)	강도상해 법정형의 위헌성
1997	96헌바9	형법 제355조 등	합헌	위헌(2)	준강도 강도상해죄의 위헌성
1997	96헌가16	건축법 제79조 4호	위헌		법정형의 불균형
1997	96헌바12	방문판매등에관한법률 제18조 1항 등	합헌		다단계사건위임입법의 한계
1997	96헌바60	공직선거법 제230조 1항 1호 등	합헌		선관위규칙에 위임, 백지위임 아님

년도	사건번호	대상법률	결론	반대의견	쟁점 등
1998	96헌바96	관세법 제180조 제1항 등	합헌		편의치적에 의한 수입, 필요적 몰수 추징
1998	95헌바10	노동쟁의조정법 제12조 2항 등	합헌		방산업체 단체행동권
1998	96헌가20	노동조합법 제46조의 3	위헌		단체협약위반자처벌조항의 위헌성
1998	97헌마194	관세법 제186조 1항	합헌		밀수품과 정상적 물품사이의 비교
1998	96헌가5	기부금품모집금지법 제3조 등	위헌		기부금품모집자체 제한의 위헌성
1998	97헌바68	특가법 제8조 1항 등	합헌		법정형의 과중성, 벌금가중의 특칙
1998	96헌바35	구 국가보안법 제10조	합헌		불고지죄의 위헌성
1998	97헌바23	구 형법 제314조	합헌		업무방해죄에 대한 위법성조각 검토
1998	97헌바85	국가보안법 제6조 제2항	한정합헌		잠입죄의 위헌성
1998	98헌마168	가정의례에 관한 법률 제4조 제1호 제7호	위헌		명확성원칙 위배로 기본권침해 결론
1998	97헌바31	직업안정법 제33조	합헌	위헌(2)	법정형 관련 신체의 자유 명시
1998	97헌바65	특가법 부칙 2항	합헌		시혜적 소급입법 미규정의 위헌성
1998	97헌바67	구 관세법 부칙 제4조 등	합헌		작량감경배제조항의 위헌성
1998	96헌가23	음비법 제17조 제1항 등	위헌		사전검열의 위헌성(비디오물)
1998	97헌바62	형법 제59조 제1항 단서 등	합헌		형사정책적 고려 입법재량
1999	98헌바64	공직선거법 제108조 제1항 등	합헌	위헌(1)	여론조사 공표금지의 위헌성
1999	97헌바3	군형법 제1조 제3호 등	합헌		동원예비군 군형법적용, 무단이탈 명확성
1999	96헌바16	특가법 제12조 등	합헌	위헌(4)	외국인토지취득관여가중처벌 위헌성
1999	98헌바26	특경가법 제5조 제1항	합헌		금융기관 임직원 가중처벌의 위헌성
1999	98헌가3	특경가법 제9조 제1항 등	합헌	위헌(5)	수익자를 처벌하는 것의 타당성 논란사안
1999	99헌가1	음비법 제17조 제1항 등	위헌		사전검열의 위헌성(비디오물, 96헌가23)
1999	99헌바28	공직선거법 제84조	합헌		기초의원정당표방금지의 위헌성

년도	사건번호	대상법률	결론	반대의견	쟁점 등
1999	99헌가5등	조세범처벌법 제10조	합헌		체납액상당벌금의 위헌성
2000	98헌가9	구 건축법 제54조 제1항	위헌	각하(2)	백지위임의 위헌성
2000	99헌가4	도로교통법 제20조의 2 제2호	합헌		종합해석으로 명확성원칙 판단
2000	99헌가17	구 음비법 제16조 제1항 등	위헌		사전심의의 위헌성
2000	99헌바113	지방교육자치법 제53조 등	합헌		교육위원 선거운동 제한의 위헌성
2000	98헌가16	학원설립운영법 제22조 제1항 제1호 등	위헌	합헌(1)	과외교습의 위헌성 논란(후견적 개입)
2000	98헌바95	변호사법 제90조 제2호	합헌	위헌(1)	손해사정인의 업무와 변호사의 업무 충돌
2000	98헌가10	외국환관리법 제30조 제1항 제8호	합헌		기타 … 예시적 입법에 대한 사례
2000	99헌가16	구 청소년보호법 제2조 제3호 가목	합헌		유해매체 청소년보호위원회 지정의 위헌성
2000	98헌바67	문화재보호법 제2조 제1항 제2호	합헌	위헌(4)	비지정문화재 반출 관련
2000	99헌가15	약사법 제77조 제1호	위헌		포괄위임의 위헌성
2000	99헌바95	공직선거법 제250조 제1항	합헌		비정규학력기재 처벌의 위헌성
2001	99헌바112	새마을금고법 제66조 제1항 제2호	위헌		법령, 명령, 정관 등에 구성요건 위임
2001	99헌마555	청소년보호법 제2조	합헌		술판매 19세미만의 위헌성
2001	99헌바93	학원설립운영법 제6조	합헌		학원등록제 위헌성(99헌바14)
2001	99헌바7	구 국가보위입법회의법 등	합헌		특경 사기죄의 위헌성
2001	99헌바72	특경가법 제5조 제1항	합헌		금융기관 임직원 금품수수 가중의 위헌성
2001	2000헌바25	통신비밀보호법 제10조 제1항	합헌		전주파수청취 무전기 수입인가의 위헌성
2001	99헌가13	부정수표단속법 제2조 제2항	합헌	위헌(1)	수표미지급처벌의 위헌성
2001	99헌바43	형법 제337조 등	합헌		93헌바60과 같음
2001	99헌바31	형법 제21조 제1항 '상당한이유'	합헌		정당방위규정에도 죄형법정주의 적용
2001	2000헌바22	보안관찰법 제6조 제1항 후단	합헌		보안관찰대상자 7일 이내 신고의 위헌성
2001	99헌바92	공선법 제93조 제1항	합헌		탈법문서배포처벌의 위헌성
2001	2000헌마121	공선법 제58조	합헌	위헌(4)	낙선운동 사건

년도	사건번호	대상법률	결론	반대의견	쟁점 등
2001	2000헌바5	정치자금법 제30조 제1항	합헌		국회의원 외 자치단체장 후원금지 위헌성
2001	2000헌바60	형법 제241조	합헌	위헌(1)	간통죄의 위헌성
2001	2001헌가16	성폭법 제5조 제2항	합헌	위헌(3)	법정형 위헌, 강제추행과 강간의 비교
2001	2001헌바4	지방공기업법 제83조	합헌	위헌(2)	공무원 의제조항 위헌성
2001	2001헌가6	석유사업법 제33조 제3호	합헌	위헌(4)	유사석유제품 사건
2001	2000헌바96	공선법 제90조 등	합헌		낙선운동 시민단체 제기
2002	99헌가8	미성년자보호법 제2조의 2 제1호	위헌	별개(2)	천국의신화사건
2002	99헌바117	음비법 제30조 제1호	합헌		영화업은 신고제, 과태료 평등침해주장
2002	2000헌바53	형법 제259조 제2항	합헌		존속상해치사죄 가중처벌의 위헌성
2002	2001헌가27	청소년성보호법 제2조 제3호	합헌		미술교사 나체사진 및 만화 게재사건
2002	99헌바27	국가보안법 제6조 제2항	한정 합헌		목적수행 잠입탈출죄의 위헌성
2002	2001헌바26	공직선거법 제230조 제1항 제4호	합헌		선거관련 이익제공처벌의 위헌성
2002	2001헌바5	구 전기통신사업법 제74조	위헌		음란전화방 사건, 위임입법한계
2002	2001헌바58	공직선거법 제255조 제2항 제5호	합헌		99헌바92, 2000헌바96, 92헌바29 동일
2002	2001헌바70	군형법 제92조	합헌	위헌(2)	계간죄의 기타추행부분의 위헌성
2002	2000헌마642	부동산중개업법 제15조	합헌	위헌(4)	부동산중개수수료 위임입법의 한계
2002	2002헌가11	전기통신사업법 제72조 제6호	위헌		2001헌바5와 실질적으로 동일
2002	99헌바40	형법 제304조	합헌	위헌(2)	혼인빙자간음죄 1차 합헌결정
2002	2001헌바68	폭처법 제3조 제4항	합헌	위헌(2)	누범은 위헌아님(93헌바43)
2002	2002헌가5	국가보안법 제13조	위헌		다시 범행시 최고형 사형의 위헌성
2002	2000헌바75	특가법 제4조 제1항, 제2항	합헌		정부관리기업체 간부 공무원의제 위헌성
2002	2002헌바12	노동조합법 제81조 제3호	합헌		단체협약 거부시 처벌의 위헌성
2002	2001헌마370	의료법 제25조 제1항	합헌		무허가침술 관련, 94헌가7과 동일

년도	사건번호	대상법률	결론	반대의견	쟁점 등
2003	2001헌가4	공직선거법 제47조 제1항	위헌	합헌(3)	합헌선례(99헌바28) 변경
2003	2002헌바53	형법 제62조 제1항 단서	합헌		97헌바62와 동일
2003	2001헌바22	수산업협동조합법 부칙 제11조 단서	합헌		선거관련 공소시효 단축 관련 사안
2003	2002헌바4	유사수신규제법 제3조	합헌		유사수신행위 처벌규정의 위헌성
2003	2002헌바23	보건범죄단속에관한특별조치법 제5조	합헌		93헌바65와 동일
2003	2001헌바39	새마을금고법 제66조 제2항 제1호	한정위헌	합헌(3)	위임입법의 한계
2003	2002헌바35	향토예비군설치법 제3조 제1항	합헌		예비군훈련소집 수령거부처벌의 위헌성
2003	2002헌가8	산림법 제119조 제2항	합헌		타인산림 주산물 방화 10년 이상 징역형
2003	2003헌가9	공직선거법 제84조	위헌	합헌(3)	2001헌가4와 동일
2003	2000헌바66	국가보안법 제8조 제1항	합헌		한정합헌결정에 따른 개정 후 합헌
2003	2001헌가17	보안관찰법 제27조 제2항	합헌		2000헌바22와 같음
2003	2002헌가16	구의료법 제67조	합헌	위헌(5)	포괄위임과 명확성원칙의 관계
2003	2002헌바3	법무사법 제19조	합헌	위헌(3)	등기수가 회칙에 정한 형벌법규의 위헌성
2003	2002헌바69	증권거래법 제207조의2	합헌		시세조정으로 인한 이익의 불명확성
2003	2001헌마156	법무사법 제74조 제1항 제1호	합헌		법무사 자격제 형벌법규의 위헌성
2003	2001헌마447	도로교통법 제71조의16	합헌	한정위헌(2)	미등록 운전교육규정의 위헌성
2003	2002헌마533	형법 제9조	합헌		14세 미만 형사미성년자 조항의 위헌성
2003	2002헌바24	특가법 제11조 제1항	위헌		합헌선례(91헌바11) 번복
2004	2002헌가20	구 주식회사의 외부감사법 제20조 제1항 제2호	위헌, 합헌	위헌(합헌부분, 4)	회계법인의 대우감사보고서 작성 사건
2004	2002헌바36	구 변호사법 제91조 제1호	합헌		타인의 권리양수업 처벌규정의 위헌성
2004	2001헌마894	정보통신망법 제42조	합헌		김광수 동성애 웹사이트 관련 사건
2004	2001헌바75	마약류관리법 제61조 제1항 제8호	합헌		대마초 흡연의 위헌성

년도	사건번호	대상법률	결론	반대의견	쟁점 등
2004	2001헌바89	구 관세법 제198조 제2항	위헌	합헌(1)	필요적 몰수 추징의 위헌성
2004	2003헌바118	특가법 제2조 제1항 제1호	합헌	위헌(2)	93헌바40, 2000헌바91과 동일
2004	2003헌가1	학교보건법 제6조 제1항 제2호	위헌, 헌법불합치	위헌, 헌법불합치	학교정화구역 위헌성, 형벌규정 심판제외위헌,헌법불합치
2004	2003헌바53	성폭법 제5조 제1항	합헌		주거침입강간 가중처벌의 위헌성
2004	2004헌바16	정치자금법 제30조 제1항	합헌		정치자금수수처벌규정의 위헌성
2004	2002헌가1	병역법 제88조 제1항 제1호	합헌	위헌(2)	대체복무제 미도입의 위헌성, 명백성통제
2004	2003헌바85	국가보안법 제7조 제1항	합헌		95헌가2, 92헌바6, 98헌바66 등 동일
2004	2004헌바14	새마을금고법 제66조 제2항 제6호	합헌	위헌(1)	수범자가 업무관련자로 명확성 정도 완화
2004	2002헌가17	경범죄처벌법 제1조 제42호	합헌		수사기관 지문채취의 위헌성
2004	2002헌가26	구 증권거래법 제209조 제7호	위헌		구성요건 백지위임의 위헌성
2004	2002헌바41	학교보건법 제6조 제1항 제11호	합헌	위헌(1)	학교보건구역내 여관업금지의 위헌성
2004	2002헌바85	통신비밀보호법 제2조 제7호	합헌		견인차 운전자 경찰 무전기 도청사건
2004	2003헌바104	약사법 제55조 제2항	합헌		약리효능표시광고위헌성, 97헌마108
2004	2004헌바35	개항질서법 제37조	합헌		예방차원 범죄구성요건의 추상성 불가피
2004	2003헌가12	폭처법 제3조 제2항	위헌		합헌선례(94헌가4) 번복
2004	2002헌바57	노동조합법 제40조 제2항	합헌	한정합헌(1)	제3자 간여금지에서 '간여'의 명확성
2005	2004헌가8	음비법 제16조 제1항	위헌	합헌(1)	외국 영상물 수입시 추천제도의 위헌성
2005	2001헌바87	의료법 제25조 제1항	합헌	위헌(2)	94헌가7, 2001헌마370 대체의료처벌
2005	2003헌바12	근로기준법 제110조	합헌	위헌(3)	정당한 이유없는 해고 처벌의 위헌성
2005	2004헌바29	직업안정법 제46조 제1항 제2호	위헌		공중도덕 유해업무 직업소개처벌 위헌성
2005	2003헌가17	증권거래법 제207조의2 제2호	위헌		하급심 다른 판단, 명확성 위배사유

년도	사건번호	대상법률	결론	반대의견	쟁점 등
2005	2003헌바86	의료법 제2조 제1항	합헌		94헌가7, 2001헌마370, 2001헌바87동일
2005	2002헌바83	노동조합법 제91조 제1호	합헌	위헌(3)	쟁의시 일정행위 금지조항의 위헌성
2005	2003헌바49	형법 제62조 제1항 단서	합헌		97헌바62, 2002헌바53 동일
2005	2003헌바114	외국환거래법 제27조 제1항 제8호	합헌		박지원의 경협합의 대가 송금사건
2005	2004헌바4	특경가법 제5조 제4항 제1호	합헌	위헌(1)	98헌바26, 99헌바72
2005	2004헌바33	공직선거법 제86조 제1항 제2호	합헌	위헌(3)	공무원 선거운동을 기획 처벌의 위헌성
2005	2003헌바98	특가법 제8조 제2항	합헌	위헌(1)	97헌바68 동일
2005	2003헌바52	형법 제122조	합헌	위헌(2)	직무유기 형사처벌의 위헌성
2005	2003헌바94	도로교통법 제107조의2 제1호	합헌		음주운전의 수치 대통령령 위임의 위헌성
2005	2004헌바52	공직선거법 제59조 제1호	합헌		사전선거운동 금지 등의 위헌성
2005	2003헌가3	의료법 제69조	위헌	합헌(3)	상업광고완화기준제시, 그럼에도 위헌
2005	2003헌바50	지방공무원법 제58조 제1항	합헌	위헌(2), 헌법불합치(2)	공무원의 노동집단행위 금지의 위헌성
2005	2004헌바41	공직선거법 제256조 제2항 제1호 바목	합헌		선거기간 중 업무외 출장 처벌의 위헌성
2005	2004헌가17	집시법 제11조 제1호	합헌	위헌(4)	법원 주변 100미터 시위금지의 위헌성
2005	2003헌바108	특가법 제3조	합헌	위헌(2)	알선수재죄의 위헌성
2005	2004헌바83	변호사법 제27조 제1항	합헌		변호사 사건알선행위금지의 위헌성
2005	2005헌바46	마약류관리법 제61조 제1항 제7호	합헌		대마초 흡연처벌의 위헌성
2005	2004헌바25	정치자금법 제31조 제1호	합헌	위헌(1)	정치자금 내역 허위기재죄의 위헌성
2006	2003헌바84	지방교육자치법 제158조 제2항 제1호	합헌		교육감 관련 사전선거운동 금지의 위헌성
2006	2005헌가2	폭처법 제3조 제1항	합헌	위헌(2)	흉기휴대 상해죄 가중처벌의 위헌성
2006	2006헌가5	특경가법 제5조 제4항 제1호	위헌		합헌선례(2004헌바4) 번복
2006	2005헌바36	폭처법 제3조 제2항	합헌	위헌(2)	흉기휴대 상해죄 가중처벌의 위헌성

년도	사건번호	대상법률	결론	반대의견	쟁점 등
2006	2005헌바4	특가법 제5조의 2 제4항	합헌		추업목적 부녀매매죄가중처벌의 위헌성
2006	2006헌가7	형법 제239조 제1항	합헌		사서명위조 벌금형이 없는 것의 위헌성
2006	2005헌마1167	성매매알선등법률 제2조 제1항 제2호 다목	합헌	위헌(1)	성매매제공 건물임대행위 처벌의 위헌성
2006	2004헌바46	형법 제123조	합헌	위헌(1)	직권남용죄 위헌성, 박지원 사건
2006	2004헌바68	관세법 제179조 제2항 제1호	합헌		북한문화재 밀수입이 '수입'에 해당여부
2006	2004헌바77	근로기준법 제24조	합헌	위헌(1)	대통령령 위임의 위헌성
2006	2005헌바19	형법 제349조 제1항	합헌	위헌(2)	알박기(35배 매도) 처벌조항의 위헌성
2006	2005헌바66	사회복지사업법 제53조 제1호	합헌	위헌(2)	2004헌바10 동일, 추가적 판단
2006	2005헌가14	음비법 제35조 제1항	위헌		외국음반 국내추천제도의 위헌성
2006	2004헌바86	정부출연연구기관등의 설립운영법 제33조	합헌		공무원 의제규정의 위헌성
2006	2006헌바53	형법 제347조 제1항	합헌		사기죄의 기망의 명확성
2006	2006헌가12	전투경찰대설치법 제9조 제1항	합헌		전경복무이탈죄의 위헌성
2006	2005헌바23	공직선거법 제112조	합헌		2003헌바90과 동일
2006	2005헌바35	특가법 제2조 제1항 제1호	합헌	위헌(4)	93헌바40, 2000헌바91, 2003헌바118 동일
2006	2005헌바85	성폭법 제5조	합헌	위헌(2)	주거침입강제추행 가중처벌의 위헌성
2007	2004헌바82	공직선거법 제255조 제2항 제5호	합헌	위헌(1)	99헌바92, 2000헌바96, 2001헌바58 등
2007	2006헌바69	형법 제139조	합헌	위헌(1)	영장청구 전 신문위한 인치지휘 거부사건
2007	2006헌가2	화장품법 제14조 제1항	합헌	위헌(2)	가격미표시 판매목적 보관처벌의 위헌성
2007	2003헌바71	보건범죄단속에관한특별조치법 제5조	합헌		2003헌바86, 93헌바65, 2002헌바23 등
2007	2006헌가10	조세범처벌법 제13조 제1호	위헌	합헌(2)	법에 의한 명령의 명확성 여부
2007	2006헌가4	의료법 제46조 제4항	위헌	합헌(1)	의료광고 허용을 위임한 규정의 위헌성
2007	2006헌가9	노동조합법 제92조 제1호 다목	합헌		96헌가20 위헌 後 개정조문의 위헌성

년도	사건번호	대상법률	결론	반대의견	쟁점 등
2007	2005헌바100	전기통신사업법 제4조 제2항	합헌	위헌(1)	무등록 전기통신사업 처벌의 위헌성
2007	2006헌바12	특경가법 제4조 제1항	합헌	위헌(4)	재산해외도피 금액 가중처벌의 위헌성
2007	2003헌마377	문화재보호법 제81조 제4항	위헌		절취문화재 보유보관처벌의 위헌성
2007	2003헌바51	국가공무원법 제66조 제1항	합헌	위헌(3)	2003헌바50 동일
2007	2004헌바49	공직선거법 제109조 제1항 단서	합헌	위헌(2)	서신이용 선거운동금지의 위헌성
2007	2006헌바33	구 형법 제63조	합헌		집행유예실효제도의 위헌성, 97헌바62
2007	2004헌바36	음비법 제18조 제5항	합헌		비디오물등급분류제도의 위헌성
2007	2006헌마30	도시및주거환경정비법 제84조	합헌		재건축조합직원 공무원의제의 위헌성
2007	2005헌가10	보건범죄단속에관한특별조치법 제6조	위헌	합헌(1)	양벌조항의 위헌성 – 첫사례
2007	2006헌가13	군형법 제53조 제1항	위헌	헌법불합치(1), 각하(1)	상관살해죄 사형처벌의 위헌성
2008	2007헌마1468	이명박 특검법 제18조 제2항	위헌	합헌(1)	참고인 구인명령 거부 형사처벌의 위헌성
2008	2005헌마1215	공중위생관리법 시행규칙 별표4	합헌	위헌(1)	찜질방 야간청소년출입금지의 위헌성
2008	2005헌바88	특가법 제6조 제4항 제1호	합헌	한정위헌(1)	관세포탈세액에 따른 가중처벌의 위헌성
2008	2007헌가20	특가법 제6조 제6항 제2호	합헌		2005헌바88 관련 유사
2008	2004헌바47	지방공무원법 제57조 제2항 제1호	합헌	헌법불합치(1), 위헌(1)	공무원 선거운동금지 위헌성(2003헌바51)
2008	2006헌바60	학교보건법 제19조	합헌	헌법불합치(2)	학교정화구역내 pc방 금지의 위헌성
2008	2006헌바68	인삼산업법 제31조 제1항 제3호	합헌		미검사품의 유통금지 위헌성
2008	2007헌바18	형법 제129조 제1항	합헌		뇌물죄에 벌금형이 없는 것의 위헌성
2008	2006헌마1096	공직선거법 제86조 제1항 제2호	한정위헌	합헌(2)	합헌선례(2004헌바33) 번복
2008	2007헌마248	세무사법 제20조 제2항	합헌	위헌(3)	세무사 명칭 사용금지의 위헌성
2008	2004헌바9	노동조합법 제7조 제3항	합헌	위헌(4), 한정위헌(1)	노동조합명칭 사용금지의 위헌성

년도	사건번호	대상법률	결론	반대의견	쟁점 등
2008	2007헌바90	도로교통법 제63조	합헌		오토바이 고속도로통행 금지의 위헌성
2008	2005헌마667	약사법 제21조 제7항	합헌	위헌(2)	한약사 임의조제처방 고시위임의 위헌성
2008	2005헌바74	공인회계사법 제2조	합헌		회계사 아닌 자 회계감사수행처벌의 위헌성
2008	2007헌가17	형법 제241조	합헌	위헌(4), 헌법불합치(1)	89헌마82, 90헌가70, 2000헌바60
2008	2005헌바32	공직선거법 제255조 제2항 제5호	합헌	위헌(4)	명함배포의 위헌성, 99헌바92등 다수
2008	2008헌바11	관세법 제274조	위헌, 합헌	합헌(2), 전부위헌(1)	97헌마194(합헌), 필요적 추징의 위헌성
2008	2006헌마447	형법 제225조	합헌	각하(1)	공문서위조죄 벌금형 미규정의 위헌성
2008	2007헌가13	석유사업법 제39조 제1항	합헌	위헌(3)	대통령령 위임의 위헌성
2008	2007헌가24	폭처법 제3조 제1항	합헌		민노총 근로복지공단 건물 침입사건
2008	2006헌바94	특가법 제5조의 4 제6항	합헌		상습절도의 누범 단기가중의 위헌성
2008	2007헌바11	관세법 제269조 제3항 제2호	합헌		밀반송행위 처벌의 위헌성
2008	2005헌마161	게임제공업소의경품취급기준고시	합헌		모법규정의 고시위임의 위헌성
2008	2007헌가10	특강법 제3조	위헌	합헌(3)	특강법 누범가중의 위헌성
2008	2005헌바16	특강법 제3조	합헌		2001헌바68, 누범가중규정의 위헌성
2008	2005헌바30	관세법 제198조 제2항	합헌	위헌(1)	밀수출 필요적 몰수 추징의 위헌성
2008	2006헌바16	형법 제335조	합헌		준강도죄의 위헌성, 누범가중의 위헌성
2008	2005헌마971	공무원노조법 제18조	합헌	위헌(1)	공무원노조 쟁의행위처벌의 위헌성
2009	2005헌바94	음비법 제50조 제3호	합헌	위헌(3)	금지 경품종류 등 고시위임의 위헌성
2009	2008헌바9	특가법 제5조의 2 제2항 제1호	합헌	위헌(1)	미성년자 약취유인 재물요구죄의 위헌성
2009	2005헌마764	교특법 제4조 제1항	위헌	위헌(2)	합헌선례(90헌마110) 번복
2009	2007헌가19	형법 제61조 제1항	합헌	위헌(2)	선고유예 실효제도의 위헌성
2009	2007헌바72	공직선거법 제250조 제1항	합헌		차명재산 누락신고행위 처벌의 위헌성

년도	사건번호	대상법률	결론	반대의견	쟁점 등
2009	2008헌바52	특가법 제8조 제1항	합헌		2-5배 벌금 필요적 병과의 위헌성
2009	2008헌마498	여객자동차운수사업법 제90조 제1호	합헌		화물밴이용 여객운송행위 제한의 위헌성
2009	2007헌바29	공직선거법 제113조	합헌	위헌(4)	후보자 되려는자 기부행위 금지의 위헌성
2009	2008헌가11	특가법 제5조의 11	합헌		위험운전치사상죄 구성요건의 명확성
2009	2006헌바24	석유사업법 제26조	합헌	위헌(2)	2001헌가6, 유사석유 판매제한의 위헌성
2009	2006헌바109	정보통신망법 제65조 제1항 제2호	합헌	별개(3)	음란표현도표현의자유의보호 영역포함
2009	2007헌바22	집시법 제2조 제1호	합헌	위헌(2)	미신고옥외집회 금지의 위헌성
2009	2007헌바24	공직선거법 제93조 제1항	합헌	위헌(5)	탈법문서배포처벌, 휴대포문자메시지
2009	2007헌바25	성폭법 제5조 제2항	위헌, 합헌	합헌(1), 위헌(2)	미결(위헌), 특수강도강제추행죄의 위헌성
2009	2007헌가11	한국마사회법 제56조 본문	합헌	위헌(5)	유사경매제공 재물의 필요적 몰수 추징
2009	2008헌가10	청소년보호법 제54조	위헌	합헌(2)	양벌규정의 위헌성
2009	2008헌가14	사행행위등규제및처벌 특례법 제31조	위헌	합헌(2)	양벌규정의 위헌성(법인)
2009	2008헌가16	의료법 제91조 제1항	위헌	합헌(2)	양벌규정의 위헌성(법인)
2009	2007헌마718	공직선거법 제93조 제1항	합헌	위헌(5)	UCC 이용 선거운동 금지의 위헌성
2009	2007헌가15	예금자보호법 제41조 제2호	합헌	위헌(1)	부실금융기관 조사불응처벌규정의 위헌성
2009	2008헌가25	집시법 제10조	헌법불합치	합헌(2)	합헌선례(91헌바14) 번복
2009	2007헌바102	부동산등기특별조치법 제2조 제3항	합헌		소유권이전등기 기간미준수 처벌의 위헌성
2009	2007헌바108	농지법 제59조	합헌		무허가 농지전용 처벌의 위헌성
2009	2008헌바168	공직선거법 제250조 제2항	합헌		허위사실공표 처벌 정도의 위헌성
2009	2007헌마949	총포도검화약류 단속법 제11조 제1항	합헌	합헌(1)	모의총포소지 처벌의 위헌성
2009	2009헌가6	의료법 제91조 제2항	위헌	합헌(1)	양벌규정의 위헌성(영업주)
2009	2008헌바146	공직선거법 제47조의 2 제1항	합헌		친박연대 공천관련 대가수수의 위헌성

년도	사건번호	대상법률	결론	반대의견	쟁점 등
2009	2007헌마1359	경비업법 제15조 제3항	합헌	위헌(3)	특수경비원 쟁의행위 금지의 위헌성
2009	2008헌마230	형법 제73조	합헌		가석방산정기간 미산입의 위헌성
2009	2008헌바58	형법 제304조	위헌	합헌(3)	혼인빙자간음죄 위헌결정
2009	2006헌바13	집시법 제20조 제1호	합헌	위헌(3)	2004헌가17, 법원100미터내옥외집회
2009	2006헌바20	집시법 제11조 제1호	합헌	위헌(4)	국회 100미터내 옥외집회 금지의 위헌성
2009	2008헌마593	기소유예처분취소(의료법 제69조	합헌		진료기록부 미서명 형사처벌의 위헌성
2010	2008헌가6	산업안전보건법 제69조 제1호	위헌		산업재해발생 미보고 처벌규정의 위헌성
2010	2008헌가20	특강법 제3조	합헌	위헌(2)	특강법 누범 단기가중의 위헌성
2010	2008헌가23	형법 제41조	합헌	위헌(4)	사형제의 위헌성(2005헌바1)
2010	2008헌바10	지방교육자치법 제158조 제2항	합헌	위헌(4)	사전선거운동 제한의 위헌성
2010	2008헌바83	기부금품모집규제법 제15조 제1항 제1호	합헌	위헌(2)	무허가 기부금품모집 금지의 위헌성
2010	2009헌바38	게임산업진흥법 제44조 제1항 제2호	합헌		인터넷게임머니 환전업처벌의 위헌성
2010	2008헌가5	식품위생법 제77조 제5호	합헌	위헌(5)	식품접객업자 준수사항 위임의 위헌성
2010	2009헌가2	형법 제185조	합헌		시위 중 일반교통방해죄의 위헌성
2010	2008헌바84	성폭법 제9조 제1항	합헌		주거침입강간미수 상해죄의 위헌성
2010	2009헌바121	공직선거법 제250조 제1항	합헌	위헌(2)	정규학력기재 규정의 위헌성
2010	2008헌바118	집시법 제5조 제1항 제2호	합헌		평택미군기지반대 시위 사건
2010	2008헌바170	특가법 제9조 제2항	합헌	위헌(4)	차량이용 산림절도 가중처벌의 위헌성
2010	2009헌바46	향토예비군설치법 제6조의 3 제2항	합헌	위헌(2)	예비군 보류사유 후 미신고 처벌의 위헌성
2010	2009헌바168	형법 제314조 제1항	합헌		업무방해죄의 위헌성(노조 관련 위력사용)
2010	2009헌가28	관세법 제282조 제4항	합헌	위헌(3)	법인에 대한 필요적 몰수추징의 위헌성
2010	2007헌바100	형법 제246조 제1항	합헌	각하(4), 한정위헌(1)	도박죄에서 재산상이익 포함여부, 유추적용

년도	사건번호	대상법률	결론	반대의견	쟁점 등
2010	2009헌바183	건설폐기물 재활용촉진법 제13조 제1항	합헌	위헌(2)	구성요건 대통령령 위임의 위헌성
2010	2008헌바169	공직선거법 제59조 제3호	합헌	각하(2), 위헌(2)	인터넷이용 선거운동 제한의 위헌성
2010	2009헌바43	지방자치단체출연연구원의 설치운영법	합헌		공무원의제의 위헌성
2010	2008헌가19	의료법 제25조 제1항	합헌	위헌(5)	무면허의료행위금지의 위헌성
2010	2009헌가14	도로교통법 제159조	위헌	합헌(2)	양벌규정의 위헌성
2010	2009헌가18	폐기물관리법 제67조 제1항	위헌	합헌(2)	양벌규정의 위헌성
2010	2009헌가25	농산물품질관리법 제37조	위헌, 합헌	합헌(2), 위헌(2)	양벌규정의 위헌성(대표자 부분은 합헌)
2010	2008헌바88	특가법 제6조 제7항	합헌	위헌(3)	관세포탈예비죄 처벌의 위헌성
2010	2008헌바106	농협협동조합법 제50조 제4항	위헌	합헌(1)	조합의 정관에 구성요건위임의 위헌성
2010	2008헌바119	새마을금고법 제21조 제1항 제10호	합헌		구성요건의 명확성
2010	2008헌바145	관세법 제282조 제2항	합헌	위헌(1)	밀수품, 필요적 몰수 추징의 위헌성
2010	2009헌바53	자격기본법 제39조 제1호	합헌	한정위헌(1)	민간 전통침술사 자격금지의 위헌성
2010	2008헌마664	의료법 제82조 제1항	합헌	위헌(3)	비시각장애인 영리안마 처벌의 위헌성
2010	2009헌가11	수산업법 제98조 제2항	위헌	합헌(2)	양벌규정의 위헌성
2010	2009헌가17	조세범처벌법 제10조	합헌		99헌가5와 동일
2010	2009헌바2	수산자원보호령 제37조 제5호	위헌	합헌(3)	합헌선례(93헌가15) 번복
2010	2009헌바116	특강법 제3조	합헌		누범가중처벌의 위헌성
2010	2009헌바355	지방교육자치법 제22조 제3항	합헌		2007헌바72와 동일
2010	2009헌바4	변호사법 제109조 제1호	합헌		2006헌바96
2010	2009헌바27	병역법 제89조의 2 제1호	합헌		공익요원 복무이탈시 처벌의 위헌성
2010	2010헌바53	공직선거법제110조	합헌	일부위헌(1)	사실비방죄의 위헌성
2010	2008헌바89	정치자금법 제12조 제2항	합헌	헌법불합치(3), 위헌(1)	언론노조 정치자금기부처벌의 위헌성
2010	2008헌바157	전기통신사업법 제47조 제1항	위헌	합헌(2)	미네르바사건, 공익 규정의 불명확성

년도	사건번호	대상법률	결론	반대의견	쟁점 등
2011	2009헌바29	증권거래법 제207조의 2 제1항 단서	합헌		죄형법정주의로부터 자기책임원리 도출
2011	2008헌가21	군형법 제92조	합헌	위헌(3), 한정위헌(1)	계간죄의 기타 추행의 위헌성, 동성애 관련
2011	2009헌가12	군형법 제47조	합헌	위헌(4)	정당한 명령위반죄의 위헌성(91헌바20)
2011	2010헌바86	개발제한구역의지정및관리에관한특별조치법 제31조 제1호	합헌		무허가형질변경처벌의 위헌성
2011	2009헌바56	폭처법 제4조 제1항	합헌		범죄단체 구성원 가중처벌의 위헌성
2011	2009헌바90	도시및주거환경정비법 제81조 제1항	합헌		열람등사 불응 처벌의 위헌성
2011	2010헌바339	농업협동조합법 제50조 제5항 제2호	합헌		농협임직원 선거기획행위 처벌의 위헌성
2011	2010헌바473	공직선거법 제230조 제1항 제4호	합헌		2001헌바26, 금품제공금지의 위헌성
2011	2009헌바63	형법 제35조	합헌		93헌바43, 일본독일입법례
2011	2009헌바199	형법 제311조	합헌		모욕죄의 위헌성
2011	2009헌바354	특가법 제2조 제1항 제1호	합헌	위헌(4)	2000헌바91, 2003헌바118, 2005헌바35
2011	2009헌바428	형법제59조 제1항 단서	합헌		97헌바62, 선고유예자격제한의 위헌성
2011	2009헌바267	부정수표단속법 제2조 제2항	합헌	위헌(2)	수표부도시 발행인의 형사책임의 위헌성
2011	2010헌바115	전자금융거래법 제49조 제5항 제1호	합헌		통장 등 양도행위 처벌의 위헌성
2011	2007헌가12	향토예비군설치법 제15조 제8항	합헌	별개(1), 한정위헌(2)	예비군 훈련불응처벌의 위헌성
2011	2008헌가22	병역법 제88조 제1항 제1호	합헌	별개(1), 한정위헌(2)	양심적 병역거부 사건
2011	2009헌바42	통신비밀보호법 제16조 제1항 제2호	합헌	한정위헌(1)	노회찬 안기부 X파일 공개사건
2011	2010헌바66	형법 제298조	합헌		강제추행죄의 위헌성
2011	2010헌바188	형법 제69조 제2항	합헌		벌금형 노역장유치제도의 위헌성
2011	2010헌가29	도시 및 주거환경정비법 제86조 제7호	위헌		중요회의 속기록 등 작성위반의 위헌성
2011	2010헌가80	조세범처벌법 제3조	위헌	합헌(1)	양벌규정의 위헌성
2011	2011헌가1	아동청소년의 성보호에 관한 법률 제12조 제1항 제2호	합헌		키스방 운영자 처벌사건

년도	사건번호	대상법률	결론	반대의견	쟁점 등
2011	2010헌바307	관광진흥법 제80조	위헌, 합헌	합헌(1)	양벌규정의 위헌성
2011	2010헌바384	학교보건법 제6조 제1항 제13호	합헌		학교정화구역내 여관금지의 위헌성
2011	2011헌바13	도시 및 주거환경정비법 제84조	합헌		뇌물죄 공무원 의제의 위헌성
2011	2010헌가42	부정경쟁방지법 제18조 제2항	합헌	헌법불합치(3), 한정위헌(1)	영업비밀 누설자 처벌의 위헌성
2011	2011헌가30	도로교통법 제116조	위헌	합헌(1)	양벌규정의 위헌성
2011	2011헌가34	파견근로자보호법 제45조	합헌		양벌규정의 위헌성(대표자)
2011	2010헌바472	형법 제239조 제1항	합헌		사서명위조의 위헌성(벌금형이 없는 점)
2011	2011헌바18	총포도검화약류 단속법 제73조 제1호	합헌	위헌(2)	모의총포소지 처벌의 위헌성(2007헌마949)
2011	2011헌바51	도로교통법 제63조	합헌	위헌(1)	2007헌바90
2011	2011헌바54	성폭법 제7조 제2항 제1호	합헌		미성년자 특수강제추행 가중처벌의 위헌성
2011	2010헌바54	형법 제314조 제1항	합헌		조중동 광고주 불매운동의 위헌성
2011	2010헌바117	특경가법 제4조 제2항	합헌	위헌(3)	재산국외도피 가중처벌, 필요적 몰수추징의 위헌성
2011	2007헌마1001	공직선거법 제93조 제1항	한정위헌	합헌(2)	합헌선례(2007헌마718결정) 번복
2012	2010헌바480	농업협동조합법 제172조 제3항	합헌	위헌(4)	공직선거법과 다른 규정의 위헌성
2012	2011헌바154	농협조합법 제50조 제1항 제1호	합헌		농협선거 금품제공행위처벌의 위헌성
2012	2010헌바83	의료법 제89조	합헌	위헌(4)	전화통화처방전발급사안
2012	2010헌바89	형법 제328조 제1항	합헌	헌법불합치(4)	이복남매, 친족상도례 관련 위헌성
2012	2010헌바100	형법 제62조의 2 제1항	합헌		사회봉사명령의 위헌성
2012	2009헌바329	방문판매등에관한법률 제52조 제1항 제3호	합헌		다단계 처벌규정의 위헌성
2012	2011헌바40	변호사법 제111조	합헌		청탁 명목 금품수수행위의 위헌성
2012	2011헌바48	형법 제319조 제2항	합헌		퇴거불응죄의 위헌성
2012	2011헌바131	건설산업기본법 제21조 제1항	합헌		건설업 등록의 대여처벌의 위헌성
2012	2010헌가97	외국환거래법 제30조	합헌		필요적 몰수추징의 위헌성

년도	사건번호	대상법률	결론	반대의견	쟁점 등
2012	2010헌바401	성폭법 제3조 제1항	합헌		주거침입 강간치상 가중처벌의 위헌성
2012	2011헌바10	성폭법 제8조 제1항	합헌		위험한 물건휴대 특수강간미수 가중처벌
2012	2011헌바154	특가법 제5조의 4 제5항	합헌		누범가중처벌의 위헌성
2012	2011헌바98	특가법 제5조의4 제6항	합헌		누범 단기 가중처벌의 위헌성
2012	2011헌바135	형법 제319조 제2항	합헌		퇴거불응죄의 위헌성
2012	2011헌바381	성폭법 제8조 제1항	합헌		주거침입 강간치상 가중처벌의 위헌성
2012	2011헌마288	게임산업진흥법 제46조 제3의 2호	합헌		자동사냥 게임프로그램의 제작자 제기
2012	2012헌가11	도로법 제86조	위헌	합헌(1)	양벌규정의 위헌성
2012	2009헌바298	국가공무원법 제65조 제2항	합헌	헌법불합치(2)	교원선거운동금지의 위헌성
2012	2011헌바268	형법 제156조	합헌		무고죄의 위헌성
2012	2011헌가22	노동조합및노동관계조정법 제93조 제2호	합헌	위헌(3)	공무원노조 시정명령 위반죄의 위헌성
2012	2010헌바402	형법 제270조 제1항	합헌	위헌(4)	자기낙태죄의 위헌성
2012	2012헌가18	도로법 제86조	위헌		양벌규정의 위헌성
2012	2011헌바103	보건범죄단속에관한특별조치법 제3조 제2항	합헌		위조의약품판매의 위헌성(가짜 비아그라)
2012	2011헌바137	농업협동조합법 제172조 제3항	합헌	위헌(5)	후보자비방죄의 위헌성 2010헌바480
2012	2011헌마318	형법 제67조	합헌		징역형 수형자 정역의무부과의 위헌성
2012	2010헌가82	특정범죄자에 대한 위치추적장지부착등에 관한 법률 부칙 제2조 제1항	합헌	일부위헌(4), 전부위헌(1)	부착명령의 성격(형벌 또는 보안처분)
2012	2010헌바187	특강법제3조	합헌		누범단기가중의 위헌성
2012	2011헌바117	형법 제129조 제1항	한정위헌	합헌(3)	유추적용금지로 한정위헌결정한 사안
2012	2011헌바217	특경가법 제5조 제1항	합헌	위헌(5)	금융기관 임직원, 금품수수 처벌의 위헌성
2012	2011헌바235	성매매알선등법률 제2조 제1항 제2호 다목	합헌		성매매건물제공자 형사처벌의 위헌성
2012	2012헌바46	성매매알선등법률 제2조 제2호 나목	합헌		성매매건물제공이익 필요적 몰수 추징

년도	사건번호	대상법률	결론	반대의견	쟁점 등
2012	2012헌바47	공직선거법 제232조 제1항 제2호	합헌	위헌(3)	곽노현 교육감사건
2013	2012헌가3	산업안전보건법 제68조 제2호	합헌		포괄위임금지 심사기준
2013	2011헌바398	의료법 제27조 제1항	합헌		한의사의 골밀도측정기 사용사안
2013	2012헌바62	변호사법 제34조 제2항	합헌		수임관련 알선대가지급 처벌의 위헌성
2013	2012헌마427	기소유예처분취소(관세법 제276조 제2항 제4호)	합헌		원산지표시의무 서면고지 불이행 사건
2013	2010헌바70	긴급조치 1호 등	위헌		긴급조치에 대한 위헌판단
2013	2011헌바227	학원의 설립운영및과외교습에 관한법률 제2조의 2	합헌		무등록유아학원업 처벌의 위헌성
2013	2011헌마861	형법 제83조	합헌		윤달에 형기 감하지 않는 것의 위헌성
2013	2011헌가39	의료법 제82조 제1항	합헌		시각장애인 안마업 규정의 위헌성
2013	2011헌바8	학교보건법 제6조 제1항 제19호	합헌		위생정화구역내 일정행위 금지의 위헌성
2013	2011헌바75	공직선거법 제251조	합헌	위헌(5)	비방행위 형사처벌의 위헌성
2013	2012헌바17	공유재산 및 물품관리법 제6조 제1항	합헌		행정재산 사용수익 형사처벌의 위헌성
2013	2012헌바37	형법 제311조	합헌	위헌(3)	진중권 피고소 사건
2013	2012헌바345	형법 제64조 제2항	합헌		집행유예 취소제도의 위헌성
2013	2010헌마658	의료법 제27조 제1항	합헌	위헌(2)	비의료인의 의료행위 전면제한의 위헌성
2013	2011헌가26	수질및수생태계 보전에 관한 법률 제78조 제4호	위헌		다량의 토사 하천오염 등의 명확성문제
2013	2011헌바39	산업기술의 유출방지 및 보호에 관한 법률 제2조	위헌		산업기술에서 고시 등의 불명확성
2013	2011헌바267	형법 제250조	합헌	위헌(2)	존속살해죄의 위헌성
2013	2011헌바395	파견근로자보호법 제43조 제1호	합헌		근로자파견사업 처벌의 위헌성
2013	2011헌바397	특가법 제5조 제4항 제1호	합헌	위헌(4)	금융기관 임직원 금품수수처벌의 위헌성
2013	2012헌바112	농업협동조합법 제50조 제3항	합헌	일부위헌(4)	농협임직원의 처벌과 공직선거의 형평성

년도	사건번호	대상법률	결론	반대의견	쟁점 등
2013	2012헌바320	성폭법 제3조 제1항	합헌	위헌(5)	주거침입강제추행 가중처벌의 위헌성
2013	2011헌가19	약사법 제95조 제1항 제8호	합헌	위헌(5)	위임의 한계와 관련된 케이스
2013	2011헌바176	형법 제243조	합헌		남성용 자위기구 음란물건 의율의 위헌성
2013	2011헌마408	형법부칙 제2조	합헌	위헌(2)	가석방 가능기한 연장 소급적용의 위헌성
2013	2012헌바262	형법 제35조	합헌		누범가중 및 집행유예결격제도의 위헌성
2013	2012헌바275	형법 제62조 제1항 단서	합헌		유가증권위조죄의 위헌성
2013	2012헌바85	관세법 제269조 제2항 제1호	합헌		무신고수입행위 처벌의 위헌성
2013	2012헌바278	형법 제52조 제1항	합헌		자수 임의적 감면과 필요적 감면의 형평성
2013	2010헌가90	공직선거법 제103조 제2항	합헌		선거기간 중 모임 금지의 위헌성
2013	2012헌바35	변호사법 제112조 제1호	합헌		채권추심업체 권리양수업 처벌의 위헌성
2013	2012헌바217	특가법 제8조의 2 제1항 제1호	합헌		허위세금계산서 발급 가중처벌의 위헌성
2013	2013헌바24	집시법 제16조 제4항 제3호	합헌		뚜렷이 부분의 명확성
2014	2011헌바174	집시법 제22조 제2항	합헌	위헌(4)	사전집회신고의 위헌성
2014	2013헌바106	공직선거법 제112조	합헌	위헌(2)	기부행위금지의 위헌성(선례 있음)
2014	2010헌가2	집시법 제10조	한정위헌	위헌(2)	야간시위금지의 위헌성
2014	2011헌바42	국가공무원법 제84조	합헌		초중등교원의 정당가입금지의 위헌성
2014	2011헌바126	형법 제315조	합헌		입찰방해죄의 위헌성
2014	2012헌바293	의료법 제56조 제1항	합헌		비의료인의 의료광고금지의 위헌성
2014	2011헌가29	집시법 제10조	한정위헌	위헌(3)	야간옥외집회금지의 위헌성
2014	2013헌가12	근로기준법 제109조 제1항	합헌		직상수급인 임금미지급 형사처벌 위헌성
2014	2011헌바2	특가법 제11조	위헌		형법규정을 그대로 가중한 경우 위헌
2014	2011헌바17	공직선거법 제93조 제1항	합헌	위헌(3)	탈법문서 인쇄물 배부 금지의 위헌성

년도	사건번호	대상법률	결론	반대의견	쟁점 등
2014	2011헌바254	정치자금법 제45조 제2항 5호	합헌	위헌(3)	단체관련자금 기부금지의 위헌성
2014	2011헌마659	청소년보호법 제23조의 3	합헌	위헌(2)	강제적 셧다운제의 위헌성
2014	2012헌바390	도시주거환경정비법 제85조 5호	합헌		판례변경과 형벌불소급
2014	2010헌마606	노동조합법 제24조 제2항	합헌		고시위임, 전임자 급여금지 규정의 위헌성
2014	2012헌바188	관광진흥개발기금법 제13조	합헌	위헌(1)	뇌물죄 의제조항의 위헌성
2014	2012헌바437	구 폐기물관리법 제66조	합헌		미신고 재활용중간처리시설 처벌의 위헌성
2014	2013헌바169	정치자금법 제3조 1호	합헌		그밖의 준용규정과 명확성원칙
2014	2012헌바433	도로교통법 제165조	합헌		우회전시 통행방법 관련 사안
2014	2011헌바358	국가보안법 제8조 제1항	합헌		군사기밀탐지수집행위 처벌의 위헌성
2014	2013헌바28	의료법 제56조 제2항 제2호	합헌		소비자 현혹우려 광고 표현의 명확성원칙
2014	2013헌바162	의료기기법 제43조 제1항	합헌		무허가 의료기기 제조유통 처벌의 위헌성
2014	2014헌가14	도로교통법 제116조	위헌		양벌규정의 위헌성
2014	2014헌바224	특가법 제10조	위헌		형벌규정을 그대로 가중한 경우 위헌

판례색인

【헌법재판소】

【대 법 원】

【하 급 심】

사항색인

ㅈ

저자약력

서울대학교 법과대학 졸업
성균관대학교 법학박사(헌법전공)
사법시험(38회) 합격 후 1999년부터 검사로 재직 중
영국 캠브리지대학교 방문학자
헌법재판소 헌법연구관(파견)
춘천지검 영월지청장
법무부 국가송무과장(헌법재판업무 담당)
현) 수원지방검찰청 안양지청 부장검사
(e-mail: youngshin-oh@naver.com)

헌법재판과 위헌심사기준 – 형벌법규 –

2018년 4월 15일 초판 인쇄
2018년 4월 20일 초판 1쇄 발행

저 자 오 영 신
발행인 배 효 선
발행처 도서출판 法 文 社

주 소 10881 경기도 파주시 회동길 37-29
등 록 1957년 12월 12일/제2-76호(윤)
전 화 (031)955-6500~6 FAX (031)955-6525
E-mail (영업) bms@bobmunsa.co.kr
(편집) edit66@bobmunsa.co.kr
홈페이지 http://www.bobmunsa.co.kr
조 판 법 문 사 전 산 실

정가 34,000원 ISBN 978-89-18-09153-2